D1620359

Rachel Pollack

Tarot

78 Stufen der Weisheit

Aus dem Englischen übersetzt von
Martin Störmer und Cornelia Labonté

Mit 100 Abbildungen

Droemer Knaur

HERAUSGEGEBEN VON GERHARD RIEMANN

Inhalt

Teil II
DIE KLEINEN ARKANA

Teil III
BEFRAGUNGEN

Teil I
DIE GROSSEN ARKANA

Einführung

Die Ursprünge des Tarot

Etwa um die Mitte des fünfzehnten Jahrhunderts, nicht sehr viel später, als es die frühesten schriftlichen Belege für Spielkarten in Europa überhaupt gibt, malte ein Künstler mit Namen Bonifacio Bempo einen Satz Karten ohne Bezeichnungen und ohne Nummern für die Familie der Visconti aus Mailand. Diese Bilder umfassen den klassischen Pack für ein italienisches Spiel mit Namen »Tarocchi«: Vier Farben mit je vierzehn Karten plus zweiundzwanzig Karten, die verschiedene Szenen darstellen, und die später »Triomphi« (deutsch: »Trümpfe«) genannt wurden.

Viele dieser zweiundzwanzig Bilder können einfach als ein Katalog von sozialen Typen des Mittelalters angesehen werden, wie z. B. »Der Papst« oder »Der Kaiser« (um sie mit ihren späteren Namen zu bezeichnen), oder auch als im Mittelalter allgemein bekannte Metaphern wie das »Rad des Glücks«. Einige stellen Tugenden wie »Die Mäßigkeit« oder »Die Kraft« dar. Andere zeigen religiös-mythologische Szenen, wie der Tote, der beim Ruf der Trompete vom Grabe aufersteht zum »Letzten Gericht«. Eine Karte ist sogar dabei, die eine damals populäre ketzerische Vorstellung abbildet, nämlich einen weiblichen Papst. Dieses Bild können wir als einen Witz über die Kirche auffassen, der jedoch eine tiefere Bedeutung hat als der meiste klerikale Humor. Wir können aber davon ausgehen, daß dieses häretische Bild fest in der populären Kultur verwurzelt war und daß seine Bedeutung daher für einen typischen Vertreter des Mittelalters offensichtlich gewesen sein muß.

Eine Figur allerdings fällt als ziemlich befremdlich auf. Es ist ein junger Mann, der mit dem Kopf nach unten hängt, den linken Fuß an einem einfachen Holzgerüst befestigt. Er hält die Hände hinter dem Rücken, so daß sie mit dem Kopf am unteren Ende ein Dreieck bilden, sein rechtes Bein ist hinter seinem Knie abgewinkelt und bildet so die Form eines Kreuzes bzw. der Zahl Vier. Das Gesicht erscheint entspannt, man könnte sogar sagen entrückt. Wie kam Bempo zu diesem Bild? Auf jeden Fall stellt es keinen am Galgen aufgehängten Kriminellen dar, wie einige spätere Künstler annahmen.

In der christlichen Tradition wird überliefert, daß der heilige Petrus mit dem Kopf nach unten gekreuzigt wurde, damit man von ihm nicht sagen konnte, er eifere seinem Herrn nach. In der älteren Edda wird auch von dem Gott Odin gesagt, daß er neun Tage und Nächte lang kopfunter am Weltenbaum gehangen habe, jedoch nicht als Strafe, sondern um Erleuchtung und die Gabe der Weissagung zu erlangen. Diese mythologische Szene wiederum ist aus den tatsächlichen Praktiken von Schamanen und Medizinmännern und -frauen Sibiriens und Nordamerikas herzuleiten. Kandidaten für den Schamanismus werden bei ihrer Initiation und bei ihrem Training manchmal angewiesen, sich auf genau die gleiche Art kopfunter aufzuhängen, wie es auf Bempos Karten zu sehen ist. Offensichtlich hat das Auf-den-Kopf-Stellen des Körpers psychologisch heilsame Wirkungen, so wie Hunger und extreme Kälte strahlende Visionen hervorrufen können. Auch die Alchemisten – zusammen mit den Hexen möglicherweise die Überlebenden der schamanistischen Tradition in Europa – hängten sich selbst kopfunter auf, in dem Glauben, daß gewisse Bestandteile des Sperma, die sie für ein Mittel zur Erlangung der Unsterblichkeit hielten, auf diese Weise zu den psychischen Zentren am Scheitel hinunterfließen könnten. Und noch bevor der Westen anfing, Yoga ernst zu nehmen, war das Bild des auf dem Kopf stehenden Yogi allgemein bekannt.

Wollte Bempo einfach einen Alchemisten darstellen? Warum benutzte er dann nicht das bekanntere Bild eines bärtigen Mannes, der in einem Kessel rührt oder Chemikalien mischt? Dieses Bild, das in späteren Spielen »Der Gehängte« genannt wurde und durch das Buch von T. S. Eliot *The Wasteland* zu Berühmtheit kam, scheint weniger einen Alchemisten darzustellen als einen jungen Eingeweihten irgendeiner geheimen Tradition. War Bempo selbst ein Eingeweihter? Man könnte dies annehmen, da die besondere Art, die Beine zu kreuzen, ein esoterisches Zeichen von Geheimgesellschaften war. Und wenn er diesen einen Bezug zu esoterischen Praktiken einfügte, könnten dann nicht auch die anderen Bilder, die oberflächlich betrachtet eine Beschreibung sozialer Realität sind, in Wirklichkeit ein ganzes System okkulten Wissens darstellen? Warum enthielt z. B. das ursprüngliche Spiel zweiundzwanzig Karten und nicht eine Anzahl, der man in der westlichen Kultur im allgemeinen mehr Bedeutung beimißt, wie etwa zwanzig, einundzwanzig oder fünfundzwanzig? War es Zufall, oder wollte Bempo (oder andere, von denen er es übernommen hatte) insgeheim die esoterischen Bedeutungen, die man mit den zweiundzwanzig Buchstaben des hebräischen Alphabets in Verbindung bringt, darstellen? Aber trotz allem, wenn es irgendwelche Beweise für eine Verbindung von Bempo oder der Familie der Visconti zu einer okkulten Gruppierung geben sollte, dann hat sie bis jetzt noch niemand einer öffentlichen Überprüfung zugänglich gemacht.

Schon eine kurze Betrachtung der erstaunlichen Übereinstimmungen zwischen dem Tarot und dem »Kabbala« genannten System jüdischer Mystik und okkulten Wissens macht allerdings völlig klar, daß Bempos Karten geradezu nach einer esoterischen Interpretation verlangen, auch ohne daß es klare Beweise dafür gibt. Die Kabbala beschäftigt sich sehr tiefgründig mit der Symbolik des hebräischen Alphabets. Die einzelnen Buchstaben werden mit den Pfaden des Lebensbaums in Beziehung gesetzt, und jeder von ihnen hat seine eigene symbolische Bedeutung. Das hebräische Alphabet enthält nun, wie gesagt, zweiundzwanzig Buchstaben, die gleiche Anzahl wie die Trümpfe des Tarocchi. Die Kabbala beschäftigt sich auch sehr tiefgehend mit den vier Buchstaben des unaussprechlichen Namen Gottes, YHVH. Sie repräsentieren die vier Welten der Schöpfung, die vier Grundelemente der mittelalterlichen Wissenschaft, vier Stufen der Existenz, vier Methoden der Bibelinterpretation usw. In jedem der vier Sätze in Bempos Spiel gibt es vier Hofkarten.

Schließlich arbeitet die Kabbala mit der Zahl Zehn – den zehn Geboten und den zehn Sephiroth (Stufen der Emanation) bei jedem der vier Lebensbäume. Dementsprechend enthalten die vier Sätze Karten, die von eins bis zehn numeriert sind. Ist es da verwunderlich, daß Tarot-Kommentatoren behaupten, das Spiel sei als bildliche Version der Kabbala entstanden, unverständlich für die Masse, aber von höchster Wirksamkeit für einige wenige? Und dennoch, in den Tausenden von Seiten der kabbalistischen Literatur erscheint nicht ein Wort über den Tarot.

Okkultisten haben einen geheimen Ursprung für die Karten angenommen, wie z. B. eine große Konferenz von Kabbalisten und anderen Meistern in Marokko im Jahre 1300, aber niemand hat bisher irgendwelche historischen Beweise für solche Annahmen erbringen können. Was die Sache noch vertrackter macht, ist, daß die Kabbala von Tarot-Kommentatoren selbst nicht vor dem neunzehnten Jahrhundert erwähnt wird. Außerdem kam die Reihenfolge der Namen und Zahlen, die so wichtig für die Interpretation ist, erst später als die ursprünglichen Bilder auf.

Ausgehend von C. G. Jungs Vorstellung von grundlegenden spirituellen Archetypen, deren Struktur im menschlichen Geist angelegt ist, könnte man vielleicht sagen, daß Bempo unbewußt verborgene Quellen des Wissens angezapft hat, und damit für spätere Betrachtungen die Grundlagen geschaffen hat, die bewußten Beziehungen herzustellen. Aber dennoch, derartig exakte und vollständige Übereinstimmungen, wie sie in den zweiundzwanzig Trümpfen, den vier Bild- und den zehn Punktkarten für jede der vier Sätze und in der Stellung und dem Gesichtsausdruck des Gehängten vorliegen, dürften den Erklärungswert selbst einer so mächtigen Kraft wie des kollektiven Unbewußten überstrapazieren.

Viele Jahre lang wurde Tarocchi mehr als ein Spiel angesehen und erst in zweiter Linie als ein Mittel zur Weissagung. Im achtzehnten Jahrhundert dann behauptete ein Okkultist namens Antoine Court de Gebelin, der Tarot (der französische Name des Spiels) sei ein Überbleibsel des Buches Thoth, das ein ägyptischer Gott der Magie geschaffen habe, um seinen Schülern all sein Wissen zu übergeben. Court de Gebelins Idee scheint weit mehr Phantasie als Fakten widerzuspiegeln. Im neunzehnten Jahrhundert jedoch brachte ein anderer Franzose, der als Eliphas Lévi bekannte Alphonse Louis Constant, die Karten mit der Kabbala in Verbindung, und seitdem haben Menschen den Tarot tiefer und tiefer erforscht und dabei immer mehr Bedeutung, Weisheit und durch Meditation und intensives Studium sogar Erleuchtung gefunden.

Heute sehen wir den Tarot als einen Weg an, als ein Mittel zu persönlichem Wachstum, durch den wir uns selbst und das Leben besser verstehen. Für einige bleibt es eine wichtige Frage, wo die Ursprünge des Tarot liegen, für andere zählt nur, daß den Karten mit den Jahren bestimmte Bedeutungen zugefallen sind.

Bempo hat einen Archetypus geschaffen, ob bewußt oder aus tiefem Instinkt, wissen wir nicht. Die Bilder selbst, die immer wieder von verschiedenen Künstlern verändert und ausgearbeitet worden sind, faszinieren uns und schlagen uns in ihren Bann, unabhängig von allen Systemen und detaillierten Erläuterungen. Auf diese Weise ziehen sie uns in ihre geheimnisvolle Welt, die letztlich nie ganz erklärt, sondern nur erfahren werden kann.

Verschiedene Versionen des Tarot

Die meisten modernen Versionen des Tarot unterscheiden sich nur sehr wenig von jenen Kartenspielen des fünfzehnten Jahrhunderts. Sie enthalten immer noch achtundsiebzig Karten, die eingeteilt sind in die vier Sätze: Stäbe, Kelche, Schwerter und Münzen bzw. Pentakel, insgesamt die »Kleinen Arkana« genannt, und die zweiundzwanzig Trümpfe, die als die »Großen Arkana« bekannt sind (das Wort »Arkanum« bedeutet »geheimes Wissen«). Es ist wahr, daß sich einige der Bilder beträchtlich verändert haben, aber jede Version behält in der Regel das Grundkonzept bei. Es gibt z. B. mehrere ziemlich stark variierende Versionen von der Karte »Der Kaiser«, aber alle repräsentieren irgendwie die Vorstellung eines Kaisers. Im allgemeinen gingen die Veränderungen in eine Richtung, die stärker das Symbolische und Mystische betont.

Dieses Buch stützt sich in der Hauptsache auf den Tarot von Arthur Edward Waite, dessen sehr populäres »Rider-Spiel« (benannt nach seinem englischen Herausgeber) im Jahre 1910 erschienen ist. Waite wurde dafür kritisiert, daß er die allgemein akzeptierte Fassung einiger Trumpfkarten verändert hatte. Das Bild der Sonne z. B. zeigt im allgemeinen zwei Kinder in einem Garten, die sich an den Händen halten. Waite veränderte es dahingehend, daß ein Kind auf einem Pferd aus einem Garten hinausreitet. Die Kritiker machten den Einwand, daß Waite damit die Bedeutung der Karte im Sinne seiner persönlichen Vision verändert habe. Dies war wahrscheinlich tatsächlich so, denn Waite vertraute immer mehr seinen eigenen Ideen als denen der anderen. Aber einige Leute kamen auch zu der Ansicht, daß die früheste Version der Sonne, nämlich die von Bempo, sehr wenig Ähnlichkeit mit der angeblich traditionellen Version hat. Tatsächlich kommt sie der von Waite sehr viel näher; das Bild zeigt ein einzelnes, wundersames Kind, das durch die Luft fliegt und eine Kugel mit dem Bild einer Stadt darin hochhält.

Die gravierendste Änderung, die Waite und die Künstlerin Pamela Colman Smith vornahmen, bestand darin, daß sie jeder Karte, einschließlich der numerierten Karten der Kleinen Arkana, eine bildliche Szene gaben. Fast alle früheren und viele späteren Spiele haben auf den Punktkarten nur einfache geometrische Muster. Die Zehn der Schwerter zeigt beispielsweise meistens zehn zu einem Muster angeordnete Schwerter, ganz ähnlich der Karte, von der sie sich herleitet, der Pik-Zehn. Anders beim Rider-Spiel: auf Pamela Smiths Zehn der Schwerter sieht man einen Mann unter einer schwarzen Wolke liegen, und zehn Schwerter stecken in seinem Rücken und in seinen Beinen.

Wir wissen nicht genau, wer diese Karten eigentlich entworfen hat. Hat Waite sie selbst konzipiert (wie er das zweifellos bei den Großen Arkana getan hat), oder nannte er Pamela Smith nur die Qualitäten und Ideen, die er ausgedrückt sehen wollte, und überließ es dann ihr, die Szenen zu erfinden? In seinem eigenen Buch über den Tarot *Der Bilderschlüssel zum Tarot* macht Waite wenig Gebrauch von diesen Bildern. In einigen Fällen, z. B. bei der Sechs der Schwerter, beinhaltet das Bild sehr viel mehr als die von Waite niedergeschriebene Bedeutung, während in anderen Fällen, besonders bei der Zwei der Schwerter, das Bild der Bedeutung sogar ziemlich widerspricht.

Aber unabhängig davon, ob sie nun von Waite oder von Smith entworfen worden sind, hatten diese Bilder einen nachhaltigen Einfluß auf spätere Tarot-Zeichner. Fast alle Spiele, die auf jeder Karte eine szenische Darstellung haben, basieren auf den Bildern des Rider-Spiels.

Waite nannte sein Spiel den »korrigierten« Tarot. Er bestand darauf, daß seine Bilder die wahre Bedeutung der Karten wiederherstellten, und in seinem ganzen Buch macht er sich über die Versionen seiner Vorgänger lustig. Bei dem Wort »korrigiert« mögen manche denken, Waites Mitgliedschaft in Geheimgesellschaften habe ihm Zugang zum geheimen »Original«-Tarot verschafft. Wahrscheinlicher ist aber, daß er einfach der Meinung war, seine Bilder gäben die tiefste Bedeutung der Karten wieder. Wenn er z. B. die Karte »Die Liebenden« so drastisch veränderte, dann tat er das, weil er das alte Bild für belanglos hielt und sein neues für das Symbol einer tiefen Wahrheit.

Damit will ich nicht sagen, daß Waites Karten einfach eine intellektuelle Konstruktion sind, wie bei einem Gelehrten, der eine

Rede Hamlets so umstellt, daß sie für ihn mehr Sinn macht. Waite war ein Mystiker, der sich mit Magie und esoterischen Praktiken beschäftigte. Er begründete seinen Tarot auf tiefe persönliche Erleuchtungserfahrungen. Er glaubte, daß sein Tarot richtig und die anderen falsch seien, weil er diese Erfahrung repräsentierte.

Ich habe das Rider-Spiel aus zwei Gründen als meine Quelle gewählt. Erstens finde ich viele seiner Neuerungen äußerst wertvoll. Die Waite-Smith-Version des Narren ist für mich weit bedeutsamer als alle früheren. Zweitens glaube ich, daß die revolutionäre Veränderung der Kleinen Arkana uns von den starren Formeln befreit, die den Sätze-Karten so lange anhafteten. Wenn man sich früher die Bedeutung einer Karte der Kleinen Arkana durchgelesen und eingeprägt hatte, konnte man dem nicht mehr viel hinzufügen; das Bild bot sehr wenig Anregungen. Beim Rider-Spiel dagegen können wir den Bildern Gelegenheit geben, auf unser Unbewußtes einzuwirken; außerdem können wir unsere eigenen Erfahrungen auf sie übertragen. Kurz, Pamela Smith hat uns etwas gegeben, das wir interpretieren können.

Weiter oben habe ich geschrieben, daß ich mir das Rider-Spiel als »primäre« Quelle ausgesucht habe. Die meisten Bücher über den Tarot benutzen nur ein Spiel für die Illustrationen. Diese Selbstbeschränkung entstammt vielleicht dem Wunsch, den »wahren« Tarot darzustellen. Indem man ein Spiel auswählt und das andere verwirft, erklärt man damit das eine für richtig und das andere für falsch. Eine solche Unterscheidung ist für Autoren wie Aleister Crowley oder Paul Foster Case von großer Bedeutung, die im Tarot ein symbolisches System für ein objektives Wissen sehen. In diesem Buch werden die Karten jedoch mehr als Archetypen der Erfahrung behandelt. Aus diesem Blickwinkel ist ein Spiel nicht richtig oder falsch, sondern eine Erweiterung des Archetyps. Der Tarot ist sowohl die Summe all der verschiedenen Versionen, die über Jahre hinweg erschienen sind, als auch eine Wesenheit, die unabhängig von diesen existiert. In Fällen, in denen eine andere Version als die von Waite die Bedeutung einer bestimmten Karte vertiefen kann, werden wir beide Bilder betrachten. Bei manchen Bildern, beim »Jüngsten Gericht« z. B. oder beim »Mond«, gibt es nur subtile Unterschiede; bei anderen, wie bei den »Liebenden« oder beim »Narren«, sind sie drastischer. Wenn wir mehrere Darstellungen der gleichen Erfahrung betrachten, vertiefen wir damit unsere Bewußtheit dieser Erfahrung.

Divination

Die meisten Menschen sehen den Tarot heutzutage als eine Methode der Weissagung oder Divination. Merkwürdigerweise wissen wir über diesen Aspekt der Karten historisch gesehen am allerwenigsten. Wenn man von den relativ wenigen historischen Quellen, welche den Gebrauch als Divinationsmethode im Gegensatz zu dem als Spiel erwähnen, ausgeht, kommt man zu dem Schluß, daß die Divinationspraxis erst einige Zeit nach der Einführung der Karten allgemein üblich wurde. Möglicherweise begegneten die Zigeuner oder Romani auf ihren Reisen durch Europa dem Spiel Tarocchi und begannen, die Karten zur Weissagung zu gebrauchen. Oder die Idee wurde von Einzelpersonen entwickelt (die frühesten schriftlichen Quellen sind individuelle Interpretationen, die aber gleichwohl früheren Systemen entnommen sein könnten, die nicht schriftlich festgehalten, aber in allgemeinem Gebrauch waren), und die Romani übernahmen sie von diesen. Der Glaube, die Romani selbst hätten die Karten von Ägypten mitgebracht, war immer sehr weit verbreitet. Tatsache ist aber, daß die Romani, die wahrscheinlich aus Indien kamen, gut hundert Jahre später in Spanien ankamen, als die Einführung der Tarot-Karten in Italien und Frankreich datiert.

In dem Abschnitt über die Deutungen werden wir uns damit beschäftigen, was Divination eigentlich bedeutet, und wie eine so »schockierende« Praxis funktionieren könnte. Hier wollen wir nur festhalten, daß Menschen schon so gut wie alles zur Voraussage des Schicksals verwendet haben – die dampfenden Eingeweide geschlachteter Tiere, die Muster des Vogelflugs am Himmel, farbige Steine, geworfene Münzen und vieles andere mehr. Diese Praktiken entstehen einfach aus dem Wunsch, im voraus zu wissen, was geschehen wird, oder, auf subtilere Weise, aus der inneren Überzeugung, daß alles miteinander verbunden ist, alles Bedeutung hat und daß nichts zufällig geschieht.

Die Idee vom Zufall ist überhaupt recht neu. Entstanden ist sie aus dem Dogma, daß Ursache und Wirkung die einzig gültige Verbindung zwischen zwei Ereignissen ist. Ereignisse ohne diese logische Verbindung sind zufällig und damit bedeutungslos. In früheren Zeiten dagegen dachten die Menschen in Begriffen der Entsprechung. Ereignisse oder Muster in einem Bereich der Wirklichkeit hatten ihre Entsprechungen in anderen Bereichen. Die Muster des

Tierkreises entsprechen den Mustern im Leben eines Menschen, die Muster der Teeblätter am Boden der Tasse entsprechen dem Ausgang der Schlacht; alles ist miteinander verbunden. Diese Vorstellungen hatten immer ihre Anhänger, aber in jüngster Zeit haben sogar einige Wissenschaftler, die sich von dem Auftreten von Ereignissen in Serien (wie z. B. eine Pechsträhne) haben beeindrucken lassen, angefangen, sich ernsthaft mit diesen Dingen zu beschäftigen.

Wenn man doch aber alles zur Weissagung benutzen kann, warum dann gerade den Tarot? Die Antwort ist die, daß uns jedes System *irgend etwas* sagt; der Wert dieses Irgendetwas aber hängt von der dem jeweiligen System innewohnenden Weisheit ab. Die Bilder des Tarot tragen schon in sich selbst so viel tiefe Bedeutung, daß die Muster, die sie bei den Auslegungen formen, uns sehr viel über uns selbst und über das Leben im allgemeinen sagen können. Unglücklicherweise haben die meisten Wahrsager diese tieferen Bedeutungen jahrelang ignoriert und einfache Formeln bevorzugt (»ein dunkler Mann, jemand, der bereit ist, dem Fragenden zu helfen«), die leicht zu interpretieren und vom Klienten leicht zu verdauen sind.

Diese formelhaften Bedeutungen sind oft sowohl widersprüchlich als auch beschränkt und enthalten keine Hinweise darauf, wie man sich zwischen ihnen entscheiden sollte. Das gilt ganz besonders für die Kleinen Arkana, die den Großteil des Spiels ausmachen. Eigentlich keine Arbeit über den Tarot hat diesen Gegensatz erschöpfend behandelt. Die meisten ernsthaften Studien, also solche, die sich mit den tieferen Bedeutungen der Großen Arkana beschäftigen, erwähnen die Kleinen Karten entweder gar nicht oder hängen am Ende einfach einen Satz Deutungsformeln an, als widerwilliges Zugeständnis an Leser, die das Spiel unbedingt zur Weissagung benutzen wollen. Wie schon erwähnt, hat selbst Waite den bemerkenswerten Bildern von Pamela Smith lediglich seine eigenen Formeln mitgegeben.

Dieses Buch wird sich ausführlich mit den auf den Karten dargestellten Ideen und deren Symbolik beschäftigen, aber auch die Anwendung dieser Ideen in den Tarot-Befragungen sehr sorgfältig behandeln. Viele Autoren, besonders Waite, haben die Weissagung als degenerierten Gebrauch der Karten abgelehnt. Aber der richtige Umgang mit Auslegungen kann unsere Bewußtheit über die Bedeutungen der Karten erheblich erweitern. Es ist etwas ganz anderes, ob man eine Karte in Kombination mit anderen betrachtet, oder ob man nur die Symbolik dieser Karte für sich allein erforscht. Ich habe sehr oft die Erfahrung gemacht, daß eine bestimmte Befragung wichtige Bedeutungen erschlossen hat, die sonst nicht zum Vorschein gekommen wären.

Und noch eine andere, sehr wichtige Lektion können uns Befragungen erteilen. Auf eine Art, die durch Erklärungen unerreichbar ist, können sie demonstrieren, daß keine Karte und keine Einstellung zum Leben an sich gut oder schlecht ist, sondern vom Kontext des Augenblicks bestimmt wird.

Schließlich geben uns Befragungen die Möglichkeit, unser instinktives Gefühl für die Karten selbst zu erneuern. Alle Symbole, alle Archetypen, alle Erklärungen in diesem oder jenem Buch sind nur eine Vorbereitung darauf, sich die Bilder anzusehen und zu sagen: »Diese Karte bedeutet für mich...«

1 Das Grundmuster der vier Karten

Einheit und Dualität

Im Laufe ihrer langen Geschichte sind die Großen Arkana auf vielfältige Weise interpretiert worden. Heute tendieren wir dazu, die Trümpfe als einen psychologischen Prozeß anzusehen, der uns zeigt, wie wir durch verschiedene Stufen der Existenz voranschreiten, um schließlich einen Zustand der Ganzheit zu erreichen; wir könnten diesen Zustand als Einheit mit der Welt um uns herum oder auch als Freiheit von Schwäche, Verwirrung und Furcht beschreiben. Die vollständigen Arkana beschreiben diesen Prozeß im einzelnen, doch um sie als ein Ganzes zu begreifen, genügt es, vier Karten zu betrachten: vier grundlegende Archetypen, die in einem graphischen Muster, das Entwicklung und spirituelle Bewußtheit darstellt, angeordnet sind.

Wenn du ein eigenes Tarot-Spiel der Rider-Ausgabe* besitzt, nimm den Narren, den Magier, die Hohepriesterin und die Welt heraus und lege sie, wie in Abb. 1 gezeigt, im Diamant-Muster aus. Betrachte sie eine Zeitlang. Beachte, daß sowohl der Narr als auch die Welt frohe, tanzende Figuren zeigen, während der Magier und die Hohepriesterin fest und unbeweglich in ihrer Position verharren. Wenn du einen kurzen Blick auf die übrigen Karten der Großen Arkana wirfst, wirst du feststellen, daß alle Trümpfe außer der 0 und der 21 gezeichnet sind, als wären sie für ein Standfoto aufgestellt und nicht etwa für einen Film. Sie stellen sich uns als fixierte Zustände der Existenz dar.

Aber zwischen den beiden Tänzern gibt es einen Unterschied. Der Narr stürmt in prächtigen Kleidern vorwärts; die Figur auf der Karte »Die Welt« ist nackt. Der Narr scheint sich von irgendeinem höhergelegenen, fernen Land in die Welt da unten hinunterstür-

---

* In anderen Spielen, besonders in älteren als dem von Waite, ist der Narr sehr stark abweichend von dem hier gezeigten dargestellt. Das Kapitel über die Symbolik des Narren (Seite 32) wird auf diese andere Tradition eingehen.

zen zu wollen; die Welt erscheint paradoxerweise außerhalb des materiellen Universums, wobei die Tänzerin in einem magischen Siegeskranz schwebt.

Beachte auch die Nummern der vier Karten. Die 0 ist strenggenommen gar keine Zahl, sondern stellt eher die Abwesenheit einer spezifischen Zahl dar; man könnte auch sagen, sie enthält alle Zahlen. Sie symbolisiert unendliche Möglichkeiten. Alles bleibt möglich, weil noch keine bestimmte Form in Erscheinung getreten ist. Die 1 und die 2 sind die ersten richtigen Zahlen, die Anfänge der Realität, jetzt also als fixierter Zustand. Sie bilden die Archetypen ungerade und gerade und repräsentieren damit alle Gegensätze: männlich und weiblich, hell und dunkel, passiv und aktiv etc. Die 21 jedoch vereint diese beiden Zahlen in einer Figur.

Sieh dir ihre Haltung an. Der Magier hält einen magischen Stab zum Himmel empor. Der phallische Stab symbolisiert neben den Ideen von Geist und Einheit natürlich die Männlichkeit. Die Hohepriesterin sitzt zwischen zwei Pfeilern, ein Symbol sowohl für die Vagina als auch für die Dualität. Diese zwei Pfeiler erscheinen immer wieder in den Großen Arkana, in offensichtlicher Form, wie im Tempel auf der Karte Hierophant, oder auf subtilere Art, wie z. B. in den zwei Liebenden auf der Karte 6 oder in den zwei Sphinxen, die vor den Triumphwagen gespannt sind. Aber nun sieh dir die Welt an. Die Tänzerin, eine weibliche Figur (obwohl sie in einigen Spielen auch als Hermaphrodit dargestellt wird), trägt zwei magische Stäbe, in jeder Hand einen. Das Männliche und das Weibliche sind vereinigt und mehr noch, ihre getrennten Eigenschaften ordnen sich der höheren Freiheit und Freude unter, die in der Leichtigkeit zum Ausdruck kommen, mit der die Tänzerin diese machtvollen Symbole hält.

Offensichtlich zeigt also die horizontale Linie (der Magier und die Hohepriesterin) eine Dualität von Gegensätzen, während die vertikale Linie (die 0 und die 21) eine Einheit darstellt, wobei der Narr eine Art vollkommenen Zustand noch vor dem Aufbrechen der Dualität symbolisiert, während die Welt uns einen Eindruck von dem belebenden Gefühl von Freiheit vermittelt, das möglich wäre, wenn es uns gelänge, die Gegensätze in unserer Psyche zu versöhnen.

Der Tarot symbolisiert, wie viele andere Gedankensysteme und vor allem Mythologien auch, die Dualität in der Aufteilung in männlich und weiblich. Die Kabbalisten glaubten, daß Adam ur-

Der NARR

Der MAGIER

Die WELT

Die HOHEPRIESTERIN

Abb. 1

sprünglich ein Hermaphrodit war, und daß Eva erst als Folge des Sündenfalls von ihm getrennt wurde. In den meisten Kulturen ist es so, daß Männer und Frauen sich als sehr verschieden erleben, ja sogar als voneinander getrennte Gesellschaften. Heute glauben viele Menschen, daß jeder Mensch sowohl männliche als auch weibliche Eigenschaften besitzt, aber in früheren Zeiten war diese Idee nur in esoterischen Vereinigungslehren zu finden.

Wenn wir uns die Dualität als männlich oder weiblich, schwarz oder weiß vorstellen, dann ist das sehr dramatisch; wir erfahren aber auch subtilere Gegensätze in unserem Alltagsleben, so z. B. zwischen unseren Hoffnungen, dem, was wir uns als möglich vorstellen, und dem, was wir tatsächlich erreichen. Sehr oft stellt sich heraus, daß unsere Handlungen die Hoffnungen, die wir in sie gesetzt hatten, nicht erfüllen. Die Ehe gibt nicht das vollkommene Glück, das wir von ihr erwartet hatten, Beruf oder Karriere bringen mehr Frustration als Erfüllung. Viele Künstler haben gesagt, daß das Bild auf der Leinwand niemals das Bild ist, das ihnen vorschwebte, daß sie niemals das ausdrücken können, was sie sagen wollten. Irgendwie ist die Realität des Lebens immer etwas bescheidener als sein Potential. Im schmerzlichen Bewußtsein dieser Tatsache quälen sich viele Menschen mit jeder Entscheidung herum, egal wie klein oder groß sie ist, weil sie es nicht akzeptieren können, daß, wenn sie eine Handlung in der einen Richtung begonnen haben, sie nicht mehr in alle anderen Richtungen gehen können, die ihnen vorher offenstanden. Sie können die Beschränkungen des Handelns in der realen Welt nicht annehmen.

Die Spaltung zwischen Möglichkeit und Realität wird manchmal mit der Trennung zwischen Körper und Geist gleichgesetzt. Wir empfinden unsere Gedanken und Gefühle als etwas von unserer physischen Präsenz in der Welt Verschiedenes. Der Geist ist unbegrenzt, kann überall im Universum herumwandern, vorwärts und rückwärts die Zeit durchlaufen. Der Körper dagegen ist schwach und Hunger, Müdigkeit und Krankheit unterworfen. Im Versuch, diese Trennung zu überwinden, haben die Menschen philosophische Extreme entworfen. Die Behavioristen haben behauptet, daß es den Geist gar nicht gebe; nur der Körper und die Gewohnheiten, die er entwickelt, seien wirklich. Am entgegengesetzten Pol haben viele Mystiker den Körper als eine Illusion erfahren, die von unserem begrenzten Verständnis geschaffen wird. Die christliche Tradition definiert die Seele als das unsterbliche wahre Selbst, das schon vor und auch nach dem Leben des Körpers, der sie enthält, existiert. Und viele Religionen und Sekten, wie die Gnostiker und einige Kabbalisten, haben den Körper als ein Gefängnis angesehen, das durch die Sünden und Fehler unserer gefallenen Vorfahren geschaffen wurde.

Hinter all diesen Dualitäten spüren wir, daß wir uns selbst nicht kennen. Wir haben das Gefühl, daß ganz tief in unserem Inneren unser wahres Wesen stärker und freier und mit größerer Weisheit und Kraft ausgestattet ist; wir spüren aber auch, daß es etwas mit gewalttätigen Leidenschaften und wilden tierischen Trieben zu tun hat. Was es auch immer sein mag, wir *wissen*, daß dieses wahre

Selbst sich verbirgt oder vielleicht tief im Inneren unserer normalen, sozial angepaßten Persönlichkeit begraben liegt. Aber wie erreichen wir es?

Angenommen, das wahre Selbst wäre von größter Schönheit und Kraft – wie können wir es befreien?

Die Disziplinen, die man die »okkulten Wissenschaften« nennt, beginnen mit einem klaren Bewußtsein in bezug auf all diese Spaltungen und Begrenzungen. Dann gehen sie jedoch darüber hinaus; sie nehmen an, daß es einen Schlüssel oder Plan gibt, der alle Polaritäten zusammenbringt, der unser Leben mit unseren Hoffnungen vereint und unsere latente Kraft und Weisheit befreit. Bei vielen Menschen herrscht Verwirrung über die Absichten spiritueller Disziplinen.

Viele glauben, der Tarot sei nur zur Weissagung da, Alchemisten wollten reich werden durch die Verwandlung von Blei in Gold, die Arbeit von Kabbalisten bestünde im Hersagen geheimer Wörter usw. In Wahrheit streben diese Disziplinen eine psychologische Vereinigung an. Das Grundmetall, das der Alchemist versucht, in Gold zu verwandeln, ist er selbst. Ausgehend von der Lehre, daß wir von einem vollkommenen in einen beschränkten Zustand gefallen sind, glaubt der Okkultist nicht daran, daß wir einfach passiv darauf warten müssen, von einer äußeren Macht in ferner Zukunft erlöst zu werden. Im Gegenteil, er hält es für unsere Verantwortung, diese Erlösung selbst zu erreichen, indem wir den Schlüssel zur Einheit finden.

Der Tarot stellt eine Version dieses Schlüssels dar. Er ist nicht *der* Schlüssel, und genausowenig ist er eigentlich eine Geheimlehre. Er stellt einen Prozeß dar, und eine der Lektionen, die er uns lehrt, ist die, daß wir im Irrtum sind, wenn wir meinen, Vereinigung ließe sich durch einen einfachen Schlüssel oder durch eine einfache Formel erreichen. Sie entsteht vielmehr durch Wachstum und sich entwickelnde Bewußtheit, wenn wir Schritt für Schritt durch die einundzwanzig Stufen der Großen Arkana reisen.

Der Narr stellt wahre Unschuld dar, eine Art vollkommenen Zustand der Freude und Freiheit, ein Gefühl, zu allen Zeiten mit dem Geist des Lebens eins zu sein, mit anderen Worten, das unsterbliche Selbst, von dem wir spüren, daß es in den Verwirrungen und Kompromissen der Alltagswelt gefangen ist. Vielleicht hat es dieses strahlende Selbst niemals wirklich gegeben. Aber irgendwie erfahren wir es intuitiv als etwas Verlorenes. Tatsächlich hat praktisch jede Kultur einen Mythos vom Fall aus einem ursprünglichen Paradies entwickelt.

»Unschuld« ist ein Wort, das oft falsch verstanden wird. Es bedeutet nicht »ohne Schuld«, sondern eher Freiheit und völlige Offenheit dem Leben gegenüber, ein vollständiges Fehlen von Furcht, das durch einen rückhaltlosen Glauben an das Leben und an unser instinktives Selbst entsteht. Unschuld bedeutet auch nicht asexuell, wie manche Menschen meinen. Sie bedeutet, Sexualität ausdrücken zu können ohne Angst, ohne Schuldgefühle, ohne Verrat und Unehrlichkeit. Sie ist frei und spontan ausgelebte Sexualität, ein Ausdruck von Liebe und Ekstase.

Der Narr trägt die Nummer 0, da für einen Menschen, der bereit ist, in jede Richtung zu gehen, alle Dinge möglich sind. Er gehört an keinen bestimmten Ort; er ist nicht festgelegt wie die anderen Karten. Seine Unschuld macht ihn zu einem Menschen ohne Vergangenheit und daher mit unendlicher Zukunft. Jeder Moment ist ein neuer Anfangspunkt. In arabischen Ziffern hat die Zahl 0 die Gestalt eines Eies, womit angedeutet wird, daß alle Dinge aus ihr entspringen. Ursprünglich wurde die Null als ein Punkt geschrieben; nach der hermetischen und kabbalistischen Tradition ist das Universum aus einem einzigen Lichtpunkt entstanden. Und Gott wird in der Kabbala oft als »das Nichts« beschrieben, denn Gott als irgend *etwas* zu beschreiben, würde bedeuten, ihn auf einen begrenzten, festgelegten Zustand zu beschränken. Tarot-Kommentatoren, die sich darüber streiten, ob der Narr vor, hinter oder irgendwo zwischen die anderen Karten gehört, scheinen mir am Wesentlichen vorbeizugehen. Der Narr ist Bewegung, Veränderung, die ständige Bereitschaft zum Sprung ins Leben.

Für den Narren gibt es keinen Unterschied zwischen Möglichkeit und Realität. Die 0 bedeutet völlige Leerheit von Hoffnungen und Ängsten, der Narr erwartet nichts und plant nichts. Er reagiert direkt auf die gegenwärtige Situation.

Seine völlige Spontaneität kommt anderen Menschen zugute. Nichts ist kalkuliert, nichts zurückgehalten. Er verhält sich nicht absichtlich so, nicht wie jemand, der sich bewußt vornimmt, einem Freund oder Geliebten gegenüber völlig aufrichtig zu sein. Für den Narren ist seine Aufrichtigkeit und Liebe natürlich, er gibt sie jedem, ohne jemals darüber nachzudenken.

Wir bezeichnen den Narren als männlich und die Welt-Tänzerin als weiblich, entsprechend ihrer Erscheinung auf den Bildern, aber beide könnten sowohl ein Mann als auch eine Frau sein, ohne daß es einen Unterschied machen würde. Genauso wie es für den Narren nicht die Erfahrung einer Trennung von der physischen Welt gibt, macht er oder sie auch nicht die Erfahrung irgendeiner Distanz zum anderen Geschlecht. Auf der psychischen Ebene sind der Narr und die Tänzerin Hermaphroditen und bringen, getreu ihrem Wesen, ihre vollständige Menschlichkeit jederzeit zum Ausdruck.

Nun betrachte noch einmal das Muster der vier Karten. Du siehst, wie der Narr sich aufspaltet in den Magier und die Hohepriesterin, die wieder zusammengeführt werden müssen, um die Welt zu schaffen. Die zwei Karten stellen dar, wie die Unschuld des Narren sich in die Illusion der Gegensätze aufspaltet. Die Welt zeigt uns eine wiederhergestellte Einheit, die jedoch eine höhere und tiefere Einheit ist, da sie durch eine Entwicklung erreicht wurde, wie sie in den anderen achtzehn Karten aufgezeigt wird. Der Narr ist Unschuld, aber die Welt ist Weisheit.

Unschuld und Freiheit

Der Narr lehrt uns, daß das Leben ein ständiger Tanz der Erfahrung ist. Aber die meisten von uns können eine solche Spontaneität noch nicht einmal für kurze Augenblicke aufrechterhalten. Da es so viele Ängste, Konditionierungen und die sehr realen Probleme des täglichen Lebens gibt, erlauben wir es unserem Ego notwendigerweise, uns von der Erfahrung abzutrennen. Dennoch können wir in uns ganz schwach die Möglichkeit der Freiheit spüren, und deshalb nennen wir dieses vage Gefühl des Verlustes ein »Herausfallen« aus der Unschuld. Wenn wir diese Unschuld jedoch einmal verloren haben, können wir nicht einfach auf die Ebene des Narren zurückklettern. Statt dessen müssen wir uns anstrengen und lernen, Reife, Selbsterkenntnis und spirituelle Bewußtheit zu entwickeln, bis wir die größere Freiheit der Welt erreichen.

Der Magier stellt Aktivität dar, die Hohepriesterin Passivität, der Magier Männlichkeit, die Hohepriesterin Weiblichkeit, der Magier das Bewußtsein, die Hohepriesterin das Unbewußte.

Mit dem Wort »Bewußtsein« meinen wir nicht die hohe Bewußtheit der Welt, sondern das sehr mächtige, aber dennoch begrenzte Bewußtsein des Egos, welches die äußere Welt mit ihren Trennungen und Formen erschafft. Diese Beschreibung soll die kreative Fähigkeit des Magiers nicht herunterspielen oder schmälern. Was könnte kreativer sein, als dem Chaos eine Form zu geben?! Es ist der Magier, der dem Leben Sinn und Zweck gibt. Heiler, Künstler und Okkultisten haben den Magier als ihren Schirmherrn in den Mittelpunkt ihres Interesses gestellt. Dennoch stellt seine Macht eine Trennung von der Freiheit des Narren oder dem tiefen Verstehen der Welt dar.

Entsprechend weist auch die Hohepriesterin in ihrer Unbewußtheit auf einen sehr tiefen Zustand intuitiven Bewußtseins hin. Und doch gehört ihr inneres Wissen nicht jenem strahlenden Zentrum des Nichts an, das es dem Narren ermöglicht, sich so frei zu verhalten. Die Hohepriesterin symbolisiert den Archetyp der inneren Wahrheit. Da diese Wahrheit jedoch unbewußt ist, nicht ausgedrückt werden kann, kann sie diese nur in völliger Passivität bewahren. Diese Situation stellt sich im Leben auf vielfältige Weise dar. Wir tragen alle eine dunkle Ahnung in uns davon, wer wir sind, von unserem eigentlichen Selbst, das andere Menschen niemals wahrnehmen, und das wir unmöglich erklären können. Aber Frauen und Männer, die sich in den Strudel von Wettbewerb, Karriere und Verantwortlichkeiten stürzen, ohne gleichzeitig auf mehr Selbsterkenntnis hinzuarbeiten, entdecken oft an irgendeinem Punkt, daß sie das Gefühl davon verloren haben, wer sie sind und was sie einmal vom Leben erwartet haben. In völligem Gegensatz zu solchen Menschen ziehen sich buddhistische Mönche und Nonnen von der Welt zurück, da schon die leichteste Verwicklung sie aus dem Zentrum ihrer Meditation herausbringen könnte.

Sowohl der Magier als auch die Hohepriesterin tragen eine archetypische Reinheit in sich. Sie haben das Strahlende des Narren nicht ganz verloren, sie haben es nur aufgespalten in Licht und Dunkelheit. (Die gleiche Überlegung liegt dem auf der Polarität von Yang und Yin basierenden chinesischen Orakel I Ging zugrunde. Der erste Schritt aus der Einheit heraus ist das männliche Yang-Prinzip, der zweite das Yin-Prinzip. Anm. d. Hrsg.) Bei dem traditionellen Gegensatz von westlicher und östlicher Religion stellt der Magier den Westen mit seiner Betonung von Handlung und historischer Erlösung dar, die Hohepriesterin den Osten, den Weg des Rückzugs aus der Welt und aus der Zeit. Aber Anhänger beider Traditionen werden, wenn sie ein wirklich tiefes Verständnis entwickelt haben, beide Elemente miteinander verbinden.

Die Hohepriesterin sitzt zwischen den Pfeilern des Lichten und des Dunklen. Obwohl sie selbst die dunkle, passive Seite symbolisiert, kann sie doch mit ihrer Intuition ein Gleichgewicht zwischen beiden Seiten finden. Das ist weniger paradox, als es klingen mag. Wenn wir unser Leben als voll von unlösbaren Gegensätzen empfinden, können wir auf zwei verschiedene Arten reagieren. Wir können wie wild herumrennen und von einem Extrem ins andere fallen, oder wir können absolut gar nichts tun. Wir können uns in die Mitte setzen und uns in keine Richtung verführen lassen, sondern passiv dem Spiel der Gegensätze um uns herum zusehen. Allerdings ist auch dies natürlich eine Entscheidung, und irgendwann werden wir dieses Gleichgewicht und dieses innere Wissen wieder verlieren, einfach weil das Leben um uns herum weitergeht.

In der kabbalistischen Bilderwelt stellt die Hohepriesterin den Pfeiler der Harmonie dar, eine Kraft, welche die gegensätzlichen Pfeiler des Mitleids und des Gerichts miteinander versöhnt. Deswegen sitzt sie zwischen den zwei Pfeilern des Tempels. Aber ohne die Fähigkeit, sich mit der aktiven Kraft des Magiers zu vermischen, wird das Harmoniegefühl der Hohepriesterin irgendwann verlorengehen.

Da der Magier und die Hohepriesterin Archetypen darstellen, können sie in unserem Leben genauso wenig existieren wie der Narr. Unvermeidlich verwirren wir diese Kräfte (statt sie zu vereinigen) und erfahren dadurch nur ihre niederen Formen, z. B. als kopflose Handlungen oder als unsichere und mit Schuldgefühlen behaftete Passivität. Mit anderen Worten, die Reinheit beider Pole geht verloren, weil das Leben sie durcheinanderwürfelt.

Die Großen Arkana verfolgen eine doppelte Absicht. Erstens befähigen sie uns, indem sie die Elemente unseres Lebens als Archetypen isolieren, diese in ihrer reinen Form als Aspekte der psychologischen Wahrheit zu sehen. Zweitens helfen sie uns, die verschiedenen Elemente wirklich zu bewältigen, Schritt für Schritt die verschiedenen Stufen des Lebens zu gehen, bis sie uns schließlich zur Einheit geführt haben. In der Realität hat die Unschuld, die der Narr symbolisiert, vielleicht nie wirklich existiert. Und doch erleben wir sie irgendwie als etwas Verlorengegangenes. Die Großen Arkana sagen uns, wie wir diese Unschuld wiedererlangen können.

2 Überblick

Die Karten als eine Sequenz

Die meisten Interpreten der Großen Arkana gehen nach einem der beiden folgenden Ansätze vor: entweder betrachten sie die Karten als separate Einheiten oder als eine Sequenz. Der erste Ansatz geht davon aus, daß jede Karte eine andere Qualität oder wichtige Situation darstellt, die für die spirituelle Entwicklung des Menschen von Bedeutung ist. Die Kaiserin repräsentiert die in der Natur verherrlichte Seele, der Kaiser die Herrschaft über das Selbst, etc. In diesem System wird die Numerierung der Karten als Teil ihrer symbolischen Sprache gewertet. Die Zahl 1 gehört zum Magier, nicht weil er an erster Stelle steht, sondern weil in dieser Zahl Ideen zum Ausdruck kommen – Einheit, Willenskraft –, die dem Konzept des Magiers entsprechen.

Der zweite Ansatz sieht in den Trümpfen eine Entwicklung. Der Magier hat die Nummer 1, weil seine Qualitäten den Anfangspunkt des Entwicklungsmusters bilden, das in den anderen Karten dargestellt ist. Und die Karte mit, sagen wir, der Nummer 13 hat ihren Platz an genau dieser Stelle, zwischen dem Gehängten und der Mäßigkeit, und an keiner anderen. Jeder neue Trumpf baut auf dem vorherigen auf und bereitet den nächstfolgenden vor.

Im allgemeinen habe ich mich an die zweite Methode gehalten. Auf der einen Seite sollte die Symbolik der Zahlen nicht vernachlässigt werden, andererseits ist es aber auch wichtig zu beachten, an welcher Stelle sich die jeweilige Karte in das Gesamtmuster einfügt. Vergleiche mit anderen Nummern können uns helfen, sowohl die Grenzen als auch den Wert einer jeden Karte zu erkennen. Die Nummer 7 beispielsweise, der Wagen, wird oft als »Sieg« gedeutet. Aber welche Art von Sieg ist gemeint? Ist es die völlige Befreiung, die die Welt zum Ausdruck bringt, oder ist es etwas Begrenzteres, das aber dennoch einen großen Wert hat? Ein Blick auf die Position der Karte kann solche Fragen beantworten.

Die Interpreten, die nach diesem Ansatz vorgegangen sind, haben in der Regel nach einer Stelle gesucht, an der sie die Trümpfe zum leichteren Verständnis aufteilen konnten. Meistens wurde dafür das Rad des Glücks gewählt. Als die Nummer Zehn symbolisiert es die Vollendung des einen Zyklus und den Beginn eines neuen. Außerdem werden die Karten, wenn man den Narren an den Anfang stellt, auf diese Weise genau in zwei Gruppen von elf Karten aufgeteilt. Das Wichtigste aber ist, daß die Idee des sich drehenden Rades eine Einstellungsänderung symbolisiert, von der Beschäftigung mit äußeren Dingen wie Erfolg und Liebe zu einer mehr nach innen gerichteten Orientierung, die in Karten wie der Tod und der Stern dargestellt ist.

Es hat sicherlich seinen Wert, die Großen Arkana als zwei Hälften zu betrachten, aber meiner Meinung nach lassen sich die Trümpfe noch organischer in drei Teile aufteilen. Wenn wir den Narren beiseite legen, der eigentlich schon eine Kategorie für sich ist (ihn beiseite zu legen, macht uns auch deutlich, daß er überall und nirgendwo hingehört), erhalten wir einundzwanzig Karten – drei Siebenergruppen.

Die Zahl Sieben hat eine lange Geschichte in der Symbolik: die sieben Planeten der klassischen Astrologie, die Sieben als Kombination von Drei und Vier, die selber archetypische Zahlen sind, die sieben Pfeiler der Weisheit, die sieben niederen Stationen des Lebensbaumes, sieben Öffnungen im Kopf des Menschen, sieben Chakren und natürlich die sieben Tage der Woche.

Ein besonderer Aspekt der Sieben setzt sie direkt mit dem Tarot in Beziehung. Der griechische Buchstabe π steht für das Verhältnis, das in jedem Kreis zwischen Durchmesser und Umfang besteht. Unabhängig davon, wie groß oder klein der Kreis ist, stehen diese beiden Größen immer in einem Verhältnis von 22 : 7. Und die Großen Arkana erreichen mit dem Narren zweiundzwanzig, während sie sich ohne den Narren auf sieben reduzieren. Weiterhin sind zweiundzwanzig mal sieben gleich einhundertundvierundfünfzig (die Quersumme von 154 ist zehn und schafft damit die Verbindung zum Rad), und einhundertvierundfünfzig geteilt durch zwei, entsprechend den zwei Arkana, ergibt siebenundsiebzig, also den gesamten Tarot, wenn man den Narren wieder außer acht läßt.

Nach der kabbalistischen Konzeption von Gott ist der Punkt das Nichts, und dennoch strahlt der gesamte Kreislauf von ihm aus. Und die Zahl des Narren, die Null, wurde sowohl als Kreis wie auch als Punkt dargestellt.

Die besten Gründe für eine Aufteilung in drei Gruppen liefern die Großen Arkana selbst. Betrachte zunächst die Symbolik der Bilder. Sieh dir die erste Karte in jeder Reihe an. Offensichtlich sind der Magier und die Kraft Karten der Macht, der Teufel aber nicht minder. Der Magier und die Kraft haben das Unendlichkeitszeichen über ihrem Kopf gemeinsam, während der Teufel ein umgekehrtes Pentakel trägt. Wenn du einen Blick auf die Haltung des Teufels wirfst, einen Arm erhoben, mit dem anderen nach unten weisend, wird dir auffallen, daß das Bild in gewisser Weise eine Parodie auf den Magier ist, mit der nach unten gerichteten Fackel anstelle des nach oben weisenden Stabes. In einigen Spielen trägt die Karte 15 den Titel »Der Schwarzmagier«. (In vielen Spielen ist die Gerechtigkeit und nicht die Kraft die Nummer 8. Wenn du dir die Haltung der Figur auf der Karte die Gerechtigkeit ansiehst, wirst du eine noch stärkere Ähnlichkeit mit dem Magier und dem Teufel finden.) Die gleiche Art vertikaler Korrespondenzen findet sich durchgehend in allen drei Reihen. Lege dir einmal die 21 Großen Arkana in drei Reihen auf und setze die 1, die 8, die 15; die 2, die 9, die 16; die 3, die 10, die 17 usw. in Beziehung zueinander.

Die drei Bereiche der Erfahrung

Durch die Dreiteilung der Großen Arkana erkennen wir, daß sie sich mit drei verschiedenen Bereichen der Erfahrung beschäftigen. Wir können diese kurz folgendermaßen benennen: Bewußtsein, die äußeren Belange des Lebens in der Gesellschaft; Unterbewußtsein, oder der Weg nach innen, um herauszufinden, wer wir wirklich sind; Überbewußtsein, die Entwicklung spiritueller Bewußtheit und die Freisetzung archetypischer Energien. Diese drei Ebenen sind keine aufgezwungenen Kategorien, sondern leiten sich von den Karten selbst ab.

Die erste Reihe, mit ihrer Konzentration auf Bereiche wie Liebe, soziale Autorität und Erziehung, beschreibt die wesentlichen Belange der Gesellschaft. Die Welt, wie wir sie in unseren Romanen, Filmen und Schulen gespiegelt sehen, wird von den ersten sieben Karten der Großen Arkana in vielerlei Hinsicht zusammengefaßt. Ein Mensch kann leben und sterben und von jedermann in seiner Umgebung für erfolgreich gehalten werden, ohne jemals über die

Ebene des Wagens hinauszugehen. In der Tat erreichen viele
Menschen nicht einmal diese Ebene.

Die moderne Tiefenpsychologie beschäftigt sich mit der zweiten
Reihe der Trümpfe, mit ihren Symbolen eines einsiedlerischen
Rückzugs auf dem Wege zur Bewußtwerdung des Selbst, gefolgt
von der Symbolik von Tod und Wiedergeburt. Der Engel auf der
Karte Mäßigkeit am Ende der Reihe stellt den Teil von uns dar,
den wir als unsere eigentliche Wirklichkeit entdecken, wenn wir es
zulassen, daß sich die Illusionen des Egos, die Widerstände und
die rigiden Gewohnheiten aus der Vergangenheit auflösen.

Und was hat es schließlich mit der letzten Reihe auf sich? Was
kann es noch mehr geben, als unser wahres Selbst zu finden? Einfach ausgedrückt, stellen diese sieben Karten eine Konfrontation
und schließlich eine Vereinigung mit den großen Kräften des Lebens selbst dar. Die anderen Karten, die vorher so wichtig schienen, werden zur bloßen Vorbereitung für den großen Abstieg in
die Dunkelheit, für die Befreiung des Lichts und die Rückkehr dieses Lichts in die sonnendurchflutete Welt des Bewußtseins.

Den meisten Lesern mag die letzte Reihe zu vage und zu phanta-
stisch erscheinen. Man könnte ihren Inhalt »religiös« oder »my-
thisch« nennen, aber auch diese Wörter sind schwer greifbar.

Vielleicht sagt die Verschwommenheit in unseren Köpfen mehr
über uns selbst und unsere Zeit aus als über den Gegenstand. Jede
Gesellschaft bringt ihren Mitgliedern automatisch, allein durch die
Sprache, die sie gebraucht, gewisse Annahmen über die Welt bei.
Beispiele dafür aus unserer Kultur sind etwa der Wert und die Einzigartigkeit des Individuums, die überwältigende Wichtigkeit der
Liebe, die Notwendigkeit von Freiheit und sozialer Gerechtigkeit
und, komplexer, aber genauso wichtig, die grundlegende Getrenntheit jedes Menschen. Wir werden alleine geboren und wir
sterben alleine. Unsere Gesellschaft, die auf dem materialistischen achtzehnten und neunzehnten Jahrhundert aufbaut, lehnt
nicht nur die Vorstellung eines Überbewußtseins und universaler
Kräfte ab, sondern weiß auch nicht, was sie eigentlich bedeuten.

Wenn wir uns mit der letzten Reihe der Großen Arkana beschäftigen, haben wir es mit einem Bereich zu tun, der den meisten von
uns Unbehagen bereitet. Dies macht es schwerer, diese Karten
verständlich zu machen, andererseits aber auch lohnender. Die
Arbeit mit diesen alten Bildern kann uns ein Wissen eröffnen, das
in unserer Erziehung vernachlässigt wurde.

3 Die Eröffnungstrümpfe: Symbole und Archetypen

(a)   Abb. 2   (b)

Der Narr

Einen Aspekt des Narren, den als Gleichnis für einen vollkommen befreiten Geist, haben wir schon betrachtet. Aber wir können den Narren auch noch von einer anderen Seite ansehen – als Einstieg in die archetypische Welt der Trümpfe.

Stell dir vor, du betrittst eine fremdartige Landschaft. Eine Welt, in der Magier, kopfunter aufgehängte Menschen und durch die Luft fliegende Tänzerinnen auftauchen. Du findest den Eingang

32

durch einen Sprung von einer Klippe, durch eine dunkle Höhle, durch ein Labyrinth, oder gar, indem du in einen Kaninchenbau hinabkletterst, auf der Jagd nach einem viktorianischen Kaninchen mit einer Taschenuhr. Welchen Weg du auch gehst, du bist ein Narr, es überhaupt zu tun. Warum in die abgründige Welt des Geistes hineinsehen, wenn man doch sicher in den alltäglichen Gefilden von Beruf, Heim und Familie bleiben kann? Herman Melville warnte in *Moby Dick* seine Leser davor, auch nur einen Schritt vom normalen, von der Gesellschaft vorgegebenen Weg abzuweichen. Es könnte sein, daß man nicht wieder zurückfindet.

Aber denjenigen, die bereit sind, den Sprung zu wagen, kann er Freude und Abenteuer einbringen, und wenn sie den Mut haben, auch dann weiterzugehen, wenn das Wunderland eher furchteinflößend als vergnüglich wird, wird er sie zu Wissen, Frieden und Befreiung führen. Interessanterweise erscheint der Archetyp des Narren häufiger in der Mythologie als in den strukturierten Religionen. Eine institutionalisierte Kirche wird wohl kaum versuchen, die Menschen über die Grenzen der Institutionen hinauszutreiben. Die Kirchen bieten uns vielmehr einen sicheren Hafen vor den Ängsten des Lebens an. Die Mythologie führt direkt ins Herz dieser Ängste, und die mythologische Landschaft jeder Kultur enthält das Bild des Tricksters, der Könige und Helden vorwärtstreibt, anstachelt und reizt, wann immer sie sich von der inneren Welt der Wahrheit entfernen.

In den Legenden von König Artus erscheint Merlin nicht nur als Zauberer und weiser Mann, sondern auch als Trickster. Immer wieder erscheint er Artus in verschiedenen Masken, als Kind, als Bettler, als alter Bauer. Der junge König, von seiner hohen sozialen Position schon zum Hochmut verleitet, erkennt Merlin immer erst dann, wenn seine Begleiter ihn darauf hinweisen, daß er wieder hereingelegt worden ist. Wichtiger als Gesetze und militärische Strategien ist die Fähigkeit, Illusionen zu durchschauen. Die taoistischen Meister waren berühmt dafür, daß sie ihren Schülern Streiche spielten.

Der Archetyp des Narren hat in der Gestalt des Hofnarren auch einen realen sozialen Ausdruck gefunden. Aus *König Lear* kennen wir das Bild von dem Narren, der dem König Wahrheiten sagen darf, die auszusprechen sonst niemand wagen würde. In unserer Zeit genießen Komiker und Satiriker in etwa das gleiche Privileg.

In vielen Ländern setzt der alljährliche Karneval all die Wildheit frei, die das übrige Jahr hindurch unterdrückt wurde. Die Sexualität wird freier, verschiedene Gesetze sind außer Kraft gesetzt, die Menschen maskieren sich, und der König der Narren wird gewählt, um während des Festes die Herrschaft zu übernehmen. In Europa und Nordamerika ist heutzutage der erste April ein Tag, »der macht, was er will«, eine Gelegenheit für Schabernack und Streiche.

Das Bild neben dem des Rider-Spiels zeigt den Narren so, wie Oswald Wirth ihn sich vorgestellt hat. Es ist eine ältere Tradition als die von Waite und stellt diesen Archetyp als grotesken Wandersmann dar. Verschiedentlich ist dieses Bild als die Seele vor der Erleuchtung interpretiert worden, als ein in die Welt der Erfahrung eintretendes, neugeborenes Kind und als das Prinzip der Anarchie. Elizabeth Haich hat eine interessante Deutung von Wirths groteskem Bild des Narren geliefert. Sie stellt den Narren zwischen das Gericht und die Welt und beschreibt ihn als das, was der äußeren Welt verhaftete Menschen wahrnehmen, wenn sie einen wahrhaft Erleuchteten sehen. Weil der Narr sich nicht an ihre Regeln hält und ihre Schwächen nicht teilt, erscheint er ihnen in dieser häßlichen und verzerrten Art. Haich sieht in dem Gesicht des Narren eine Maske, die er sich nicht selbst, sondern die äußere Welt ihm aufgesetzt hat. Die letzte Karte, die Welt, stellt die gleiche erleuchtete Person dar, aber von innen her betrachtet, d. h. wie sie selbst sich sieht.

In einigen früheren Tarot-Spielen erscheint der Narr als ein riesiger Hofnarr, der die Leute um sich herum haushoch überragt. Sein Name war: »Der Narr Gottes«. Diese Bezeichnung wurde auch für Idioten, harmlose Verrückte und für Epileptiker gebraucht, von denen man glaubte, sie seien in Kontakt mit einer höheren Weisheit, und zwar gerade deshalb, weil sie den Kontakt mit den übrigen Menschen verloren haben.

Auch in der modernen populären Mythologie taucht dieser Archetyp wieder auf. Mythologische Themen spiegeln sich in Comic-Büchern wegen ihres phantastischen, primitiven Charakters oft besser wider als in Romanen. In *Batman* wird der ärgste Feind des Helden »Joker« genannt; er ist eine Figur ohne Vergangenheit, die immer in der wilden Aufmachung eines Jokers aus einem Kartenspiel auftritt. Der Joker ist natürlich ein direkter Abkömmling vom Narren des Tarocchi. Die Rivalität zwischen Batman und Joker übermittelt dem Leser eine deutliche Botschaft: Rebelliere nicht gegen die sozialen Werte! Unterstütze Recht und Ordnung! In den letzten Jahren wurde der Joker in dem Magazin immer mehr als krank statt als kriminell beschrieben. Für die Gesellschaft stellt der Weg des Narren – Instinkt statt Regeln – eine gefährliche Krankheit dar.

Bisher haben wir den Narren als den »Anderen« betrachtet, der uns mit seinen Streichen und Verkleidungen aus unserer Zufriedenheit aufscheucht. Als das »Selbst« repräsentiert er die lange Tradition von närrischen Brüdern und Schwestern, die von den älteren Geschwistern verachtet werden, denen es aber letztlich dennoch gelingt, durch instinktive Gewitztheit und Freundlichkeit die Prinzessin oder den Prinzen zu gewinnen.

Merkwürdigerweise kommt das Bild des Narren als das Selbst häufiger in Märchen als in Mythen vor. Von Mythen glauben wir, daß sie Kräfte darstellen, die größer sind als wir selbst; das einfachere Märchen gibt uns Gelegenheit, unsere eigene Narrheit zum Ausdruck zu bringen.

So wie im Märchen die Einfältigen immer von verschiedenen Helfern aus der Tierwelt begleitet werden, tritt der Narr in fast allen Spielen mit einem Begleiter auf. Bei Waite ist es ein springender Hund, bei anderen eine Katze oder sogar ein Krokodil. Das Tier symbolisiert die Kräfte der Natur und das animalische Selbst des Menschen in völliger Harmonie mit dem Geist, der aus dem Instinkt heraus handelt. Mythologische Hunde sind oft erschreckend, so z. B. der Höllenhund, der die verlorenen Seelen jagt. Tatsächlich ist es aber immer das gleiche Tier; nur unsere Einstellung verändert sich. Verleugne dein inneres Selbst und es wird blutrünstig, folge ihm und es wird freundlich.

Waites Narr hält eine weiße Rose. Rosen symbolisieren Leidenschaft, während das Weiß, die traditionelle Farbe der Reinheit, und die zarte Art und Weise, mit der die Blume gehalten wird, andeuten, daß die Leidenschaften auf eine höhere Ebene gehoben sind. Die Griechen sahen in Eros, dem Gott der Liebe, einen Trickster, der die anständigsten Leute dazu bringt, sich lächerlich aufzuführen. Diejenigen aber, die ihre Narrheit schon ausleben, werden von der Liebe nicht zu Fall gebracht. In anderen Erscheinungsformen nannten die Griechen Eros auch die belebende Kraft des Universums.

In dem Beutel auf seinem Rücken trägt der Narr seine Erfahrungen. Er wirft sie nicht weg, er ist nicht achtlos, er läßt sich von ihnen einfach nicht in der Art kontrollieren, in der unsere Erinnerungen und Traumata unser Leben so oft bestimmen. Auf dem Beutel ist ein Adlerkopf abgebildet, das Symbol des sich aufschwingenden Geistes. Sein hoher Instinkt erfüllt und transformiert alle Erfahrungen. Der Adler ist außerdem das Symbol des auf eine höhere Ebene gehobenen Zeichens Skorpion, d. h. in Geist umgewandelte Sexualität. Diese Vorstellung von der Verbindung zwischen Sexualität und Geist wird bei der Karte »Der Teufel« wieder auftauchen.

Über der Schulter trägt der Narr einen Stock, wie ein Landstreicher. Aber dieser Stock ist eigentlich ein Stab, ein Symbol der Macht. Auch der Magier und der Lenker des Wagens tragen Stäbe, aber sehr bewußt und mit energischem Griff. Der Narr und die Welt-Tänzerin dagegen halten ihre Stäbe so beiläufig, daß wir diese kaum bemerken. Was könnte närrischer sein, als einen magischen Stab dazu zu verwenden, seinen Beutel daranzuhängen? Wir könnten uns ein Märchen vorstellen, in dem der törichte jüngste Bruder einen Stock am Wegesrand findet und ihn mitnimmt. Er erkennt nicht, daß es der verlorene Stab eines Zauberers ist, und wird deswegen auch nicht zu Fall gebracht wie seine beiden älteren Brüder, die versuchten, ihn zu ihrem eigenen Nutzen zu gebrauchen.

Der Stab des Narren ist schwarz; die anderen sind weiß. Für den unbewußten Narren bleibt die Kaft des Geistes immer nur potentiell, immer nur in Bereitschaft, denn er setzt sie nicht bewußt ein. Wir tendieren dazu, die Farbe Schwarz falsch zu verstehen, sie als das Böse, als die Negation des Lebens zu sehen. Eigentlich bedeutet Schwarz aber die Möglichkeit aller Dinge, die unendliche Lebensenergie, noch bevor das Bewußtsein irgendwelche Grenzen konstruiert hat. Wenn wir die Schwärze oder die Dunkelheit fürchten, dann fürchten wir die tief unbewußte Quelle des Lebens selbst.

Wie der Joker kann der Narr eigentlich an jeder Stelle des Spiels stehen, zwischen und in Kombination mit allen anderen Karten. Er ist die beseelende Kraft, die den statischen Bildern Leben gibt. In den Großen Arkana gehört er immer dahin, wo ein schwieriger Übergang ist. In diesem Sinne ist seine Position am Anfang zu verstehen, wo der Übergang von der alltäglichen Welt der Kleinen Arkana in die Welt der Archetypen stattfindet. Der Narr hilft uns auch dabei, den Sprung von einer Reihe zur nächsten zu schaffen, also vom Wagen zur Kraft und von der Mäßigkeit zum Teufel. Es kostet schon große Mühe und viel Mut, den Wagen oder die Mäßigkeit zu erreichen; ohne die Bereitschaft des Narren zum Sprung in Neuland würden wir uns daher wahrscheinlich mit dem, was wir schon vollbracht haben, begnügen.

Ebenso gehört der Narr natürlich zu den Karten, die mit einer schwierigen Reise zu tun haben, wie der Mond und der Tod (beachte die gewundene Straße auf beiden Karten), die uns gegen unsere Ängste vorantreiben.

Bei den Kleinen Arkana hat der Narr die stärkste Beziehung zu den Stäben – Handlung, Ungeduld, Bewegung ohne nachzudenken. Aber er steht auch in Verbindung mit den Kelchen, mit ihrer Betonung von Imagination und Instinkt. Man kann sagen, daß der Narr diese beiden Farben verbindet. Später werden wir sehen, daß diese Kombination von Feuer und Wasser den Weg der Transformation repräsentiert.

Schließlich stellt sich noch die Frage nach der Rolle des Narren bei **divinatorischen Auslegungen.** Die Bedeutsamkeit von Befragungen für ein besseres Verständnis der Karten habe ich schon erwähnt. Mehr noch helfen sie uns aber, die Weisheit der Karten auf unser tägliches Leben anzuwenden. In Befragungen sagt uns der Narr etwas über Mut, Optimismus und anspornenden Glauben an uns selbst und an das Leben. In schwierigen Zeiten, wenn wir von Leuten in unserer Umgebung unter Druck gesetzt werden, vernünftig zu sein, erinnert uns der Narr daran, daß unser inneres Selbst uns am besten sagen kann, was wir zu tun haben.

Der Narr symbolisiert oft Anfänge, den mutigen Absprung in eine neue Lebensphase, besonders wenn dieser Sprung aus einem tiefen Gefühl heraus geschieht und nicht aufgrund sorgfältiger Planung.

All dies gehört zum Narren, wenn er richtig herum liegt. Wir müssen aber auch die »umgekehrte« Bedeutung betrachten, d. h. wenn er nach dem Mischen der Karten mit den Füßen nach oben herausgezogen wird. Die umgekehrten Bedeutungen sind unter Tarot-Kommentatoren umstritten. Diejenigen, die mit formelhaften Bedeutungen arbeiten, kehren diese dann meistens einfach in ihr Gegenteil um. Diese vereinfachende Methode hat viele Interpreten dazu gebracht, die ganze Idee der umgekehrten Bedeutungen fallen zu lassen. Aber wir können die Umkehrungen auch als eine Vertiefung der Bedeutung der Karte in ihrer Ganzheit betrachten. Im allgemeinen zeigt eine umgekehrte Karte an, daß die Qualitäten dieser Karte blockiert, verzerrt oder in eine andere Richtung umgelenkt worden sind.

Bei dem Narren bedeutet eine Umkehrung vor allem, daß man es versäumt hat, seinem eigenen Instinkt zu folgen. Er kann bedeuten, daß man in einem entscheidenden Moment eine Gelegenheit nicht wahrgenommen hat, sei es aus Angst, oder weil man sich zu sehr von Plänen oder den vernünftigen Ratschlägen anderer abhängig gemacht hat.

Eine andere umgekehrte Bedeutung des Narren scheint der eben gegebenen zunächst zu widersprechen. Rücksichtslosigkeit, Wildheit, verrückte Projekte, all das scheint das Gegenteil von Übervorsicht zu sein. Und doch entstammt es der gleichen Schwäche, nämlich nicht von innen heraus zu handeln. Der leichtsinnige Mensch stülpt seinem Leben eine gewollte und künstliche Verrücktheit über, weil er einerseits dem Unbewußten als Führer mißtraut, andererseits aber auch das Nichtstun fürchtet.

Diese zweite umgekehrte Bedeutung weist auf eine andere Dimension des Narren hin – das Bewußtsein, daß große Chancen nur zur rechten Zeit ergriffen werden dürfen. Es gibt schließlich viele Zeiten, in denen Vorsicht vonnöten ist, und Zeiten, in denen es besser ist, gar nichts zu tun. Die grundlegende Lehre eines jeden Orakels ist, daß keine Handlung oder Einstellung für sich genommen richtig oder falsch ist, sondern nur im entsprechenden Kontext.

Wenn wir weiter fortschreiten im Tarot, werden wir sehen, daß dieser Gedanke vom richtigen Zeitpunkt alle Karten durchzieht und tatsächlich der Schlüssel zu ihrem richtigen Gebrauch ist. Die Karte, die im Rider-Spiel genau in der Mitte der drei Reihen steht, also die Gerechtigkeit, bedeutet eine richtige Antwort.

Der Magier

Der Magier geht direkt aus dem Narren als dem Bild des Trickster-Zauberers hervor. Wie schon erwähnt, spielt Merlin beide Rollen (ebenso wie die des Lehrers und des weisen Mannes), und viele andere Mythen stellen die gleiche Verbindung her. Frühere Tarot-Spiele stellen den Trumpf mit der Nummer eins als Gaukler und nicht als Magus dar, manchmal sogar als Jongleur, der farbige Bälle in die Luft wirft. Charles Williams beschreibt ihn als einen Jongleur, der mit Sternen und Planeten jongliert.

Die meisten modernen Bilder des Trumpfes folgen Waites Zauberer, der einen magischen

Abb. 3

Stab emporhält, um die Kraft des Geistes – die Lebensenergie in ihrer schöpferischsten Form – in die Realität zu leiten. Er hält den Stab sehr achtsam, im vollen Bewußtsein jener psychischen Macht, die der Narr so leichthin über der Schulter trägt.

Der Magier, als der eigentliche Anfang der Großen Arkana, repräsentiert also Bewußtsein, Handlung und Schöpfung. Er symbolisiert die Idee der Manifestation, d. h., etwas von den Möglichkeiten des Lebens Wirklichkeit werden zu lassen. Daher liegen die vier Embleme der Kleinen Arkana vor ihm auf einem Tisch ausgebreitet. Er braucht nicht nur die physische Welt für seine magischen Operationen (alle vier Embleme sind Gegenstände, die von Zauberern bei ihren Ritualen gebraucht werden), sondern er erschafft die Welt auch in dem Sinn, daß er dem Leben Bedeutung und Richtung gibt.

Der Magier ist von Blumen umgeben, um uns daran zu erinnern, daß die emotionale und kreative Macht, die wir in unserem Leben spüren, in der physischen Realität verankert werden muß, wenn sie irgendwelchen Wert für uns haben soll. Solange wir unsere Potentiale nicht nutzen, existieren sie auch nicht wirklich.

»Am Anfang schuf Gott Himmel und Erde.« Die Bibel beginnt mit dem Moment, in dem der Geist in die physische Wirklichkeit hinabsteigt. Wir, in der physischen Welt, können über nichts, das vor diesem Moment liegt, reden. In der Verknüpfung des Tarot mit dem hebräischen Alphabet erhält der Narr oft den ersten Buchstaben *Aleph*. (*Aleph* hat keinen Klang; er ist ein stiller Träger von Vokalen und symbolisiert daher das Nichts. Er ist der erste Buchstabe der Zehn Gebote.) Das würde *Beth*, den zweiten hebräischen Buchstaben und den ersten mit einem eigenen Klang, dem Magier zuordnen. *Beth* ist der erste Buchstabe der Schöpfungsgeschichte.

Sieh dir Waites Bild des Magier an! Er sagt weder Zaubersprüche auf, noch beschwört er Dämonen. Er steht einfach da, die eine Hand zum Himmel erhoben, mit der anderen auf die grüne Erde weisend. Er ist ein Blitzableiter. Indem er sich für den Geist öffnet, zieht er ihn in sich hinein, und jene abwärtsgerichtete Hand leitet die Energie dann wie ein geerdeter Blitzableiter in die Erde, in die Realität hinein.

Wir finden viele Zeugnisse für diesen Abstieg des Geistes in der Bibel, in anderen religiösen Texten und in zeitgenössischen religiösen Erfahrungen. Menschen sprechen in Zungen in Pfingstkirchen, bei Gospel-Versammlungen schreien und brüllen sie und wälzen sich auf dem Boden. Der Priester, der die Kommunion gibt, sieht sich selbst als Gefäß oder Vermittler für den Heiligen Geist. Aber wir können diese Erfahrung auch in viel einfacheren, nicht-religiösen Erlebnissen erkennen. Menschen zittern vor Erregung bei sportlichen Ereignissen. »Ich bin so aufgeregt, daß ich platzen könnte!« Bei einer neuen Liebesbeziehung oder am Beginn einer neuen Karriere fühlen wir uns von einer enormen Kraft erfüllt. Man kann manchmal Menschen, die am Beginn irgendeiner wichtigen Phase ihres Lebens stehen, beobachten, wie sie mit den Füßen scharren, unruhig auf ihren Sitzen hin und her rutschen, zum Bersten gefüllt mit einer Energie, die sie scheinbar nicht entladen können. Und Schriftsteller und Künstler erfahren sich, wenn ihre Arbeit gut läuft, als ziemlich passive Werkzeuge einer geistähnlichen Kraft. Das Wort »Inspiration« bedeutet ursprünglich »gefüllt mit einem heiligen Atem«, und stammt von der gleichen Wurzel wie »spirit« (Geist).

Man beachte, daß bei all diesen Beispielen, außer beim Priester und beim Künstler, die Menschen von einer Art Raserei befallen werden. Der besessene Kirchgänger und der Teenager, der beim Fußballspiel kurz vor dem »Explodieren« steht, haben beide das Gefühl, daß ihr Körper von einer Macht überwältigt wird, die zu stark für ihn ist. Auf jeden Fall ist dieser Andrang von Energie nicht sanft, er kann sogar äußerst schmerzhaft sein. Ein Mensch in religiöser Ekstase schreit und springt umher, um eine schier unerträgliche Energie zu entladen.

Die Lebensenergie, die das Universum erfüllt, ist nicht sanft oder freundlich. Sie muß entladen und in etwas Realem geerdet werden, weil unsere Körper und wir selbst nicht dazu fähig sind, diese Energien in uns aufzunehmen; wir können sie nur weiterleiten.

Der Künstler wird nicht von physischer Raserei befallen, weil er diese Kraft in das Bild hinein entlädt. Auf ähnliche Weise leitet der Priester die Kraft in das Brot und den Wein.

Unsere Aufgabe ist es, ein Medium der Energie zu sein. Sofern wir nicht dem Weg der Hohenpriesterin folgen und uns von der Welt zurückziehen, leben wir am erfülltesten, wenn wir schöpferisch und aktiv sind. Schöpferisch sein bezieht sich nicht nur auf künstlerische Betätigung, sondern auf jede Aktivität, die etwas produziert, das real ist und einen Wert für andere besitzt.

Viele Menschen machen so selten die Erfahrung, mächtig zu sein, daß sie versuchen, sie festzuhalten. Indem sie nichts tun, hoffen sie, sich ihre magischen Momente zu erhalten. Aber wir können diese Kraft in unserem Leben nur dann bewahren, wenn wir sie ständig freisetzen. Indem wir die kreative Kraft von uns geben, öffnen wir uns dafür, daß sie weiter in uns fließen kann. Wenn wir jedoch versuchen, sie festzuhalten, blockieren wir ihre Kanäle, und das Gefühl der Kraft, welches eigentlich das Leben selbst ist, stirbt in uns ab. Der Zuschauer beim Fußballspiel, aber auch der besessene Kirchgänger wird feststellen, daß seine Erregung verschwunden ist, sobald das auslösende Ereignis vorbei ist. Aber der Handwerker, Wissenschaftler oder Lehrer – oder in unserem Zusammenhang der Tarot-Deuter – wird erleben, daß seine Kraft mit den Jahren anwächst, je mehr er sie in die physische Realität einbringt.

Bei der Betrachtung des Magiers werden sich diejenigen, die eine Verarmung ihres Lebens spüren, von dem gen Himmel erhobenen Stab angezogen fühlen. Aber die eigentliche Magie ruht in dem

Finger, der auf die Erde zeigt. Die Fähigkeit, etwas zu erschaffen, gibt dem Magier seinen Namen. Sein Bild stammt nicht nur vom Trickster-Zauberer, sondern auch vom archetypischen Helden ab. In unserer Kultur wäre das Prometheus, der der schwachen und frierenden Menschheit das himmlische Feuer brachte.

Im Westen neigen wir dazu, Zauberer als Manipulierer zu sehen. Sie lernen geheime Techniken oder machen Geschäfte mit dem Satan, um persönliche Macht zu gewinnen. Dieses etwas dekadente Bild haben die Magier zum Teil selbst verschuldet, weil sie nach verborgenen Schätzen suchen. Zum Teil stammt es aber auch von der Kirche, die in dem Magier einen Konkurrenten sieht, da er mit dem Geist direkt Kontakt aufnimmt, statt die Vermittlung der offiziellen Priesterschaft in Anspruch zu nehmen. Der Tarot und alle okkulten Wissenschaften sind in gewissem Sinne revolutionär, denn sie lehren direkte Erlösung, in diesem Leben und durch eigene Anstrengungen.

Wir können eine andere Vorstellung von dem Magier bekommen, wenn wir die Figur des Schamanen oder Medizinmannes betrachten. Die Schamanen wurden nicht von der Gemeinschaft isoliert, da es keine hierarchische Kirche gab, die sie hätte verbannen können. Sie haben die Funktion des Heilers, Lehrers und des Seelenführers nach dem Tod. Ebenso wie die Zauberer gehen die Schamanen in die Lehre und lernen komplizierte Techniken. Ihr magischer Wortschatz ist oft sehr viel größer als das Alltagsvokabular ihrer Mitmenschen. Keine dieser Fähigkeiten wird jedoch zur Manipulation des Geistes oder für persönlichen Gewinn eingesetzt. Statt dessen bemüht sich der Schamane nur darum, ein geeignetes Medium zu werden, zum einen, damit er selbst nicht überwältigt wird, zum anderen, damit er der Gemeinschaft besser dienen kann. Er weiß um die große Macht, die im Moment der Ekstase über ihn kommt, und er will sichergehen, daß sie ihn nicht zerstört und ihn damit für seine Mitmenschen nutzlos macht.

Wie der Magier hat der Schamane seinen Willen so weit entwickelt, daß er das Feuer, das ihn erfüllt, lenken kann. Gleichzeitig bleibt er offen, läßt es geschehen, daß sich sein Ego unter dem direkten Ansturm des Geistes auflöst. Es sagt etwas über unsere Kultur aus, daß unsere Zauberer in einem magischen Kreis stehen, um sicherzugehen, daß die Dämonen sie nicht berühren können. Wir können die Haltung der Schamanen auf unseren Gebrauch des gesamten Tarot-Spiels übertragen. Wir studieren die Karten, lernen die symbolische Sprache, ruhig auch die formelhaften Zuordnungen, um den Gefühlen, die sie in uns auslösen, eine Richtung zu geben. Aber wir dürfen nicht vergessen, daß die eigentliche Magie in den Bildern selbst liegt und nicht in den Erklärungen.

Die **divinatorische Bedeutung** des Magiers leitet sich von seinen beiden Händen ab, von derjenigen, die die Macht empfängt, und von derjenigen, die sie weiterleitet. Zunächst bedeutet die Karte ein Bewußtsein von der Macht in deinem Leben, vom Geist oder einfach von Erregung, die sich deiner bemächtigt. Je nach ihrer Position und deiner Reaktion darauf kann sie auch die Macht eines anderen bedeuten, der dich beeinflußt. Wie der Narr bezieht sich die Karte auf Anfänge, aber hier sind die ersten konkreten Schritte gemeint. Sie kann die Inspiration am Anfang eines neuen Projektes oder einer neuen Phase des Lebens bedeuten, aber auch die Begeisterung, die dich bei der harten Arbeit durchhalten läßt, die nötig ist, um dein Ziel zu erreichen. Für viele Menschen wird der Magier ihr ganzes Leben hindurch zu einem starken persönlichen Symbol ihrer schöpferischen Fähigkeiten.

Zweitens bedeutet der Magier Willensstärke, einen Willen, der gesammelt und auf bestimmte Ziele ausgerichtet ist. Es gibt uns sehr viel Kraft, wenn wir all unsere Energie in eine bestimmte Richtung lenken. Ein Mensch, der scheinbar alles im Leben bekommt, was er sich wünscht, ist oft einfach jemand, der weiß, was er will, und der es versteht, seine Energie zu lenken. Der Magier lehrt uns, daß Willenskraft und Erfolg dadurch entstehen, daß wir uns der Macht, die jedem von uns zugänglich ist, bewußt werden. Die meisten Menschen handeln selten; statt dessen reagieren sie und stolpern von einer Erfahrung zur nächsten. Handeln bedeutet, seine Stärke mit Hilfe des Willens auf die Bereiche zu richten, in denen man sie haben will.

Der umgekehrte Magier deutet an, daß der freie Fluß der Energie auf irgendeine Art unterbrochen oder blockiert worden ist. Er kann Schwäche, Mangel an Willenskraft oder Verwirrung der Absichten bedeuten, was zum Nichtstun führen kann. Die Kraft ist da, aber wir haben keinen Kontakt mit ihr. Diese Karte kann in ihrer *umgekehrten Lage* auch die lethargische Apathie widerspiegeln, die ein Kennzeichen der Depression ist.

Der umgekehrte Trumpf kann auch auf Machtmißbrauch hinweisen, auf eine Person, die ihren sehr starken Charakter dafür einsetzt, um einen destruktiven Einfluß auf andere auszuüben. Das beste Beispiel dafür ist natürlich die als »Schwarze Magie« bezeichnete Form von übersinnlicher Aggression.

Schließlich bedeutet der umgekehrte Magier noch geistige Unruhe, Halluzinationen, Angst und insbesondere Angst vor der Verrücktheit. Dieses Problem entsteht dann, wenn die Energie oder das Geist-Feuer in einen Menschen einströmt, der nicht weiß, wie er sie in die äußere Realität weiterleiten soll. Wenn wir den Blitz nicht erden, sitzt er in unserem Körper gefangen und bemächtigt sich unseres Bewußtseins in Form von Angst oder Halluzinationen. Jeder, der einmal einen Moment totaler Panik durchgemacht hat, weiß, daß akute psychische Angst eine sehr körperliche Erfahrung ist, ein Gefühl, als ob der Körper durchdreht, ähnlich einem Feuer, das außer Kontrolle geraten ist. Das Wort »Panik« bedeutet »besessen von dem Gott Pan«, der selbst ein Symbol für magische Kräfte ist.

Denke noch einmal an den Blitzableiter. Er zieht den Blitz nicht nur an, sondern leitet ihn auch weiter in die Erde. Ohne die Verbindung zur Erde würde der Blitz das Haus abbrennen.

Mehrere Autoren sind auf die Beziehung zwischen dem Schamanismus und dem, was der Westen »Schizophrenie« nennt, eingegangen. Schamanen werden meistens nicht ausgewählt, sondern gefunden. Wenn in unserer Kultur ein junger Mensch Visionen und erschreckende Halluzinationen hat, wissen wir mit solchen Erfahrungen nichts anderes anzufangen, als zu versuchen, sie durch Drogen oder durch Selbstkontrolle zu beenden. In anderen Kulturen jedoch erhalten solche Menschen eine Ausbildung. Das bedeutet nicht, daß die Verrücktheit nicht existiert oder von den archaischen Kulturen nicht erkannt wird. Die Ausbildung ist vielmehr dazu da, die Verrücktheit zu verhindern, indem diese Erfahrungen in eine produktive Richtung gelenkt werden.

Durch die Arbeit mit einem erfahrenen Schamanen und durch körperliche Techniken wie z. B. Fasten, lernt der Initiand, wie er diese visionären Erfahrungen verstehen, strukturieren und schließlich zum Wohle der Gemeinschaft einsetzen kann. Wir sollten den umgekehrten Magier nicht verbannen oder einsperren, sondern nach einer Möglichkeit suchen, ihn auf die Füße zu stellen.

Die Hohepriesterin

In *The Definitive Tarot* berichtet Bill Butler von den legendären historischen Quellen dieses weiblichen Archetyps. Das ganze Mittelalter hindurch wurde immer wieder die Geschichte erzählt, daß einmal eine Frau zum Papst gewählt worden war. Jahrelang als Mann verkleidet, soll diese »Päpstin Johanna« angeblich ihren Weg durch die Kirchenhierarchie gemacht haben, um dann während eines Osterfestes im Kindbett zu sterben.

Die HOHEPRIESTERIN

Abb. 4

Päpstin Johanna war wahrscheinlich eine Legende; die Visconti-Päpstin aber gab es wirklich. Im späten dreizehnten Jahrhundert glaubte eine italienische Gruppe, die sich die Guglielmiten nannten, daß ihr Gründer Guglielma von Bohemia, der im Jahre 1281 starb, im Jahre 1300 wieder auferstehen und ein neues Zeitalter gründen würde, in welchem Frauen Päpste sein würden. Dieses Ereignis vorwegnehmend, wählten sie eine Frau namens Manfreda Visconti zu ihrer ersten Päpstin.

Die Kirche bereitete dieser Häresie ein drastisches Ende und verbrannte Schwester Manfreda im Jahre 1300, dem Jahr des erwarteten neuen Zeitalters. Gut hundert Jahre später gab die gleiche Visconti-Familie den ersten Satz Tarot-Karten, wie wir sie kennen, in Auftrag. Unter diesen nichtnumerierten und nichtbenannten Trümpfen findet sich ein Bild mit einer Frau, das spätere Spiele »Die Päpstin« nannten.

Dieser Name blieb bis ins achtzehnte Jahrhundert erhalten. Dann änderte Court de Gebelin, im Glauben, der Tarot entstamme der Isis-Religion des alten Ägyptens, den Namen in »Die Hohepriesterin«. Heute existieren beide Namen (außerdem noch »Die verschleierte Isis«), und Waites Bild der Karte ist direkt von der symbolischen Kleidung der Isis-Priesterin abgeleitet, insbesondere die Krone, die die drei Mondphasen darstellt.

Die Legende von der Päpstin Johanna und die Figur der Manfreda Visconti sind nicht einfach historische Kuriositäten. Sie illustrieren eine wesentliche soziale Entwicklung im Mittelalter, die Wiedereinführung der Frau und des weiblichen Prinzips in Religion und Kosmologie. Bilder und Konzepte, die mit der männlichen Rolle verknüpft sind, hatten jahrhundertelang sowohl die christliche Kirche als auch die jüdische Religion dominiert. Das hatte zur Folge, daß die gewöhnlichen Leute diese Religion der Priester und Rabbis als weit entfernt, streng und unnahbar erlebten, mit ihrer Betonung von Sünde, Gericht und Strafe. Sie hatten Sehnsucht nach Eigenschaften wie Mitleid und Liebe, und die identifizierten sie mit Frauen. Wie eine Mutter ihr Kind vor der distanzierten Strenge des Vaters beschützt, nahmen sie an, daß eine weibliche Gottheit sich bei dem unvermeidlichen Gericht des Gottvaters schützend vor die armen Sünder stellen würde.

Interessanterweise sah die Kirche in vieler Hinsicht Christus, den Sohn, in genau dieser Rolle, nämlich Liebe und Mitleid zu bringen. Aber die Menschen verlangten nach einer Frau. Auch die Vorstellung von der Kirche als »Mutter Kirche« genügte ihnen nicht. Schließlich gab die Kirche nach und erhob die Jungfrau Maria fast auf die gleiche Ebene wie Christus selbst.

Viele Autoren und Gelehrte glauben, daß die Erhebung der Maria – so wie auch die langen Röcke der priesterlichen Talare – aus dem Wunsch der Kirche entstanden ist, eine aus vorchristlicher Zeit stammende Religion der Göttin zu assimilieren. Wenn das wahr ist, ist das nicht sosehr ein Zeichen von kulturellem Konservatismus, als vielmehr von der Macht des weiblichen Archetypus, seine Stellung zu behaupten und teilweise gegen die Unterdrückung zu triumphieren.

Im Judentum gelang es der offiziellen Religion der Rabbis, sich jedem Eindringen von Weiblichkeit zu widersetzen. Die Bedürfnisse der Menschen jedoch fanden ihren Halt in einem anderen Bereich: der langen Tradition der Kabbala. Die Kabbalisten nahmen einen Begriff aus dem Talmud, »Shekinah«, was soviel bedeutet wie »der in der physischen Welt manifestierte Ruhm Gottes«, und formten ihn um zur Anima Gottes, zu seiner weiblichen Seite. Die Kabbalisten revidierten auch die Vorstellung von Adam und sagten, er sei ursprünglich ein Hermaphrodit gewesen. Evas

Trennung von Adam, sogar die Trennung der Shekinah von Gott, wurden zu einem Ergebnis des Sündenfalls; die Abwesenheit des Weiblichen in der offiziellen Religion wurde dadurch eigentlich mehr zu einem Zeichen von Sünde als von Reinheit.

Bis jetzt haben wir die freundlichen, mütterlichen Qualitäten der weiblichen mythologischen Figuren betrachtet. In der Geschichte haben die weiblichen Gottheiten jedoch auch immer eine dunkle, geheimnisvolle Seite gezeigt. Wenn wir das Weibliche einführen, müssen wir den Archetyp in seiner Ganzheit berücksichtigen. Der Tarot stellt den weiblichen Archetyp in zwei Trümpfen dar und schreibt die gütigen Eigenschaften eigentlich mehr dem zweiten (Trumpf 3) zu, nämlich der Herrscherin. Die Hohepriesterin dagegen stellt einen tieferen, subtileren Aspekt des Weiblichen dar, den des Dunklen, Geheimnisvollen und Versteckten. In dieser Hinsicht hat sie eine Verbindung zu der jungfräulichen Seite der Jungfrau Maria und zum Aspekt der reinen Tochter bei der Shekinah (die man sich gleichzeitig als Mutter, Frau und Tochter vorstellte).

Wir sollten uns darüber im klaren sein, daß diese Zuschreibungen von weiblichen Eigenschaften meistens von Männern und männlichen Ideen stammen. Die Kabbalisten, Okkultisten und Tarot-Zeichner waren sich alle darin einig, daß die Trennung von Männern und Frauen in zwei Kategorien eine bedauernswerte Tatsache sei, und lehrten, daß ihre Vereinigung das höchste Ziel sei. Im Tarot wird das durch die Welt(-Tänzerin) symbolisiert. Der etablierten Religion, die darüber debattierte, ob Frauen überhaupt eine Seele hätten, waren sie damit voraus. Aber dennoch stellten die Männer immer noch Kategorien auf. Die Frauen erschienen den Männern immer mysteriös, fremd und, wenn sie in ihrer Mutterrolle ungefährlich waren, liebend und mitfühlend. Frauen kommen den Männern fremd vor, subtiler in ihrem Denken und irrational.

Die Tatsache, daß der Menstruationszyklus ungefähr so lange dauert wie der Zyklus des Mondes, verbindet die Frauen mit jenem fernen, silbrig schimmernden Himmelskörper. Die Menstruation selbst, eine üppige Blutung aus dem Genital ohne Verlust des Lebens, wurde von den Männern zu allen Zeiten als bedrohlich empfunden. Auch heute noch sind abergläubische Juden der festen Überzeugung, daß ein Tropfen Menstruationsblut eine Pflanze töten kann. Das angstbesetzte Mysterium der Geburt war eine weitere Verknüpfung der Frauen mit der Vorstellung der Dunkelheit. Der Fötus wächst und empfängt die Seele in der warmen, feuchten Dunkelheit der Gebärmutter. Die Mutterschaft verbindet die Frauen mit der Erde, bei der ebenfalls die Dunkelheit dominiert. Den ganzen dunklen, toten Winter hindurch liegen die Samen in der Erde, um dann unter den warmen, ermunternden Strahlen der Sonne, die in vielen Kulturen als männlich angesehen wird, als Nahrung wieder zum Vorschein zu kommen.

So wie die Sonnenstrahlen die Erde durchdringen, dringt das männliche Geschlechtsorgan in die Frau ein und hinterläßt den Samen in ihrem geheimnisvollen Schoß. Wir können leicht nachvollziehen, wie Männer dazu kamen, sich selbst als aktiv und die Frauen als passiv und geheimnisvoll zu sehen. Passiv wird oft mit negativ oder inferior und schwach in Verbindung gebracht. Aber die Passivität enthält eine ganz eigene Kraft. Sie gibt dem Geist die Möglichkeit zu arbeiten. Menschen, die nur Handlung kennen, haben niemals die Gelegenheit, sich darauf zu besinnen, welche Lehren sie aus diesen Handlungen ziehen könnten. In einem tieferen Sinne bedeutet Passivität, daß wir dem Unbewußten erlauben, zum Vorschein zu kommen. Nur durch Rückzug von den äußeren Verwicklungen können wir erreichen, daß die innere Stimme der Klarsicht und die Kräfte unserer Psyche zu uns sprechen. Gerade um dieser inneren Stimme auszuweichen, gönnen sich viele Menschen nie Ruhe von Handlung und Bewegung. Unsere Gesellschaft, die völlig auf äußerem Erfolg aufbaut, fördert die totale Einschüchterung des Unterbewußtseins, aber ohne dessen Weisheit werden wir uns selbst oder die Welt niemals ganz begreifen.

Die Hohepriesterin repräsentiert alle diese Eigenschaften: die Dunkelheit, das Mysterium, psychische Kräfte, die Macht des Mondes, das Unbewußte aufzuwühlen, die Passivität und die aus ihr gewonnene Weisheit. Diese Weisheit kann nicht in rationalen Begriffen ausgedrückt werden; wenn man das versuchen würde, würde man sie sofort begrenzen, einengen und verfälschen. Die meisten Menschen haben irgendwann einmal das Gefühl gehabt, etwas so tief verstanden zu haben, daß es ihnen niemals gelingen würde, es jemand anderem verständlich zu machen. Mythen stellen tiefe psychische Gefühle dar; aber die Mythen selbst sowie die Erklärungen der Theologen und Anthropologen sind nur Symbole. Die Hohepriesterin bedeutet innere Weisheit auf der tiefsten Ebene.

Sie sitzt vor zwei Pfeilern. Diese stellen den Tempel der Isis und den alten Tempel der Juden in Jerusalem dar, den Wohnort Gottes auf Erden oder mit anderen Worten, das Haus der Shekinah. Zwischen den beiden Pfeilern hängt ein Vorhang, um anzudeuten, daß wir am Eintreten in den Ort der Weisheit gehindert sind. Das Bild des verschleierten Tempels oder Heiligtums erscheint in vielen Religionen. Von der Shekinah glaubte man tatsächlich, daß sie in der verschleierten Bundeslade im Tempel wohne.

Nun nehmen die meisten Menschen an, es wäre uns irgendwie verboten, zwischen den Pfeilern der Hohepriesterin hindurchzugehen. In Wahrheit können wir es aber einfach nicht. Hinter den Vorhang zu schauen, würde bedeuten, sich der irrationalen Weisheit des Unbewußten völlig bewußt zu werden. Das ist das Ziel der gesamten Großen Arkana. Sieh dir Smiths Bild genau an! Wenn du zwischen Vorhang und Pfeiler hindurchsiehst, kannst du erkennen, was hinter dem Vorhang liegt. Was wir dort sehen, ist Wasser. Weder ein großer Tempel noch ein komplexes Symbol, sondern einfach ein Becken mit Wasser, eine Hügelkette und der Himmel. Das Wasserbecken bedeutet das Unbewußte und die darin verborgene Weisheit. Das Wasser ist bewegungslos, das Geheimnis in seiner dunkelsten Tiefe, verborgen unter einer glatten Oberfläche. Das turbulente Unbewußte bleibt für die meisten von uns fast immer unter einer ruhigen Schicht des Bewußtseins verborgen. Wir können den Tempel nicht betreten, weil wir nicht wissen, wie wir in uns selbst hineingehen können; deswegen müssen wir uns auf die Reise durch die Trümpfe begeben, bis wir den Stern und den Mond erreichen, wo wir endlich die Wasser aufwühlen und mit Weisheit beladen zum bewußten Licht der Sonne zurückkehren können.

Der Tempel führt mit dem Bild der zwei Pfeiler das Thema der Dualität und der Gegensätze ein. Das Bild kommt in den Trümpfen immer wieder vor, an unübersehbaren Stellen, wie in den Kirchenpfeilern beim Hierophanten oder in den zwei Türmen beim Mond (welche die Pfeiler der Hohepriesterin von der anderen Seite gesehen sind), aber auch auf subtilere Art, wie in den zwei Sphinxen beim Triumphwagen oder in dem Mann und der Frau bei den Liebenden. Schließlich beim Gericht, wo ein Kind zwischen einem Mann und einer Frau aus dem Grab aufersteht, und bei der Welt, die, indem sie zwei Stäbe hält, die Dualität erlöst, weil sie die inneren Mysterien mit der äußeren Bewußtheit vereint.

Die Buchstaben »B« und »J« stehen für Boaz und Jakin; so wurden die beiden Hauptpfeiler des Tempels von Jerusalem genannt. Es liegt nahe, daß der dunkle Pfeiler, Boaz, Passivität und Mysterium repräsentiert, Jakin dagegen Handlung und Bewußtsein. Beachte jedoch, daß die Buchstaben umgekehrt gekennzeichnet sind, das B weiß und das J schwarz. Wie die Punkte im Tao-Symbol deuten die Buchstaben an, daß die Dualität eine Illusion ist, und daß jedes Extrem sein Gegenteil in sich trägt.

Auf ihrem Schoß hält sie eine Schriftrolle, die mit »Tora« gekennzeichnet ist. Dieser Name bezieht sich auf das Gesetz der Juden, die Fünf Bücher Mose, und wird im Englischen normalerweise »Torah« geschrieben (im Deutschen »Thora«, d. Übers.). Diese besondere Schreibweise erlaubt es uns, das Wort als Anagramm für »Taro« zu sehen. Als der höchste Gegenstand aller kabbalistischen Meditationen (wie die Kreuzigung Christi für die christlichen Mystiker) beinhaltet sie ein großes Maß an esoterischer Bedeutsamkeit. Die Kabbalisten glaubten, daß die Thora, die am Samstagmorgen in den Synagogen verlesen wird, nur eine Repräsentation sei, eine Art Schatten der wahren Thora, die das lebendige Wort Gottes ist, das schon vor dem Universum existierte, und das alles wahre Sein in sich enthält. Die Thora, die von der Hohepriesterin gehalten wird, zusammengerollt und teilweise verdeckt von ihrem Mantel, bedeutet daher ein höheres Wissen, das unserem niederen Verständnis verschlossen bleibt. Man könnte auch sagen, daß sie die psychischen Wahrheiten darstellt, die uns nur in der verzerrten Form von Mythen und Träumen zugänglich sind.

Wir sprachen schon davon, daß in kritischen Momenten der Veränderung der Narr auftaucht, um uns weiterzutreiben. Die Kluft zwischen der Hohepriesterin und der Kaiserin ist einer dieser Momente. Zu leicht lassen wir uns von der dunklen Kühlheit des zweiten Trumpfes verführen, auch wenn wir niemals wirklich in seine Geheimnisse eingedrungen sind. Jemand, der mit einer spirituellen Disziplin beginnt, zieht es oft vor, auf der visionären Ebene stehenzubleiben, statt sich der langwierigen harten Arbeit zu unterziehen, die für das Voranschreiten notwendig ist. Auch in alltäglicheren Situationen empfinden viele Menschen das Leben als zu überwältigend, zu unübersichtlich und zu fordernd, als daß sie daran teilnehmen könnten. Wir gehen am sinnvollsten mit der Passivität der Hohepriesterin um, wenn wir sie als einen Ausgleich der nach außen gerichteten Einstellung des Magiers betrachten. Für viele Menschen ist die passive Seite jedoch äußerst anziehend. Sie ist ein Ausweg aus dem Lebenskampf, ein ruhiger Rückzug anstelle der ungemütlichen, grellen Helligkeit der Selbstdarstellung, wenn wir uns offen mit anderen Menschen einlassen. Aber der menschliche Geist funktioniert nicht auf diese Weise. Er braucht Leidenschaft und eine Verbindung mit der Welt. Solange wir nicht hinter den Vorhang sehen können, bleibt der Tempel für uns ein leerer Ort ohne jede Bedeutung. Ein Mensch, der versucht, ein völlig passives Leben zu führen, wird depressiv und gerät mehr und mehr in einen Teufelskreis von Apathie und Angst.

Fast alle Religionen mit einer Mond-Göttin stellen in ihren Mythen den blutrünstigen Aspekt der Göttin dar. Ovid erzählt die Geschichte von Actaeon. Er ist ein Jäger und damit eine Figur, die voll und ganz in die Welt des Handelns gehört. Eines Tages kam er an einen Fluß und entschloß sich, ihm bis zu seiner Quelle zu folgen (das Wasser wieder als Symbol des Unbewußten). So kam es, daß er von seinen Hunden und den anderen Jägern getrennt wurde. Und als er an die Quelle kam, weit entfernt von der aktiven Welt, sah er eine Gruppe von Mädchen. Mitten unter ihnen stand nackt die jungfräuliche Göttin Diana. Wenn Actaeon in diesem Moment augenblicklich zur äußeren Welt zurückgekehrt wäre, hätte er festgestellt, daß sein Leben bereichert gewesen wäre. Statt dessen ließ er es geschehen, daß er von Dianas Schönheit ergriffen wurde; er blieb zu lange. Als die Göttin entdeckte, daß ein Mann ihre Nacktheit gesehen hatte (vergleiche die vielen Schichten von Kleidung bei der Hohepriesterin mit der Nacktheit des Sternen-Mädchens), verwandelte sie Actaeon in einen Hirsch. Als er daraufhin voller Schrecken davonlief, rissen ihn seine eigenen Hunde in Stücke.

Hier kommt der Narr ins Spiel (erinnere dich auch an den Hund des Narren, wie er an seiner Seite herumspringt) und erinnert uns daran, daß wir leichtfüßig tanzend diese beiden Visionen, den Magier und die Hohepriesterin, verlassen sollten, bis wir wirklich reif dazu sind, sie aufzunehmen.

Die **divinatorischen Bedeutungen** der Hohepriesterin haben in erster Linie mit einem Gefühl für das Geheimnisvolle im Leben zu tun, mit Dingen, die wir nicht wissen, und mit Dingen, die wir nicht wissen können. Die Karte weist auf ein Gefühl der Dunkelheit hin, die manchmal ein Bereich der Angst, manchmal aber auch ein Bereich der Schönheit in unserem Leben ist. Eine Zeit des passiven Rückzugs kann unser Leben bereichern, indem Dinge, die in uns schlummern, die Gelegenheit erhalten zu erwachen.

Als ein Emblem für geheimes Wissen weist der Trumpf auf das Gefühl hin, die Antwort auf ein großes Problem intuitiv zu kennen, auch wenn wir sie nicht bewußt ausdrücken können. Noch spezifischer kann sich die Karte auf Visionen und okkulte oder mediale Fähigkeiten, wie z. B. Hellsichtigkeit, beziehen.

In ihrem positivsten Aspekt deutet die Hohepriesterin die Potentiale in unserem Leben an – große Möglichkeiten, die wir noch nicht in die Realität umgesetzt haben, obwohl wir spüren, daß wir es könnten. Aber wir müssen auch handeln, sonst werden die Potentiale niemals Wirklichkeit.

Trotz ihrer tiefen Weisheit kann die Karte manchmal auch eine negative Bedeutung haben. Wie bei den meisten Trümpfen hängt der Wert der Hohepriesterin vom Kontext der anderen Karten ab. Negativ gesehen bedeutet der Trumpf Passivität im falschen Moment oder für eine zu lange Zeit, die zu Schwäche und zu Angst vor dem Leben und vor anderen Menschen führt. Er zeigt einen Menschen mit starker Intuition, der aber seine Gefühle nicht in Handlung umsetzen kann, oder jemanden, der Angst hat, sich anderen Menschen zu öffnen. Ob der gute oder der schlechte Aspekt bei einer bestimmten Befragung überwiegt, hängt von den umgebenden Karten und natürlich von der Intuition des Fragenden ab (jedesmal, wenn wir die Karten lesen, haben wir an den Gaben der Hohepriesterin teil). Oft treffen auch beide Bedeutungen zu. Menschen haben nicht nur eine Seite.

Die Hohepriesterin ist ein Archetyp, ein eindeutiges Bild von einem Aspekt des Seins. Wenn wir sie umkehren, erhalten wir die fehlenden Eigenschaften. Die umgekehrte Karte bedeutet eine Hinwendung zur Leidenschaft und ein Sicheinlassen mit dem Leben und mit den Menschen auf alle erdenklichen Arten, sei es emotional, sexuell oder im Wettstreit. Das Pendel kann jedoch zu weit ausschlagen, und dann kann die umgekehrte Karte bedeuten, daß wir unser kostbarstes Wissen verloren haben: das Gespür für unser inneres Selbst.

4 Die weltliche Sequenz

Die Großen Arkana und das Wachstum der Persönlichkeit

Die erste Reihe der Großen Arkana führt uns durch den Prozeß des Erwachsenwerdens. Sie zeigt uns die Entwicklungsstufen eines Menschen vom Kind, dem die Mutter alliebend und der Vater allmächtig erscheint, bis hin zu dem Zeitpunkt, an dem es durch seine Erziehung zu einer unabhängigen Persönlichkeit geworden ist. Gleichzeitig beschäftigen sich diese Karten mit einer weit umfassenderen Entwicklung, von der die Entwicklung des Individuums ein mikrokosmisches Abbild ist. Ausgehend von den beiden Archetypen der Existenz und der chaotischen Energie der Natur, stellen sie die Erschaffung der menschlichen Gesellschaft dar.

Während der Magier und die Hohepriesterin die Prinzipien des ganzen Spiels bestimmen, haben sie für die erste Reihe noch eine ganz besondere Funktion. Die Bewegung zwischen Gegensätzen ist der Grundrhythmus der materiellen Welt. In der Natur existiert nichts absolut. Mit den Worten von Ursula Le Guin: »Licht ist die linke Hand der Dunkelheit und Dunkelheit die rechte Hand des Lichts.« Wenn wir von den zwei Prinzipien zu der Herrscherin gelangen, sehen wir, wie die Gegensätze sich in der Natur vermischen und so die Realität des physischen Universums erzeugen.

Die mittleren drei Karten der Reihe bilden eine Gruppe. Sie zeigen uns eine Triade von Natur, Gesellschaft und Kirche. Sie bedeuten auch Mutter, Vater und Erziehung. Im alten Ägypten wurde die Gottheit oft als Trinität gesehen. Die Personifikationen änderten sich dabei je nach Ort und Zeit, aber meistens waren es eine Frau und zwei Männer, wobei die Frau den höchsten Rang einnahm. Im Tarot ist die Natur, symbolisiert durch die Herrscherin, die grundlegende Realität, während ihre beiden Begleiter, der Herrscher und der Hierophant, menschliche Konstrukte sind.

Die letzten beiden Karten der Reihe stellen die Probleme des Individuums dar, Liebe und Leid, Hingabe und Eigenwille. An einem bestimmten Punkt muß jeder von uns lernen, sich von der Außenwelt zu unterscheiden. Vor dieser Zeit ist die Persönlichkeit nur eine unbestimmte und formlose Schöpfung von Eltern und Gesellschaft. Jemand, der diesen Bruch niemals vollzieht, schneidet sich damit von einem erfüllten Leben ab. Für die meisten Menschen ist der Weg, über den sie die Loslösung von den Eltern schaffen, das Auftauchen (Freudianer und vielleicht auch Okkultisten würden sagen »Wiederauftauchen«) des Sexualtriebs in der Pubertät. Es ist kein Zufall, daß Kinder zur gleichen Zeit in Ideen, Gewohnheiten und Kleidung gegen ihre Eltern rebellieren, in der ihr Körper sich zur Reife entwickelt.

Die Entwicklung der Individualität ist nur ein Teil des Wachstums. Jeder Mensch muß seine persönlichen Ziele und Erfolge finden. Gleichzeitig wird er früher oder später mit Leid, Krankheit und der generellen Zerbrechlichkeit eines von Alter und Tod bestimmten Lebens konfrontiert. Nur wenn wir ein umfassendes Verständnis für das äußere Leben der Menschheit erreichen, können wir hoffen, irgendwann die tiefere innere Realität zu erreichen.

Die Herrscherin

Wie im vorherigen Kapitel erwähnt, stellt die Herrscherin den zugänglicheren, freundlicheren Aspekt des weiblichen Archetyps dar. Sie steht für Mütterlichkeit, Liebe und Güte. Gleichzeitig symbolisiert sie auch Sexualität, Emotion und die Frau als Geliebte. Sowohl Mütterlichkeit als auch Sexualität sind reine Gefühle, völlig unintellektuell und grundlegend für das Leben, Leidenschaften und nicht Ideen. Die Hohepriesterin repräsentiert die geistige Seite des weiblichen Archetyps, das tiefe, intuitive Verstehen. Die Herrscherin ist reines Gefühl.

Abb. 5

Wie die Femme fatale finden wir sie als die aufreizende Frau in Filmen und Romanen, bezaubernd und frustrierend zugleich, da ihre Gedankengänge keiner rationalen Entwicklung folgen. Viele Frauen empfinden dieses Bild als beleidigend, weil es teilweise Werte und Einstellungen repräsentiert, die in unserer patriarchalischen Gesellschaft negativ bewertet werden, und zum Teil deswegen, weil viele Menschen irrtümlicherweise meinen, daß Männer und Frauen diese archetypischen Ideen mit ihrer eigenen Persönlichkeit zum Ausdruck bringen sollten. Aber die sozialen Vorstellungen sind noch auf eine andere Art lähmend, nämlich in ihrer Trivialität. Die Herrscherin, zusammen mit ihren mythologischen Entsprechungen Aphrodite, Ishtar oder Erzulie, repräsentiert etwas ganz und gar Großartiges. Sie steht für die leidenschaftliche Einstellung zum Leben. Sie gibt und nimmt in unkontrolliertem Gefühl.

Bevor wir es nicht gelernt haben, uns völlig auf die äußere Welt einzulassen, können wir uns keine Hoffnung machen, sie zu transzendieren. Daher ist der erste Schritt zur Erleuchtung die Sinnlichkeit. Nur durch Leidenschaft können wir den Geist, der die gesamte Existenz erfüllt, tief von innen spüren, und nicht durch intellektuelles Argumentieren.

Viele Menschen sehen die Religion als eine Alternative zur natürlichen Welt, die sie als irgendwie unrein oder schmutzig ansehen. Obwohl unsere Kultur diese Dualität unterstützt, ist sie eigentlich eine Illusion, und ein Mensch, der an die Spiritualität mit dieser Motivation der Flucht herangeht, wird wahrscheinlich kein sehr weit entwickeltes Verständnis erreichen. Der Körper und die natürliche Welt sind Realitäten, die nicht verleugnet werden dürfen, sondern integriert werden müssen.

In der Mythologie des Buddhismus erfahren wir, daß die Götter den Vater von Prinz Siddharta dahingehend beeinflußten, daß er seinem Sohn Gautama jede erdenkliche sinnliche Befriedigung zuteil werden ließe. Der Vater glaubte, daß die Sinneslust seinen Sohn davon abhalten würde, der Welt zu entsagen und ein Buddha zu werden. Aber der Plan erreichte das Gegenteil; denn erst nachdem der Prinz die Sinnlichkeit voll und ganz erfahren hatte, konnte er sie hinter sich lassen. Nachdem er der Welt entsagt hatte, schloß sich Gautama den Asketen, dem anderen Extrem, an. Aber erst als er beide Extreme zugunsten des Mittleren Weges aufgegeben hatte, erreichte er die Erleuchtung. Wir können also den Buddha in der Welt(-Tänzerin) wiedererkennen, die sowohl den Magier als auch die Hohepriesterin mit Leichtigkeit in ihren Händen hält.

Als eine Kombination von 1 und 2 bedeutet die Zahl 3 Synthese und Harmonie. Die natürliche Welt hält den Magier und die Hohepriesterin in einer unteilbaren Einheit von Leben und Tod, von Licht und Dunkelheit zusammen. Die Idee der Emotion vereint auch den Magier als Archetyp der Aktivität mit der Hohepriesterin als Archetyp des Instinkts.

Betrachte auch den Prozeß der Schöpfung. Der Magier symbolisiert die Energie des Lebens, die Hohepriesterin die Möglichkeiten zukünftiger Entwicklung. Carl Sagan hat kürzlich demonstriert, daß das Leben auf der Erde möglicherweise dadurch begonnen hat, daß ein Blitz in den Urozean eingeschlagen hat. Wir sehen also wieder: Wenn der Blitz des Magiers mit den Wassern der Hohepriesterin zusammentrifft, entsteht die natürliche Welt.

Die Symbolik der Herrscherin von Waite-Smith stellt die Idee der Natur mit all ihrer Kraft und Herrlichkeit dar. Die Herrscherin selbst bringt mit ihrem üppigen und sinnlichen Aussehen Leidenschaft zum Ausdruck. Ihr Schild hat die Form eines Herzens mit dem Zeichen der Venus darauf, der römischen Form der Großen Göttin. Überall in den frühen Kulturen regierte die Göttin, als Demeter, Astarte, Nut, bis patriarchalische Invasoren sie zur Gattin degradierten (und sie schließlich mit einer ganz und gar männlichen Gottheit völlig verbannten). Zu Füßen der Herrscherin wächst ein Kornfeld; die Göttin war Patronin des Ackerbaus und wurde im Nordwesten Europas die »Korn-Göttin« genannt. Sie trägt eine Halskette mit neun Perlen für die neun Planeten, und ihre Krone trägt zwölf Sterne entsprechend den Zeichen des Tierkreises. Kurz, sie trägt das gesamte Universum als ihren Schmuck. Die Große Mutter repräsentiert nicht die Erscheinungsformen der Natur, sondern das zugrunde liegende Prinzip des Lebens. Die Sterne sind sechszackig und ein viel älteres Symbol als ihr heutiger Gebrauch als Emblem des Judentums. Der sechszackige Stern kombiniert zwei Dreiecke; das aufwärts gerichtete symbolisiert Feuer, das abwärts gerichtete Wasser. Und wieder vereint die Herrscherin Trumpf 1 und 2 zu einer neuen Realität.

Unter den Bäumen hinter ihr kommt ein Fluß hervor und verschwindet unter ihrem Thron. Der Fluß ist die Kraft des Lebens, der wie ein starker Strom alle Erscheinungsformen der Wirklichkeit durchzieht, und den wir am stärksten empfinden, wenn wir uns ohne Rückhalt der Leidenschaft hingeben. Tief in uns selbst können wir den Rhythmus eines Flusses spüren, der uns durch alle Erfahrungen voranträgt, bis mit dem Tod unser individuelles Leben wieder in den Ozean des Daseins einmündet.

Der Fluß symbolisiert auch die Einheit von Wandel und Stabilität. Das Wasser in ihm ist niemals das gleiche, und dennoch bleibt es immer ein ganz bestimmter Fluß mit seinen besonderen Eigenschaften. Wir Menschen verändern uns von Tag zu Tag, die Zellen in unserem Körper sterben und neue treten an ihre Stelle, und dennoch bleiben wir immer wir selbst.

Die Zahl 3, die sich aus der Kombination von 1 und 2 ergibt, führt uns jedoch auch noch zu einer weiteren Vorstellung. Da die Zahlen 1 und 2 ausdrücklich für Mann und Frau stehen, bedeutet die Zahl 3 das Kind, das aus ihrer Vereinigung hervorgeht. Das Kind wird als Geschöpf der Natur geboren. Nicht von einem Ego und einer Persönlichkeit belastet, erfährt es das Universum direkt, ohne Kontrollen oder Etikettierungen. Erst wenn wir älter werden, lernen wir, Barrieren zwischen uns und dem Leben aufzurichten. Es ist ein Ziel des Tarot, uns zu diesem natürlichen Zustand zurückzuführen, in dem wir unsere Umwelt direkt erfahren.

Aber die Herrscherin symbolisiert nicht nur das Kind, sondern auch die Mutter. Mutterschaft ist die Grundvoraussetzung für das Fortbestehen des Lebens in der gesamten Natur. Und da das körperliche Band zwischen Mutter und Kind so stark ist, ist die Mutterliebe in ihrer intensivsten Form reines Gefühl, das ohne intellektuelle oder moralische Erwägungen gegeben wird. (Dies ist natürlich ein Ideal, und in der Realität kann es durchaus sein, daß eine solche Liebe mehr vom männlichen als vom weiblichen Elternteil oder schlimmstenfalls auch überhaupt nicht gegeben wird.) In ihrer ganzen Geschichte haben die Menschen die Mutterschaft mit der Natur identifiziert. So taucht die Bezeichnung »Große Mutter« für die Erde überall auf der Welt auf, und sogar in unserer Zeit sprechen wir vage von »Mutter Natur«.

In der **Divination** repräsentiert die Herrscherin eine Zeit der Leidenschaft, eine Phase, in der wir dem Leben emotional und lustvoll begegnen und nicht so sehr vom Denken bestimmt sind. Die Leidenschaft ist sexuell oder mütterlich; auf beide Arten ist sie tief empfunden und kann im richtigen Kontext große Befriedigung vermitteln. Im falschen Kontext aber, wenn eigentlich eine Analyse erforderlich wäre, kann die Herrscherin eine widerspenstige emotionale Haltung bedeuten, eine Weigerung, die Tatsachen zu berücksichtigen. Sie kann auch auf ein anderes Problem hinweisen: Sich dem Genießen zu überlassen, wenn Selbstbeherrschung angebracht wäre. Normalerweise jedoch zeigt sie die Befriedigung und sogar das Verständnis, das man durch Gefühle erreichen kann. Die umgekehrten Bedeutungen der Karte können auch in einem positiven und einem negativen Zusammenhang stehen. Auf der einen Seite kann die umgekehrte Karte einen Rückzug vom Gefühl bedeuten, also eine Ablehnung unserer Gefühle oder den Versuch, unsere Wünsche, besonders die sexuellen, zu unterdrükken. Ebenso jedoch wie die auf dem Kopf stehende Hohepriesterin das ihr fehlende Element der Anteilnahme ausdrückt, kann die umgekehrte Herrscherin eine neue intellektuelle Bewußtheit bedeuten, besonders bei der Lösung eines komplizierten emotionalen Problems, indem wir ruhig darüber nachdenken.

In der aufrechten und der umgekehrten Bedeutung spiegeln sich die Trümpfe 2 und 3 gegenseitig. Manchmal geschieht es, daß beide in einer Auslegung auf dem Kopf stehend erscheinen. Das bedeutet, daß der Fragende sowohl emotionale als auch intuitive Aspekte des Geistes zum Ausdruck bringt, aber auf eine negative Art und Weise. Rationalität entsteht als Reaktion auf exzessive emotionale Verwicklungen, während ein Gefühl von Kälte und Isolation in die Leidenschaft treibt. Wenn diese beiden Aspekte der Göttin in aufrechter Lage erfahren werden können, wird der Betreffende ein stabileres und befriedigenderes Gleichgewicht erreichen.

Der Herrscher

Für jedes Kind sind seine Eltern Archetypen, nicht einfach nur Mutter und Vater, sondern die Mutter und der Vater schlechthin. Da unsere Mütter uns Leben geben, uns nähren und uns schützen, neigen wir dazu, sie als Inbegriff von Liebe und Mitleid zu sehen (und sind sehr bestürzt, wenn sie streng oder kalt reagieren). Der Vater jedoch, besonders in traditionellen Zeiten, in denen die Geschlechtsrollen noch ausgeprägter waren, blieb distanzierter und war daher auch eine strengere Gestalt. Der Vater hatte die Autori-

Der HERRSCHER

4 | THE EMPEROR | 7

(a)   *Abb. 6*   *(b)*

tät und wurde so zum Richter, zum Vater, der strafte (während die Mutter vermittelte), und zum Vater, der uns die Regeln der Gesellschaft beibrachte und dann Gehorsam verlangte. Der Vater ist für das Kind von der Gesellschaft als Ganzes in vielerlei Hinsicht nicht zu unterscheiden, so wie es die Mutter mit der Natur identifiziert. Für viele Menschen ist es ein schmerzvoller Moment in ihrem Reifungsprozeß, wenn sie die begrenzte Menschlichkeit ihrer Eltern entdecken.

Freud postuliert in seinem Schema der psychischen Entwicklung des Kindes eine direkte Verbindung zwischen dem Vater und den Regeln der Gesellschaft. Die Psyche des Kleinkindes verlangt nach ständiger Befriedigung, besonders in ihren Bedürfnissen nach Nahrung und nach körperlicher Stimulierung durch die Mutter. (Freudianer werden vielleicht sogar behaupten, das Kind habe den Wunsch nach Geschlechtsverkehr mit seiner Mutter, aber die Situation ist die gleiche, auch wenn das Kind nur die Lust sucht, von seiner Mutter an ihren Körper gedrückt zu werden.) Der Va-

59

ter erregt die Feindschaft des Kindes, indem er dessen Beziehung zur Mutter stört, und in dem noch ungehemmten Kind erzeugt das den Wunsch, den Vater und damit die Störung zu töten. Aber der Wunsch, den Vater zu zerstören, kann nicht verwirklicht, noch nicht einmal bewußt gemacht werden. Daher identifiziert sich die Psyche, um diesem schrecklichen Dilemma zu entkommen, mit der Vater-Imago und schafft damit ein »Über-Ich« als neuen Führer des Selbst (und ersetzt damit das »Es«, dessen Triebe und Wünsche zu dieser Krise geführt haben). Und in welcher Form erscheint dieses Über-Ich? Genau in der Form der Regeln der Gesellschaft, die traditionellerweise unter der Führung des Vaters gelernt werden.

Die Trümpfe 3 und 4 des Tarot repräsentieren die Eltern in ihren archetypischen Rollen. So wie die Herrscherin die natürliche Welt darstellt, enthält der Herrscher den weiteren Bedeutungsrahmen der sozialen Welt, die mit der Natur »verheiratet« ist. Er symbolisiert die Gesetze der Gesellschaft, die guten wie die schlechten, und die Macht, die hinter ihnen steht.

In alten Zeiten, als die Göttin noch herrschte, übte der König eine ganz besondere Funktion aus. Neues Leben kann nur aus dem Tod entstehen; daher wurde in jedem Winter der alte König von den Repräsentanten der Göttin geopfert. Oft zerstückelten sie ihn und pflanzten die Teile in die Erde, die dadurch auf eine mystische Art fruchtbar gemacht werden sollte. Später, als die männlich dominierten Religionen die Führung übernahmen, wurde der König zu einem Symbol der Herrschaft des Gesetzes, und das, was den Patriarchen als die monströse und chaotische Dunkelheit der alten Ordnung erschien, wurde radikal unterdrückt. Wir erkennen dieses Drama (das viel Ähnlichkeit mit der von Freud postulierten Verdrängung des Es durch das Über-Ich hat) in vielen Mythen; ein Beispiel ist, wie Marduk, der Nationalheld von Babylon, die Tiamat, die ursprüngliche Mutter der Schöpfung, tötet, weil sie Monster gebar. Ob wir uns der Ansicht, daß die alten Wege monströs und die neuen zivilisiert sind, anschließen oder nicht, der Herrscher symbolisiert auf jeden Fall die Abstraktion der Gesellschaft, welche die direkte Erfahrung der Natur ersetzt.

In Rom wurde die Idee vom Gesetz als Gegensatz zum Chaos so weit getrieben, daß »Gesetz und Ordnung«, um die modernen Begriffe zu gebrauchen, zu Tugenden an sich wurden, unabhängig von der Moral, welche diese Gesetze beinhalteten. Unter Bedingungen der Anarchie kann es keinen Fortschritt geben (war das Argument); schlechte Gesetze müssen verändert werden, aber zunächst einmal muß man den Gesetzen um jeden Preis gehorchen. Jede andere Haltung kann nur zur Zerstörung der Gesellschaft führen. Heute sehen wir diese Ansicht in einer Abstraktion zusammengefaßt, die wir das »System« nennen. Die Römer sahen sie konkreter in der Person des Herrschers verkörpert, den sie als Vater seines ganzen Volkes beschrieben.

In seinem positivsten Aspekt bedeutet der Herrscher die Stabilität einer gerechten Gesellschaft, die es ihren Mitgliedern ermöglicht, ihre persönlichen Bedürfnisse und Entwicklungsmöglichkeiten zu verwirklichen. Die natürliche Welt ist chaotisch; ohne ein gewisses Maß an sozialer Struktur würden wir unser ganzes Leben mit dem Kampf ums Überleben zubringen. Die Gesellschaft gibt uns die Gelegenheit zusammenzuarbeiten und von den Erfahrungen der Menschen, die vor uns gelebt haben, zu profitieren.

Stabilität ist auch die Grundlage für spirituelle Entwicklung. In vielen Ländern unterstützt die Gesellschaft die Kirchen (ob diese Zusammenarbeit jedoch die Spiritualität fördert, ist fraglich); in einigen östlichen Ländern haben die Mönche die Freiheit, ihren Studien nachzugehen, weil Laien ihnen ihre Bettelschalen füllen. Ohne diese Sitte wären sie gezwungen, ihre Zeit mit der Arbeit für ihr tägliches Brot zu verbringen.

In seinen negativeren Aspekten repräsentiert der Herrscher die Macht ungerechter Gesetze in einer Gesellschaft, in der Stabilität den Vorrang vor Moralität hat. Wenn sich erst einmal Gesetz und Ordnung als das höchste Gut etabliert haben, wird ein korrupter Herrscher zu einer Katastrophe. Wenn jedoch das ganze System korrupt ist und nur noch schlechte Regierende hervorbringt, wird Stabilität zu einem Feind der Moralität. Der Wert des Symbols des Herrschers ist sehr stark von dem Kontext von Ort und Zeit abhängig. In einer ungerechten Gesellschaft ist die Macht des Herrschers für die persönliche Entwicklung eher ein Hindernis als eine Hilfe. Sehr viele Menschen haben es sich zum Ziel gesetzt, ungerechte Gesetze zu bekämpfen.

Auch in seinen besten Möglichkeiten bleibt der Herrscher allerdings begrenzt. Über die Spontaneität der Herrscherin hat er ein Netz der Unterdrückung geworfen. Wenn wir den Kontakt zu unseren Leidenschaften verlieren, dann wird unser Leben kalt und unfruchtbar. Der Herrscher des Rider-Spiels (siehe Abb. 6a) ist als alter, steifer Mann dargestellt, der in einer Rüstung steckt und damit die Sterilität eines Lebens zum Ausdruck bringt, das von rigiden Regeln bestimmt wird. Der Fluß, der den Garten der Herrscherin so mächtig durchströmte, ist zu einem dünnen Rinnsal geworden, das kaum dazu in der Lage ist, eine leblose Wüste zu durchdringen.

Die übrige Symbolik der Karte repräsentiert ihre beiden Seiten. Der Herrscher hält ein ankh, ein ägyptisches Symbol des Lebens, um zu zeigen, daß er unter dem Gesetz die Macht über Leben und Tod hat und sie, so bleibt zu hoffen, weise gebrauchen wird. Vier Widder, Symbole des Tierkreiszeichens Widder, verzieren seinen Thron, und auf der Spitze seiner Krone trägt er das Zeichen des Widders (das unglücklicherweise aussieht wie ein Propeller). Der Widder symbolisiert Kraft, Aggression und Krieg, aber als erstes Zeichen des Tierkreises bedeutet er auch das neue Leben des Frühlings, das aus der Stabilität einer gerechten Gesellschaft entspringen kann.

Als die Mitte der ersten Reihe der Großen Arkana stellt der Herrscher eine kritische Prüfung dar. Im Prozeß des Erwachsenwerdens ist es für viele Menschen tatsächlich der schwierigste Schritt, die Regeln der Gesellschaft zu überwinden. Wir müssen diese Regeln, ebenso wie die Traditionen und Glaubenssätze unserer Gesellschaft, in uns aufnehmen und dann über sie hinausgehen, um einen persönlichen Verhaltenskodex zu finden. Dies soll nicht die Haltung propagieren: »Regeln sind dazu da, gebrochen zu werden.« Menschen, die sich genötigt sehen, sich über alle Gesetze hinwegzusetzen, bleiben genauso an diese Gesetze gebunden, wie diejenigen, die ihnen blind gehorchen.

Da es die Rolle des Vaters ist, uns gesellschaftlich akzeptables Verhalten beizubringen, hat der Mensch, der auf der Ebene des Herrschers gefangen ist, die gewöhnliche Menschlichkeit seines Vaters oft niemals wirklich akzeptiert. Diese Schwierigkeit mag ihm rational wohl bewußt sein, dennoch stört und verfolgt sie ihn. Ähnliche Probleme plagen den Menschen, für den die Herrscherin von seiner Mutter verkörpert bleibt, und nicht von ihm selbst, von seinen eigenen Leidenschaften und seiner eigenen Sinnlichkeit.

Die Vorstellung vom Herrscher als dem Repräsentanten der begrenzten Werte einer gesellschaftlichen Ordnung stammt hauptsächlich von Waite und seinen Nachfolgern. Das rechte Bild (Abb. 6b), das aus dem von Jessie Burns Parke gezeichneten

»Builders-of-the-Adytum« (Bota)-Spiel von Paul Foster Case stammt, illustriert eine andere Tradition. Hier symbolisiert der Herrscher die Summe des spirituellen Wissens. Er ist im Profil gezeichnet (eine viel häufigere Darstellungsweise als die Frontalansicht des Rider-Spiels), und hat damit eine Verbindung zu dem kabbalistischen Bild für Gott als dem »Alten der Tage«, einem im Profil sitzenden König. (Das Gesicht des Alten war nie sichtbar, nur seine Krone mit einem Strahlungskranz darunter.) Arme und Beine des Herrschers bilden die Form eines gleichseitigen Dreiecks über einem Kreuz, dem alchemistischen Zeichen für Feuer. In umgekehrter Lage taucht diese Figur später wieder (sowohl bei Waite als auch bei Case) in dem Gehängten auf. Wie schon erwähnt, sind die gekreuzten Beine ein esoterisches Zeichen, das wir auch auf der Karte die Welt finden. Der Bota-Herrscher sitzt auf einem Würfel und nicht auf einem Thron. Der Würfel ist auch esoterisches Symbol und bedeutet die Welt, den Tarot selbst, aber auch das hebräische Alphabet und die Pfade des Lebensbaums. Diese Symbolik leitet sich aus der Tatsache ab, daß ein Würfel zwölf Winkel, sechs Seiten, drei Achsen und natürlich auch ein Zentrum enthält, die zusammengenommen zweiundzwanzig, die Zahl der Trümpfe, der hebräischen Buchstaben und der Pfade ergeben. Und da der Lebensbaum die gesamte Schöpfung repräsentieren soll, symbolisiert der Würfel das Universum.

Bei der **Divination** weist der Herrscher (nach dem Bild des Rider-Spiels) auf die Macht der Gesellschaft, auf ihre Gesetze und ganz besonders auf ihre Autorität, diese Gesetze durchzusetzen, hin. Das Erscheinen dieses Trumpfes bedeutet eine Begegnung mit dem Gesetz. Ob sie positiver oder negativer Art ist, hängt wiederum vom Kontext ab.

In einem mehr persönlichen Sinne kann der Herrscher eine Zeit der Stabilität und Ordnung im Leben eines Menschen anzeigen, wobei zu hoffen bleibt, daß dadurch kreative Energie freigesetzt wird. Er kann auch auf eine Person hinweisen, die sehr viel objektive oder emotionale Macht über den Fragenden hat. Dies ist sehr oft der Vater, aber es kann auch der Ehegatte oder Geliebte sein, besonders bei solchen Menschen, die ihre Geliebten zu ihren Ersatzvätern machen, denen sie die Kontrolle über ihr Leben überlassen. Ich habe schon Kartenbilder gesehen, in denen der Herrscher so stark dominierte, daß alle Lebensmöglichkeiten verkümmerten und unerfüllt blieben.

Wie die umgekehrte Herrscherin, erhält auch der mit dem Kopf nach unten liegende Herrscher Elemente, die die Qualitäten seiner aufrechten Lage ergänzen. Er ist, in Waites Worten, »Wohlwollen und Mitleid«, neues Leben in einer steinigen Wüste. Aber das Pendel kann auch zu weit ausschlagen. Dann kann der umgekehrte Herrscher Unreife bedeuten und die Unfähigkeit, klare Entscheidungen zu treffen und durchzuführen.

(a)   *Abb. 7*   *(b)*

Der Hierophant

In den meisten Tarot-Spielen wird der fünfte Trumpf der Papst oder der Hohepriester genannt, Bezeichnungen, die ihn sowohl vom Namen als auch vom Bild her mit dem zweiten Trumpf, dem Archetyp der inneren Wahrheit, verbinden. Waite schrieb, daß er den Namen »Papst« ablehne, da dieser Titel ein sehr spezifisches Beispiel der Grundidee des Trumpfes suggeriere. Die Bezeichnung »Hierophant« trugen die Hohenpriester der Eleusinischen Mysterien im alten Griechenland. Waite schreibt nun über seine Karte, sie sei ein Symbol des »äußeren Weges« der Kirchen und des Dogmas. Daß er jedoch eine Bezeichnung aus dem Mysterienkult verwendet, legt eine andere Interpretation nahe, die von denjenigen bevorzugt wird, die im Tarot eher eine Geheimlehre okkulter Praktiken sehen und nicht so sehr eine umfassende Darstellung menschlicher Möglichkeiten. Diese Interpretation findet eine dramatische Darstellung in dem Bild des Hierophanten in Aleister Crowleys *Das Buch Thoth,* das von Frieda Harris gezeichnet wurde. Hier bedeutet der Trumpf die Initiation in eine Geheimlehre, wie etwa die verschiedenen Orden und Logen, die um die Jahrhundertwende florierten, und die in England und in Amerika ein Wiederaufleben erfahren haben. Die Bezeichnung »Hierophant« für den Trumpf 5 geht vermutlich auf den »Order of the Golden Dawn« zurück, dem Waite und Crowley beide einmal angehörten.

Diese beiden Bedeutungen, »äußerer Weg« und »Geheimlehre«, scheinen zunächst gegensätzlich zu sein. In Wirklichkeit sind sie sehr ähnlich. Ob die beiden Anwärter nun in eine Kirche oder in eine Geheimgesellschaft aufgenommen werden, in jedem Fall begeben sie sich in die Obhut einer Lehre mit einem System von Glaubenssätzen, die sie lernen und akzeptieren müssen, bevor ihnen der Eintritt gewährt wird. Es gibt natürlich schon grundlegende Unterschiede zwischen, sagen wir, dem Katechismus und den Ritualen des Golden Dawn. Der Trumpf weist jedoch auf etwas hin, was beiden gemeinsam ist, nämlich auf Erziehung und Tradition. Wenn wir die erste Reihe als eine Beschreibung der Persönlichkeitsentwicklung betrachten, dann bedeutet der Hierophant, der nach der natürlichen Welt und nach der Gesellschaft kommt, die intellektuelle Tradition der jeweiligen Gesellschaft, in der ein Mensch lebt und seine Erziehung in dieser Tradition.

Wenn wir Waites Interpretation folgen (und speziell an den abendländischen Papst denken), können wir den Hierophanten als einen Partner des Herrschers (des Kaisers) ansehen. Das Wort »Papst« bedeutet »Vater«, und wie der römische Kaiser wird auch der Papst als ein weiser Vater, der seine Kinder führt, betrachtet. Zusammen teilen sie sich die Verantwortung für die Menschheit, der eine sorgt für die materiellen Bedürfnisse, der andere lenkt das spirituelle Wachstum. In einer der frühesten Abhandlungen, die

die Trennung von Kirche und Staat fordert, plädiert Dante dafür, die beiden Funktionen nicht zu kombinieren wegen der Gefahr der Korruption. Die Vorstellung, daß die Kirche für unsere Seelen verantwortlich sei, stellte er jedoch nie in Frage.

Heute verstehen viele Menschen die Grundidee einer Priesterschaft nicht mehr. Unser demokratisches Zeitalter verwirft die Idee von einer Vermittlung zwischen dem Individuum und Gott. Beachte aber, daß der Hierophant auch die »Diktatur des Proletariats« oder irgendeine andere Elite symbolisieren kann, welche die Massen dahin führt, wohin sie alleine nicht gehen können. Ursprünglich war die besondere Funktion der Priester völlig klar; sie sprachen zu den Göttern mit Hilfe der Orakel, die oftmals erschreckende Praktiken waren: und so waren die meisten Menschen recht glücklich, wenn sie diese von anderen für sich ausüben lassen konnten. Als das Christentum diese anschauliche und direkte Verbindung zu Gott verdrängte, wurde die Vorstellung vom Priester, wie auch die vom Herrscher (Kaiser) abstrakter. Letztlich beruht sie auf der Annahme, daß sich die meisten Menschen nicht viel um Gott kümmern. Der Durchschnittsmensch ist am glücklichsten, wenn er weltlichen Belangen wie Geld, Familie und Politik nachgehen kann. Es gibt jedoch bestimmte Menschen, die durch ihr Temperament den Geist, der unser aller Leben durchdringt, sehr direkt spüren. Durch ihre eigene innere Bewußtheit zur Priesterschaft berufen, können diese Menschen für uns zu Gott sprechen. Wichtiger noch, sie können zu *uns* sprechen, uns die Gesetze Gottes auslegen, so daß wir ein gerechtes Leben führen können, damit wir nach unserem Tod in Form der Heimkehr zu Gott unseren Lohn empfangen können. Nach der Auferstehung werden wir selbst im Angesicht Gottes wohnen. In diesem Leben jedoch brauchen wir die Priester zu unserer Führung.

So wird argumentiert. Aber selbst wenn wir im Prinzip damit übereinstimmen, in der Praxis neigt diese Rollenverteilung dazu, Schiffbruch zu erleiden. Menschen werden zu Priestern aus allen möglichen Gründen – Ehrgeiz, Druck von seiten der Familie etc. –, während diejenigen, welche eine echte Berufung zur Kommunikation mit Gott fühlen, vielleicht wenig Talent zur Kommunikation mit Menschen haben. Außerdem können die religiösen Institutionen des Hierophanten, wie die sozialen Institutionen des Herrschers, sehr leicht durch die ihnen verliehene Autorität korrumpiert werden, so daß die Priester ihre Macht als Selbstzweck ansehen und Gehorsam höher schätzen als Erleuchtung. Es ist auch klar, daß eine Position, in der man eine Doktrin zu verteidigen hat, doktrinäre Menschen anzieht.

Vielleicht gibt es aber auch noch einen subtileren Grund dafür, daß wir die Vorstellung einer führenden Priesterschaft ablehnen. Seit der Reformation ist eine Idee im Westen immer mächtiger geworden, nämlich die, daß das Individuum letztlich für sich selbst verantwortlich ist. Das ganze Konzept einer äußeren Lehre, eines Kodex von Regeln und Bekenntnissen, den man durch den Glauben übernimmt, steht und fällt mit der Annahme, daß die meisten Menschen es vorziehen, daß jemand ihnen sagt, was sie zu tun und zu denken haben. Es kann sehr gut sein, daß dies wahr ist. Um wirklich Gott in sich selbst zu entdecken, muß man durch einige sehr unbequeme Konfrontationen mit seiner eigenen Psyche hindurchgehen. Außerdem setzt uns dies einer ständigen Qual der Wahl aus, wenn wir in jeder Situation selbst entscheiden, was das moralisch richtige Verhalten ist. Trotzdem können es viele Menschen heute einfach nicht mehr akzeptieren, daß die Gesellschaft oder eine Kirche letztlich die Verantwortung für ihr Leben tragen soll.

Vielleicht paßt die Interpretation, daß der Hierophant Geheimlehren repräsentiert, besser in unsere Zeit. Denn dann sagt uns die Lehre nicht, was wir zu tun haben, sondern gibt uns eine Richtung, in der wir anfangen können, an uns selbst zu arbeiten. Auch der Tarot stellt sich, wie wir beim Magier gesehen haben, gegen alle Kirchen, indem er uns in diesem Leben zu unserer eigenen, individuellen Erlösung führen möchte. Für Crowley repräsentiert der Hierophant Initiation als ein Weg zur Vereinigung des Individuums mit dem Universum. Die Formen und Lehren der Initiation verändern sich mit jedem Weltzeitalter; das gegenwärtige Fische-Zeitalter nähert sich, nachdem es seit nunmehr fast zweitausend Jahre andauert, seinem Ende, so daß der Hierophant, wie eigentlich alle menschlichen Beziehungen, sich sicherlich ändern muß. Crowley sagt dazu, daß wir erst in der Zukunft erleben werden, wie der neue »Strom der Initiation« beschaffen sein wird. Aber die grundlegende Eigenschaft der Initiation, die Vereinigung mit dem Kosmos anzustreben, bleibt immer die gleiche.

In der Bota-Version des Hierophanten ist der eine der gekreuzten Schlüssel zu Füßen des Hierophanten golden, der andere silbern. Sie stellen damit die äußeren und die inneren Wege, die Sonne und den Mond, den Magier und die Hohepriesterin dar, die wir nach der Lehre vereinigen sollen. Im Rider-Spiel sind beide Schlüssel golden. Damit zeigen sie, daß für diejenigen, die dem Weg der äußeren Lehre folgen, die dunkle Seite verborgen bleibt.

Auf der Waite-Smith-Illustration versperrt kein Vorhang den Eintritt zur Kirche wie beim Tempel der Hohepriesterin. Aber die Pfeiler sind von einem stumpfen Grau. Wer hier eintritt, mag sich von der Last der persönlichen Entscheidung befreien, die Geheimnisse der Dualität wird er jedoch nicht durchdringen. Das Unbewußte bleibt verschlossen. In vielen Tarot-Spielen hält die Hohepriesterin keine Schriftrolle, sondern ein kleines Buch, das verschlossen ist. Die Schlüssel des Hierophanten jedoch passen nicht in dieses verlockende Schloß.

Dennoch sollten wir nicht meinen, daß die äußere Lehre der Religion für den Suchenden keinerlei Wert hat. Wie die allgemeine Erziehung, von der sie ein Teilgebiet ist, gibt sie dem einzelnen eine feste Tradition an die Hand, in der er seine persönliche Entwicklung verwurzeln kann. Das moderne westliche Phänomen einer Art eklektischen Mystizismus, der sich seine Inspirationen in allen Religionen sucht, ist eine äußerst ungewöhnliche Entwicklung. Sie beruht vermutlich auf dem globalen Bewußtsein und auf der Einstellung, daß Religion ein von Wissenschaft und Geschichte unabhängiger psychologischer Zustand sei. So sehen wir in der Religion eher eine Erfahrung als eine Erklärung des Universums und akzeptieren alle religiösen Erlebnisse als gültig, wie widersprüchlich sie, oberflächlich gesehen, auch sein mögen. Einerseits eröffnet diese Idee große Möglichkeiten, andererseits haben viele auch schon ihre Oberflächlichkeit bemerkt. Tatsache ist jedenfalls, daß die großen Mystiker aller Jahrhunderte immer aus einer tiefen Verwurzelung mit einer Tradition heraus gesprochen haben. Die Kabbalisten waren gewissenhaft jüdisch, Thomas a Kempis war voll und ganz Christ, und die Sufis verbeugten sich gen Mekka wie alle anderen orthodoxen Moslems auch. In seiner besten Entsprechung kann der Hierophant (als äußere Lehre) ein Ausgangspunkt sein, von dem aus wir beginnen können, eine eigene Bewußtheit von Gott zu schaffen.

Ein weiterer Aspekt der Symbolik dieser Karte verlangt besondere Aufmerksamkeit. Die Position dieser drei Figuren (also eine größere Figur, die zwei kleinere zu beiden Seiten beherrscht) führt ein sich durch die gesamten Großen Arkana wiederholendes Motiv, wie die zwei Pfeiler der Hohenpriesterin, ein, das in den Karten das Gericht und die Welt eine Lösung findet. Die nächsten zwei Karten nach dem Trumpf 5 wiederholen das Motiv mit dem Engel über den Liebenden und mit dem Lenker des Wagens über der schwarzen und der weißen Sphinx.

Wir können dieses Trio als eine Verkörperung der Idee der Dreiheit ansehen, wie wir sie auch in der christlichen Trinität, dem Drei-Instanzen-Modell der Psyche von Freud: ES/ICH/ÜBER-ICH oder in den drei Reihen der Großen Arkana: Unbewußtes/Bewußtsein/Überbewußtsein finden. Um die Bedeutung dieses Bildes zu verstehen, müssen wir zur Hohenpriesterin zurückkehren. Sie sitzt zwischen zwei Pfeilern, die die Dualitäten des Lebens symbolisieren. Sie selbst steht für die eine Seite, der Magier für die andere. Der Hierophant nimmt zwei Anwärter in seine Kirche auf. Wir sehen also, daß der Hierophant, die Liebenden und der Wagen allesamt Versuche darstellen, zwischen den gegensätzlichen Polen des Lebens zu vermitteln und einen Weg zu finden, sie, wenn auch nicht aufzulösen, so doch wenigstens im Gleichgewicht zu halten. Eine religiöse Lehre mit ihrem Moralkodex und ihren Erklärungen für die Grundfragen des Lebens erfüllt genau diese Funktion. Wenn wir uns einer Kirche anschließen, werden alle Widersprüche des Lebens zwar beantwortet, nicht aber gelöst.

Bei der **Divination** bedeutet die Karte Kirchen, Lehrsysteme und Erziehung im allgemeinen. Psychologisch gesehen kann sie Orthodoxie, Konformität mit den Ideen und Verhaltensregeln der Gesellschaft und in einem subtileren Sinne das Abgeben der Verantwortlichkeit bedeuten. Der Herrscher symbolisierte diese Regeln und ihre offiziellen Vertreter; der Hierophant weist auf unsere eigene innere Neigung zum Gehorsam hin. Umgekehrt bedeutet die Karte unorthodoxes Verhalten, besonders in geistigen Bereichen – das Hervorbringen origineller Ideen. Sie kann aber auch Leichtgläubigkeit bedeuten, und das macht eine andere Tugend der Karte in ihrer aufrechten Lage deutlich. Eine Gesellschaft baut sich ihre intellektuelle Tradition über Hunderte von Jahren auf. Jemand, der diese Tradition akzeptiert, erhält damit einen Maßstab, mit dem er neue Ideen und Informationen beurteilen kann. Jemand, der sie zurückweist, muß seine eigenen Wege finden und kann sich leicht in oberflächlichen Ideen verlieren. Viele Menschen verschreiben sich, wenn sie das Dogma, das ihnen in ihrer Kindheit aufgezwungen wurde, fallengelassen haben, einem neuen Dogma, einem Kult oder einer extremistischen politischen Gruppe, die genauso rigide und vielleicht sogar noch oberflächlicher ist. Wenn sie auch die Tradition zurückgewiesen haben, haben sie den Hierophanten nicht wirklich abgeschüttelt. Sie haben die Verantwortung, ihren eigenen Weg zu finden, noch nicht übernommen.

(a) Abb. 8 (b)

Die Liebenden

Die einschneidendsten Veränderungen, die Arthur Waite und Pamela Smith an den traditionellen Zeichnungen des Tarot vorgenommen haben, finden wir an der Karte der Liebenden. Während der Tarot de Marseille (Abb. 8b) einen jungen Mann zeigt, der, von Amors Pfeil getroffen, zwischen zwei Frauen wählen muß, sehen wir auf dem Rider-Spiel (Abb. 8a) einen erwachsenen Mann und eine Frau, über denen ein Engel schwebt. Während außerdem die meisten Spiele nur auf eine soziale Situation hinweisen, stellt das Bild des Rider-Spiels zweifellos den Garten Eden dar oder vielmehr einen neuen Garten Eden, in dem die Bäume Erleuchtung und nicht den Sündenfall bringen.

Die frühere Version des Trumpfes 6 trägt manchmal den Titel »Die Wahl« und bedeutet in divinatorischen Befragungen eine wichtige Entscheidung zwischen zwei Wünschen. Da die eine Frau blond und die andere dunkel ist – eine Symbolik, die in Europa, wo Dunkelheit immer das Böse und Frauen im allgemeinen die Versuchung bedeuten, der Tradition entspricht – wurde diese Wahl immer als eine Entscheidung zwischen einer respektablen, aber vielleicht etwas langweiligen, und einer äußerst begehrenswerten, aber moralisch anstößigen Seite gesehen. Die Karte kann sich auf eine kleine Entscheidung, aber auch auf eine große Krise im Leben eines Menschen beziehen. Heute können wir diese alte Symbolik in vielen Romanen und Filmen wiederfinden, die von einem Mann aus der Mittelschicht handeln, der in seiner Lebensmitte der Versuchung ausgesetzt ist, seine geliebte, aber ziemlich langweilige Frau zugunsten einer jüngeren, wilderen Frau aufzugeben.

Die Wahl kann sich sogar über das gesamte Leben eines Menschen erstrecken. Auch diejenigen, die die Begrenztheit ihrer Mittelschichts-Respektabilität niemals in Frage gestellt haben, haben eine Entscheidung getroffen, genauso wie der Mensch, der sein Leben lang kriminell ist. Und viele Menschen, die ein nach außen hin sozial angepaßtes Leben führen, kämpfen in ihrem Inneren ständig gegen quälende Leidenschaften an, gegen das Verlangen zum Ehebruch, gegen Gewalttätigkeit oder einfach gegen den Wunsch, ihr Zuhause zu verlassen und ein umherziehender Tramp zu werden.

Auf der esoterischen Ebene bedeutet die Wahl zwischen der hellen und der dunklen Frau die Entscheidung zwischen dem äußeren Pfad (im Rider-Spiel durch den Hierophant symbolisiert), auf dem uns unser Lebensweg vorgezeichnet wird, und dem inneren Pfad der Okkultisten, der uns mit unseren verborgenen Trieben konfrontieren kann. Die Kirche bezeichnete die Magier als Teufelsanbeter, und in christlichen Allegorien steht die dunkle Frau gewöhnlich für den Satan.

Diese Bedeutungen beziehen sich alle auf die Entscheidung zwischen Licht und Dunkel im weitesten Sinne. Im Zusammenhang mit der ersten Reihe der Trümpfe können wir sie unter einem sehr viel spezifischeren Aspekt betrachten, nämlich als die erste wirkliche Entscheidung, die eine Person unabhängig von ihren Eltern treffen muß. Solange ihre Sexualität noch nicht erwacht ist, sind die meisten Menschen damit zufrieden, nach den Erwartungen ihrer Eltern zu handeln. Der Sexualtrieb jedoch zeigt uns, in welche Richtung er uns führen will. Das hat zur Folge, daß wir auch in anderen Bereichen anfangen auszubrechen. Es dürfte wohl eher selten vorkommen, daß die Partner, die unsere Eltern für uns aussuchen würden, auch von uns selbst gewählt würden. Wenn der Unterschied zu extrem ist, oder die Eltern eine zu starke Kontrolle ausüben, wird der Betroffene vor eine sehr schmerzhafte Wahl gestellt sein.

Paul Douglas hat die Karte so kommentiert, daß die dunkelhaarige Frau, die sehr viel älter zu sein scheint, die Mutter des Jungen ist, und er die Wahl hat, unter ihrem Schutz zu bleiben oder sich auf seinen eigenen Weg zu machen. Wer in Übereinstimmung mit Freud glaubt, daß das erste Verlangen eines Jungen auf seine Mutter gerichtet ist, wird in dieser Karte den klassischen Ödipus-Komplex sehen. Ein Teil der Persönlichkeit wünscht sich, das verborgene Phantasieleben einer Vereinigung mit der Mutter aufrechtzuerhalten, während der andere Teil sich danach sehnt, eine echte Liebe in der Realität der eigenen Generation zu finden. Aber wir müssen uns nicht der Freudschen Lehre anschließen, um die weitreichenden Implikationen dieser Wahl zu erkennen. Ob ein Junge nun insgeheim seine Mutter begehrt oder nicht, ist vielleicht nicht so wichtig, auf jeden Fall ist das Leben unter dem Schutz seiner Eltern sicher und komfortabel. Aber er (oder sie, denn Mädchen stehen grundsätzlich vor der gleichen Frage, wenn auch manchmal in etwas anderer Form) wird niemals wirklich eine Persönlichkeit werden, wenn er den Bruch nicht vollzieht. Und nichts macht dies deutlicher als die Sexualität.

Daher repräsentiert die traditionelle Version des 6. Trumpfes die Jugend. In dieser Zeit taucht nicht nur die Sexualität, sondern auch intellektuelle und moralische Unabhängigkeit auf. Die Karten 3, 4 und 5 stellen dar, wie wir von den großen Kräften Natur, Gesellschaft und Eltern geprägt sind. In der Karte 6 erscheint zum ersten Mal das Individuum, eine wirkliche Persönlichkeit mit eigenen Ideen und Absichten, die in der Lage ist, wichtige Entscheidungen zu treffen, die nicht auf Anweisungen der Eltern, sondern auf einer selbständigen Einschätzung der eigenen Wünsche und Verantwortlichkeiten beruht.

Diese Bedeutungen beziehen sich auf die traditionelle Struktur der Karte. Mit seiner eigenen Version der Liebenden zielte Waite auf eine andere Frage ab. Welche Funktion haben Sexualität und Liebe letztlich im Leben eines Menschen? Und welche tieferen Bedeutungen können wir in dem machtvollen Ereignis finden, wenn zwei Menschen ihre Herzen und Körper vereinigen? Waite nannte dieses Bild »die Karte der menschlichen Liebe als ein Teil des Weges, der Wahrheit und des Lebens«.

Der Sexualtrieb führt uns aus der Isolation heraus. Er treibt uns dazu, lebendige Beziehungen mit anderen Menschen einzugehen und öffnet schließlich den Weg für die Liebe. Die Liebe führt uns nicht nur zur Einheit mit einem anderen Menschen, sondern gibt uns auch einen Einblick in die tiefere Bedeutsamkeit des Lebens. In der Liebe geben wir einen Teil jener Ego-Kontrolle auf, die uns nicht nur von anderen Menschen, sondern auch vom Leben selbst isoliert. Daher erscheint der Engel über den Köpfen des Mannes und der Frau, eine Vision, die sich nur den beiden gemeinsam eröffnet, und die jedem von ihnen als Einzelperson unzugänglich geblieben wäre.

Religion, Philosophie und Kunst haben immer die Symbolik von Mann und Frau aufgegriffen, um die Dualität darzustellen. Dieses Phänomen ist uns schon in den Paaren von Magier und Hohepriesterin und von Herrscherin und Herrscher begegnet. Hier wird diese Symbolik noch durch die Tatsache verstärkt, daß hinter dem Mann der Baum des Lebens, mit seinen wundersamen Flammen, und hinter der Frau der Baum des Wissens steht, umwunden von der Schlange (hier nicht als Symbol des Bösen, sondern unbewußter Weisheit). Der Engel vereint diese beiden Prinzipien. Traditionelle Lehren behaupten, daß Männer und Frauen in ihren Körpern verschiedene Lebensprinzipien enthielten, und daß diese Prinzipien durch die körperliche Liebe zusammengeführt würden.

Okkultisten jedoch haben immer erkannt, daß das Selbst beide Elemente enthält. Heute vertreten schon viele die Auffassung, daß jeder Mensch männliche und weibliche Qualitäten habe; meistens bezieht sich dies jedoch nur auf allgemeine Vorstellungen von sozialem Verhalten, wie Aggression und Freundlichkeit. In einer Zeit, in der männlich und weiblich als zutiefst gegensätzlich angesehen wurde, war die Anschauung der Okkultisten sehr viel radikaler. Eine Möglichkeit, Sinn und Zweck der Großen Arkana zu bestimmen, lautet: Sie bringen die männlichen und weiblichen Prinzipien ans Licht und vereinigen sie dann. Aus diesem Grund ist die Tänzerin auf der Karte die Welt in vielen Spielen ein Hermaphrodit. Nach den Kabbalisten und den hermetischen Philosophen war die gesamte Menschheit (und auch die Gottheit) ursprünglich hermaphroditisch; männlich und weiblich wurden erst als Folge des Sündenfalls getrennt. So ist jeder von uns auf der äußeren Ebene nur eine halber Mensch, und nur in der Liebe können wir ein Gefühl von Einheit finden.

Die gleiche Idee finden wir bei Plato, aber mit einer interessanten Abweichung. Einer der platonischen Mythen erzählt, die Menschen seien ursprünglich Doppelwesen gewesen, und zwar auf drei verschiedenen Arten: männlich-weibliche, männlich-männliche und weiblich-weibliche. Weil Zeus glaubte, die Menschen besäßen zu viel Macht, spaltete er sie mit einem Donnerkeil, und seitdem nun ist jeder von uns auf der Suche nach seiner anderen Hälfte. Im Gegensatz zu den jüdischen und christlichen Mythen gibt Platos Geschichte den Homosexuellen gleiches Recht. Das erinnert uns daran, daß wir es uns zu leicht machen, wenn wir die Symbolik von männlich und weiblich als absolute Gegensätze betrachten. Der Magier und die Hohepriesterin sind in jedem von uns auf sehr subtile Weise miteinander verwoben. Und der Engel kann von Liebenden jeder Art hervorgerufen werden. Nicht die Rollen sind von Bedeutung, sondern die Realität der Vereinigung.

In der üblichen christlichen Interpretation der Schöpfungsgeschichte trägt Eva die größere Schuld, nicht nur, weil sie zuerst vom Apfel aß, sondern weil durch ihre Sinnlichkeit Adam zur Sünde verführt wurde. Der Mann wurde angeblich von der Vernunft und die Frau von der Triebhaftigkeit beherrscht. Diese Spaltung führte einige Christen sogar zu der Behauptung, Frauen hätten keine Seele. Der gesamte Mythos vom Sündenfall, mit seiner Betonung von Ungehorsam und Strafe, wurde im Grunde im Dienst einer repressiven Moral entworfen. Körperliche Leidenschaften wurden als eine Gefahr für die Gesellschaft angesehen und mußten daher kontrolliert werden. In seinem Buch *The Masks of God* berichtet Joseph Campbell, daß die alte Religion der Göttin in Palästina das gleiche Drama von der Schlange, vom Baum des Lebens und von einem Apfel kannte. Aber in der alten Geschichte war es so, daß die Göttin dem Initianden den Apfel als ein Zeichen der Erlaubnis gab, ins Paradies einzutreten, und nicht als Ursache für seine Vertreibung. Die alten Hebräer kehrten den Mythos um, zum Teil als ein Mittel, um die alte Religion als böse zu brandmarken, zum Teil aber auch, weil sie, wie die Babylonier, die alten Wege als »monströs« ansahen.

Der Tarot jedoch ist ein Weg zur Befreiung. Die Angst Jahwes, daß Menschen »werden könnten so wie Er«, ist genau die Absicht des Tarot. Er will den göttlichen Funken in uns ans Licht bringen und mit unserem bewußten Selbst vereinen, um die Dualität von Gott und Mensch durch ihre Einswerdung zu beenden. Bei den Liebenden des Rider-Spiels wird daher, auch wenn sie viel von der Symbolik der Genesis beibehalten, die Bedeutung auf subtile Weise umgekehrt.

Beachte, daß der Mann zwar die Frau anschaut, die Frau aber den Engel anblickt. Wenn das Männliche tatsächlich Vernunft ist, dann kann die Rationalität nur durch die Leidenschaft über ihre Grenzen hinausschauen. Ihrem Wesen entsprechend ist die Vernunft kontrollierend und eingrenzend, während die Leidenschaft die Tendenz hat, alle Grenzen niederzureißen. In unserer Tradition stehen sich der Körper und der rationale Geist einander feindlich gegenüber. Der Tarot lehrt uns, daß wir sie vereinen müssen (ein einzelner Berg ragt zwischen den Liebenden auf), und daß es nicht die kontrollierende Macht der Vernunft ist, welche die Sinne auf eine höhere Ebene hebt, sondern eher umgekehrt.

Auf der psychologischen Ebene können wir dies sehr gut beobachten. Die meisten Menschen sind in ihrem Ego und in der Maske, die sie der Außenwelt gegenüber tragen, gefangen. Aber wenn sie sich der sexuellen Leidenschaft hingeben können, dann können sie, zumindest für eine kurze Zeit, ihre Isolation überwinden. Diejenigen, die ihr Ego nicht einmal für einen kurzen Augenblick aufgeben können, mißbrauchen den Sex und werden von ihm mißbraucht. Sex wird dann ein Mittel, um Macht über jemanden zu bekommen, aber er kann so nie wirklich befriedigend sein. Wenn der Mensch das Verlangen des Körpers, sich einem anderen Menschen hinzugeben, negiert, wird daraus eine Depression entstehen. Der Engel wird verleugnet.

Gleichzeitig jedoch können die Leidenschaften allein den Engel nicht herbeiholen. Sie müssen von der Vernunft geleitet sein, genauso wie die Vernunft die Leidenschaften braucht, um sich zu befreien. Wer immer einfach nur dahin geht, wohin seine Wünsche ihn führen, der taumelt von einer Erfahrung in die andere.

Paul Foster Case sagt, der Engel sei Raphael, der das Über-Bewußtsein beherrscht. Das führt uns zurück zum dreifachen Geist; und wir erkennen hier, daß die drei Ebenen des Geistes nicht getrennt und isoliert sind, wie drei Stockwerke eines Hauses, sondern daß das Über-Bewußtsein eigentlich aus der Vereinigung von Bewußtsein und Unbewußtem hervorgeht. Der Weg führt durch das Unbewußte, da wir dort die eigentliche Energie des Lebens finden. Tatsächlich könnte man das Über-Bewußtsein beschreiben als die Energie des Unbewußten, die ans Licht gebracht und in einen höheren Zustand transformiert worden ist. Ein Teil dieser Transformation geschieht im Bewußtsein, indem es der Energie Form, Richtung und Bedeutung gibt. Wenn die zwei unteren Figuren des Dreieckmotivs die Dualitäten des Lebens repräsentieren, und die obere größere Figur die zwischen ihnen vermittelnde Kraft symbolisiert, dann ist dieser Vermittler auf Trumpf 6 die sexuelle Liebe. Wenn wir uns ihr hingeben, erfahren wir, wie etwas aufleuchtet, das größer ist als wir selbst. Es ist allerdings nur ein Aufblitzen für einen kurzen Moment; wirkliche Befreiung erfordert sehr viel mehr als nur Leidenschaft. Aber die Liebe kann uns helfen, den Weg zu erkennen und ein wenig von der Freude zu erfahren, die am Ende jenes Weges auf uns wartet. Eine Reihe von Mystikern, besonders die Heilige Teresa, haben die Vereinigung mit Gott in Begriffen sexueller Ekstase beschrieben.

Die **divinatorischen Bedeutungen** des Waite-Smith-Bildes sind sehr schlicht. Sie beziehen sich auf die Bedeutung, welche die Liebe im Leben eines Menschen spielt, oder auf einen ganz besonderen Geliebten, sehr oft auf eine Ehe oder eine lange Beziehung. Die Karte bringt zum Ausdruck, daß diese besondere Beziehung für diesen Menschen sehr wertvoll war oder sein wird und ihn zu einem neuen Verständnis des Lebens führen wird. Die Liebenden zeigen für das besondere Problem, um das es in der Befragung geht, irgendeine Art von Hilfe an, entweder durch praktischen Beistand durch den Geliebten oder durch emotionale Unterstützung. Aber dies trifft nicht immer zu. Auf der Position der Vergangenheit können die Liebenden, besonders wenn sie in Beziehung zu Karten stehen, die auf eine Weigerung, sich mit der gegenwärtigen Situation zu beschäftigen, hinweisen, eine lähmende Sehnsucht nach einer vergangenen Liebe anzeigen.

Alle bisherigen Karten repräsentierten Archetypen. Wenn wir sie umkehrten, sahen wir sie durch die fehlenden Elemente ergänzt. Aber das Individuum ist vorangeschritten, und die umgekehrte Bedeutung zeigt jetzt Schwächen und Blockierungen. Vor allem geht es dabei um eine destruktive Liebe, besonders in einer schlechten Ehe. Sie kann sich auf romantische und sexuelle Probleme beziehen, die das Leben eines Menschen beherrschen, entweder durch Schwierigkeiten mit einer bestimmten Person, oder dadurch, daß die Liebe an sich für den Fragenden ein großes Problem ist. Da das Waite-Smith-Bild eine erwachsene Liebe andeutet, und das traditionelle Bild den Prozeß der Entscheidung in der Jugend zeigt, bedeuten beide Versionen in ihrer Umkehrung romantische Unreife; eine verlängerte Jugend, die einige Menschen in kindlichen Phantasien festhält, obwohl sie körperlich schon längst erwachsen sind.

Der Wagen

Die frühere Version dieser Karte, auf der der Triumphwagen noch von zwei Pferden statt von zwei Sphinxen gezogen wurde, läßt sich von einer Vielzahl historischer und mythologischer Quellen herleiten. Vor allem stammt dieses Motiv aus den Umzügen, die in Rom und auch in anderen Orten für einen siegreichen Helden abgehalten wurden, bei denen er in seinem Triumphwagen durch die Straßen fuhr, die von jubelnden Bürgern gesäumt waren. Dieser Brauch erfüllt offensichtlich ein tiefes psychisches Bedürfnis nach der Verschmelzung mit einer Gruppe. Wir praktizieren ihn auch heute

Abb. 9

77

noch, zweitausend Jahre später, in den Paraden, die für Präsidenten, Generäle und Astronauten gegeben werden, nur sind die Pferdewagen durch offene Limousinen ersetzt worden.

Aber der Wagen beinhaltet mehr als einen großen Sieg. Einen zweispännigen Wagen mit hoher Geschwindigkeit zu fahren, erfordert totale Kontrolle über die Tiere; die Aktivität ist für den mächtigen Willen ein vollkommenes Fahrzeug. In *Phaedrus* beschreibt Plato den Geist als einen Wagen, der von einem schwarzen und einem weißen Pferd gezogen wird, also genau wie in dem Bild des Tarot.

Es gibt einen Hindu-Mythos, der erzählt, wie Shiva eine dreifache Dämonenstadt zerstört. Um das zu vollbringen, muß er die gesamte Schöpfung seinem Willen unterwerfen. Die Götter bauen einen Wagen für Shiva, bei dem sie nicht nur sich selbst, sondern auch Himmel und Erde als Material verwenden. Die Sonne und der Mond werden die Räder, der Wind die Pferde. (Das Symbol an der Vorderseite des Tarot-Wagens, das aussieht wie eine Schraube und eine Mutter, bzw. wie ein Rad und eine Achse, wird Lingam und Yoni genannt und symbolisiert Shiva, das maskuline Prinzip, und Parvati, das feminine Prinzip, vereint in einer einzigen Figur.) Aus den Bildern des Mythos lernen wir, daß wir den spirituellen Sieg über das Böse nur dann erringen, wenn wir alle Kräfte der Natur, einschließlich der unbewußten Energie, die in Shiva selbst verkörpert ist, durch den bewußten Willen sammeln.

Diese beiden Geschichten zeigen zwei verschiedene Aspekte der Idee des Willens. Die Geschichte von Shiva handelt von einem wahren Sieg, bei dem der Geist einen Brennpunkt gefunden hat, auf den er seine gesammelte Energie entladen konnte. *Phaedrus* dagegen zeigt uns das Bild des triumphierenden Egos, das die grundlegenden Konflikte des Lebens kontrolliert, statt sie zu lösen. Tarot-Kommentatoren, die die Karten als eine Gruppe von Einzelbildern sehen, von denen jedes eine vitale Lektion zu unserer spirituellen Entwicklung beisteuert, sehen in dem Wagen eher die umfassendere Bedeutung. Sie weisen darauf hin, daß der kabbalistische Titel für die Zahl 7 der »Sieg« ist, mit all seinen mystischen Beiklängen.

In vielen Gegenden, besonders in Indien, wurde das Pferd mit Tod und Begräbnis assoziiert. Als das aufkommende Patriarchat die rituelle Opferung des Königs abschaffte, wurde statt dessen ein Pferd getötet. Das Pferdeopfer wurde das Allerheiligste und mit

Unsterblichkeit in Verbindung gebracht. Auch heute noch nimmt man Pferde, um den Sarg großer Führer zu ziehen. (Beim Tod von John F. Kennedy war eine bizarre Verbindung von zwei Aspekten des Wagens zu beobachten. Er wurde während einer Parade in seiner Limousine getötet, und bei dem Staatsbegräbnis zog dann ein Pferd – das gegen den Mann, der es am Zügel hielt, rebellierte – seinen Sarg.) Diese Verknüpfungen weisen auf die Vorstellung vom Sieg der Seele über die Sterblichkeit hin.

Wenn wir die Karten in ihrer Reihenfolge betrachten, sehen wir, daß die 7 nur der Sieg in der ersten Reihe der Großen Arkana ist. Sie ist der krönende Abschluß des in dieser Reihe dargestellten Prozesses der Reifung, aber es ist deutlich, daß sie sich nicht auf die weiten Bereiche des Unbewußten und des Über-Bewußtseins bezieht. Aus diesem Blickwinkel gesehen zeigt uns der Wagen das entwickelte Ego. Die Lektionen der ersten Karten wurden verarbeitet, die jugendliche Phase der Suche und der Selbstfindung ist durchlaufen, und wir sehen jetzt einen reifen Erwachsenen vor uns, der erfolgreich ist im Leben, der von anderen bewundert wird, der selbstbewußt und mit sich zufrieden ist, der seine Gefühle kontrollieren und, was das wichtigste ist, seinen Willen steuern kann.

Wie der Magier trägt der Wagenlenker einen magischen Stab. Aber anders als der Magier erhebt er ihn nicht über seinen Kopf gen Himmel. Seine Macht ist seinem Willen untergeordnet. Er hält keine Zügel in den Händen. Es ist allein sein starker Charakter, der die gegensätzlichen Kräfte im Leben kontrolliert.

Lingam und Yoni weisen auf seine reife Sexualität hin, die er unter Kontrolle hat. Er ist also nicht ein Opfer seiner Gefühle, und die Sexualität ist für ihn Bestandteil eines befriedigenden Lebens. Das glühende Quadrat auf seiner Brust, ein Symbol der pulsierenden Natur, verbindet ihn mit der sinnlichen Welt der Herrscherin, der achtzackige Stern auf seiner Krone jedoch zeigt, daß seine geistige Energie seine Leidenschaften steuert (Symbolkundige sehen den achtzackigen Stern auf halbem Weg zwischen dem Quadrat der materiellen Welt und dem Kreis der spirituellen Welt). Sein Wagen erscheint größer als die Stadt hinter ihm; damit wird zum Ausdruck gebracht, daß sein Wille mächtiger ist als die Regeln der Gesellschaft. Aber die Tatsache, daß sein Wagen nicht in Bewegung ist, zeigt an, daß er kein Rebell ist. Die Räder des Wagens ruhen auf dem Wasser und zeigen damit, daß er seine Energie aus dem

Unbewußten zieht: der Wagen selbst steht jedoch auf der Erde und trennt ihn damit vom direkten Kontakt mit jener mächtigen Kraft.

Die Sexualsymbolik von Lingam und Yoni haben wir bereits erwähnt. Während die Hindu-Mythen Pferde mit dem Tod in Verbindung bringen, haben sie in der Freudschen Traumdeutung mit der sexuellen Energie der Libido zu tun. Indem der Wagenlenker die Pferde (oder die Sphinxen) kontrolliert, kontrolliert er seine instinktiven Wünsche.

Verschiedene magische Zeichen schmücken seinen Körper. Sein Rock trägt Symbole der zeremoniellen Magie, auf seinem Gürtel sind die Tierkreiszeichen und die Planeten zu sehen. Die beiden mondhaften Gesichter auf seinen Schultern haben die Namen »Urin« und »Thummim«, angeblich die Schulterplatten des Hohenpriesters in Jerusalem, und weisen damit auf den Hierophanten hin. Gleichzeitig haben die mondhaften Schulterplatten auch eine Beziehung zur Hohenpriesterin. Beachte auch, daß der Stoff an der Rückseite des Wagens an den Vorhang bei der Hohenpriesterin erinnert; er hat das Mysterium des Unbewußten hinter sich gestellt.

Wir finden also in der Symbolik des Wagens alle vorhergehenden Karten der ersten Reihe wieder. Der Stab und die Symbole weisen auf den Magier hin, das Wasser, die Sphinxen und der Vorhang symbolisieren die Hohepriesterin, das Quadrat und die grüne Erde die Herrscherin, die Stadt symbolisiert den Herrscher, die Schulterplatten den Hierophanten, und Lingam und Yoni stehen für die Liebenden. Alle diese Kräfte haben ihren Anteil an der äußeren Persönlichkeit.

Und dennoch – sieh dir den irgendwie versteinert aussehenden Wagen genau an. Beachte auch, wie der Wagenlenker selbst mit seinem steinernen Fahrzeug zu verschmelzen scheint. Der Geist, der alle Dinge seinem bewußten Willen unterwirft, geht damit das Risiko ein zu erstarren, und dadurch von eben den Kräften, die er zu kontrollieren gelernt hat, abgeschnitten zu werden. Beachte auch, daß die schwarze und die weiße Sphinx nicht in Einklang miteinander sind. Sie blicken in entgegengesetzte Richtungen. Der Wille des Wagenlenkers hält sie in einem gespannten Gleichgewicht zusammen. Wenn dieser Wille versagen sollte, würden der Wagen und sein Insasse auseinandergerissen werden.

Paul Douglas hat den Wagen mit Jungs Konzept der »Persona«

verglichen. Im Prozeß des Erwachsenwerdens erschaffen wir uns eine Art Maske, um mit der Außenwelt umgehen zu können. Wenn wir uns erfolgreich mit den verschiedenen Herausforderungen des Lebens auseinandergesetzt haben, werden die verschiedenen Aspekte, die von den anderen Karten symbolisiert werden, in diese Ego-Maske integriert. Aber nur zu leicht können wir diese erfolgreiche Persona mit dem wahren Selbst verwechseln; das kann sogar so weit gehen, daß, wenn wir versuchen, die Maske abzulegen, wir ihren Verlust wie eine Art Tod fürchten. Das ist der Grund, warum die zweite Reihe der Großen Arkana, die sich gerade mit der Befreiung des Selbst von seinen äußeren Masken beschäftigt, den Tod als vorletzte Karte hat.

Bis jetzt haben wir den Wagen als ein Bild der persönlichen Reife betrachtet. Aber die Idee des menschlichen Willens reicht über das Individuelle hinaus. Der Wagen, mit seinen Bildern vom Geist, der sich die Kräfte des Lebens untertan und nutzbar macht, ist ein perfektes Symbol für die Zivilisation, die aus dem Chaos der Natur Ordnung schafft, indem sie die natürliche Welt als Rohmaterial für ihren Ackerbau und für ihre Städte verwendet. Eine der wesentlichen kabbalistischen Deutungen der Karte führt diese Idee noch weiter. Durch seine Verbindung mit dem hebräischen Buchstaben »Iain« beinhaltet der Wagen die Qualitäten der Sprache. Die Sprache hat für die Menschen scheinbar immer den rationalen Geist und seine Herrschaft über die Natur repräsentiert. Soweit wir wissen, besitzt nur der Mensch eine Sprache (obwohl Schimpansen die Fähigkeit bewiesen haben, menschliche Zeichensprache zu lernen, und Wale und Delphine möglicherweise eine eigene entwickelte Sprache haben), und man könnte vielleicht sagen, daß die Sprache uns von den Tieren unterscheidet. Adam konnte die Tiere im Garten Eden dadurch beherrschen, daß er ihren Namen aussprach. Das Wichtigste ist jedoch, daß die Menschen die Sprache brauchen, um die Informationen zu übermitteln, die es überhaupt ermöglichen, die Zivilisation fortzuführen.

Aber genauso wie das Ego ist auch die Sprache begrenzt. Zunächst einmal beschränkt die Sprache unsere Erfahrung der Wirklichkeit. Dadurch, daß wir eine Beschreibung der Welt aufbauen, daß wir allem eine Bezeichnung geben, richten wir eine Barriere zwischen uns und der Erfahrung auf. Wenn wir einen Baum ansehen, fühlen wir nicht die Wirkung eines lebendigen Organismus, sondern wir denken »Baum« und gehen weiter. Die Bezeichnung hat das Ding selbst ersetzt. Weiterhin ignorieren wir Erfahrungen, die nicht in Worten ausgedrückt werden können, wenn wir uns zu sehr auf die rationale Beschaffenheit der Sprache verlassen. Wir haben bereits gesehen, wie die Hohepriesterin intuitive Weisheit jenseits der Sprache andeutet. Gewisse Erfahrungen, besonders die mystische Vereinigung mit dem Geist, kann man nicht beschreiben. Die Sprache kann nur durch Metaphern und Gleichnisse auf diese hinweisen. Menschen, die sich gänzlich auf die Sprache verlassen, gehen sogar so weit zu behaupten, daß nonverbale Erfahrungen oder Erfahrungen, die man nicht mit psychologischen Tests messen kann, überhaupt nicht existieren, und das nur, weil man sie wissenschaftlich nicht beschreiben kann. Solch ein Dogmatismus findet in der Verschmelzung des Wagenlenkers mit seinem steinernen Gefährt ein äußerst treffendes Symbol.

Bis hierher haben wir jedes Symbol auf dem Bild betrachtet, mit Ausnahme des vielleicht wichtigsten: den beiden Sphinxen. Waite hat diese Innovation von Eliphas Lévi, dem großen Pionier des kabbalistischen Tarot, übernommen. Die Sphinxen bedeuten, ebenso wie die zwei Pfeiler auf der Hohenpriesterin oder das schwarze und das weiße Pferd, die sie ersetzen, die Dualitäten und Widersprüche des Lebens. Und wieder begegnet uns das Dreiecksmotiv. Die vermittelnde Kraft ist hier Willensstärke.

Die Verwendung von Sphinxen anstelle der Pferde weist auf eine Reihe tieferer Bedeutungen hin. In der griechischen Sage war die Sphinx eine Figur, die Rätsel aufgab, um das Volk von Theben mit dem Geheimnis des Lebens zu konfrontieren. Der Mythos erzählt uns, daß die Sphinx die jungen Männer der Stadt einfing und ihnen folgendes Rätsel aufgab: »Welches Geschöpf geht am Morgen auf vier Beinen, am Mittag auf zwei Beinen und am Abend auf drei Beinen?« Diejenigen, die nicht antworten konnten, wurden verschlungen. Nun, die Antwort heißt »der Mensch«, denn er krabbelt als Baby auf allen vieren, geht aufrecht als Erwachsener und braucht im Alter eine Krücke. Es ist klar, was damit gemeint ist. Wenn jemand die Grundlagen seiner Menschlichkeit mit ihren Stärken und Schwächen nicht versteht, dann wird ihn das Leben zerstören. Der Wagen symbolisiert die Reife, die die Grenzen des Lebens akzeptiert, und die Fähigkeiten der Sprache, also das rationale Verständnis, das wir brauchen, um unsere Existenz zu definieren und sie damit zu kontrollieren.

Aber eine weitere Bedeutung liegt hier noch verborgen. Der Mann, der das Rätsel der Sphinx beantwortete, war Ödipus, der in Theben ankam, nachdem er seinen Vater getötet hatte. Dadurch, daß Freud dem Inzest so großes Gewicht beigemessen hat, wurde die Aufmerksamkeit von der tieferen Botschaft der Ödipus-Sage abgelenkt. Ödipus war der Inbegriff des erfolgreichen Mannes. Er rettete nicht nur Theben von einer Bedrohung und wurde König der Stadt, sondern er hatte auch eine profunde Lebenserfahrung, die ihm all dies ermöglichte. Er wußte, was den Menschen ausmacht. Dennoch kannte er sich selbst nicht. Seine eigene innere Wirklichkeit blieb ihm verschlossen, bis die Götter ihn zu einer Konfrontation damit zwangen. Obwohl er die äußere Seite des menschlichen Lebens verstanden hatte, begriff er also weder, wer er selbst wirklich war, noch seine Beziehung zu den Göttern, die sein Leben beherrschten. Und mit genau diesen beiden Bereichen beschäftigen sich die zweite und dritte Reihe der Großen Arkana. In der zweiten Reihe gehen wir über das Ich hinaus, um das wahre Selbst zu finden. In der dritten haben wir direkt mit den archetypischen Kräften des Daseins zu tun und erreichen schließlich die volle Integration jener Dualitäten, die der Wagenlenker beherrschen, aber niemals miteinander versöhnen konnte.

Die **divinatorischen Bedeutungen** des Wagens leiten sich von seinem mächtigen Willen ab. In einer Auslegung bedeutet die Karte, daß der Fragende irgendeine Situation durch die Kraft seiner Persönlichkeit erfolgreich kontrolliert. Die Karte impliziert, daß die Situation bestimmte Widersprüche enthält, und daß diese nicht miteinander ausgesöhnt, sondern nur unter Kontrolle gehalten werden. Dies soll jedoch den negativen Untertönen der Karte nicht zu viel Gewicht geben. In aufrechter Lage bedeutet der Wagen grundsätzlich Erfolg, eine für ihre Umwelt verantwortliche Persönlichkeit. Wenn der Wagen bei einer Befragung, die mit Problemen zu tun hat, als Ergebnis erscheint, bedeutet er Sieg.

Umgekehrt erhalten die der Karte innewohnenden Widersprüche größere Bedeutung. Der auf dem Kopf stehende Wagen bedeutet, daß sich der Weg der Willenskraft als ungeeignet erwiesen hat und daß die Situation außer Kontrolle geraten ist. Wenn der Fragende keinen anderen Weg findet, mit den Schwierigkeiten umzugehen, wird er eine Katastrophe erleben. Willenskraft allein kann uns nicht immer tragen. Manchmal müssen wir wie Ödipus lernen, den Göttern nachzugeben.

5 Die Wendung nach innen

Die Suche nach Selbsterkenntnis

Mit der zweiten Reihe der Großen Arkana entfernen wir uns von der äußeren Welt und ihren Herausforderungen und wenden uns dem inneren Selbst zu. Den Widersprüchen, die in dem mächtigen Bild des Wagens verborgen lagen, müssen wir uns jetzt stellen. Die Maske des Ichs muß sterben.

Das klingt zwar sehr dramatisch, aber eigentlich ist diese Situation sehr häufig anzutreffen, zwar nicht in voller Verwirklichung, aber doch zumindest als ein Bedürfnis. Selbstbefragung und Suche wurden lange als typische Merkmale der mittleren Altersstufe angesehen. Wenn die Menschen jung sind, beschäftigen sie sich hauptsächlich mit der Bewältigung der Kräfte des Lebens, mit der Suche nach einem Partner und dem Streben nach Erfolg. Wenn der Erfolg jedoch da ist, fangen die Menschen an, sich zu fragen, welchen Wert er eigentlich hat.

Die Frage: »Wer bin ich, abgesehen von all meinen Besitztümern und abgesehen von meinem Image, das ich den anderen vorführe?« wird immer drängender. Heute warten viele Menschen nicht mehr auf die Lebensmitte und auf den Erfolg, um eine Antwort auf diese Fragen zu suchen. Ein charakteristisches Merkmal unserer Zeit ist der Wunsch, daß uns das Leben ein Gefühl von Bedeutung und innerer Wesenhaftigkeit vermitteln möge. Und immer mehr Menschen kommen zu dem Schluß, daß der wichtigste Ort, an dem sie nach dieser Bedeutung suchen müssen, in ihnen selbst liegt.

Dieser Gedanke ist aber eigentlich nur die halbe Wahrheit. Der Magier lehrt uns, daß wir, als verkörperte Wesen, die Wirklichkeit nur im Zusammenhang mit der äußeren Welt finden können; die innere Wahrheit der Hohenpriesterin ist ein Potential, das erst in dem Bewußtsein des Magiers manifestiert werden muß. Aber solange uns unsere Masken, Gewohnheiten und Widerstände den Zugang zur Selbsterkenntnis verbauen, so daß wir nie wissen, *warum* wir handeln, bleibt alles, was wir tun, bedeutungslos. Die

Verbindung zwischen dem Magier und der Hohenpriesterin muß frei fließen, damit das Leben einen Sinn hat.

Da die zweite Reihe im Grunde den Akzent der ersten sieben Karten umkehrt, scheinen viele ihrer Karten wie ein Spiegelbild der über ihnen liegenden zu sein. Die sexuelle Polarität der Trümpfe 1 und 2 ist in der Kraft und dem Eremit umgekehrt, während die Prinzipien von Licht und Dunkelheit, Außen und Innen auf der gleichen Position bleiben. Das Rad des Schicksals wendet sich von der natürlichen und gedankenlosen Welt der Herrscherin ab und öffnet sich einer Vision innerer Mysterien. Am Ende der Reihe zeigt uns die Mäßigkeit eine neue Art von Sieg. An die Stelle der Macht des Wagens ist Ruhe und Ausgewogenheit getreten. Während der Wagenlenker durch seinen steinernen Wagen vom direkten Kontakt mit der Erde und dem Fluß abgetrennt war, steht der Engel der Mäßigkeit mit einem Fuß auf dem Land und mit dem anderen im Wasser und zeigt uns damit die Persönlichkeit, die mit sich selbst und dem Leben in Harmonie ist.

In der zweiten Reihe taucht ein anderes Thema auf. Bisher haben die Karten uns eine Reihe von Lektionen gezeigt, Dinge, die wir über das Leben lernen müssen, um erwachsen und erfolgreich in der äußeren Welt zu werden. Aber Erleuchtung ist eine zutiefst persönliche Erfahrung. Man kann sie nicht erlernen oder herbeigrübeln, sondern nur leben. Die Reihe der äußeren Lektionen kulminiert im Rad des Schicksals, das uns eine Vision von der Welt und von uns selbst vor Augen führt, die wir beantworten müssen. Der Gehängte jedoch zeigt etwas völlig anderes. Hier sehen wir keine Lektion, sondern das Bild der Erleuchtung selbst, die völlige Umkehrung der äußeren Persönlichkeit durch eine sehr reale und persönliche Erfahrung.

Zwischen diesen beiden Karten, genau im Zentrum der gesamten Großen Arkana, liegt die Gerechtigkeit und bringt sorgfältig die Waagschalen von Innen und Außen, Vergangenheit und Zukunft, Rationalität und Intuition, Wissen und Erfahrung ins Gleichgewicht.

Kraft

Die Veränderung der Liebenden war die offensichtlichste
Abwandlung, die Waite am Tarot vorgenommen hat; die Ver-
tauschung von Kraft und Gerechtigkeit bleibt die umstrit-
tenste. »Aus Gründen, die
mich selbst zufriedenstellen,
wurde diese Karte mit der Gerechtigkeit ausgetauscht, die
normalerweise die Nummer 8
ist. Da diese Abänderung
nichts enthält, was dem Leser
etwas bedeuten könnte, gibt es
keinen Grund zu einer Erklärung.« Die Gründe sind aber sicherlich nicht nur rein persönlicher Art. Nicht nur Waite, sondern auch Paul Foster Case und
Aleister Crowley stellten die
Kraft auf den achten und die

Abb. 10

Gerechtigkeit auf den elften Platz. Vermutlich folgten alle dem
Order of the Golden Dawn, dessen geheimes Tarot-Spiel ebenso
die zwei Karten vertauschte.

Diese Verbindung zu einem geheimen Orden bringt die Idee der
Initiation ins Spiel. Nun hat der Golden Dawn natürlich Initiationen nicht erfunden, obwohl er immerhin behauptete, er hätte
seine spezifischen Rituale direkt von geistigen Lehrern empfangen. Die Initiation läßt sich Tausende von Jahren zurückverfolgen
und findet sich überall in der Welt, von den ägyptischen Tempeln
bis zur australischen Wüste. Sie ist eine spezielle Methode der psychologischen Transformation – genau das Thema der mittleren
Reihe des Tarot. Wenn wir die Gerechtigkeit und die Karten zu ihren beiden Seiten auf diese Idee beziehen, bekommen wir ein umfassenderes Verständnis vom Tarot als einem Erfahrungsweg.

Es lohnt sich, einmal zu betrachten, welche Folgerungen sich aus
der alten Anordnung der Trümpfe ergeben. Das Bild der Gerechtigkeit fordert uns auf, unser Leben im Gleichgewicht zu halten.

Die zweite Reihe führt uns von den äußeren Erfolgen der ersten Reihe weiter auf den Weg zu unserem Selbst. Die Gerechtigkeit an erster Stelle würde also bedeuten, daß wir uns Rechenschaft darüber ablegen, was uns das Leben bisher bedeutet hat, gefolgt von der Entscheidung, von nun an in uns selbst nach einer tieferen Bedeutung zu suchen. Die Karte paßt also offensichtlich recht gut hierher. Aber wenn die Gerechtigkeit an erster Stelle steht, geschehen alle diese Dinge rational; der Rückblick ist eine bewußte Reaktion auf eine Unzufriedenheit. Wieviel dringlicher erscheint uns doch diese Selbstprüfung, wenn sie von innen heraus entsteht, wenn sie uns durch die beeindruckende Vision vom Rad des Schicksals aufgezwungen wird. Das zweischneidige Schwert der Gerechtigkeit bedeutet Handlung, eine Reaktion auf das Wissen, das in der Selbstprüfung gewonnen wurde. Über den Gedanken der Reaktion kommen wir direkt zu dem Gehängten. Stünde die Gerechtigkeit am Anfang, würde der Eremit auf sie folgen. Als ein Sucher nach Weisheit würde der Eremit eine richtige Reaktion auf die Gerechtigkeit darstellen. Wenn wir uns aber wieder an die neue Anordnung halten und diese Weisheit vor der Gerechtigkeit kommen lassen, dann zeigt uns der Gehängte eine Reaktion, die tief von innen heraus entsteht.

Nun betrachte die Kraft an beiden Stellen. Das Bild zeigt eine Frau, die einen Löwen zähmt. Kurz gesagt, deutet das Bild auf die Energie des Unbewußten hin, die in der Steuerung durch das bewußte Verstehen entspannt, beruhigt und »bezähmt« wird. Eine solche Vorstellung würde gut in die mittlere Position passen. Wir würden die Karte dann als die zentrale Prüfung der ganzen Reihe beschreiben. Und es wäre vollkommen richtig, daß die Friedlichkeit und die große Umkehrung des Gehängten auf die Kraft folgt.

Aber wir können in der Kraft auch Qualitäten sehen, die für den Anfang der Reihe entscheidend sind. Der Weg nach innen kann nicht vom Ich bewerkstelligt werden. Wir müssen uns dabei mit Gefühlen und Trieben konfrontieren, die unseren bewußten Gedanken lange verborgen waren. Wenn wir versuchen, uns durch einen völlig rationalen Prozeß zu transformieren, erschaffen wir nur eine andere Art von Persona. Etwas ähnliches geschieht in der Tat recht oft. Viele Menschen empfinden einen Mangel an Spontaneität in ihrem Leben. Sie sehen sich um oder lesen Bücher über Psychologie und beobachten mit Gefühlen von Neid, oder sogar von Scham über ihre eigenen Verdrängungen, wie spontan andere

Leute sind. Anstatt sich nun auf den angstmachenden Prozeß einzulassen, ihre verborgenen Wünsche und Ängste freizusetzen, fangen sie an, Spontaneität sorgfältig nachzuahmen. Damit haben sie nur den Wagen auf einen neuen Bereich ausgedehnt.

Indem wir der Kraft die Nummer 8 geben, stellen wir sie dem Wagen als eine andere Art von Macht gegenüber; nicht der Wille des Egos ist hier gemeint, sondern die innere Kraft, sich in Ruhe und ohne Angst mit sich selbst zu konfrontieren. Die Geheimnisse können zutage treten, da wir nun die Kraft haben, ihnen zu begegnen. Der Löwe bedeutet all die Gefühle, Ängste, Wünsche und Verwirrungen, die vom Ego in seinem Versuch, das Leben zu kontrollieren, unterdrückt werden. Der Wagenlenker benutzte seine Gefühle zwar als Energiequelle, aber er achtete immer darauf, die Energie genau dahin zu lenken, wohin er sie nach seiner bewußten Entscheidung haben wollte. Die Kraft läßt die inneren Leidenschaften zum Vorschein kommen als einen ersten Schritt, über das Ego hinauszugehen.

Auf einer sehr einfachen Stufe können wir dieses Auftauchen von unterdrückten Gefühlen bei einem Menschen beobachten, der es sich gestattet, sich »kindisch« zu benehmen, zu weinen oder zu schreien, kurz, all die Dinge zu tun, die ihm vorher närrisch oder beschämend erschienen. Auf einer tieferen Stufe symbolisiert der Löwe die ganze Kraft der Persönlichkeit, die sonst von den Erfordernissen eines zivilisierten Lebens gebremst ist. Die Kraft setzt diese Energie frei, um sie als eine Art Treibstoff zu gebrauchen, der uns auf dem inneren Weg des Eremiten voranbringen kann. Diesen Zweck kann sie nur erfüllen, da der Löwe im gleichen Moment, in dem er freigelassen wird, »gezähmt« wird. Die Kraft öffnet die Persönlichkeit wie die Büchse der Pandora. Sie tut dies jedoch mit einem Gefühl von Frieden, mit Liebe für das Leben und mit großem Vertrauen in das zu erwartende Ergebnis. Wenn wir nicht wirklich glauben, daß der Prozeß der Selbsterkenntnis uns Freude bringen wird, werden wir ihn niemals bis zu Ende verfolgen.

Die Symbolik der Bilder und der Zahlen macht den Vergleich von der Kraft und dem Wagen noch deutlicher. Der Wagen zeigt einen Mann, die Kraft eine Frau. Traditionsgemäß repräsentieren diese Rationalität und Emotion, Aggression und Hingabe. Ebenso traditionsgemäß entspricht die Zahl 7 des Wagens der »männlichen« Magie, die Zahl 8 der »weiblichen« Magie. Diese Symbolik leitet sich von der Anatomie her. Der männliche Körper hat sieben Öffnungen (wenn man die Nase als eine zählt), der weibliche acht. Weiter besitzt der männliche Körper sieben Punkte, die Arme und Beine, den Kopf, das Zentrum und den Penis. Der weibliche hat acht, da die Brüste an die Stelle des Penis treten.

Was ist nun mit männlicher und weiblicher Magie gemeint? In der esoterischen Theorie wird die sexuelle Energie als eine Manifestation der Energie-Prinzipien angesehen, die dem gesamten Universum zugrunde liegen; männlich und weiblich ist also etwas ähnliches wie der positive und der negative Pol des Elektromagnetismus. Durch Manipulation dieser bipolaren Energie entsteht »magische« Macht. Für den Okkultisten sind diese Prinzipien eine Wissenschaft, die nicht mehr und nicht weniger geheimnisvoll ist als die Manipulation der Atomenergie durch einen modernen Naturwissenschaftler. Wir können die Liebenden des Rider-Spiels als ein schematisches Energiediagramm beschreiben. Daher gehören der Wagen und die Kraft esoterisch gesehen zusammen als die praktische Manifestation der Prinzipien, die von dem Magier und der Hohenpriesterin symbolisiert werden.

Vom psychologischen Gesichtspunkt her verkörpern sie auch zwei Arten von Macht. Unsere Gesellschaft betont die männliche Stärke der Kontrolle, der Eroberung und der Beherrschung der Welt durch Vernunft und Willen. Aber die weiblichen Eigenschaften der Intuition und des spontanen Gefühls bedeuten keineswegs Schwäche. Wenn ein Mensch in Liebe und Vertrauen seine tiefsten Gefühle zeigt, erfordert dies großen Mut und nicht weniger Stärke. Hier kommt der Narr ins Spiel. Nur durch eine Art von psychischem Sprung können wir vom Bewußtsein zum Unbewußten gelangen. Und nur ein Narr würde einen solchen Sprung machen, denn warum sollte man Erfolg und Kontrolle aufgeben? Ödipus wurde von den Göttern gezwungen; welche inneren Bedürfnisse könnten uns zwingen?

Die Position der Kraft als erste Karte der Reihe wie auch das Unendlichkeitszeichen über ihrem Kopf, das im übrigen ein weiterer Hinweis auf die 8 ist, verbindet die Karte mit dem Magier. Die Umkehrung des Geschlechts zeigt eine Verschmelzung von Aspekten des männlichen und des weiblichen Archetyps an. Die aktive Auseinandersetzung des Magiers mit dem Leben ist durch den inneren Frieden, den die Hohepriesterin repräsentiert, abgewandelt worden.

Die sinnliche Figur der Frau, ihre blonden Haare und der Blumengürtel, der sie mit dem Löwen verbindet, bringt die Karte auch in
Beziehung zu der Herrscherin. Die Herrscherin stellt natürliche
Instinkte und Leidenschaften dar; wieder sehen wir das Bild der
emotionalen Energie, die »animalischen Triebe«, wie einige Tarot-Kommentatoren sie nennen, die freigesetzt und gezähmt werden. Waite beschreibt den Blumengürtel als ein zweites Unendlichkeitszeichen, dessen eine Schleife um die Taille der Frau, die
andere um den Nacken des Löwen geschlungen ist. Wir können
die Kraft als die Vereinigung des Magiers mit der Herrscherin betrachten. Die bewußte und gerichtete Kraft des Magiers hat sich
mit der Sinnlichkeit der Herrscherin vermischt und verleiht ihr ein
Gespür für den Sinn, das den Weg zum Eremiten öffnet. Beachte,
daß in der ersten Reihe 1 plus 3 die 4 ergibt, also den Herrscher; in
der zweiten Reihe wird 1 plus 3 mit der 2, der inneren Wahrheit der
Hohenpriesterin, multipliziert.

Ein anderer Aspekt des Trumpfes führt diese Einheit von 1 und 3
noch weiter. Der hebräische Buchstabe, der von Case und anderen
der Kraft zugeordnet wird, ist Teth. Teth bezieht sich in der Kabbala auf die Schlange; das hebräische Wort für Schlange bedeutet
aber auch »Magie«. Überall in der Welt haben die Menschen diese
Verbindung gezogen, von den Schlangen auf dem magischen Stab
des Hermes bis zu der Kundalini-Kraft des tantrischen Okkultismus in Indien und Tibet. Und die Schlange steht bei der Kundalini,
aber auch anderswo für Sexualität. Die um den Baum des Lebens
gewundene Schlange hinter der Frau auf der Karte die Liebenden
bringt zum Ausdruck, daß der Tarot in der Sexualität eine Kraft
sieht, die auf Erleuchtung ausgerichtet ist. Wenn die Karte Kraft
in der Esoterik für die tatsächliche Ausübung sexueller Magie
steht, dann bezieht sie sich, psychologisch gesehen, wieder auf die
Freisetzung jener Energie, die an unsere stärksten Gefühle gebunden ist. Wenn wir die Kraft mit dem Teufel vergleichen, werden
wir sehen, daß es sich hier eigentlich nur um eine teilweise Freisetzung handelt. Der Löwe wird kontrolliert und gelenkt, es wird ihm
nicht erlaubt, das Selbst hinzuführen, wohin er will.

In der Alchemie steht der Löwe für Gold, für die Sonne und für
Schwefel. Schwefel ist ein niederes Element und Gold (in der Alchemie) das höchste. Der Prozeß, durch den Schwefel zu Gold
wird, ist genau der Prozeß der Transformation des niederen
Selbst. Und das Bild der Mäßigkeit, der letzten Karte der Reihe,

stellt mit der Flüssigkeit, die von einem Kelch in den anderen gegossen wird, das alchemistische Ziel der Vereinigung der Gegensätze zu einer neuen und bedeutungsvolleren Wirklichkeit dar. Menschen, die glauben, daß das Leben eine Sache strenger Kontrolle ist, die das Unbewußte als eine Art »moralischer Kloake« der Verdrängungen (wie Jung die enge Freudianische Sicht charakterisierte) ansehen und für die Leidenschaften eine Qual sind, werden in dem Löwen Naturkräfte dargestellt sehen, die der rationale Geist überwinden muß. Einige ältere Tarot-Spiele, einschließlich des Visconti-Packs, stellen Herakles dar, wie er den nemeischen Löwen tötet. Hier sehen wir die Leidenschaften, die von der Vernunft bezwungen werden. Aber der Löwe stand ebenso für Christus, die strahlende Kraft Gottes. Diejenigen, die es zulassen, daß die unbewußte Energie bei ihnen zum Vorschein kommt, und die sie mit Liebe und mit Vertrauen ins Leben lenken, werden entdecken, daß diese Energie keine destruktive Bestie ist, sondern die gleiche geistige Kraft, die von dem Magier in seiner Blitzableiterfunktion angezogen wurde.

Bei der **Divination** bedeutet die Karte Kraft die Fähigkeit, dem Leben und besonders irgendwelchen schwierigen Problemen und Zeiten der Veränderung mit Hoffnung und Energie zu begegnen. Sie zeigt einen Menschen, der von innen heraus stark ist, der sein Leben leidenschaftlich und doch friedvoll lebt, da er sich von seinen Leidenschaften nicht fortreißen oder kontrollieren läßt. Die Karte bedeutet, daß man die Kraft findet, trotz Angst und emotionaler Belastung irgendein schwieriges Projekt anzufangen oder fortzuführen.

Wenn Kraft in Verbindung mit dem Wagen erscheint, kann sie eine Alternative zu Stärke und Willenskraft darstellen, besonders natürlich, wenn der Wagen umgekehrt liegt. Die Karten können auch zwei sich ergänzende Seiten symbolisieren; die beste Konstellation dafür ist die, wenn die Kraft auf der Position des inneren Selbst und der Wagen auf der Position des äußeren Selbst liegen (auf der vertikalen und der horizontalen Linie eines Kreuzes). Dann sehen wir einen Menschen, der machtvoll, aber aus einem Gefühl innerer Ruhe heraus handelt.

Umgekehrte Kraft bedeutet vor allem Schwäche. Der Mut, dem Leben zu begegnen, verläßt uns, und der Mensch fühlt sich bedrückt und pessimistisch. Sie bedeutet auch eine innere Qual. Die bestialische Seite des Löwen bricht aus der Einheit von Geist und

Sinnlichkeit heraus. Die Leidenschaften werden zum Feind und drohen, die bewußte Persönlichkeit und das Leben, das diese für sich aufgebaut hat, zu zerstören.

Der Eremit

Wie der sechszackige Stern in seiner Laterne, weist auch der Sinn des Eremiten in zwei Richtungen, in eine innere und in eine äußere. In erster Linie bedeutet die Karte einen Rückzug von der äußeren Welt mit der Absicht, die unbewußte Psyche zu aktivieren. Diesen Vorgang sehen wir symbolisiert in dem nach unten gerichteten »Wasser-Dreieck«, wie die Alchemisten es nannten. Aber der Eremit stellt auch einen Lehrer dar, der uns zeigt, wie wir diesen Prozeß beginnen können, und der uns hilft, unseren Weg zu finden. Das nach oben gerichtete Feuer-Dreieck symbolisiert diese besondere Art von

Abb. 11

Führer, der ein okkulter Lehrer sein könnte, ein Therapeut, unsere eigenen Träume oder auch ein geistiger Führer, der aus dem Selbst heraus in Erscheinung tritt.

Das Bild des Eremiten hatte in der mittelalterlichen Vorstellungswelt einen ganz besonderen Platz. Der Eremit lebte in den Wäldern oder in einer Einöde und stellte mit seinem völligen Rückzug von allen alltäglichen Belangen der Menschheit eine Alternative zur Kirche dar. Als europäische Version eines Yogi-Asketen demonstrierte er die Möglichkeit, sich durch persönliche Erfahrung Gott zu nähern. Die Menschen betrachteten die Eremiten oft als lebende Heilige und schrieben ihnen magische Kräfte der Art zu, wie sie Yoga-Schüler über ihre Meister erzählen.

Auch wenn sich der Eremit von der Gesellschaft zurückzog, wandte er oder sie* sich doch nicht von der Menschheit ab. Neben anderen Aufgaben gewährten sie Reisenden Unterkunft und gaben ihnen manchmal ihren Segen. Unzählige Geschichten, besonders die Gralslegenden, schildern den Eremiten, der dem Ritter auf seiner spirituellen Suche mit seiner Weisheit weiterhilft. Wieder sehen wir das doppelte Bild des Eremiten als Vorbild und als Führer.

Das Bild des Eremiten ist lebendig geblieben, auch lange nachdem es keine wirklichen Eremiten mehr gibt. Der Transzendentalphilosoph Ralph Waldo Emerson reiste tagelang durch die abgelegensten Gebiete Schottlands, um die Hütte von Thomas Carlyle zu finden. Emersons Freund, Henry David Thoreau, lebte selbst in einer Hütte am Waldensee, um sich selbst und die Natur zu finden. Danach schrieb er darüber, um ein Beispiel für andere zu geben. Nietzsches *Also sprach Zarathustra* enthält das Bild des Eremiten; das Buch beginnt mit der Rückkehr Zarathustras, nachdem dieser eine persönliche Transformation erlebt hatte. Und heute schließen sich zahllose Menschen östlichen Gurus an, in der Hoffnung, daß diese eremitenhaften Lehrer ihr Leben verändern können.

Denjenigen, die keinen realen Führer finden können, erwächst oft ein Führer in ihrer eigenen Psyche. Jung und seine Nachfolger haben viele Träume ihrer Patienten beschrieben, in denen diese von einem weisen alten Mann auf eine geheimnisvolle Reise in die Psyche geführt werden. In vielen Fällen deckte dann die Traumanalyse auf, daß der Traumführer eigentlich für den Therapeuten stand. Das Unbewußte kann einen eremitenhaften Lehrer erkennen, bevor das Bewußtsein dazu in der Lage ist.

Der große Kabbalist aus dem dreizehnten Jahrhundert, Abraham Abulafia, beschrieb drei Stufen der Kabbala. Die erste war die Lehre, das, was man aus den Texten lernen kann. Die zweite entstand durch die direkte Führung eines persönlichen Lehrers, während die dritte, die am höchsten entwickelte, die direkte Erfahrung der ekstatischen Vereinigung mit Gott war. Diese drei Stufen haben eine sehr direkte Verbindung zum Tarot, nicht nur in den

---

* Frauen wurden oft Eremiten, und der mittelalterliche Frauenhaß verkehrte sich manchmal in die Verehrung einer bestimmten Frau, von der man annahm, daß sie das Übel ihrer Sexualität überwunden habe.

drei Reihen, sondern auch in drei ganz bestimmten Trümpfen, die zusammen ein gleichschenkliges Dreieck bilden. Die erste Stufe sehen wir in dem Hierophanten, die dritte erscheint direkt unter dem Hierophanten, jedoch eine Reihe tiefer, in dem freudestrahlenden Kind der Karte 19, der Sonne. Die zweite Stufe jedoch ist nicht die Karte zwischen ihnen, der Gehängte, sondern befindet sich am anderen Ende des Musters als die zweite Karte der zweiten Reihe, nämlich der Eremit.

Lehre und Mysterium erscheinen beide am Ende eines Prozesses; die Lehre, weil man erst sein Leben aufgebaut haben muß, bevor man sich dem Studium eines besonderen Weges widmen kann (die Kabbalisten gewährten oft nur Leuten über fünfunddreißig Jahren den Zugang zu bestimmten wichtigen Texten), und die Ekstase, weil man zuerst die archetypische Konfrontation mit der Dunkelheit und dem Mysterium durchlaufen haben muß. Gleich am Anfang dieser Reise aber erscheint ein Führer, nachdem der Reisende die Kraft gefunden hat aufzubrechen.

Wenn wir den Eremiten nicht mehr als Führer, sondern als ein Symbol für persönliche Entwicklung betrachten, dann bedeutet er die Idee, daß wir nur durch einen Rückzug von der äußeren Welt unser inneres Selbst erwecken können. Diejenigen, die den Tarot in zwei Hälften aufgeteilt sehen mit dem Rad des Schicksals als Mittelpunkt, betrachten den Eremiten als eine Phase der Kontemplation, bevor das Rad des Lebens seine zweite Hälfte beginnt. Wenn wir den Tarot in Siebenerreihen aufteilen, dann sind dieser Rückzug und die Vision des Rades selbst Schritte auf dem Weg zu einem größeren Ziel.

Wir sehen den Eremiten auf einem kalten, einsamen Gipfel. Er hat die Welt der Sinne verlassen, um in den Geist einzutreten. Dieses starre und frostige Bild des Geistes vermittelt nur eine halbe Wahrheit oder ist sogar eine Täuschung. Die geistige Welt ist reich an Symbolen und erfüllt von der Freude, dem Licht und der Liebe des Geistes. Aber bevor wir diese Dinge begreifen können, müssen wir den Geist zunächst als die stille Alternative zu der lärmenden Welt der Sinne erfahren. Für Schamanen ist der kahle Gipfel oft konkrete Wirklichkeit. In so weit voneinander entfernten Gegenden wie Sibirien und dem amerikanischen Südwesten gehen schamanistische Kandidaten alleine in die Wildnis, um ihren geistigen Führer zu suchen, der sie das Heilen lehren kann.

Der Eremit kennzeichnet einen Übergang. Durch die Techniken

der Meditation, der magischen Praktiken oder der Analyse geben wir den verborgenen Teilen unserer Psyche Gelegenheit, zu uns zu sprechen. Später erfahren wir ein Gefühl der Wiedergeburt, zunächst als ein Engel (der ewige Teil des Selbst jenseits des Ego) und danach, noch tiefer empfunden, als ein freies Kind, das aus dem Garten der vergangenen Erfahrung herausreitet. Hier gehört der Pfad noch dem Bild des weisen alten Mannes, der, ganz auf sich allein gestellt, nur von seinem steifen, grauen Mantel der Kontemplation gestützt und gewärmt wird.

Das Symbol der Laterne führt uns wieder zu dem Eremiten als Führer und Lehrer. Er hält das Licht für uns hoch und zeigt damit seine Bereitschaft, uns zu führen, und unsere Fähigkeit, den Weg zu finden, wenn wir uns nur der Kraft der Nachfolge bedienen. In einigen Spielen verbirgt der Eremit die Laterne unter seinem Mantel. Dann symbolisiert sie das Licht des Unbewußten, das unter dem Mantel des Bewußtseins verborgen ist. Indem das Rider-Spiel dieses Licht sichtbar macht, wenn auch in einer Laterne, weist es darauf hin, daß wir dieses Licht durch einen deutlich vor uns liegenden Weg der Selbsterkenntnis freisetzen können, und daß dieser Weg jedermann zugänglich ist.

Wir haben den Stern einmal als Symbol für den Eremiten als Lehrer und zum anderen als Licht des Unbewußten betrachtet, das uns auffordert, seine Geheimnisse zu entdecken. Außerdem bedeutet er noch das Ziel, die Gegensätze des Lebens aufzulösen. Wasser- und Feuer-Dreieck repräsentieren nach der Tradition nicht nur zwei im allgemeinen entgegengesetzte Elemente, sondern auch die Vereinigung von Männlichkeit und Weiblichkeit in einer einzigen Form.

Der Stock des Eremiten erinnert an den Stab eines Zauberers und damit an den Stab des Magiers. Während der Narr den Stab instinktiv gebrauchte, verläßt sich der Eremit auf ihn als eine bewußt eingesetzte Stütze. Er symbolisiert daher die Lehre, die uns den Zugang zu innerer Bewußtheit eröffnet.

Der Eremit liegt direkt unter der Hohenpriesterin und greift ihr Prinzip des Rückzugs wieder auf. Er weist darauf hin, daß wir auf irgendeine Weise die äußere Welt verlassen müssen, wenn wir an uns selbst arbeiten wollen. Wie bei der Kraft zeigt die zweite Reihe den Archetyp wieder in seinem Gegengeschlecht. Die Symbolik der Geschlechtsrollen lehrt uns hier, daß uns eine bewußte geistige Anstrengung, die auf ganz bestimmten Techniken und Unterweisungen beruht, über die selbstgenügsame Intuition der Hohenpriesterin in ihrem abgeschlossenen Tempel hinausführen kann. Die Wasser dieses Tempels sind noch nicht ganz befreit; der Vorhang bleibt an seinem Platz, bis der Blitz auf dem Turm unter dem Eremiten ihn aufreißt. Unter dem Einfluß von Trumpf 9 jedoch spricht das Unbewußte zu uns durch den Vorhang hindurch, in Symbolen, Träumen und Visionen.

Der Unterschied zwischen der Symbolik von männlich und weiblich und der Realität von individuellen Menschen führt uns zu einigen wichtigen Einsichten über Archetypen. Wir neigen dazu, uns Einsiedler und geistige Lehrer immer als weise alte *Männer* vorzustellen, sogar in unseren Träumen, weil dieses Bild von einer zweitausend Jahre alten patriarchalischen Tradition in unserer Psyche fest verankert worden ist. In früheren Zeiten waren diese Führer meistens Frauen als Repräsentantinnen der Großen Göttin, und sogar in unserer Zeit haben Frauen wie Madame Blavatsky diese uralte Aufgabe erfüllt. Die Tatsache, daß unsere Träume sich oft für weise alte Männer entscheiden, zeigt, daß auch das Unbewußte sein Material aus dem kulturellen Hintergrund des individuellen Träumers entnimmt. Viele Menschen sehen Archetypen als starre, festgelegte Bilder an, die für alle Menschen und zu allen Zeiten gleich sind. Archetypen sind aber eigentlich nur Tendenzen der Psyche, bestimmte *Arten* von Bildern, wie das eines Führers, zu formen, und die spezifische Form, die das Bild annehmen wird, hängt sehr stark von dem kulturellen Hintergrund und der Erfahrung eines Menschen ab. Mittelalterliche Grals-Initiationen und australische Wüstenriten folgen dem gleichen archetypischen Muster; es liegt ihnen wie ein Kristallgitter zugrunde. Die äußere Form dieses Musters jedoch variiert erheblich.

Die **divinatorischen Bedeutungen** des Eremiten leiten sich von seinen zwei Aspekten her. Auf der einen Seite symbolisiert er einen Rückzug von äußeren Beschäftigungen. Man kann sich körperlich zurückziehen, aber das ist nicht unbedingt nötig. Worauf es wirklich ankommt, ist die innere Umschaltung unserer Aufmerksamkeit vom »Haben-Wollen und Ausgeben«, wie Wordsworth unsere weltlichen Aktivitäten genannt hat, zu den inneren Bedürfnissen des Menschen. Es erfordert daher einen emotionalen Rückzug von anderen Menschen und von Aktivitäten, die vorher für das Allerwichtigste gehalten wurden. Die Karte beinhaltet eine sehr bewußte Zielsetzung und einen Sinn für die Notwendigkeit sich zurückzuziehen, um an der eigenen Entwicklung zu arbeiten. Im Zusammenhang mit dieser Zielbewußtheit und mit dem Bild des alten Mannes symbolisiert die Karte Reife und ein Wissen davon, worauf es wirklich ankommt im Leben eines Menschen.

Die Karte kann auch die Unterstützung durch einen ganz bestimmten Führer bedeuten, manchmal, wie oben erwähnt, durch einen Führer der inneren, geistigen Ebene, häufiger jedoch durch eine reale Person, die uns auf unserem Weg der Selbsterkenntnis weiterhilft. Manchmal erkennen wir selber gar nicht, daß ein solcher Führer für uns da ist. Wenn der Eremit in einer Tarot-Befragung erscheint, sollte man sich die Menschen in seiner Umgebung genau daraufhin ansehen. Wenn wir selbst damit beschäftigt sind, anderen auf ihrem Erkenntnisweg zu helfen, dann kann der Eremit ein Symbol für unsere Rolle als Lehrer und Führer sein.

Wenn wir die Karte umkehren, verfälschen wir den Gedanken des Rückzugs. So wie die Hohepriesterin in ihrer Umkehrung Angst vor dem Leben bedeuten kann, kann der umgekehrte Eremit auf Angst vor anderen Menschen hinweisen. Wenn unser Rückzug von der Gesellschaft eine Flucht ist, dann wird die Zurückgezogenheit mehr und mehr die Vorherrschaft übernehmen und zu Ängsten und Verfolgungswahn führen. Wie bei den anderen Trümpfen hängen die negativen und positiven Aspekte des Eremiten vom Kontext ab. Der umgekehrte Eremit kann manchmal einfach bedeuten, daß es für den Fragenden im Moment wichtig ist, mehr mit anderen Leuten zu tun zu haben.

Da die Karte in ihrer aufrechten Lage Reife bedeutet, kann der umgekehrte Eremit manchmal auf eine Peter-Pan-Einstellung zum Leben hinweisen. Die betreffende Person hält an im Grunde bedeutungslosen Aktivitäten fest, oder sie imitiert eine kindlichen Enthusiasmus (wie bei der Imitation der Spontaneität) als eine Möglichkeit, der Verantwortung aus dem Weg zu gehen, mit dem Leben etwas anzufangen. Ich bin dieser Interpretation des umgekehrten Eremiten bei einer Befragung begegnet, die ein Kartenleger in New York für eine Freundin von mir durchgeführt hat. Seitdem habe ich die Erfahrung gemacht, daß sie in vielen Situationen brauchbar ist. Interessanterweise habe ich diesen Kartenleger durch eine andere Freundin getroffen, die ihn als einen persönlichen Führer bei ihrer spirituellen Entwicklung ansah.

Rad des Schicksals

Wie bestimmte andere Trumpf-Karten (am deutlichsten ist das beim Tod), geht auch das Rad des Schicksals auf eine mittelalterliche Allegorie zurück. Die Kirche sah den Stolz als die schlimmste Sünde an, da wir uns im Stolz höher stellen als Christus. Eine Lektion gegen den Stolz war die Vorstellung von einem großen König, der seine Macht verliert. In vielen Versionen der Artus-Legende geschieht es, daß der König am Vorabend seiner letzten Schlacht eine Vision hat, in der ein reicher und mächtiger König auf dem höchsten Punkt eines Rades sitzt. Urplötzlich dreht die Göttin Fortuna das Rad, und der König wird auf

RAD des SCHICKSALS

Abb. 12   *(a)*

dem Boden zermalmt. Ernüchtert erkennt Artus, daß, wieviel weltliche Macht wir auch immer anhäufen mögen, unser Schicksal doch immer in Gottes Händen ruht. Die Visconti-Karte (Abb. 12c) verkörpert diese anschauliche Belehrung.

Wir könnten nun meinen, daß dieses klare moralische Gleichnis sehr wenig mit den mächtigen und geheimnisvollen Symbolen zu tun hat, die uns auf der Waite-Smith-Karte (Abb. 12a) und auf der Oswald-Wirth-Version (Abb. 12b) entgegentreten. Aber Fortuna und ihr leuchtender Reifen haben eine merkwürdige Geschichte. Zunächst einmal stammt das mittelalterliche Bild aus einer viel früheren Zeit, in der Fortuna die Große Göttin repräsentierte, und in der der zermalmte König noch ein reales Ereignis war. Jedes Jahr zur Wintersonnenwende opferten die Priesterinnen den König; indem sie den Tod des Jahres nachvollzogen, unterwarfen sie sich der Macht der Göttin, und indem sie einen neuen König wählten, forderten sie sie auf, sie möchte von neuem einen Frühling aus dem Winter hervorgehen lassen – ein Ereignis, das für

(b)   Abb. 12   (c)

Menschen, die nicht an Naturgesetze wie die Schwerkraft glaubten, durchaus nicht automatisch eintreten mußte. Das Rad symbolisierte also ursprünglich sowohl das Mysterium der Natur als auch
die Fähigkeit des Menschen, an diesem Mysterium durch ein ritu-
elles Opfer mitzuwirken. Beachte, daß die Karte direkt unter der
Herrscherin, dem Symbol der Großen Mutter, liegt.

Im Mittelalter hatte das Rad seine ursprüngliche Bedeutung verloren; das bedeutete aber nicht, daß es seine Macht, auf das Mysterium des Lebens aufmerksam zu machen, verloren hätte. In Thomas Malorys Version der Geschichte von König Artus finden wir
den Hinweis, daß das Rad die zufälligen Wendungen des Glücks
symbolisiere. Warum werden einige Leute reich und andere arm?
Malory meint, daß das Glück mit seinem scheinbar bedeutungslosen Auf und Ab in Wirklichkeit Schicksal sei, also die Bestim-

mung, die Gott für jedes Individuum ausgewählt hat aus Gründen, die nur Gott allein verstehen kann. Weil wir diese Gründe nicht verstehen können, sagen wir, die Ereignisse im Leben der Menschen entstünden zufällig. Aber es ist alles Teil von Gottes Plan.

Das Rad führt uns daher zu der großen Frage, wie und warum überhaupt irgend etwas im Universum geschieht. Was läßt die Sonne scheinen? Verbrennende Elemente, ja, aber was bringt diese dazu zu brennen? Wie kam es zur Existenz von Atomenergie? Warum folgt der Frühling immer dem Winter? Warum und wie funktioniert die Schwerkraft? Wenn wir konsequent weiterfragen, sehen wir, daß auch das Schicksal eine Illusion ist, eine Ausflucht, die die Tatsache verbergen soll, daß wir mit unserer begrenzten Wahrnehmung die innere Verbindung zwischen allen Dingen nicht sehen können. »O ja«, sagen wir, »es ist Schicksal«, und machen damit eine sinnlose Aussage, da wir ihre Bedeutung nicht verstehen. Die Dinge geschehen nicht einfach, ihr Geschehen wird gemacht. Nach Malory ist die Macht, Ereignisse hervorzubringen und dem Universum Leben, Form und Sinn zu geben, ein Teil des Heiligen Geistes, der in der physischen Welt als eine Präsenz im Heiligen Gral gegenwärtig ist (dem As der Kelche), auf die gleiche Art, in der die Shekinah in dem verschleierten Allerheiligsten des Tempels von Jerusalem physisch gegenwärtig ist.

Wir kommen hier zu der Wahrheit, daß sowohl die zufälligen Ereignisse des Lebens als auch die sogenannten »Gesetze« des materiellen Universums Mysterien sind, die uns zu einer Bewußtheit jener Kraft des Geistes führen, die von dem erhobenen Arm des Magiers angezogen wurde, und die sich in der natürlichen Welt der Herrscherin manifestierte. Sehr viele Mystiker und Schamanen berichten, daß ihnen in ihren Visionen gezeigt wurde, wie alle Dinge zusammenhängen, und wie sich alles ineinanderfügt, weil der Geist das gesamte Universum vereint. Möglicherweise würden wir alle diesen großartigen Plan des Lebens erkennen und verstehen, wenn unser Leben nur nicht so kurz wäre. Unser kurzes Leben engt unsere Sicht auf einen derartig winzigen Teil der Welt ein, daß uns das Leben sinnlos zu sein scheint.

Die Verbindung des Rades mit dem Mysterium des Schicksals und seiner für uns verschlossenen Bedeutung paßt nun sehr gut zu der modernen Waite-Smith-Version der Karte, besonders wenn wir sie in ihrer Position des halben Weges auf der Reise zum letzten Trumpf betrachten. Wenn wir das Rad des Rider-Spiels neben die

Welt legen, sehen wir sofort die Verbindung zwischen beiden. Auf der einen Karte haben wir ein mit Symbolen gefülltes Rad, auf der anderen finden wir einen Siegeskranz und eine Tänzerin darin, welche die Wahrheit, die hinter den Symbolen steht, verkörpert. Noch auffälliger ist eigentlich, daß wir die gleichen vier Tiere in den Ecken jeder Karte finden, mit dem Unterschied allerdings, daß die noch sehr mythologischen Wesen der Karte 10 auf der Welt zu etwas sehr Realem und Lebendigem transformiert worden sind. Wir empfangen also auf halbem Wege eine Vision von der inneren Bedeutung des Lebens; am Ende ist diese Vision real geworden und hat sich in unserem eigenen Wesen verkörpert.

Auch in Indien mußte jedes Jahr der König sein Leben für die Göttin lassen. Als die patriarchalischen Arier dieser Praxis ein Ende machten, wurde das sich drehende Rad des Jahres zu einem noch mächtigeren Symbol der neuen Religion. Das sich ewig drehende Rad des Lebens wurde zu einem Gleichnis für das Gesetz des Karma, das dazu führt, daß wir in immer neuen Körpern wiedergeboren werden. In gewisser Weise ist Karma einfach wieder eine andere Erklärung für das Mysterium des Schicksals. Durch die Handlungen des einen Lebens baut man sich eine klare Bestimmung für das nächste auf; wenn man also sehr viel böse Taten begangen hat, schafft man sich in seinem unsterblichen Selbst eine Art psychisches Bedürfnis nach Bestrafung. Wenn dann die Zeit für die nächste Inkarnation da ist, wird man unvermeidlich eine niedere Kaste oder einen kranken Körper wählen. (Diese einfache psychologische Erklärung basiert vielleicht mehr auf dem Buddhismus als auf dem Hinduismus.)

Wieder ist es unser begrenztes Erkenntnisvermögen, das uns die direkte Erfahrung der Wahrheit, die hinter dem Rad des Schicksals oder dem Karma steht, versperrt. Als der Buddha Erleuchtung erlangte, konnte er sich an jeden Moment in jedem seiner vergangenen Leben erinnern. Man könnte sogar sagen, die Erinnerung war die Erleuchtung. Dadurch, daß er das volle Wissen erlangte, konnte er erkennen, daß alle diese Leben nichts anderes waren als Formen, die von seinen Begierden erschaffen worden waren. Indem er seinen Begierden ein Ende machte, konnte er dem Rad entrinnen. Erleuchtung, könnte man sagen, bedeutet die Fähigkeit, durch die äußeren Ereignisse hindurch zu dem Geist vorzudringen, der in ihnen gegenwärtig ist, also den Heiligen Geist im Rad des Schicksals zu entdecken.

Es ist von besonderer Bedeutung, daß König Artus das Rad des Schicksals als eine Vision im Traum erlebt. Denn unabhängig davon, ob wir es als Station des halben Weges der Großen Arkana oder einfach als einen der Schritte zur Vollendung der zweiten Reihe betrachten, ist das Rad tatsächlich eine Vision, die wir aus dem Unbewußten empfangen. Der Eremit hat sich von der äußeren Welt abgewendet. Als Resultat davon zeigt ihm das Unbewußte das Leben in einer Vision von einem sich drehenden Rad, das mit Symbolen gefüllt ist.

Das Rad des Lebens wird erst sichtbar, wenn wir Abstand von ihm gewinnen. Wenn wir darin verwickelt sind, sehen wir nur die Ereignisse, die direkt vor und direkt hinter uns liegen – die alltäglichen Belange, die unser Ich für so wichtig hält. Wenn wir uns zurückziehen, können wir das Gesamtmuster sehen. Psychologisch gesehen ist dieser Überblick die Einschätzung eines Menschen über sein Leben, was er bisher daraus gemacht hat und wie es weitergehen soll. Auf einer tieferen Ebene bleibt diese Vision geheimnisvoll und symbolisch. Wir können zwar erkennen, was wir aus unserem eigenen Leben gemacht haben, das Schicksal aber bleibt ein Geheimnis.

Alle Symbole auf dem Rad haben eine Bedeutung; sie helfen uns, die Wahrheit in den Visionen zu verstehen. Trotzdem erfahren wir nicht die ganze lebendige Kraft. Das Licht des Unbewußten bleibt verschleiert.

Es hat auch eine besondere Bedeutung, daß Malory das Rad des Schicksals mit dem Heiligen Gral in Verbindung bringt. Denn die Symbole des Grals, die auch die Symbole der Kleinen Arkana sind, gehen wahrscheinlich bis fast auf die Zeiten des jährlichen Königsopfers zurück. Wenn einem Kandidaten für die Initiation in einen der alten Mysterienkulte Europas seine Vision der geistigen Geheimnisse des Kultes gegeben wurde, dann waren es höchstwahrscheinlich die vier Symbole Kelch, Schwert, Lanze und Pentakel, die ihm in einer großen mystischen Zeremonie gezeigt wurden. Und die Grundinstrumente der rituellen Magie, die auf dem Tisch des Magiers ausgebreitet liegen, sind die gleichen vier Symbole, die auch die Sätze der Kleinen Arkana bilden.

Obwohl die vier Symbole auf dem Trumpf 10 nicht direkt erscheinen, sehen wir zwei ihrer vielen Analogien. Die vier Geschöpfe in den Ecken der Karte stammen aus der Vision im Buch Hesekiel 1,10. Ebenso erscheinen sie in der Offenbarung 4,7. Im Laufe der

Jahrhunderte nun wurden diese vier Figuren, die manchmal die »Wächter des Himmels« genannt wurden, zu einem Symbol für die vier Elemente der Wissenschaft des Altertums und des Mittelalters. Von der rechten unteren Ecke an gegen den Uhrzeigersinn stehen sie für Feuer, Wasser, Luft und Erde, und diese Elemente entsprechen den Stäben, Kelchen, Schwertern und Pentakeln. Neben den Elementen repräsentieren die vier Geschöpfe auch noch die vier Fix-Zeichen des Tierkreises: Löwe, Skorpion, Wassermann und Stier. Der Tierkreis ist natürlich das Große Rad des sichtbaren Universums. Sowohl die Elemente als auch die Tierkreiszeichen bedeuten also die materielle Welt, die wiederum als ein Mysterium angesehen wird, welches nur dann, wenn wir die geheimen Wahrheiten erkennen, wirklich verstanden werden kann.

Die andere Verbindung zu den vier Elementen besteht in den vier Buchstaben des Namen Gottes auf dem Rand des Rades. Wenn wir in der Ecke oben rechts beginnen und wieder gegen den Uhrzeigersinn lesen, sind die Buchstaben: Yod, Heh, Vav, Heh. Da dieser Name in der Thora ohne Vokale erscheint (die vier Buchstaben sind alle Konsonanten), ist er unaussprechlich; daher bleibt der »wahre« Name Gottes ein Geheimnis. Mindestens zweitausend Jahre lang haben Juden und Christen diesen Namen als etwas Magisches angesehen. Mystiker meditierten über ihn (die ekstatische dritte Stufe der Kabbala wurde nach Abulafia durch die Arbeit mit dem Namen Gottes erreicht) und Magier manipulierten ihn. Für die Kabbalisten waren die vier Buchstaben *das* Symbol für die Mysterien der Welt. Sie glaubten, daß der Prozeß der Schöpfung der Welt in vier Stufen stattgefunden habe, entsprechend den vier Buchstaben. Und die Buchstaben sind natürlich auch verbunden mit den vier Elementen, den Grals-Symbolen und den Kleinen Arkana.

Die römischen Buchstaben, die zwischen die hebräischen eingefügt sind, bilden ein Anagramm. Von der Spitze an im Uhrzeigersinn gelesen ergeben sie TARO; gegen den Uhrzeigersinn bilden sie TORA (erinnere dich an die Schriftrolle der Hohenpriesterin). Wir finden auch noch die Wörter ROTA, was im Lateinischen »Rad« bedeutet, ORAT, das lateinische Wort für »er spricht« und ATOR, eine ägyptische Göttin (auch Hathor geschrieben). Paul Foster Case hat in der Nachfolge von MacGregor Mathers, dem Gründer des Golden Dawn, daraus den Satz geformt: ROTA TARO ORAT TORA

ATOR. Das bedeutet in der Übersetzung: »Das Rad des Taro spricht das Gesetz der Ator.« Case nennt dies »das Gesetz der Buchstaben«. Da Ator in Ägypten als Göttin des Todes die weiteste Verbreitung fand, ist es tatsächlich das Gesetz des ewigen Lebens, welches in der natürlichen Welt verborgen liegt. Der Körper stirbt zwar, aber die Seele bleibt bestehen. Case weist auch darauf hin, daß die hebräischen Zahlenwerte für die Buchstaben von TARO sich zu 691 addieren, und dies wiederum zu 26 addiert, dem Zahlenwert der vier Buchstaben des Namen Gottes (genannt Tetragrammaton), ergibt 697. Die Quersumme dieser Zahlen ergibt 22, die Anzahl der Buchstaben im hebräischen Alphabet und der Trümpfe der Großen Arkana. Und 22 können wir natürlich auf 4 zurückführen.

Die vier Symbole auf den Speichen stammen aus der Alchemie. Von oben an im Uhrzeigersinn gelesen bedeuten sie: Quecksilber, Schwefel, Wasser und Salz. Sie sind ein Ausdruck für das alchemistische Ziel der zweiten Reihe, also für Transformation. Wasser ist das Symbol für Auflösung, d. h. die Auflösung des Egos, um das wahre Selbst zu befreien, das unter Gewohnheiten, Ängsten und Abwehrhaltungen verschüttet war. Was das bedeutet, werden wir sehen, wenn wir die Karten Tod und Mäßigkeit betrachten.

Der Gedanke von Tod und Wiedergeburt wird auch von den Geschöpfen, die das Rad verzieren, dargestellt. Die Schlange repräsentiert Seth, den ägyptischen Gott des Bösen, der nach dem Mythos den Tod in das Universum gebracht hat. Er ist es, der Osiris, den Gott des Lebens, tötet. Es ist sehr wahrscheinlich, daß dieser Mythos, wie das Rad selbst auch, seine Ursprünge in dem vorgeschichtlichen Brauch der Opferung des Gott-Königs hat, besonders wenn wir berücksichtigen, daß Seth früher einmal ein göttlicher Held war und daß die Schlange der Göttin geweiht war, für die das Opfer bestimmt war. Die Schlange befindet sich auf der absteigenden Seite des Rades; der Mann mit dem Schakalkopf auf der aufsteigenden Seite ist Anubis, der Führer der toten Seelen und damit auch Spender neuen Lebens. Nach einigen Legenden ist Anubis Seths Sohn; wir sehen also, daß nur der Tod neues Leben bringen kann, und daß wir, wenn wir den Tod fürchten, nur einen Teil der Wahrheit anerkennen. Psychologisch gesehen kann nur der Tod des äußeren Selbst die innere Lebensenergie freisetzen. Die Sphinx oben auf dem Rad repräsentiert Horus, den Sohn des Osiris und Gott der Auferstehung (in späteren Jahrhunderten wurde er oft durch Ator ersetzt). Das Leben hat über den Tod triumphiert. Aber wie wir beim Wagen gesehen haben, bedeutet die Sphinx auch das Mysterium des Lebens. Der Wagen kontrollierte das Leben mit einem starken Ich. Jetzt hat sich die Sphinx über das Rad erhoben. Wenn wir dem Unbewußten Gelegenheit geben, zu uns zu sprechen, werden wir ein großes Geheimnis im Leben spüren und damit etwas Wichtigeres entdecken als den endlosen Kreis offensichtlich bedeutungsloser Ereignisse.

Seth, die Schlange, wurde auch Gott der Dunkelheit genannt. Auch hier ist es eine Illusion, die Dunkelheit als das Böse anzusehen; und in der Tat ist die Angst vor der Dunkelheit wie die Angst vor dem Tod ein Teil des Ego. Das Ego liebt das Licht, so wie das Unbewußte das Dunkle liebt. Im Licht ist alles schlicht und einfach; das Ich kann sich mit den Sinneseindrücken von der äußeren Welt beschäftigen. Wenn die Dunkelheit kommt, beginnt das Unbewußte sich zu rühren. Das ist der Grund, warum Kinder in der Nacht Ungeheuer sehen. Ein Grund, daß wir das äußere Selbst so stark machen, ist der, daß wir nicht jedesmal, wenn die Lichter ausgehen, Dämonen begegnen wollen.

Wer jedoch über den Wagen hinausgehen will, muß sich diesen Schrecken stellen. Schlangen und Wasser, Dunkelheit und Auflösung sind alles Symbole für den Tod, sowohl für den Tod des Körpers als auch für den Tod des Egos. Das Leben jedoch existiert vor und nach unserer individuellen Persönlichkeit, die nur wie eine Seifenblase auf der Oberfläche unseres tieferen Selbst ist. Das Leben ist mächtig, chaotisch und voller Energie. Laß es geschehen, und Horus, der Gott der Auferstehung, wird dir neues Leben aus dem Chaos bringen. Das Rad dreht sich genauso nach oben wie nach unten. Wirths Version vom Rad des Schicksals bringt diese Idee sogar noch deutlicher zum Ausdruck. Das Rad ruht auf einem Boot im Wasser. Auflösung und Chaos erscheinen als die essentielle Wirklichkeit, die dem materiellen Universum zugrunde liegt. All die Formen der Existenz, die ungeheure Vielfalt von Dingen und Ereignissen sind einfach momentane Schöpfungen dieser mächtigen Energie, die den Kosmos erfüllt. In der Hindu-Mythologie zerstört Shiva in gewissen Abständen, wenn die äußeren Formen, wie das Ich, müde und schwach geworden sind, das gesamte Universum, indem er die elementare Energie freisetzt, aus der das Universum ursprünglich entstanden ist.

Die Zahl 10 erinnert an die 0. Der Narr ist nichts und hat keine Persönlichkeit. Aber der Narr ist auch alles, wie die Zahl 0, denn er kann diese Energie des Lebens, diesen unter dem Boot wogenden Ozean, direkt spüren. Auf dem Rad des Schicksals aus dem Rider-Pack trägt das Zentrum des Rades kein Symbol. Wenn wir das stille Zentrum der Existenz erreichen, ohne Ego und ohne Angst, dann verschwinden alle äußeren Formen. Wir können dies intuitiv verstehen, aber um es wirklich zu erfahren, müssen wir uns in jenen dunklen Ozean hinabsinken lassen, damit die Persönlichkeit sich auflöst und stirbt und den Weg frei macht für das neue Leben, das aus der Dunkelheit auftaucht.

In der **Divination** bedeutet das Rad des Schicksals irgendeine Veränderung in den Lebensumständen eines Menschen. Der Betreffende wird sehr wahrscheinlich nicht verstehen, was diese Veränderung verursacht hat; möglicherweise gibt es keinen direkten Grund, den irgend jemand sehen könnte, und im üblichen Sinn des Wortes ist der Betreffende wahrscheinlich tatsächlich nicht verantwortlich. Eine große Gesellschaft kauft die Firma auf, für die ein Mann arbeitet, und er wird überflüssig. Eine Liebesbeziehung geht zu Ende, nicht weil die beiden im Umgang miteinander irgendwelche »Fehler« gemacht hätten, sondern einfach weil das Leben weitergeht. Das Rad dreht sich.

Das Wichtige bei den Veränderungen ist unsere Reaktion darauf. Akzeptieren wir die neue Situation und passen wir uns ihr an? Benutzen wir sie als eine Gelegenheit, und finden wir eine Bedeutung und einen Wert in ihr? Wenn das Rad richtig herum erscheint, bedeutet es Anpassung. Im besten Sinne kann es auf die Fähigkeit hinweisen, das Geheimnis der Ereignisse zu durchdringen und zu einem umfassenderen Verständnis des Lebens zu gelangen. Das Ende einer Liebesbeziehung birgt, auch wenn es schmerzlich ist, die Möglichkeit zu vertiefter Selbsterkenntnis in sich.

Umgekehrt bedeutet die Karte ein Sichauflehnen gegen Ereignisse, das aber gewöhnlich zum Scheitern verurteilt ist, da die Veränderung nun einmal stattgefunden hat, und das Leben gegenüber dem Menschen, der versucht, sich ihm entgegenzustemmen, immer siegreich sein wird. Wenn die betreffende Person jedoch immer nur passiv auf alles reagiert hat, was das Leben ihr angetan hat, dann kann das umgekehrte Rad auf eine bedeutendere Veränderung hinweisen als nur auf ein Neuarrangement der Lebensumstände. Es kann den Zugang zu einem neuen Bewußtsein für die Verantwortlichkeit unserem eigenen Leben gegenüber öffnen.

Gerechtigkeit

Das Bild dieses Trumpfes stammt von der griechischen Titanin Themis, die mit ihrer Augenbinde und den Waagschalen überall in der westlichen Welt auf den Fresken von Gerichtsgebäuden zu sehen ist. Die gesetzestreue Justitia, um sie mit ihrem lateinischen Namen zu nennen, hatte die Augen verbunden, um zu zeigen, daß das Gesetz keine Unterschiede macht und Schwache und Mächtige gleich behandelt. Das Prinzip der *sozialen* Gerechtigkeit jedoch gehört mehr zum Bereich des Herrschers, der direkt über der Gerechtigkeit liegt. Die Karte 11 weist darauf hin, daß das psychische Gesetz der Gerechtigkeit, nach

Abb. 13

dem wir uns nur entsprechend unserer Fähigkeit, die Vergangenheit zu verstehen, entwickeln können, davon abhängig ist, die Wahrheit über uns selbst und über das Leben zu erkennen. Die Justitia des Tarot trägt daher keine Augenbinde.

Bisher haben wir über die zweite Reihe als einen Prozeß des Rückzugs von den äußeren Belangen gesprochen, der dazu dient, die innere Erkenntnis von uns selbst und vom Leben zu erwecken. Aber die Erkenntnis des grundlegenden Wesens aller Dinge ist bedeutungslos, wenn sie nicht zum Handeln führt. Wir müssen die Weisheit, die wir aus dem inneren Selbst schöpfen (das Prinzip der Hohenpriesterin), immer in Handlung umsetzen (das Prinzip des Magiers). Nicht nur die vollkommen ausgewogenen Waagschalen, sondern alle Bildelemente der Karte weisen auf ein Gleichgewicht zwischen Erkenntnis und Handlung hin. Die Figur ist zwar eine Frau, macht aber einen eher androgynen Eindruck; sie sitzt zwar fest auf ihrer Steinbank, sieht aber dennoch so aus, als wolle sie gleich aufstehen; ein Fuß schaut unter ihrer Robe hervor, der andere bleibt verborgen. Das Schwert, ein Symbol für Handlung, weist kerzengerade nach oben und bedeutet einerseits den Entschluß und andererseits die Vorstellung, daß Weisheit wie ein Schwert ist, das die Illusionen der Ereignisse durchdringt, um die innere Bedeutung zu finden. Da das Schwert zwei Schneiden hat, bedeutet es Entscheidung. Das Leben verlangt von uns, Entscheidungen zu treffen; gleichzeitig kann jede Entscheidung, die einmal gemacht worden ist, nicht widerrufen werden. Sie wird ein Teil von uns. Wir werden bestimmt von den Handlungen, die wir in der Vergangenheit unternommen haben; unser zukünftiges Selbst formen wir durch die Handlungen, die wir jetzt vollziehen.

Die Waagschalen repräsentieren auch das vollkommene Gleichgewicht zwischen Vergangenheit und Zukunft. Damit ist nicht die Ausgewogenheit von Vergangenheit und Zukunft in der Zeit gemeint, sondern die Ausgewogenheit, welche in der Klarsicht der Gerechtigkeit entsteht, die uns mitten aus dem Zentrum der Großen Arkana mit unerschütterlicher Ruhe anblickt.

Während der ganzen ersten Hälfte der Großen Arkana, wo der Mensch sich in der äußeren Welt engagiert, leidet er unter der Illusion, daß er das Leben nach dem Aktivitätsprinzip lebt. Das kommt daher, daß wir »Etwas-Tun« mit Handlung verwechseln. Wenn wir uns dem Innen zuwenden, meinen wir, wir würden uns von der Handlung abwenden; und tatsächlich kann der Prozeß der Reihe zwei nicht erfolgreich vollzogen werden, wenn wir nicht eine Pause in unserem äußeren Leben einlegen oder zumindest eine Verlagerung unserer Aufmerksamkeit vornehmen. Denn wirkliche Handlung bringt, im Gegensatz zu zielloser Bewegung, Bedeutung und Sinn in unser Leben; solches Handeln entsteht aus dem Erkennen. Im anderen Fall bleiben wir eigentlich passiv, da wir dann wie Maschinen sind, von einem Ereignis zum nächsten getrieben werden, ohne zu verstehen, aus welchen Gründen wir handeln. Die wahre Absicht der zweiten Reihe ist nicht, das Aktivitätsprinzip aufzugeben, sondern es zu erwecken.

Im Bild des Trumpfes 11 verbinden sich der Magier und die Hohepriesterin auf eine vollkommenere Weise als bei allen Karten vorher. Zunächst einmal ergibt die Quersumme der Zahl 11 die 2, aber die Zahl bedeutet auch eine höhere Version der 1 (sowie eine niedere Version der 21). Die Frau, die vor zwei Pfeilern mit einem Vorhang dazwischen sitzt, erinnert an die Hohepriesterin, aber ihre rote Robe und ihre Haltung – ein Arm ist aufwärts, ein Arm abwärts gerichtet – weisen auf den Magier hin. Wahres Handeln entsteht aus der Selbsterkenntnis; Weisheit entsteht aus der Handlung. Im Leben wie im Bild sind der Magier und die Hohepriesterin unentwirrbar miteinander verbunden, wie eine männliche und eine weibliche Schlange, die umeinandergewickelt sind (ein Symbol, das sowohl bei der Kundalini als auch in dem Schlangenstab des Hermes vorkommt), oder wie die Doppelhelix der DNS. Die Farbe des Vorhangs ist Purpur, ein Symbol für spirituelle Weisheit; Hintergrund, Krone, Haar und Waagschalen sind gelb und symbolisieren geistige Kraft. Weisheit entsteht nicht spontan. Wir müssen über unser Leben nachdenken, wenn wir es verstehen wollen. Aber all unser Denken führt zu nichts, wenn es sich nicht aus einem klaren Bewußtsein der Wahrheit heraus entwickelt.

Auf der mikrokosmischen Ebene der persönlichen Psychologie repräsentiert das Rad des Schicksals einen Überblick über das Leben eines Menschen, über die Ereignisse, über das, was er ist, und über das, was er aus sich selbst gemacht hat. Gerechtigkeit bedeutet das Verständnis dieses Überblicks. Der Weg zu diesem Verständnis ist die Verantwortlichkeit. Solange wir glauben, daß unser vergangenes Leben einfach so passiert ist, und nicht sehen, daß wir unser eigenes Selbst durch alles, was wir tun, erschaffen, so lange bleibt die Vergangenheit ein Geheimnis und die Zukunft ein sich endlos drehendes Rad ohne jede Bedeutung. Aber wenn wir es akzeptieren, daß jedes Ereignis in unserem Leben dazu beigetragen hat, unseren Charakter zu formen, und daß wir auch in Zukunft fortfahren werden, uns selbst durch unsere Handlungen zu erschaffen, dann wird das Schwert der Weisheit das Geheimnis durchdringen.

Wenn wir die Verantwortung für uns übernehmen, befreien wir uns paradoxerweise von der Vergangenheit. Wie der Buddha, der sich an all seine Leben erinnerte, kommen wir nur von der Vergangenheit los, wenn wir uns ihrer bewußt werden. Andernfalls wiederholen wir ständig früheres Verhalten. Das ist der Grund, warum Gerechtigkeit ins Zentrum unseres Lebens gehört. Es mag sein, daß das Ego nur eine Art Maske oder eine Persona ist, aber diese Maske kann uns so lange kontrollieren, wie wir nicht bereit sind zuzugeben, daß wir sie selbst zurechtgezimmert haben.

Der Gedanke der Verantwortung für unser eigenes Leben beinhaltet nicht, daß wir irgendeine unsichtbare Kontrolle über die äußere Welt ausüben. Er bedeutet z. B. nicht, daß, wenn ein Erdbeben unser Haus zerstört, wir dies aus irgendwelchen verborgenen

Gründen gewünscht haben. Erkenntnis beinhaltet auch, daß wir die Begrenzungen unserer körperlichen Existenz akzeptieren. Das Universum ist unendlich weit und unbegreiflich, und kein Individuum kann kontrollieren, was darin geschieht.

Verantwortung ist auch eine Sache von Moral. Sie bedeutet einfach, ob es uns gefällt oder nicht, daß alles, was wir jemals tun, und alles, was wir jemals erfahren, zu der Entwicklung unserer Persönlichkeit beiträgt. Das Leben verlangt, daß wir auf jedes Ereignis antworten; dies ist keine moralische Forderung, sondern eine existentielle Tatsache.

Und dennoch sagen uns Instinkt, Psychologie, Religion sowie die Zeugnisse der Mystiker, daß es noch etwas anderes im Leben gibt, einen inneren Kern, der unabhängig ist von jenem äußeren Selbst, das von einer Erfahrung in die nächste geworfen wird. Die zweite Reihe zeigt, wie die äußere Persönlichkeit stirbt und dem inneren Kern, dem Engel der Mäßigkeit, Gelegenheit gibt, in Erscheinung zu treten. Bevor es zu einer solchen Befreiung kommen kann, müssen wir die Gerechtigkeit unseres Lebens akzeptieren; was wir sind, haben wir selbst erschaffen.

Unsere Zeit siedelt diesen Vorgang der Bewußtwerdung vorwiegend auf einer psychologischen Ebene an. Das beste Beispiel dafür ist der schwierige Prozeß der Psychoanalyse. Andere Zeiten haben den Prozeß der Transformation in dramatischen Initiationsritualen nach außen verlagert. Alle Initiationen folgen dem gleichen Muster. Der Kandidat erhält, nachdem er den Mut gefunden hat, ein Novize zu werden, zunächst Unterweisungen in den Lehren des Kults oder des Mysteriums; während dieser Zeit werden Schritte unternommen, durch Meditation, Rituale und Drogen die Kanäle zum Unbewußten zu öffnen und die Person empfänglich zu machen. Diese ersten Stufen sind in der Kraft und dem Eremiten symbolisiert. Dann wird dem Kandidaten in einer beeindruckenden Atmosphäre von Mysterium und Drama eine Vision von dem Geheimwissen des Kultes gezeigt. (Dieses wird geheimgehalten, zum Teil, um es vor Ungläubigen zu schützen, zum anderen aber – was noch wichtiger ist –, um es effektiver zu machen, wenn es enthüllt wird.) In den Grals-Kulten war diese Vision eine dramatische Prozession des Grals und seiner Begleitsymbole, getragen von Frauen, die um einen verwundeten König weinten. Im Rad des Schicksals sehen wir eine Analogie dieser Vision.

Und jetzt kommt der kritische Moment, wo der Kandidat eine Reaktion zeigen muß. Wenn er einfach passiv dasteht und auf das nächste Ereignis wartet, dann kann die Initiation nicht weitergehen. In den Grals-Kulten war die notwendige Antwort meistens eine Frage, entweder »Was bedeuten diese Dinge?« oder etwas subtiler »Wem dient der Gral?« Indem der Kandidat diese Frage stellt, gibt er dem Kult die Gelegenheit zu antworten, das heißt, daß die Initiation fortgeführt wird mit einem Ritual von Tod und Wiedergeburt. Wichtiger dabei ist noch, daß der Kandidat dadurch zu erkennen gibt, daß er sich als ein Teil des Prozesses fühlt, der für sein Gelingen mitverantwortlich ist. Dies alles ist schwieriger, als es sich anhört. Das Ritual symbolisiert Leben, Tod und Wiedergeburt der Natur, aber auch den Körper, der stirbt, um die unsterbliche Seele zu befreien. Bei einem so ehrfurchteinflößenden Ereignis wie diesem zu sprechen (man mache sich dabei klar, daß die Initianden auf eine Weise an ihre Götter oder Göttinnen glaubten, die den meisten von uns heute unmöglich wäre), erforderte mindestens ebenso viel Mut, wie man aufbringen muß, um die Wahrheiten zu akzeptieren, die durch psychologische Analyse und Bewußtwerdung enthüllt werden.

Durch die Betonung des Individualismus denken wir in unserer Zeit nur noch an einen persönlichen Tod-und-Wiedergeburts-Prozeß. Die großen Initiationen jedoch dienten nicht nur der Transformation einer bestimmten Person, sondern ließen sie auch an den umfassenden Mysterien des Universums teilhaben. Wenn wir dieser Leitlinie folgen, entdecken wir noch einen anderen Grund dafür, daß die Gerechtigkeit in das Zentrum der Großen Arkana gehört. Wir haben die Welt als ein großes Zusammenspiel von Gegensätzen betrachtet, als ein sich ständig drehendes Rad von Licht und Dunkel, Leben und Tod. Wir haben auch gesagt, daß das Zentrum des Rades der ruhende Punkt ist, um den sich die Gegensätze endlos drehen. Die ausgewogenen Waagschalen der Gerechtigkeit weisen auf diesen ruhenden Punkt hin. Wenn wir das Zentrum unseres Lebens finden, kommt alles ins Gleichgewicht. Wenn alle Gegensätze, einschließlich der Vergangenheit und der Zukunft, ins Gleichgewicht kommen, können wir frei sein in uns selbst.

Viele Menschen fragen sich, welche Rolle die Willensfreiheit beim Tarot, beim I Ging oder in der Astrologie spielt. Wenn uns die Karten vorhersagen können, was wir tun werden, bedeutet das dann, daß es keine Willensfreiheit gibt? Die Frage entsteht aus einem falschen Verständnis der Willensfreiheit selbst; wir halten sie für etwas ganz Einfaches, das von der Vergangenheit unabhängig ist. Wir glauben, wir wären jederzeit frei zu tun, was uns beliebt. Aber unsere angeblich freien Entscheidungen werden von unseren vergangenen Taten bestimmt. Wie können wir erwarten, eine freie Wahl zu haben, wenn wir uns selbst nicht kennen? Nur wenn wir die Vergangenheit erkennen und akzeptieren, können wir uns von ihr befreien.

Angenommen, eine Person befragt die Karten über irgendeine Situation. Die Karten machen die Konsequenzen einer Entscheidung, etwa ob man in einer Liebesbeziehung bleiben soll oder nicht oder ob man ein neues Projekt anfangen soll, sehr deutlich. Sagen wir, die Karten zeigen eine Katastrophe an, und die betreffende Person kann die Wahrscheinlichkeit dessen, was die Karten vorhersagen, deutlich sehen. Nun sagt sich diese Person vielleicht, »Gut, dies ist zwar wahrscheinlich, aber durch meinen freien Willen bin ich in der Lage, die Situation zu verändern.« Also macht sie genauso weiter wie vorher, und die Situation entwickelt sich genauso, wie die Karten es vorhergesagt haben. Dieser Mensch hat seinen freien Willen tatsächlich überhaupt nicht gebraucht; statt dessen benutzte er die Idee des freien Willens als Entschuldigung dafür, das, was er als eine durchaus gültige Vorwegnahme erkannt hatte, zu ignorieren. Dies ist keine hypothetische Situation; sie kommt bei Tarot-Befragungen immer und immer wieder vor. Um ein Ereignis verändern oder vermeiden zu können, genügt es nicht, einfach nur die wahrscheinliche Entwicklung vorherzusehen. Wir müssen verstehen, warum die Dinge sich so und nicht anders entwickeln, und wir müssen an den Ursachen arbeiten, die in uns selbst liegen, und die dafür verantwortlich sind, wie wir handeln und reagieren. Es gibt sicherlich Willensfreiheit, aber wir wissen oft einfach nicht, wie wir sie zu gebrauchen haben. Das Wichtigste, das wir von Tarot-Befragungen lernen können, ist, wie wenig wir eigentlich unsere Freiheit nutzen.

Bei der **Divination** sollte man der Karte Gerechtigkeit immer sehr sorgfältig Aufmerksamkeit schenken. Ihr Erscheinen bedeutet in erster Linie, daß Ereignisse sich tatsächlich so entwickelt haben, wie sie »gemeint« waren; d. h., was uns geschieht, hat seine Wurzeln in Situationen und Entscheidungen der Vergangenheit. Wir haben bekommen, was wir verdient haben. Sie bedeutet aber auch das Bedürfnis und die Möglichkeit, die wahren Gründe dieser Entwicklung zu erkennen. Die Karte steht für absolute Ehrlichkeit.

Gleichzeitig zeigt sie uns die Möglichkeit, unsere Handlungen in der Zukunft ändern zu können, wenn wir uns die gegenwärtige Situation eine Lehre sein lassen.

Wir können nicht ehrlich mit uns selbst sein, ohne diese Ehrlichkeit auch auf unseren Umgang mit anderen Menschen auszudehnen. In diesem Sinne hat die Karte auch die naheliegenden Bedeutungen der Gerechtigkeit: Ehrlichkeit, Fairneß, rechtes Handeln und in Rechtssachen und anderen Angelegenheiten natürlich gerechte Entscheidungen – die aber nicht notwendigerweise die Entscheidungen sind, die der Fragende bevorzugen würde.

Umgekehrt bedeutet die Karte Unehrlichkeit sich selbst und anderen gegenüber. Sie zeigt die fehlende Bereitschaft, die Bedeutung der Ereignisse zu sehen, und sie weist uns ganz besonders darauf hin, daß wir Gefahr laufen, eine gute Gelegenheit, um uns selbst und unser Leben besser zu verstehen, zu versäumen. Auf der äußeren Ebene bedeutet sie Unehrlichkeit und ungerechte Handlungen und Entscheidungen. Manchmal steht sie für andere, die ungerecht zu uns sind. Die umgekehrte Bedeutung kann sich auch auf ungerechte Gerichtsentscheidungen oder auf eine schlechte Behandlung durch andere beziehen.

Auf der anderen Seite dürfen wir den Hinweis auf Ungerechtigkeit nicht als eine Entschuldigung dafür mißbrauchen, daß wir unsere eigene Verantwortung für das, was uns geschieht, leugnen. Die umgekehrte Gerechtigkeit spiegelt manchmal die Einstellung wider: »Das ist unfair, seht doch nur, wie schlecht mich alle behandeln.« Und so geht es dann immer weiter. Aber ob aufrecht oder umgekehrt, die klaren Augen der Gerechtigkeit übermitteln uns eine überwältigende Botschaft. Sie lautet in den Worten von Emerson: »Nichts kann dich retten, nur du dich selbst.«

Der GEHÄNGTE   12   THE HANGED MAN

(a)   *Abb. 14*   *(b)*

Der Gehängte

Nach der Krise der Konfrontation mit dem, was wir aus unserem Leben gemacht haben, kommt der Frieden des Annehmens; auf die Gerechtigkeit folgt der Gehängte. Künstler, Schriftsteller und Psychologen haben sich immer von dieser Karte, die in ihrer einfachen Zeichnung Hinweise auf tiefe Wahrheiten enthält, angezogen gefühlt. Auf die okkulte Tradition, die hinter der mit dem Kopf nach unten hängenden Position und den gekreuzten Beinen steht, sind wir schon eingegangen. Bei der Besprechung der Kraft haben wir gesagt, daß die Okkultisten versuchen, die Energie der Leidenschaften zu befreien und sie in spirituelle Energie umzuwandeln. Viele Okkultisten und insbesondere Alchemisten haben geglaubt, daß eine sehr direkte Möglichkeit, dies zu erreichen, darin bestünde, sich buchstäblich auf den Kopf zu stellen, damit die Energie durch die Schwerkraft aus den Genitalien in das Gehirn gezogen würde. Natürlich werden nur die naivsten und leichtgläubigsten unter den Alchemisten die Erwartung gehabt haben, daß sich dies derartig konkret abspielt. Sie glaubten wahrscheinlich, daß Spurenelemente aus der Genitalflüssigkeit nach unten sickern und auf das Gehirn einwirken würden. Eine treffendere Interpretation ist es wohl, in der Umkehrung der körperlichen Position ein sehr direktes Symbol für die Umkehrung der Einstellungen und Erfahrungen zu sehen, die ein spirituelles Erwachen mit sich bringt. Wo jeder andere zur Raserei gebracht wird, werden wir friedlich bleiben. Wo andere Menschen von sich selbst glauben frei zu sein, während sie eigentlich von Kräften, die sie nicht verstehen, von einer Sache zur anderen getrieben werden, werden wir echte Freiheit finden, indem wir diese Kräfte verstehen und sie bereitwillig annehmen.

Der Gehängte ist an einem Baum festgebunden, der wie der Buchstabe T geformt ist. Was wir hier sehen, ist die untere Hälfte eines Ankh, des ägyptischen Symbols für das Leben, und wird manchmal Tau-Kreuz genannt. Nach Case stand das Ankh in Ägypten für den hebräischen Buchstaben Tau, welcher der Karte der Welt zugeordnet ist. Auf diese Weise befindet sich der Gehängte auf halbem Weg zu der Welt. Wir sehen dies auch darin, daß die 12 die umgekehrte 21 ist, und wenn man den Gehängten andersherum dreht (so daß der Mann aufrecht zu sehen ist), erkennt man, daß er eine ganz ähnliche Figur ist wie die Welt-Tänzerin. Wenn wir uns nun fragen, welche Karte bei den Großen Arkana den Punkt des halben Weges bildet, erhalten wir als Antwort, daß es nicht eine, sondern drei sind – das Rad, die Gerechtigkeit und der Gehängte, die also einen Prozeß und nicht einen einzelnen Moment symbolisieren.

Beachte, daß die Tänzerin ihre Arme mit den magischen Stäben ausbreitet, während der Gehängte seine Arme hinter seinem Rücken kreuzt. Wir sollten auch nicht vergessen, daß er tatsächlich auf den Kopf gestellt *ist*. Auf dieser Stufe kann ein tiefes spirituelles Bewußtsein nur durch einen Rückzug von der Gesellschaft aufrechterhalten werden. Bei der Welt sehen wir, wie die gleiche Bewußtheit mitten in die äußeren Aktivitäten des Lebens getragen wird.

Weil er an einem Ankh hängt, wird sein Baum zu einem Baum des Lebens. Wenn wir uns an Odins Selbstopfer auf der Weltesche Yggdrasil erinnern, können wir den Galgen auch den Weltenbaum nennen. Dieser Baum hat seine Wurzeln in der Unterwelt (dem

Unbewußten) und reicht durch die materielle Welt (das Bewußtsein) hindurch bis in den Himmel (das Über-Bewußtsein) hinein. Die Ideen, die zum ersten Mal in dem Bild der Liebenden dargestellt waren, fangen nun an, Wirklichkeit zu werden. Was wir zunächst als Vorstellungen sahen, wird jetzt, nach der Gerechtigkeit, zu einer echten Erfahrung. Die Zahl des Gehängten, die 12, setzt sich aus 2 mal 6 zusammen, d. h., daß die Hohepriesterin die Liebenden auf eine höhere Ebene hebt.

Aber unabhängig von dieser Symbolik berührt uns der Gehängte auch, weil er uns ein so klares Bild des Friedens und der Erkenntnis vor Augen führt. Die Karte vermittelt einen so starken Eindruck von Ruhe, weil der Gehängte sich mit Hingabe den Ritualen widmet, statt sie nur zu beobachten. Für viele Menschen in unserer Zeit bedeutet das, daß sie Gefühle loslassen müssen, die sie jahrelang unterdrückt haben. Beachte, daß beides bewußte Handlungen sind; die Hingabe an den Weltenbaum ist ein Schritt, den wir tatsächlich tun müssen, nicht einfach nur passives Abwarten.

T. S. Eliots Gedicht *The Wasteland* verbindet die Vorstellung von der individuellen Hingabe an die Gefühle einerseits mit der Leerheit des Lebens in Europa nach dem ersten Weltkrieg und andererseits mit den alten Grals-Mysterien. Der verwundete Fischer-König kann geheilt werden durch einen »Augenblick der Hingabe, die ein Zeitalter des Stolzes nicht wieder zurücknehmen kann«. Kurz vorher in dem Gedicht wird der Held gewarnt: »Fürchte dich vor dem Tod durch Ertrinken.« Für das Ego ist Hingabe wie der Tod – Auflösung im Ozean des Lebens. Die Person, die diese Warnung ausspricht, ist ein Tarot-Deuter. Eliots Gedicht verhalf den Tarot-Karten in den zwanziger Jahren zu Popularität und machte ganz besonders den Gehängten berühmt. Tatsächlich erscheint der Gehängte gar nicht in dem Gedicht; aber gerade durch seine Abwesenheit ist er wichtig.

Eliot behauptete, daß er eigentlich nichts über den Tarot wisse, sondern nur einige seiner Bilder gebrauche. Offensichtlich kannte er aber zumindest eine esoterische Lehre, die sogar den meisten Tarot-Kommentatoren unbekannt ist – daß nämlich bei einigen esoterischen Autoren der Gehängte ursprünglich den Titel hatte: »Der ertrunkene phönizische Seemann«. Madame Sosostris gebraucht diesen Titel für den Helden. »Dies ist deine Karte.« Hingabe ist eine Bestimmung, aber er hat sie verleugnet: »Ich kann den Gehängten nicht finden.«

Die gekreuzten Beine stellen die auf dem Kopf stehende Zahl 4 dar. Die 4 symbolisiert die Erde mit ihren vier Richtungen. Indem er sein eigenes Wertempfinden umgekehrt hat, hat der Gehängte die Welt auf den Kopf gestellt. Die Arme und der Kopf bilden zusammen ein nach unten gerichtetes Wasser-Dreieck. Der Weg zum Über-Bewußtsein führt durch das Unbewußte. Die Karte des Golden Dawn rechts von der Rider-Version zeigt den Gehängten, wie er über dem Wasser hängt. Die meisten Tarot-Kabbalisten ordnen dieser Karte den Buchstaben »Mem« zu. Mem steht für »Meere« oder das Element Wasser.

Wir sehen also im Körper des Gehängten einmal die 4, die Welt, das Bewußtsein, und zum anderen die 3, die hier das Wasser oder das Unbewußte repräsentiert. Diese Zahlen, miteinander multipliziert, ergeben 12. Bei der Multiplikation werden die ursprünglichen Zahlen aufgelöst und bringen dabei etwas Größeres hervor als ihre Summe.

Die Zahl 12 erinnert wie die 21 an die 1 und an die 2. Die Karte spiegelt den Magier wider in dem Sinne, daß die Kraft, die von dem Stab herabgezogen worden war, nun in den Gehängten eingeflossen ist; wir sehen sie in dem Lichtkreis um seinen Kopf. Die Energie des Geistes wirklich im Leben zu spüren, ist eine Erfahrung von großer Kraft und Erregung inmitten völliger Ruhe. Die Zahl 2 weist auf die Hohepriesterin hin und ebenso auf das Bild des Wassers. Beide Karten zeigen einen Rückzug, aber während Trumpf 2 den Archetyp des Empfangens bedeutet, sehen wir in Trumpf 12 die Erfahrung davon.

1 plus 2 ergibt 3. Die Herrscherin erfuhr das Leben sehr direkt durch emotionale Verwicklung, der Gehängte empfindet es durch innere Bewußtheit.

Bei der **Divination** bringt uns der Gehängte die Botschaft der Unabhängigkeit. Wie der Narr, der bedeutet, das zu tun, was man für richtig hält, auch wenn andere Menschen dies für närrisch halten, bedeutet der Gehängte, der zu sein, der man ist, auch wenn andere einen für völlig zurückgeblieben halten. Er symbolisiert das Gefühl einer tiefen Verbindung mit dem Leben und das Gefühl des Friedens, das sich nach einer schweren Prüfung einstellt.

Umgekehrt bedeutet der Trumpf die Unfähigkeit, sich von sozialem Druck zu befreien. Statt auf die Stimme unseres Selbst zu hören, tun wir, was andere von uns erwarten oder fordern. Unser Bewußtsein vom Leben bleibt immer eines aus zweiter Hand, wir entwickeln es nie aus eigener Erfahrung, sondern immer nur aus einer Reihe von Stereotypen, wie jemand, der sein Verhalten immer nach den Anweisungen seiner Eltern oder nach dem Verhalten von Filmstars ausrichtet.

Die umgekehrte Karte kann auch bedeuten, daß man auf irgendeine Weise gegen sein inneres Selbst ankämpft. Sie kann einen Menschen darstellen, der versucht, einen grundlegenden Teil von sich selbst zu verleugnen, oder der einfach die Realität nicht akzeptieren kann, und der ständig auf die eine oder andere Art mit dem Leben im Kampf liegt. Weil er sein Ego gegen die Welt stellt, wird dieser Mensch das Leben niemals voll und ganz erfahren. Niemand von uns kann das ganze Spektrum des Lebendigseins ermessen, bevor er sich nicht wie Odin selbst an den Baum des Lebens gehängt hat, dessen Wurzeln weit über die Grenzen des Wissens hinaus ins Meer der Erfahrung reichen, und dessen Äste sich zwischen den endlosen Sternen verlieren.

Tod

Ebenso wie bei den Liebenden (direkt über dem Tod) weicht Arthur Waites Entwurf des Trumpfes 13 von den üblichen Tarot-Bildern ab. Das Bild rechts außen (Abb. 15b) stammt aus dem esoterischen Tarot des Golden Dawn, illustriert aber dennoch die ältere, im wesentlichen soziale Botschaft des Todes. Der Tod trifft jeden, Könige und Gemeine gleichermaßen. Diese elementare Demokratie des Todes war ein beliebtes Thema mittelalterlicher Predigten. Die Idee hat auch eine Beziehung zu dem jüdischen Brauch, nach dem jeder im gleichen Stil begraben wurde, im weißen Leichenhemd und in einem einfachen Kiefernsarg, so daß der Reiche durch den Tod auf die gleiche Stufe gestellt wurde wie der Arme.

Wie zu vermuten war, führt uns die große Macht des Todes über Fragen der Demokratie hinaus zu psychologischen und philosophischen Problemen. Der Tod ist, wie das Leben, ewig und immer gegenwärtig. Ständig sterben individuelle Formen, während andere ins Dasein treten. Ohne den Tod, der das Alte wegräumt, würde nichts Neues einen Platz in der Welt finden. Viele Science-fiction-Romane haben dargestellt, was für eine tyrannische Ge-

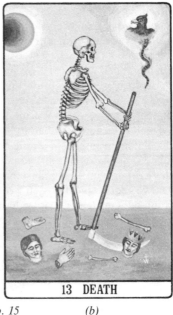

	Abb. 15	
(a)		*(b)*

sellschaft entstehen würde, wenn die Führer der Welt nicht mehr sterben würden.

Wenn wir sterben, verwest unser Fleisch und nur das Skelett bleibt zurück. Auch dies wird eines Tages verschwinden, aber es bleibt lange genug bestehen, um zumindest einen Hinweis auf die Ewigkeit zu geben. Daher bedeutet die Golden-Dawn-Karte den Triumph der Ewigkeit über das Vergängliche. Das Skelett hat auch eine okkulte Bedeutung. Überall in der Welt beinhaltet das Training von Schamanen Methoden, mit denen sie ihrem eigenen Skelett begegnen können. Dies geschieht durch Drogen, Meditation oder sogar dadurch, daß sie sich die Haut vom Gesicht abkratzen. Indem sie die Knochen vom Fleisch befreien, schaffen sich die Schamanen eine Verbindung zur Ewigkeit.

Weil die Menschen den Tod fürchten, suchen sie in ihm nach Sinn und Vernunft. Die christliche Religion lehrt uns, daß der Tod unsere Seele vom sündigen Fleisch befreit, damit wir uns in einem kommenden größeren Leben mit Gott vereinen können. C. G.

119

Jung hat über den Wert des Glaubens an ein Leben nach dem Tod geschrieben. Ohne diesen Glauben scheint der Tod zu monströs zu sein, als daß man ihn akzeptieren könnte.

Andere haben darauf hingewiesen, daß uns der Tod mit der Natur verbindet. Das Bewußtsein, das uns von der Welt trennt, wird vertrieben; auch wenn der Körper zerfällt, bedeutet das nur, daß er anderen Wesen als Nahrung dient. Jeder Tod bringt neues Leben. Viele Menschen finden es schrecklich, über die Vorstellung nachzudenken, daß sie von Würmern zerfressen werden. Der moderne Brauch, Leichen einzubalsamieren und zu schminken, so daß sie wie lebendig aussehen, um sie dann in einem versiegelten Metallkasten zu begraben, rührt von dem Wunsch her, die Getrenntheit des Körpers von der Natur selbst im Tod noch aufrechtzuerhalten. Da wir jedoch nicht wissen, was mit unserem Körper geschieht, wenn der Geist ihn verlassen hat, ist es wohl eigentlich die Zerstörung der Persönlichkeit, die wir wirklich fürchten. Es ist das Ich, das sich als von der Natur getrennt erlebt: da das Ich nur eine Maske ist, will es nicht sterben. Es möchte sich selbst gern zum Herrscher des Universums machen.

Wenn wir den Tod annehmen, werden wir fähig sein, intensiver zu leben. Das Ego will die Energie nie loslassen; es versucht, sie als ein Mittel gegen die Angst vor dem Tod zu horten. Das hat zur Folge, daß keine neue Energie hereinkommen kann. Man kann dies sehr deutlich an dem Atem von Menschen beobachten, die in Panik sind. Sie versuchen, Luft einzuatmen, ohne gleichzeitig welche hinauszulassen, und als Resultat davon stockt ihnen der Atem.

Auch in der Sexualität hält das Ego die Energie zurück. Es stemmt sich gegen Hingabe und Orgasmus, weil sich in diesem Augenblick das Ego teilweise auflöst. Im elisabethanischen England nannte man den Geschlechtsverkehr oft »Sterben«. Und im Tarot liegt der Tod direkt unter den Liebenden.

Da das Ego sich gegen den Gedanken des Todes total sperrt, und damit verhindert, daß wir das Leben wirklich genießen, müssen wir manchmal zu extremen Mitteln greifen, um es zu überwinden. Die Initiationsriten führten immer bis zu einem simulierten Erlebnis von Tod und Wiedergeburt. Der Initiand wird so weit gebracht, daß er glaubt, er werde tatsächlich sterben. Es wird alles getan, um diesen Tod so wirklich wie möglich zu machen, damit das Ego überlistet wird und seine drohende Auflösung tatsächlich erfährt.

Wenn dann der Initiand »wiedergeboren« ist, hat er eine ganz andere Reife und Energieebene erreicht. In den vergangenen Jahren haben viele Menschen durch den Gebrauch psychedelischer Drogen Dinge erfahren, die den Erlebnissen bei diesen Riten sehr nahe kommen. Sie glaubten zu sterben und fühlten sich danach wie wiedergeboren. Ohne die Vorbereitung, die durch den Gehängten symbolisiert wird, kann die Erfahrung jedoch zu tiefer Verstörtheit führen.

Im Gegensatz zu der Meinung vieler Leute bezieht sich die Karte der Tod nicht eigentlich auf Transformation. Vielmehr zeigt sie uns genau den Moment, in dem wir die alten Masken aufgeben und damit den Weg für die Transformation frei machen. Vielleicht können wir dies besser verstehen, wenn wir uns mit den Parallelen des Tarot in der Psychotherapie beschäftigen. Durch die Anstrengung seines Willens (Kraft) und mit Hilfe eines Therapeuten-Führers (der Eremit) schafft es ein Mensch, Erkenntnisse darüber zuzulassen, wer er wirklich ist und welche Gewohnheiten oder Ängste er ablegen möchte (Rad und Gerechtigkeit). Dieses Wissen bringt Ruhe und den Wunsch nach Veränderung (der Gehängte). Aber dann kommt plötzlich Angst auf. »Vielleicht bleibt nichts von mir übrig, wenn ich mein Verhalten aufgebe, und ich werde sterben.« Nachdem wir so viele Jahre unter der Kontrolle des Ego gelebt haben, glauben wir allmählich, es gäbe nichts anderes. Die Maske ist alles, was wir kennen. Oft kommen Menschen in der Therapie jahrelang nicht weiter, weil sie Angst vor dem Loslassen haben. Das Nichts des Narren läßt sie zurückschrecken.

Menschen, die jahrelang zu dick waren, erleben eine ähnliche Angst, wenn sie versuchen, eine Diät zu halten. »Ich bin immer dick gewesen«, denken sie, »ich bin ein dicker Mensch. Wenn ich dünn werde, werde ich aufhören zu existieren.« Und dies entspricht sogar den Tatsachen. Das »Ich«, welches ein dicker Mensch war, wird aufhören zu existieren. Aber etwas anderes wird dafür entstehen.

Waites Bild für Trumpf 13 erweitert die psychologische Bedeutung der Karte. Die vier Personen demonstrieren verschiedene Einstellungen zur Veränderung. Der niedergestreckte König zeigt das starre Ego. Wenn das Leben mit genügend großer Macht auf uns einstürmt, kann es sein, daß das Ego zusammenbricht; Geisteskrankheit kann aus der Unfähigkeit entstehen, sich extremen Veränderungen anzupassen. Der Priester steht aufrecht und blickt dem Tod ins Auge; er kann dies tun, weil seine steifen Gewänder und sein Hut ihn schützen und unterstützen. Wir sehen hier, wie wertvoll ein Glaubenssystem sein kann, um uns über unsere Angst vor dem Tod hinwegzuhelfen. Die junge Frau symbolisiert eine noch etwas unvollkommene Unschuld. Das Ego ist zwar nicht starr, aber immer noch seiner selbst bewußt und nicht bereit zur Hingabe. Deswegen kniet sie, wendet sich aber ab. Nur das Kind repräsentiert vollkommene Unschuld und begegnet dem Tod mit einem einfachen Geschenk von Blumen.

Der Tod trägt eine schwarze Rüstung. Wir haben schon gesehen, wie die Schwärze und die Dunkelheit einerseits die Quelle des Lebens, andererseits aber auch sein Ende symbolisieren. Schwarz absorbiert alle Farben; der Tod absorbiert jedes individuelle Leben. Das Skelett reitet auf einem weißen Pferd. Weiß reflektiert alle Farben und symbolisiert daher Reinheit, aber auch das Nichts. Die weiße Rose steht für die gereinigten Leidenschaften, denn wenn das Ego stirbt, sterben die selbstsüchtigen und hemmenden Bedürfnisse mit ihm.

Im Hintergrund der Karte sehen wir die Sonne zwischen zwei Pfeilern aufgehen. Das Ego gehört zu der äußeren Welt der Dualität, indem es die Erfahrungen isoliert und kategorisiert. Durch den Tod fühlen wir die strahlende Kraft des Lebens, das nur sich selbst kennt. Die Landschaft vor den Pfeilern erinnert uns an das Land der Toten, das in allen Mythologien beschrieben wird. Wir fürchten uns vor dem Tod unseres alten Selbst, da wir nicht wissen, was wir danach zu erwarten haben. Es ist eine Hauptaufgabe jener Schamanen, die ihr Skelett sehen können, durch dieses Land der Toten hindurchzugehen und damit die Fähigkeit zu erlangen, die Seelen anderer zu führen.

Mitten durch die Landschaft fließt ein Fluß. Wie wir bei der Herrscherin gesehen haben, bedeutet ein Fluß die Einheit von Veränderung und Ewigkeit. Die Tatsache, daß er ins Meer mündet, erinnert uns an die Formlosigkeit und Einheit des Universums. Das Schiff symbolisiert, wie die Begräbnisschiffe der Pharaonen, das wahre Selbst, das durch den Tod zu neuem Leben getragen wird.

Auch wenn die Bilder variieren, diese Karte trägt in allen Tarot-Spielen die Nummer 13. Die meisten Menschen sehen die 13 als eine Unglückszahl an, wissen aber nicht warum. In unserer Kultur wird die 13 mit Judas in Verbindung gebracht, da er der dreizehnte Mann beim letzten Abendmahl war. Daher weist die Zahl 13 auf

Christi (und damit aller Menschen) Tod hin. Freitag der dreizehnte ist ein besonderer Unglückstag, da Christus an einem Freitag starb. Wir können aber auch Christus als den dreizehnten Mann ansehen. Der Tod führt zur Auferstehung.

Unglückbringend in einem mehr symbolischen Sinne ist die 13, da sie uns über die 12 hinausführt. Die 12 könnte man als eine vollkommene Zahl bezeichnen. Sie verbindet die Archetypen von 1 und 2, sie symbolisiert den Tierkreis und damit das Universum, und sie kann durch 1, 2, 3, 4 und 6 dividiert werden; das sind mehr Möglichkeiten als bei jeder anderen Zahl. Die 13 zerstört diese Harmonie. Sie kann nur durch 1 und sich selbst dividiert werden. Doch auch hier können wir über die negativen Aspekte der Symbolik hinausgehen. Gerade weil sie die Vollkommenheit der 12 zerstört, bedeutet die 13 auch eine neue Schöpfung; der Tod bricht alte Formen auf und schafft Platz für neue.

Die Quersumme der Zahl 13 ist 4, also der Herrscher. Durch den Tod überwinden wir unser äußeres soziales Selbst. Da die 13 eine höhere Form der 3 ist, hat sie auch eine Beziehung zur Herrscherin und erinnert uns damit noch einmal daran, daß in der Natur Leben und Tod untrennbar miteinander verbunden sind.

In der **Divination** bedeutet der Tod eine Zeit der Veränderungen. Oft weist er auf eine Angst vor Veränderung hin. In seinem positivsten Aspekt bedeutet er das Aufgeben alter Gewohnheiten und rigider Einstellungen, damit neues Leben entstehen kann. In seinem negativsten Aspekt ist er eine lähmende Furcht vor dem körperlichen Tod. Diese Furcht sitzt tiefer, als viele Menschen glauben, und oft erhält ein Legebild mit vielen positiven Aspekten eine negative Gesamtwertung, weil der Tod auf der Position der Ängste erscheint.

Der umgekehrte Trumpf weist auf das Steckenbleiben in alten Gewohnheiten hin. Waite spricht von »Trägheit, Schlaf und Lethargie« im Leben. Dieses Gefühl eines lahmen, langweiligen Lebens verdeckt manchmal den verzweifelten Kampf des Egos, Veränderungen zu vermeiden. Die Karte weist immer darauf hin, daß der Tod und die nachfolgende Wiedergeburt nicht nur eine Möglichkeit, sondern in gewissem Sinne auch eine Notwendigkeit ist. Der Zeitpunkt des Sterbens ist gekommen. Indem es uns in Lethargie versinken läßt, verhindert das Ego, daß uns diese Tatsache zu Bewußtsein kommt. Trägheit, Langeweile und Depressionen verdecken oft psychische Ängste.

Mäßigkeit

Der Wagen symbolisierte den erfolgreichen Aufbau eines Egos, welches die Fähigkeit hat, sich siegreich im Leben zu behaupten. Mit der Zeit wird dieses Ego rigide; das Verhalten stellt allmählich immer weniger eine angemessene Reaktion auf die Realität dar und wird immer mehr zu einer Kette von Gewohnheiten. Sinn und Zweck der zweiten Reihe der Großen Arkana ist es, uns von dieser künstlichen Persönlichkeit zu befreien und uns gleichzeitig einen ersten Eindruck von den höheren Wahrheiten des Universums zu vermitteln. Mäßigkeit, die unter dem Wagen erscheint, zeigt einen Menschen, dessen Verhal-

Abb. 16   (a)

ten wiederum eine sehr gute Verbindung mit der realen Welt hat, diesmal jedoch auf eine viel sinnvollere Weise als zuvor. Denn wenn ein Kind direkten Kontakt mit dem Leben aufnimmt, tut es das ohne Bewußtsein, und je mehr das Bewußtsein wächst, desto mehr wächst auch das Ego. Die Mäßigkeit bedeutet die Fähigkeit, Spontaneität mit Wissen zu verbinden.

Der Begriff »Mäßigkeit« bedeutet für die meisten Menschen Selbstkontrolle. Die Tarot-Mäßigkeit jedoch kennt keine Extreme, denn Extreme sind überhaupt nicht nötig. Sie bedeutet nicht eine künstliche, einem moralischen Gesetz entsprechende Einschränkung, sondern genau das Gegenteil, eine wahre und richtige Reaktion auf alle Situationen, so wie sie entstehen.

Das Wort Mäßigkeit (»temperance«) leitet sich von dem lateinischen Wort »temperare« ab, welches »mischen« oder »richtig verbinden« bedeutet. Der Mensch, der sein inneres Selbst befreit hat, hat nicht nur die Eigenschaft der Mäßigkeit, sondern auch die Fähigkeit, die verschiedenen Seiten des Lebens zu verbinden. Viele

124

(b)   Abb. 16   (c)

Menschen können nur mit dem Leben umgehen, indem sie es in kleine Teile zerlegen. Sie schaffen sich eine Persönlichkeit für ihren Beruf und eine für ihr Privatleben, und beide sind falsch. Bestimmte Augenblicke und Situationen sind für sie »Ernst« und andere »Vergnügen«, und sie geben sich die größte Mühe, niemals bei einer ernsten Gelegenheit zu lächeln. Die Menschen, die sie lieben, sind oft nicht die Menschen, die sie sexuell attraktiv finden. All diese Aufteilungen entstehen aus der Unfähigkeit, das Leben in jedem Augenblick zu nehmen, wie es kommt. Die Mäßigkeit verbindet die Elemente des Lebens. Sie fügt die Elemente der Persönlichkeit so zusammen, daß es zu einem ganz natürlichen Zusammenspiel zwischen Individuum und äußerer Welt kommt.
Überall auf dem Bild des Trumpfes finden wir die Zeichen für Verbindung. Wenn wir uns das Waite-Smith-Bild (Abb. 16a) ansehen, sehen wir zunächst einmal das Wasser, das von einem

Kelch in den anderen gegossen wird und ein Bild dafür ist, wie die Elemente des Lebens zusammenfließen. Beachte, daß sich der untere Kelch nicht direkt unter dem oberen befindet, und daß das Bild damit eine physikalische Unmöglichkeit darstellt. Anderen Menschen erscheint die Fähigkeit einer von Mäßigkeit bestimmten Person, alle Probleme des Lebens mit Freude anzugehen, als Zauberei.

Die Mäßigkeit des Rider-Spiels stellt beide Kelche als magisch dar. Auf dem Bild von Wirth (Abb. 16c) ist der obere Kelch silbern und zeigt damit, daß hier ein Fließen vom Mond, d. h. dem Unbewußten, zur Sonne, dem Bewußtsein, gemeint ist. Die zweite Reihe fing an mit einem Rückzug von der Welt, um das innere Selbst zu finden; nun ist die Zeit gekommen, um zu den normalen Aktivitäten des Lebens zurückzukehren.

Besonders die Straße bedeutet Rückkehr. Wir sind in das Selbst hinabgestiegen, und nun machen wir uns bereichert auf den Weg zurück in die Beteiligung an der äußeren Welt. Beachte, daß aus den zwei Pfeilern der vorherigen Karten zwei Berge geworden sind. Abstrakte Ideen sind Wirklichkeit geworden; die Mäßigkeit ist eine Karte des Verhaltens, nicht der Gedanken.

Der Engel steht mit einem Fuß auf der Erde und mit einem Fuß im Wasser. Das Wasser repräsentiert das Unbewußte, und die Erde symbolisiert die »reale Welt« der Ereignisse und der anderen Menschen. Der Mensch der Mäßigkeit, der aus einem intuitiven Gefühl für das Leben heraus handelt, verbindet diese beiden Bereiche. Das Wasser bedeutet auch Potentialität, also die Möglichkeiten des Lebens, während die Erde ihre Manifestation und ihr tatsächliches Eintreten symbolisiert. Die von der Mäßigkeit bestimmte Person bringt durch ihre Handlungen die Wunder, die der Gehängte empfunden hat, in die Realität ein.

Die Bota-Mäßigkeit (siehe Abb. 16b) zeigt, wie das Wasser über einem Löwen und eine Fackel tropfender Flammen über einem Adler ausgegossen wird. Der Löwe symbolisiert das Feuer (der Magier), während der Adler, die »höhere« Form des Skorpions, für Wasser steht (die Hohepriesterin). Der Engel vermischt diese grundlegende Qualität, indem er die beiden Seiten des Lebens, die zuvor einander hoffnungslos feindlich gegenüberzustehen schienen, unlösbar miteinander verbindet. Der Adler steht für den höheren Skorpion, da der Skorpion die Energie des Unbewußten repräsentiert. Der Skorpion als die niedere Form zeigt diese Energie

126

vor allem als Sexualität, als die animalischen Triebe der unentwikkelten Persönlichkeit. Wenn die Energie transformiert worden ist, indem sie durch Bewußtheit in andere Bahnen gelenkt wurde, wird sie zum Adler der Spiritualität. Die Kraft zeigte, wie diese Energie in der Form des Löwen freigesetzt wurde; auf der Bota-Mäßigkeit sehen wir die Erfüllung dieses Prozesses, der Adler und der Löwe sind miteinander verbunden.

Der Engel hat Ähnlichkeit mit der griechischen Göttin Iris, deren Zeichen der Regenbogen war; ein Regenbogen erscheint auf der Bota-Karte, und eine Iris blüht auf der Version des Rider-Spieles. Ein Regenbogen erscheint als ein Zeichen des Friedens nach einem Sturm, was uns daran erinnert, daß die Mäßigkeit die Persönlichkeit zeigt, die aus der angstvollen Erfahrung des Todes hervorgeht. Der Regenbogen entsteht aus Wasser und leuchtet dennoch als Licht vor dem Himmel. Damit ist er ein Sinnbild für das innere Selbst, das ursprünglich so dunkel, chaotisch und angsteinflößend zu sein schien, und das nun, an die Oberfläche gebracht und in Freude verwandelt, zu einer Verheißung neuen Lebens geworden ist. In der jüdischen und christlichen Tradition ist der Regenbogen ein Zeichen für die Erneuerung nach der Flut. Die Flut steht, wie Shivas Zerstörung des Universums, psychologisch gesehen für den Tod alter Verhaltensmuster, welche die Wahrheit und Freude des Lebens nicht mehr widerspiegeln, und die die Menschen zum »Bösen« verführen – Verhaltensweisen, die für sie selbst und für andere zerstörerisch sind.

Als eine Botin des Zeus reiste Iris in die Unterwelt, um ihren goldenen Kelch mit Wasser aus dem Fluß Styx zu füllen. Die Griechen glaubten, daß die Seelen der Gestorbenen den Styx überqueren müßten, um ins Land der Toten zu gelangen. Nur ein Abstieg in die Unterwelt des Selbst kann das Leben erneuern.

Im religiösen Sinne symbolisiert der Engel die unsterbliche Seele, die durch den Tod befreit wird. Wenn man genau hinsieht, erkennt man, daß unterhalb des Kragens der Name Gottes in das Gewebe des Gewandes eingearbeitet ist. Nach der christlichen Tradition wird die Seele nach der Auferstehung mit Gott vereint. Das Dreieck in dem Quartett bedeutet, daß der Geist aus dem materiellen Körper heraus aufsteigt.

Psychologisch gesehen bedeutet der Engel die Energie des Lebens, die nach dem Tod des Egos zum Vorschein kommt. In diesem Zusammenhang zeigt das Dreieck, daß diese Energie innerhalb des Quadrats der alltäglichen Aktivitäten wirksam wird. Wir brauchen keine Wunder zu vollbringen, um unsere Verbindung mit dem unsterblichen Universum zu spüren. Wir müssen nur wir selbst sein.

Erinnern wir uns daran, daß das Tetragrammaton auf dem Rad als ein Mysterium des Schicksals erschien. Hier ist der Name ein Teil von uns geworden. Wir werden zum Meister unseres Schicksals, wenn wir es gelernt haben, das Leben zu nehmen, wie es kommt, und es nicht mehr in die Routine unserer Gewohnheiten und Abwehrhaltungen zu pressen.

Die **divinatorischen Bedeutungen** haben, wie die Philosophie der Karte, zunächst einmal mit Mäßigung zu tun, mit einem Gleichgewicht in allen Dingen und der Entscheidung für den mittleren Weg. Die Karte bedeutet korrektes Handeln, in jeder Situation das Richtige zu tun. Sehr oft bedeutet das, nichts zu tun. Der unmäßige Mensch muß immer irgend etwas tun, aber sehr oft verlangt eine Situation von uns, daß wir einfach abwarten. Manchmal erscheint die Karte als ein Gegenpol zu Karten der Rücksichtslosigkeit und der Hysterie.

Die Mäßigkeit bedeutet, grundverschiedene Elemente miteinander zu vermischen, Handeln und Fühlen zusammenzubringen, um eine Situation der Harmonie und des Friedens zu schaffen. Weil die Mäßigkeit für das Ausbalancieren und Kombinieren der verschiedenen Seiten des Lebens steht, hat sie eine besondere Bedeutung für die Kleinen Arkana. Wenn wir in einer Befragung sehen, daß ein Mensch, sagen wir, zwischen Stäben und Kelchen, also zwischen Aktivität und Passivität, oder zwischen Kelchen und Pentakeln, also Phantasie und Realität, hin und her gerissen ist, dann können Mäßigkeit, Zurückhaltung und ein Handeln aus einem intuitiven Gefühl für das Leben der Schlüssel dafür sein, diese verschiedenen Seiten wieder zusammenzubringen.

Wie der umgekehrte Narr bedeutet auch die auf dem Kopf stehende Mäßigkeit Wildheit und eine Neigung zu Extremen. Bei der Mäßigkeit rührt das daher, daß dem Betreffenden das Bewußtsein dafür fehlt, was einer bestimmten Situation angemessen ist. Der umgekehrte Trumpf kann uns auch warnend darauf hinweisen, daß wir unser Leben in lauter unzusammenhängende Stücke haben auseinanderfallen lassen und jetzt von einem Extrem ins andere fallen. Er kann auch bedeuten, daß wir vor der Aufgabe versagen, alte Gewohnheiten und Ängste der Vergangenheit hinter uns zu lassen. Auf einer ganz einfachen Ebene fordert uns die umgekehrte Mäßigkeit dazu auf, ruhig zu werden und Extreme zu vermeiden; in ihrem tiefsten Sinne führt sie uns zurück zur Kraft, um jenen langen, manchmal schmerzvollen und beängstigenden, im Grunde aber eigentlich freudvollen Prozeß von Tod und Wiedergeburt von neuem zu beginnen.

6 Die große Reise

Das Ziel der Erleuchtung

Die meisten Menschen finden ihre Erfüllung, wenn sie die Maske der Persona zerstört haben und regeniert in die alltägliche Welt zurückkehren können. Es hat jedoch immer Menschen gegeben, die nach etwas Größerem gesucht haben – nach einer vollkommenen Vereinigung mit den spirituellen Grundlagen der Wirklichkeit. Für sie ist es nicht genug, einfach nur das Wirken des Geistes in ihrem Leben zu spüren. Sie möchten diese Kraft in voller Bewußtheit erfahren. Ihre Erleuchtung, ihre Lehren und ihr Beispiel bereichern uns alle. Für diese Menschen ist das erfolgreiche Durchlaufen der zweiten Reihe eine Vorbereitung und eine Beseitigung von Hindernissen.

In seiner wahrsten Form ist Leben reine, undifferenzierte Energie, in der alles, was lebt, in jedem Moment gleichzeitig vorhanden ist. Es gibt keine Formen, Teile oder Stückchen der Ewigkeit. Das Bewußtsein bewahrt uns vor einer so überwältigenden Erfahrung. Es zerteilt die Ganzheit des Lebens in Gegensätze und Kategorien. Bei dem Gehängten und bei der Mäßigkeit kommen wir zum Teil über diese begrenzenden Illusionen hinaus zu einem Gefühl von der großen Kraft des Lebens und von uns selbst als einem Teil jener Kraft. Aber sogar bei der Mäßigkeit schleicht sich die Illusion der Getrenntheit wieder ein. Die Karte unterhalb der Mäßigkeit wird die Welt genannt, weil dies die Erfahrung ist, durch die wir selbst und das Universum eins werden.

Die Reihe beginnt mit einem Paradoxon, einem scheinbaren Rückfall in die Illusionen des Teufels. Indem wir uns mit der Bedeutung der Karte gerade an dieser Stelle auseinandersetzen, kommen wir zu einem besseren Verständnis davon, worum es bei der vollkommenen Befreiung geht. Am Anfang der Großen Arkana sahen wir, daß Dunkelheit und Licht eng miteinander verwoben waren. Die dunkle, unbewußte Seite jedoch lag in dem Tempel der Hohenpriesterin verborgen und konnte nur durch die Intuition erfahren werden. Um auf die andere Seite des Vorhanges zu gelangen, mußten wir erst in die Dunkelheit des Selbst hinabsteigen. Viele Religionen feiern diese Reise durch die Dunkelheit ins Land des ewigen Lebens. Als sich die christliche Kirche etabliert hatte, verdammte sie in ihrer Religion des Lichten jede Anrufung der Dunkelheit als böse. Das übliche Bild des Teufels ist einfach eine Mischung aus dem griechischen Gott Pan und verschiedenen anderen mit Christus rivalisierenden Gottheiten.

Die Bedeutung des Turms hängt davon ab, wie wir den Teufel sehen. Wenn wir in dem Teufel einfach nur Illusionen sehen, dann zeigt der Turm, wie diese durch eine gewaltsame Umwälzung zerschmettert werden. Wenn der Teufel jedoch die Freisetzung unterdrückter Energie bedeutet, dann ist die Illusion, die von dem Blitz zerschlagen wird, nichts Geringeres, als der Schleier des Bewußtseins selbst.

In jeder Reihe bilden die mittleren drei Karten eine besondere Gruppe. In der ersten war es die Trias von Natur, Gesellschaft und Erziehung; in der zweiten war es die Umwandlung von der äußeren Vision des Rades über die Gerechtigkeit zu der inneren Erfahrung des Gehängten. In der letzten Reihe zeigen die drei Karten den Übergang von der inneren Offenbarung des Sterns zu der Bewußtheit der Sonne. Dazwischen liegt, voller Fremdartigkeit, der Mond.

Die Sonne ist nicht das Ende. Noch einmal steigen wir in die Dunkelheit hinab, um in dem Gericht und in der Welt die völlige Vereinigung mit dem Universum und mit dem Geist, von dem es erfüllt ist, zu erfahren. Jetzt sind wir in der Lage, in der äußeren Welt zu handeln und dennoch niemals das Gefühl für die Unendlichkeit und das Wunder in uns zu verlieren. Der Magier und die Hohepriesterin sind in einem einzigen glückseligen Tanz vereint.

Der Teufel

Warum erscheint diese grimmige Figur der Unterdrückung so spät im Tarot? Warum kommt, nachdem das Gleichgewicht der Mäßigkeit erreicht war, ein so abrupter Fall? Der Teufel trägt die Nummer 15, die sich auf 6, die Liebenden, reduzieren läßt; und tatsächlich können wir sagen, daß Waite sich vom Teufel rückwärts vorgearbeitet hat, als er seine radikale Version der Liebenden entworfen hat. Auf diese Weise erscheint im Rider-Spiel der Teufel, mit seinen angeketteten Dämonen, als eine Perversion von Trumpf 6. Aber warum erscheint die »wahre« Karte so früh und die Perversion so kurz vor dem Ende?

Abb. 17

Der Teufel ist der Einstieg in die letzte Reihe. Das weist darauf hin, daß er eine für die Aufgabe dieser Reihe lebenswichtige Energie einbringt. Diese Reihe hat mit archetypischen Kräften jenseits des Selbst zu tun. Führt uns der Weg zur Erleuchtung durch die dunkle Welt des Teufels? Erinnern wir uns daran, daß Dante durch die Hölle geht, bevor er ins Fegefeuer und ins Paradies gelangen kann; und der Dichter und Okkultist William Blake beschreibt den Teufel als den eigentlichen Helden in Miltons moralisierendem Gedicht *Paradise Lost.*

Um den esoterischen Sinn des Teufels zu verstehen, müssen wir zunächst seine gebräuchlichere Bedeutung als Kraft der Illusion und der Unterdrückung betrachten. Die Hauptillusion ist Materialismus, ein Begriff, bei dem wir meistens an eine Überbewertung des Geldes denken, der aber richtiger die Weltanschauung bezeichnet, nach der außerhalb der Welt der Sinne nichts existieren kann. Der Teufel hockt auf einem Steinblock, der eine gewisse Ähnlichkeit mit dem Würfel hat, auf dem der Herrscher des Bota-

132

Spieles sitzt. Aber während dieser Würfel das gesamte Universum symbolisierte, weist das Rechteck des Teufels, da es nur ein halber Würfel ist, auf ein unvollständiges Wissen hin.

Da der Materialist jegliche spirituelle Komponente des Lebens leugnet, verfolgt er nur persönliche Ziele – finanzielle, sexuelle und politische. Eine solche Einengung des Lebens führt oft zu Unglück, und so wurde der Teufel zu einem Symbol des Leidens. Wenn wir uns jedoch die beiden Figuren ansehen, können wir keine Spur von Unbehagen in ihrem Gesicht oder in ihrer Haltung entdecken. Beachte auch, daß die Ketten sie nicht wirklich festhalten; die losen Schlaufen können leicht entfernt werden. Die Macht des Teufels beruht auf der Illusion, daß nichts anderes existiert. In sehr vielen Situationen, von politischer Unterdrückung bis hin zu dem persönlichen Leid eines unglücklichen Familienlebens, werden die Menschen erst dann bewußt unglücklich, wenn sie erkennen, daß das Leben noch andere Möglichkeiten zu bieten hat.

Die Haltung des Teufels – eine Hand erhoben, die andere nach unten gerichtet – erinnert an den Magier. Während Trumpf 1 einen Stab gen Himmel erhebt, um die spirituelle Kraft herabzuziehen, weist die Fackel des Teufels zur Erde und ist damit ein Zeichen für den Glauben, daß es jenseits des Materiellen nichts gibt.

Die Handfläche des Teufels trägt das astrologische Zeichen des Saturn, eines Planeten, der oft als ein Symbol des Bösen oder des Unglücks angesehen wird, dessen richtigere Entsprechungen aber Begrenzungen, Schwächen und Einschränkungen sind. Die ausgestreckten Finger und die Zahl 5 in der 15 erinnern an den Hierophanten, bei dem zwei Finger ausgestreckt und zwei nach unten geknickt waren. Während die letztere Geste bedeutete, daß es mehr in der Welt gibt als das, was man direkt sehen kann, ist die offene Handfläche des Teufels ein Zeichen dafür, daß es nichts über das Offensichtliche Hinausgehende gibt.

Der Teufel trägt ein umgekehrtes Pentagramm, ein Symbol der Schwarzen Magie, auf seiner Stirn. Das Pentagramm hat sehr viele Bedeutungen. Wenn man sich mit gespreizten Beinen und ausgestreckten Armen hinstellt, sieht man, daß das Pentagramm den menschlichen Körper symbolisiert. In aufrechter Lage ist der Kopf an höchster Stelle, und wenn wir das Pentagramm umdrehen, sind die Genitalien höher als der Kopf. Nach der traditionellen christlichen Lehre werden die Triebe von der Macht der Vernunft, von der Fähigkeit, Gut und Böse zu unterscheiden, beherrscht. Das umgekehrte Pentagramm bedeutet daher, daß man seine Triebe stärker werden läßt als seine Vernunft. Die Fackel des Teufels setzt den Schwanz des Mannes in Flammen; Menschen, die ihre sexuellen Bedürfnisse als überwältigend und destruktiv erleben, haben sie oft als ein Feuer, das in ihnen brennt, beschrieben. Der Hintergrund der Karte ist schwarz und symbolisiert damit Schwarze Magie, Depression und die Unfähigkeit, die Wahrheit zu erkennen. Damit haben wir die traditionellen Bedeutungen des Teufels: Illusion, Materialismus, Leid und sexuelle Besessenheit. Und doch beinhaltet die Karte eine große Kraft. Der Teufel sieht uns mit bohrendem Blick an. Ausübende des Tantra beschreiben die Kundalini als ein Feuer im Körper, das an der Wurzel der Wirbelsäule, am Steißbein, beginnt, und das durch sexuelle Riten erweckt wird.

Betrachten wir noch einmal das Pentagramm. Die Geschlechtsorgane sind über dem Kopf. Das Bild erinnert uns an die Liebenden des Rider-Spiels, wo die Frau als Symbol des Unbewußten und der Leidenschaften den Engel anblickt. Wir können auch auf die Kraft zurückblicken, die direkt über dem Teufel liegt, bei der der Löwe die animalische Energie symbolisierte, die freigelassen und gezähmt wurde. Wir haben bereits über die okkulte Ansicht gesprochen, daß die sexuelle und die spirituelle Energie eigentlich ein und dieselbe sind, symbolisiert in dem zweifachen Bild für den Skorpion, dem Skorpion und dem Adler. Diese Idee ist, so merkwürdig sie uns vorkommen mag, gar nicht so mysteriös. Man braucht weder ein Okkultist noch ein Freudianer zu sein, um zu erkennen, welch eine große Macht die Sexualität in unserem Leben hat. Wieviel Raum ist in der populären Kultur mit ihren Liebesliedern, Liebesfilmen, sexuellen Witzen und Anspielungen diesem Thema gewidmet! Wenn der Sexualtrieb für den Durchschnittsmenschen derartig beherrschend ist, wird es verständlich, daß der Okkultist versucht, diese Energie zu erschließen und sie auf eine solche Ebene zu erheben, daß sie sich irgendwann einmal völlig in die überwältigende Erfahrung der Erleuchtung verwandelt.

Hier möchte ich noch auf einen subtileren Punkt eingehen. Das Träumen ist oft von einer sexuellen Erregung des Körpers, der Erektion des Penis oder der Klitoris und anderen Anzeichen begleitet. Der Traum nun ist das Unbewußte, das sich in Bildern manifestiert. Dies scheint zu bedeuten, daß das Unbewußte sexueller Natur ist, und daß die Träume eine teilweise Transformierung dieser Energie in eine weitere Form sind. In der Tat bezieht sich der Begriff »das Unbewußte« auch nicht auf die Träume und Mythen, in denen es sich uns enthüllt, sondern auf den ungeheuren Vorrat an Energie, der uns das ganze Leben hindurch erhält.

Unsere westliche Kultur hat uns gelehrt, daß Körper und Geist fundamentale Gegensätze seien. Wir nehmen an, daß Mönche und Nonnen sexuell enthaltsam sind, um sich nicht zu verunreinigen. Wir können im Zölibat aber auch einen anderen Sinn entdecken. Indem sich der Zölibatär der Sexualität enthält, kann er diese Energie in eine andere Richtung lenken. In Indien war die Verbindung zwischen sexueller und spiritueller Energie schon immer bekannt. Shivas Symbol ist ein Phallus, und in tantrischen Riten wird die sexuelle Vereinigung als ein Mittel eingesetzt, den Körper mit Energie aufzuladen. Die Gnostiker, die einen wesentlichen Einfluß auf das okkulte Gedankengut in Europa hatten, führten Riten aus, die denen des Tantra ganz ähnlich waren. Und die Gnostiker, wie später auch Blake, sahen im Satan den wahren Helden des Gartens Eden, dessen Anliegen es war, Adam und Eva zur Erkenntnis ihres wahren Selbst zu verhelfen.

Wenn der Weg zum Geist durch die Triebe hindurchführt, warum werden diese dann von der Gesellschaft unterdrückt?

Und wenn der Pfad zur Befreiung seit Jahrhunderten erkannt und beschrieben worden ist, warum wird dann ein Geheimnis daraus gemacht?

Die Antwort auf diese Fragen hat mit der ungeheuren Macht dieser sexuell-spirituellen Energie zu tun. Wenn sie auf eine höhere Ebene erhoben ist, kann sie uns von den Begrenzungen der Dualität befreien. Wenn diese Macht jedoch freigesetzt und nicht transformiert wird, dann kann sie zu Besessenheit, Sexualverbrechen, Gewalt und sogar zur Zerstörung der Persönlichkeit führen. Es war nicht einfach Politik der Geschlechter, die die griechischen Patriarchen dazu führte, die weiblich-dominierten Mysterien der ekstatischen Verzückung zu bekämpfen. Wenn sie von den Kräften, die in ihnen freigesetzt wurden, überwältigt wurden, kam es vor, daß die Anhänger dieser Mysterien sich selbst geißelten oder verstümmelten, und manchmal taumelten sie in Raserei durch das Land, zerrissen Tiere, Menschen und sogar Kinder, die nicht hinter gut verschlossenen Türen in Sicherheit gebracht worden waren. Nur derjenige, der sich vorbereitet hat, der einen tiefen inneren Frieden erreicht hat, der in der Tat das Verständnis entwickelt hat, welches der Tarot die Mäßigkeit nennt, kann ohne Schaden mit den Kräften, die der Teufel darstellt, umgehen.

Im übrigen bedeutet der Teufel sehr viel mehr als sexuelle Riten und zerstörerische Energie. In einem weiteren Sinne symbolisiert er die Lebensenergie, die in den dunklen, verborgenen Bereichen des Selbst eingeschlossen liegt und die mit normalen Mitteln nicht zugänglich ist. Er wird Teufel genannt, weil er denjenigen, die nicht darauf vorbereitet sind, diese Energie zu empfangen, als Monster erscheint, als ein Gefühl, daß das Universum vom Bösen erfüllt ist, oder als die Versuchung, sich in Gewalttätigkeit fallen zu lassen. In der zweiten Reihe haben wir gesagt, das Kind entwikkele deswegen ein starkes Ego, damit es die Angst vor der Dunkelheit verliert. Die Entwicklung der zweiten Reihe gab uns einen ersten kurzen Eindruck von den dunklen Wassern unter dem Rad des Lebens. Die dritte Reihe erfordert eine völlige Freisetzung der unbewußten Energie. Eine solche Flut entsteht nur, wenn wir jenen verborgenen Bereich betreten, mit all seinen Illusionen, Schrecken und Trieben, die den Unvorbereiteten so leicht von dem eigentlichen Ziel ablenken können.

Vergleichen wir noch einmal die Handhaltung des Hierophanten und des Teufels. Die zwei nach unten gehaltenen Finger des Priesters bedeuten, daß es mehr gibt im Leben als das, was wir sehen; gleichzeitig zeigen die Finger aber auch, daß der Pfad zu tieferem Wissen verschlossen ist. Die offene Hand des Teufels kann die engstirnige Illusion bedeuten, daß das, was man sieht, alles ist, was existiert. Sie kann aber auch bedeuten, alles zu sehen, nichts zu verbergen.

Die besondere Geste, die der Teufel macht, die Spreizung der beiden Fingerpaare, ist eine Geste, die der Hohepriester in Jerusalem machte, um die Kraft des Geistes herabzuziehen. Sie hat sich bis heute im jüdischen Neujahrsfest als Teil der priesterlichen Segnung erhalten.

Paul Douglas hat den Trumpf 15 die »dunkle Seite des kollektiven Unbewußten« genannt. Wenn der sogenannte Schwarzmagier (früher einmal eine Bezeichnung des Teufels) einen Dämon beschwört, bringt er eigentlich eine Kraft aus dem Selbst zum Vorschein. Wenn das Werk gelingt, bezwingt der Magier den Dämon und macht ihn sich zum Diener. Der Magier gebraucht also die befreite Energie, statt ihr zum Opfer zu fallen. Um dazu in der Lage zu sein, muß der Magier von den Trieben und Ängsten des Egos gereinigt sein. Kurz, er muß Mäßigkeit erreicht haben, sonst kann der Dämon die Begegnung »gewinnen«. Der Magier würde dann zu einem Sklaven der Illusionen des Teufels.

Wir haben uns ziemlich eingehend mit einer radikalen Interpretation des Teufels beschäftigt. Die **divinatorischen Bedeutungen** folgen eher den üblicheren Interpretationen. Wir nehmen die mehr auf der Hand liegenden Bedeutungen, weil die Karte bei einer Befragung nicht in dem oben beschriebenen Zusammenhang erscheint. Der Teufel kann eine enge materialistische Sicht des Lebens bedeuten; er kann für jede Form von Leid und Depression stehen, besonders für das Gefühl, angekettet oder gefangen zu sein, mit der Illusion, daß keine Alternativen möglich sind. Wenn er in Verbindung mit den Liebenden erscheint, zeigt er, daß eine Beziehung, die als eine Liebe begonnen hat, zu einer Falle geworden ist. Der Teufel bedeutet, ein Sklave seiner Triebe zu sein, statt so zu handeln, wie man es für richtig erkannt hat. Er zeigt eine übermächtige Besessenheit, besonders eine sexuelle, durch die der Mensch sich gedrängt fühlt, Handlungen auszuführen, die er oder sie im Grunde moralisch verwerflich findet. Das extremste Beispiel hierfür ist der Sexualverbrecher; auf einer alltäglicheren Ebene fühlen sich viele Männer und Frauen gerade von den Menschen unwiderstehlich angezogen, die ihnen eigentlich völlig unsympathisch sind. Das Gefühl von Hilflosigkeit und Scham, das entsteht, wenn man diesen Wünschen nachgibt, ist ein Teil des Teufels.

Weiter oben haben wir bereits bemerkt, welche Ruhe die Gesichter der beiden Angeketteten ausstrahlen. Dies bedeutet das Annehmen einer schlechten Situation. Manchmal kommen wir sogar dahin, unsere unglücklichen Bedingungen als normal anzusehen, und wir wehren uns vielleicht sogar gegen eine Veränderung. Der umgekehrte Teufel andererseits bedeutet einen Versuch, aus einem Leid oder aus einer Knechtschaft auszubrechen, sei es eine reale oder eine psychologische. Die Person findet sich mit ihrer Situation nicht länger ab und unternimmt etwas zu ihrer Befreiung. Paradoxerweise empfinden wir genau dann unser Unglück und die Einschränkungen unseres Lebens besonders deutlich. Bevor man die Ketten abstreifen kann, muß man sich ihrer bewußt werden. Daher fühlen sich Menschen, die sich in irgendeinem Prozeß der Befreiung befinden – sagen wir, von zu Hause auszuziehen, eine Psychotherapie oder eine schwierige Scheidung – oft unglücklicher als zu der Zeit, als sie ihre einengenden Bedingungen noch blind akzeptierten. Eine solche Phase kann für die Entwicklung eines Menschen entscheidend sein. Wenn man sie übersteht, wird man glücklicher und mit einer reiferen Persönlichkeit daraus hervorgehen. Manchmal jedoch empfinden wir die Phase des Übergangs als unerträglich schmerzvoll und schlüpfen zurück in unsere Ketten.

Der umgekehrte Teufel auf der Position der Vergangenheit bedeutet oft, daß die Veränderung stattgefunden hat, daß aber die Gefühle der Trauer, des Ärgers, der Depression noch anhalten, vielleicht der bewußten Wahrnehmung verborgen, aber immer noch wirksam. Wir haben es oft mit den Teufeln der Vergangenheit zu tun, auch mit solchen, die wir in praktischer Hinsicht schon vor langer Zeit überwunden haben. Die Psyche läßt nichts einfach vergehen; sie vergißt nichts. Die Möglichkeit zur Befreiung liegt darin, daß wir das Wissen und die Energie, die an jede Erfahrung gebunden ist, gebrauchen und umwandeln.

Der Turm

Wie der Teufel hat dieser Trumpf sehr viele Bedeutungen, und die Erklärungen der meisten Tarot-Bücher beschäftigen sich mit seinen oberflächlichen moralischen Lehren. Man sagt vom Turm, er sei die materialistische Vorstellung vom Universum, und der Blitz sei die Zerstörung, die ein Leben trifft, das nach rein materialistischen Prinzipien aufgebaut ist. Selbst in dieser Interpretation finden wir sehr subtile Gesichtspunkte. Obwohl es so aussehen mag, als ob irgendeine äußere Kraft den engstirnigen Menschen zu Fall bringt, leitet sich die Gewalt, die auf

Abb. 18

138

dieser Karte zu sehen ist, in Wirklichkeit von psychologischen Prinzipien ab. Der Mensch, der nur für die Befriedigung seiner Ich-Bedürfnisse nach Wohlstand, Ruhm und körperlichem Vergnügen lebt und dabei die Innenschau und die spirituelle Schönheit des Universums ignoriert, baut ein Gefängnis um sich herum auf. Wir sehen diesen Menschen in dem Turm, grau, an dem Felsen klebend, mit einer goldenen Krone. Gleichzeitig baut sich im Inneren der Psyche ein Druck auf, da das Unbewußte an seinen Fesseln zerrt. Die Träume werden belastend, Streitereien und Depressionen werden immer häufiger, und wenn der Mensch diese Erscheinungen auch verdrängen mag, so wird das Unbewußte doch eine Gelegenheit finden hervorzubrechen.

Dieses Hervorbrechen kann als äußere Katastrophe erscheinen; unsere Freunde und unsere Familie wenden sich gegen uns, unsere Arbeit bricht zusammen, Gewalttätigkeit in der einen oder anderen Form macht uns zu schaffen. Es ist tatsächlich eins der Geheimnisse des Lebens, daß ein Unglück selten allein kommt. Aber wieviel von diesen Problemen auch aus lange vernachlässigten oder falsch behandelten Situationen stammen mag, jetzt, da sie uns treffen, machen sie uns verwundbar. Und wenn Schwierigkeiten, wie Krankheit oder der Tod von Menschen, die uns nahestehen, ökonomische Probleme in der Gesellschaft oder auch Naturkatastrophen wie Stürme – oder Blitzschlag! – zur gleichen Zeit auftreten wie persönliche Probleme, dann zeigt ein solches Zusammentreffen wieder einmal, daß das Leben in der Tat mehr enthält als das, was wir direkt vor Augen haben.

Wir sollten nicht meinen, daß die Psyche oder das Leben uns Katastrophen beschert, einfach um uns zu bestrafen. Die Feuertropfen, die auf beiden Seiten des Turmes herabfallen, haben die Form des hebräischen Buchstaben Yod, des ersten Buchstabens des Namens Gottes. Sie symbolisieren nicht Zorn, sondern Gnade. Das Universum und die menschliche Psyche werden es nicht zulassen, daß wir für alle Zeiten in unserem Turm der Illusion und der Verdrängung gefangen bleiben. Wenn wir uns nicht selbst auf friedliche Weise befreien können, dann werden die Kräfte des Lebens eine Explosion herbeiführen.

Ich will damit nicht sagen, daß wir die schmerzvollen Erfahrungen, die uns aufrütteln, irgendwie genießen oder daß wir die heilsamen Wirkungen solcher Entwicklungen erkennen; ich glaube auch nicht, daß dieser Prozeß immer zur Freiheit führt. Sehr oft wird eine Serie von Katastrophen oder eine Zeit heftiger Emotionen eine im Grunde starke Persönlichkeit lähmen. Entscheidend ist nur, daß das Unbewußte, wenn ihm keine anderen Ausdrucksmöglichkeiten gegeben werden, überall um uns herum hervorbrechen wird, und daß wir diese Erfahrung nutzen können, um ein besseres Gleichgewicht zu finden. In einigen Spielen wird diese Karte »Das Haus des Teufels« genannt; in anderen jedoch heißt sie »Das Haus Gottes« und erinnert uns daran, daß es die spirituelle Kraft ist, die unser psychisches Gefängnis zerstört.

Die Verbindung vom Haus Gottes mit dem Haus des Teufels hat auch noch eine tiefere Bedeutung, die in der Tatsache zum Ausdruck kommt, daß das hebräische Wort für Schlange den gleichen Zahlenwert hat (und daher als gleichbedeutend gilt) wie das Wort für »Messias«. Der Teufel ist der Schatten Gottes. Bei Trumpf 15 haben wir gesehen, daß der Mensch, der nach Einheit mit dem Leben sucht, die Energie, die normalerweise von der bewußten Seite der Persönlichkeit verdrängt wird, zulassen muß. Wenn wir uns jedoch auf den Teufel einlassen, gefährden wir die Ruhe und das Gleichgewicht, die in der Mäßigkeit dargestellt waren. Wir führen die Seele auf einen turbulenten Weg, der zu der Explosion des Turmes führt. Jung beschrieb das Bewußtsein als einen Damm, der das freie Strömen des Unbewußten blockiert. Die Mäßigkeit funktioniert als eine Art Schleuse, die das Wasser in kontrollierten Mengen hindurchläßt. Der Turm fegt den gesamten Damm hinweg, und die aufgestaute Energie wird als eine Flut freigesetzt.

Warum sollte man einen so gefährlichen Weg einschlagen? Die Antwort ist, daß es keinen anderen Weg gibt, um endgültig über die Grenzen des Bewußtseins hinauszugelangen und uns von dem zu befreien, was das Leben in Gegensätze aufspaltet und uns von der reinen Energie in uns abtrennt. Der Vorhang vor dem Tempel ist die bewußte Persönlichkeit, die uns vor dem Leben in seiner elementaren Form schützt. Mystiker, Schamanen und Ekstatiker haben immer wieder bezeugt, daß die Ewigkeit überall um uns herum gegenwärtig ist, blendend und überwältigend. Der unvorbereitete Geist kann eine solche Macht nicht aufnehmen; daher schützt uns das Bewußtsein und läßt den größeren Teil unserer spirituellen Energie nicht zu, indem es die Erfahrung in die Zeit projiziert und sie in gegensätzliche Kategorien aufspaltet.

Die Mystiker berichten uns auch, daß die Offenbarung wie ein Blitzschlag kommt, der die Illusionen der materiellen Welt in einem einzigen blendenden Lichtblitz zerstört, wie etwa bei der Bekehrung des Paulus auf seinem Weg nach Damaskus, oder bei Buddhas Erleuchtung unter dem Bo-Baum. Es spielt keine Rolle, wie lange jemand meditiert hat, oder wie viele Jahre des Gebets oder des okkulten Trainings er hinter sich hat, entweder bricht die Wahrheit in ihrer Ganzheit plötzlich durch, oder sie kommt überhaupt nicht. Das bedeutet jedoch nicht, daß die Vorbereitung sinnlos war. Die Arbeit, die in den ersten beiden Reihen der Großen Arkana dargestellt wird, hat eine zweifache Funktion. Zum einen macht sie uns so stark, daß wir den Blitz, wenn er kommt, aushalten können; zum anderen bringt sie uns in eine Position, die den Blitz überhaupt erst möglich macht. Alle okkulten Übungen gehen von einer Annahme aus: daß es möglich sei, den Blitz der Offenbarung herabzurufen, daß ein Mensch bestimmte Schritte unternehmen könne, damit dieses Ereignis eintritt.

Diese Schritte beinhalten Belehrungen, Meditationen, den Tod des Egos und schließlich das Annehmen des Teufels. Indem wir diese Energie freisetzen, überwinden wir die Barrieren der Verdrängung und öffnen uns für den Blitz. Denn der Geist existiert zu jeder Zeit, nur wir sind blind für ihn. Indem wir in die Dunkelheit des Selbst hineingehen, öffnen wir uns für das Licht.

Ganz offensichtlich ist dies ein gefährlicher Prozeß. Der unvorbereitete Mensch kann sich in den Illusionen des Teufels verfangen. Wir werden auch noch sehen, daß es ganz spezifische Gefahren mit sich bringt, wenn die Psyche darangeht, die freigesetzte Energie in das Bewußtsein zu integrieren. Der Held, der sich auf dem Rückweg aus dem Zentrum des Labyrinths befindet, kann sich verirren, wenn er sich nicht sorgfältig vorbereitet hat.

Der Turm liegt unter der Hohenpriesterin, denn er zeigt, wie der Vorhang weggerissen wird. Gleichzeitig erinnert der Blitz an den Magier. Jene Energie und Wahrheit, die durch den Magier hindurchgeht, schlägt hier mit voller Kraft ein. Wir können die Trümpfe 1 und 2 auch in den beiden Menschen in dem blauen und in dem roten Mantel wiedererkennen. Die Polarität, die schon auf so vielen Karten bisher symbolisiert wurde, wird hier von der Einheit des Daseins überwunden. Zähle die Yod-Tropfen aus Feuer, und du wirst feststellen, daß es zweiundzwanzig sind – die Anzahl der Trümpfe. Außerdem wirst du sehen, daß sie in zehn und zwölf aufgeteilt sind. Die Sumerer verwendeten ein auf der Zehn (für die zehn Finger) basierendes Zahlensystem für weltliche Angelegenheiten und ein anderes, das dem Tierkreis entsprechend auf der Zwölf basierte, für spirituelle Zählungen. Auch diese Dualität ist eine Illusion. Beide Welten sind Manifestationen des gleichen Geist-Feuers.

Das Bild des zerstörten Turmes erinnert uns an den Turmbau zu Babel. Auf einer vordergründigen Ebene erklärt die Geschichte, warum die Menschen so viele Sprachen sprechen, und in moralischer Hinsicht mahnt sie uns, unser Vertrauen nicht auf menschliche Fähigkeiten zu setzen (der Turm als Bild für den Materialismus). Aber wir können auch noch eine andere Bedeutung in der Zerstörung Babels erkennen. In dem Blitz, von dem es getroffen wurde, sprach Gott direkt zur Menschheit und nicht, wie sonst, indirekt durch die normalen Phänomene der physischen Welt.

Für einen Augenblick ersetzt die Sprache Gottes die menschliche Sprache, die den Turm gebaut hat; Offenbarung ersetzt das Stück-für-Stück-Wissen der Sinne. Erinnern wir uns daran, daß die Ausgießung des Heiligen Geistes zu Pfingsten die menschliche Sprache durcheinanderbrachte; die Menschen »sprachen in Zungen« oder machten tierische Geräusche. Und die Schamanen sprechen in ihrer Trance die Sprache der Tiere und der Vögel. Die menschliche Sprache ist ein Aspekt der Kultur und eine Begrenzung des Bewußtseins. Viele Linguisten, besonders Benjamin Whorf, haben gezeigt, daß die Sprache unsere Fähigkeit, die Realität wahrzunehmen, einschränkt, wie ein vor die Welt geschobener Filter. Und die Wahrheit kann, wie uns die Mystiker sagen, nicht in Worten ausgedrückt werden.

Die Quersumme der 16 des Turmes ist 7, der Wagen, der von Case und anderen mit der menschlichen Sprache in Verbindung gebracht wird. Bei dem Turm zerstört die Sprache Gottes in einem Moment all die sorgfältigen Konstruktionen der Kultur, der Sprache und des Bewußtseins. Und damit führt sie uns zurück zu dem Chaos des Meeres unter dem Rad des Schicksals und zu dem Wasserbecken hinter dem Vorhang der Hohenpriesterin.

In gewisser Hinsicht ist der Turm der komplexeste aller Trümpfe; seine subtileren **divinatorischen Bedeutungen** stehen im Gegensatz zu den offensichtlichen. Wie beim Teufel leiten sich die Orakel-Bedeutungen gewöhnlich von seiner offensichtlichen Seite ab. Meistens beziehen sie sich auf eine Zeit heftigen Aufruhrs (entweder ganz konkret oder in psychologischer Hinsicht), auf die Zerstörung lange bestehender Situationen, auf das Auseinanderbrechen von Beziehungen im Zorn oder sogar auf Gewalttätigkeit. Weil die Karte eine so furchteinflößende Bedeutung hat, schrekken viele Menschen bei ihrem Anblick zurück. Diese Reaktion wirft die wichtige Frage auf, wie man mit den erschreckenden Bildern des Tarot umgehen sollte. Wir müssen lernen, alle Erfahrungen zu gebrauchen, den Turm genauso wie die Liebenden. Wenn der Turm erscheint, müssen wir uns daran erinnern, daß er zur Freiheit führen kann; die Explosionen befreien uns von einer Situation, die einen unerträglichen Druck aufgebaut hatte. Sie können zu einem neuen Anfang führen.

Wenn wir sagen, daß das Erscheinen des Turms normalerweise schwierige Erfahrungen bedeutet, heißt das nicht, daß die tieferen Bedeutungen niemals eine Rolle spielen. Die Karte kann eine blitzartige Erleuchtung bedeuten, besonders wenn diese Erleuchtung eine begrenzte Sicht des Lebens ersetzt. Nur die Intuition und Erfahrung des Deuters sowie die Hinweise von den anderen Karten können jeweils die besondere Bedeutung bestimmen.

Der umgekehrte Turm zeigt eine modifizierte Version der Bedeutung der aufrechten Karte. Gewaltsamkeit und Sturm sind immer noch da, jedoch gemildert. Gleichzeitig hat der umgekehrte Trumpf noch die besondere Bedeutung der »Gefangenschaft«, wie Waite sie nennt. Dieses Paradox löst sich auf, wenn wir daran denken, daß der Turm in aufrechter Lage befreiend wirkt. Umgekehrt bedeutet die Karte dann, daß wir es nicht zulassen können, die Erfahrung voll und ganz zu durchleben. Indem wir unsere Reaktionen gut unter Kontrolle halten, vermindern wir den Schmerz; wir lassen nicht das gesamte verdrängte Material an die Oberfläche kommen. In unserem Innern geht die schmerzvolle Erfahrung weiter, weil wir sie niemals bis zu Ende ausgetragen haben. Wenn wir den Turm vor dem Blitz schützen, werden wir sein Gefangener.

Der Stern

Der Frieden nach dem Sturm. Der Mensch, der emotionalen Aufruhr durchlebt hat, findet danach zu einem Gefühl der Ruhe und Leerheit. Wenn man die Karten für jemanden auslegt, der sie noch nie gesehen hat, wird der Stern kaum Interpretation benötigen. Alles auf der Karte bringt Ganzheit, Offenheit und Heilung zum Ausdruck.

Es ist interessant, den Stern mit der Mäßigkeit zu vergleichen, auf der wir auch eine Figur sehen, die Wasser ausgießt, die zwei Kelche hält, und die mit einem Fuß auf der Erde und mit dem anderen im Wasser steht. Beide folgen auf eine Krise, aber während die Mäßigkeit

Abb. 19

noch kontrolliert war, ist der Stern frei. Nicht bekleidet, sondern nackt. Nicht steif dastehend, sondern biegsam und entspannt. Und schließlich, während die Mäßigkeit das Wasser immer hin und her gießt, es damit zwar vermischt, aber gleichzeitig auch erhält, gießt das Sternenmädchen es unbekümmert aus, im Vertrauen, daß das Leben sie immer wieder mit neuer Energie versorgen wird. Das Bild erinnert an all die mythischen Kelche, die niemals geleert werden können.

Das Loslassen der Energie durch den Turm hat den Vorhang des Bewußtseins aufgerissen. Mit dem Stern sind wir hinter dem Vorhang. Das Wasserbecken repräsentiert, auch wenn es nur klein ist, das Unbewußte; es ist das gleiche Wasser, das wir hinter den Pfeilern der Hohenpriesterin hervorschimmern sahen. Hier nun ist diese universelle Lebensenergie aufgewühlt worden, dadurch daß ein Mensch seine eigenen Wasser des Lebens in sie hineingegossen hat.

Das Wasser, das auf die Erde gegossen wird, zeigt uns, daß die von

144

dem Turm befreite Energie nicht nur nach innen, sondern auch nach außen gerichtet wird; das Unbewußte wird mit der äußeren Realität der physischen Welt verbunden. Eine Möglichkeit, die Ströme des Wassers zu beschreiben, liegt in den Archetypen der Mythen, jenen Bildern, in denen sich das Unbewußte ausdrückt. Das Unbewußte ist ein Ganzes, ohne Form oder Unterteilungen, aber im Bewußtsein taucht es in den verschiedenen »Strömen« der Mythologie auf. Mit dem Stern sind wir über den Mythos hinausgelangt, dahin, wo er als formlose Energie entspringt, als Licht, das aus der Dunkelheit kommt. Der Transformation von Dunkelheit in Licht entspricht die Verwandlung des Unbewußten, der verborgenen Unermeßlichkeit in uns, in die ekstatische Bewußtheit des Über-Bewußtseins.

Ein Strom des Wassers fließt zurück in den Teich und bringt damit zum Ausdruck, daß alle Archetypen sich wieder mit der formlosen Wahrheit vereinen. Der Wert des Archetypus liegt nur in seiner Fähigkeit, unser inneres Selbst hervorzubringen und uns mit jener Quelle zu verbinden. Der Fuß des Mädchens taucht nicht in das Wasser ein. Wir sind noch nicht in das kollektive Unbewußte eingetreten, sondern haben es erst aufgewühlt.

Der Vogel auf der rechten Seite ist ein Ibis, ein Symbol für den ägyptischen Gott Thoth, der als der Erfinder aller Künste galt, von der Dichtkunst bis zur Töpferei. Er soll tatsächlich den ersten Künstlern ihre Techniken beigebracht haben; auf einer symbolischeren Ebene jedoch können wir sagen, daß alles kreative Handeln seinen Ursprung in dem Reservoir der ungeformten Luft-Energie hat. Eine unserer Aufgaben als körperliche Wesen ist es, diese Energie aufzunehmen und sie dafür zu gebrauchen, z. B. Gedichte, Gemälde und Wandteppiche zu produzieren. All diese menschlichen Schöpfungen sind in den verschiedenen Wasserströmen symbolisiert. Jeder Schöpfungsakt objektiviert spirituelle Energie in dem geschaffenen Ding. Gleichzeitig wird aber die Inspiration des Künstlers durch kein Werk erschöpft, solange er mit seinen inneren Quellen in Verbindung bleibt. Daher kehrt ein Strom zur Quelle zurück, so wie jedes Werk seinem Schöpfer neue Inspiration verleiht.

Der Stern erscheint unter der Herrscherin und dem Rad. In der Herrscherin sahen wir die natürliche Welt in den Leidenschaften verherrlicht. Aber die Herrscherin war üppig gekleidet, um zu zeigen, daß sie ihre Gefühle durch Dinge außerhalb ihrer selbst zum

Ausdruck bringt – durch die Natur, durch Geliebte oder Kinder. Bei dem Stern sehen wir das innere Selbst in glückseliger Selbstversunkenheit. Das Sternenmädchen verbindet die beiden weiblichen Archetypen, indem die innere Empfänglichkeit der Hohenpriesterin mit der Leidenschaft der Herrscherin zum Ausdruck gebracht wird. Das Rad des Schicksals zeigt uns eine Vision des Universums in geheimnisvollen Symbolen. Hier hat uns der Turm über den Bereich der Visionen hinausgeführt. Durch den Stern erfahren wir das Unbewußte direkt, nicht mehr durch seine Bilder.

Als Trumpf 17 ist der Stern eine Erweiterung der 7; daher befreit der Stern die Lebenskraft, die der Wagen zu kontrollieren und zu lenken suchte. 1 plus 7 ist gleich 8; daran können wir sehen, daß der Stern die Karte Kraft auf eine höhere Ebene hebt, so daß der Löwe der Triebhaftigkeit nicht mehr einfach nur gezähmt, sondern in Licht und Freude transformiert wird.

Die Sterne auf der Karte sind alle achtzackig und damit ein weiterer Hinweis auf die Kraft. Da man einen achtzackigen Stern dadurch bilden kann, daß man zwei Quadrate so gedreht übereinanderlegt, daß sich immer die Ecke des einen mit der Ecke des anderen abwechselt, wird das Oktagramm manchmal als die Mitte zwischen Quadrat und Kreis angesehen. Das Quadrat steht für die Materie, der Kreis steht für den Geist. Die Menschen sind das Verbindungsglied zwischen dem Geist und der materiellen Welt; durch unsere Fähigkeit, sowohl die Wahrheit zu erfahren als auch zu handeln, werden wir zu einem Instrument, durch das sich die Wahrheit manifestieren kann.

Die Kirche beschrieb den Menschen als ein Wesen zwischen Tier und Engel. Meistens wurde dem eine moralische Interpretation beigefügt; die Menschen sollten sich entscheiden, ob sie ihren Trieben oder ihrer Vernunft folgen wollten. Für uns jedoch ist diese Metapher ein Hinweis darauf, daß durch menschliches Bewußtsein und Handeln die materielle Welt mit dem Bereich der Engel verbunden wird.

Trotz all der Hinweise auf Manifestationen ist der Stern eigentlich nicht eine Karte des Handelns, sondern der inneren Ruhe. Im Gegensatz zu der Mäßigkeit und zu dem Mond zeigt der Stern keine Straße, die von dem Wasserbecken zurück zu den Bergen der äußeren Realität führt. Obwohl der Ibis und die Wasserströme den Gebrauch kreativer Energie bedeuten, ist der Stern eine Erfahrung des Friedens. Im Augenblick kann die Reise noch warten.

146

In der **Divination** bringt die Karte Hoffnung, ein Gefühl von Heilung und Ganzheit zum Ausdruck, besonders nach emotionalen Stürmen. Sehr oft bilden der Stern und der Turm eine Einheit, und es sind beide gemeint, auch wenn nur einer von beiden erscheint. Trumpf 17 bedeutet eine Aktivierung des Unbewußten, jedoch auf eine sehr sanfte Art und Weise.

Bei umgekehrter Lage verschließen wir uns der Ruhe und Hoffnung der Karte und erfahren Schwäche, Impotenz und Angst. Diese tiefe Unsicherheit verbirgt sich manchmal hinter Arroganz. Wenn der Stern darauf hinweist, daß der Mensch ein Verbindungsglied zwischen dem Geist und der äußeren Welt ist, dann symbolisiert die umgekehrte Karte, daß diese Kanäle verschlossen sind. Und wenn die Wasser des Lebens in unserem Innern zurückgehalten werden, kann unser äußeres Leben nur langweilig und depressiv werden.

Der Mond

Die eigentliche Aufgabe der dritten Reihe ist nicht die Offenbarung, sondern die Integration dieser ekstatischen Erfahrung in das Bewußtsein. Der Stern enthielt keinen Weg zurück ins Bewußtsein. Er zeigt, wie wir in der Herrlichkeit der Transformation von Dunkelheit in Licht verweilen. Um dieses Licht gebrauchen zu können, müssen wir durch Verzerrung und Angst hindurchgehen.

Die Erfahrung des Sterns liegt jenseits von Worten, ja sogar jenseits von Formen, obwohl sie mit den Wasserströmen auch auf die Manifestation von Formen hinweist. Bei dem

Abb. 20

Mond sehen wir in Mythen, Visionen und Bildern diesen Vorgang des In-Erscheinung-Tretens. Der Mond ist die Karte der Imagination, die die Energie des Sterns in Formen bringt, die das Bewußtsein aufnehmen kann.

Mythen sind immer Verzerrungen. Sie können niemals das, was sie sagen wollen, ganz genau zum Ausdruck bringen; sie können nur Dinge andeuten, die tief in unserem Selbst stattfinden. Der Stern hat die Wasser aufgewühlt; wenn wir zur äußeren Bewußtheit zurückkehren, schicken diese Wasser uns ihre Geschöpfe. Erinnern wir uns, daß der Stern und die Sonne ihr eigenes Licht ausstrahlen, der Mond dagegen nur das unsichtbare Licht der Sonne reflektiert. Die Imagination ist verzerrend, weil sie die innere Erfahrung für das äußere Bewußtsein reflektiert.

Wie wir in den Mythologien der Welt sehen können, enthält das kollektive Unbewußte sowohl Ungeheuer als auch Helden und Angst genauso wie Freude. Dies ist einer der Gründe, warum wir unsere Empfänglichkeit für das Leben mit der schützenden Schicht des Ich-Bewußtseins überdecken. Auf diese Weise brauchen wir die Dunkelheit und die verzerrenden Schatten des Mondes nicht so sehr zu fürchten.

Das unheimliche Zwielicht des Mondes hat schon immer seltsame Gefühle bei Menschen und Tieren ausgelöst. Das englische Wort für Verrücktheit, »lunacy«, stammt von »luna«, dem lateinischen Wort für Mond, und im Mittelalter glaubten die Menschen, daß die Seelen der Geisteskranken zum Mond fliegen würden. Auch heute beobachten Ärzte und Polizei bei Vollmond ein gehäuftes Vorkommen von Selbstmorden und anderen Anzeichen für aufgewühlte Emotionen. Der Mond hat etwas an sich, das Angst und Befremden auslöst, während die Sonne uns entspannt und tröstet. Im Tarot kommt die Sonne nach dem Mond; Einfachheit wissen wir erst dann zu schätzen, wenn wir die Reise durch die mondhafte Fremdartigkeit hinter uns haben.

Der Hund und der Wolf repräsentieren das animalische Selbst, das vom Mond wachgerufen wird, wie ja auch der Vollmond bewirken kann, daß diese beiden Tiere die ganze Nacht über heulen. Der Herrscher, der über Trumpf 18 liegt, zeigte, wie wir die Regeln der Gesellschaft so stark verinnerlichen, daß sie zu einem automatischen Verhaltensmuster werden. Mit der letzten Reihe durchbrechen wir diese Unterdrückung durch das Über-Ich; im Verlauf dieses Prozesses kommt die Wildheit des Es an die Oberfläche. Der unter dem Vollmond heulende Werwolf ist ein sehr eindrucksvolles Bild für die Macht des Unbewußten, die selbst bei den ehrbarsten Menschen etwas Primitives und Unmenschliches zum Vorschein bringen kann.

Als die Nummer 18 hat der Mond eine Beziehung zur 8. Bei der Kraft wurde das animalische Wesen gezähmt und durch den Eremiten in bestimmte Bahnen gelenkt. Hier gibt es keine solche Lenkung; wenn wir vom Stern zurückkommen, taucht das Tier in all seiner Wildheit wieder auf. Erst wenn die Energie des Sterns in der Karte die Welt vollkommen integriert ist, wird das animalische Selbst endgültig transformiert sein. Beachte, daß bei der Kraft die Frau, also die menschliche Seite, den Löwen kontrolliert. Sogar beim Teufel haben die Dämonen ein deutlich menschliches Aussehen. Auf Trumpf 18 jedoch gibt es keinen Menschen. In diesem Zwielicht bricht unser menschliches Selbstbild zusammen.

Wir spüren etwas von der Wildheit des Mondes in dem Nachklingen eines Alptraumes, wenn wir uns ganz fremd in uns selbst fühlen. Die wilden Empfindungen sind nicht das Ergebnis des Alptraumes; eher verhält es sich umgekehrt. Weiter oben haben wir gesagt, der Traum sei die Umwandlung unbewußter Energie in Bilder. Ein Ausbruch von Energie, der zu groß ist, um von den Mechanismen des Traumes auf friedliche Weise assimiliert werden zu können, kann zu einem Alptraum führen und beim Aufwachen das Gefühl hinterlassen, daß der Körper mit einer wilden Energie aufgeladen ist.

Auch Verrücktheit wird von unkontrollierten Empfindungen im Körper begleitet. Sehr oft tritt der Wahnsinn in Form einer Verwandlung in ein Tier auf. Menschen krabbeln nackt auf allen vieren herum und heulen den Mond an. Ein plötzlicher Ausbruch von unbewußter Energie hat die Integration ihrer Persönlichkeit zerstört. Im Tarot kommt dieser sehr gefährliche Augenblick erst nach sehr langer Vorbereitung, nachdem wir alle gewöhnlichen Ego-Probleme hinter uns gelassen haben. Auch der Schamane macht die Erfahrung der Verwandlung in ein Tier. Während ihrer Trance springen die Schamanen herum und sprechen wie Tiere. Aber der Schamane hat, wie der Okkultist, Jahre der Vorbereitung hinter sich. Außerdem ist er mit einem Wissen davon, was er zu erwarten hat, ausgerüstet, das ihm Generationen von Schamanen, die vor ihm diese Erfahrung gemacht haben, überliefert haben. Denken wir daran, daß die Zahlen des Mondes sich zu 9, dem

Eremiten, addieren. Der Lehrer und Führer dieser Karte ist nicht sichtbar, da wir dem Mond alleine begegnen müssen, aber die Anleitung, die wir vorher bekommen haben, kann uns helfen, unseren Weg zu finden.

Während die Tiere das Wilde im Menschen symbolisieren, bedeutet der Krebs etwas ganz anderes. In einem seiner prägnanten Sätze bezeichnet Waite ihn als »das, was tiefer liegt als das wilde Tier«. Er symbolisiert die universellen Ängste im kollektiven Unbewußten, die in Visionen als namenlose Dämonen erfahren werden. Das Auftauchen solcher Schrecken ist für Menschen, die sich mit ihrer mondhaften Seite mit Hilfe von Tiefenmeditation oder Drogen auseinandersetzen, eine wohlbekannte Erscheinung. Wir können sie auch in jenen Ungeheuern erkennen, denen Schamanen auf ihren Trance-Reisen begegnen. Das Anrühren dieser Ängste, die häufig als Wesen erfahren werden, die aus dem Wasser oder aus Becken mit öliger Flüssigkeit auftauchen, kann oft zu kopfloser Panik führen. Aber diese Bilder sind ein Teil unserer inneren Welt, und wir können die Sonne nicht erreichen, ohne durch sie hindurchzugehen.

Der Krebs taucht nur halb aus dem Wasser auf. Waite sagt, daß er niemals ganz auf das Land kommt, sondern immer wieder zurückfällt. Die tiefsten Irrtümer sind die, die niemals ganz deutlich werden. Wir spüren irgend etwas in uns, aber wir können nie genau erkennen, was es ist. Gleichzeitig bedeutet das halbe Auftauchen des Krebses, daß die tiefen Erfahrungen des Sterns auf der Reise zurück ins Bewußtsein verzerrt werden, da wir nicht in der Lage sind, alles mit zurückzunehmen. Dies ist ein weiterer Grund, warum der Mond so verstörend auf uns wirkt; der Friede und das Wunder des Sterns sind teilweise zerstört und verloren.

Und dennoch, trotz der Wildheit und der angstvollen Erregung kann das kühle Licht auch beruhigend wirken. Man sagt vom Mond, daß er die »Seite des Mitleids« verstärkt. Dies ist eine Anspielung auf den Pfeiler des Lebens beim kabbalistischen Baum des Lebens. Noch erstaunlicher ist, daß die Lichttropfen, die auf die Köpfe der Tiere niederfallen, wieder die Form eines Yod haben, des ersten Buchstaben im Namen Gottes, der ein Symbol der Gnade ist. Wenn wir durch Vorbereitung oder einfach auch Mut die Wildheit akzeptieren, die von der tiefsten Imagination hervorgebracht wird, dann bringt der Mond Frieden, der Schrecken läßt nach, und die Phantasie führt uns, bereichert mit ihren Wundern, wieder zurück. Waite schreibt: »Friede, sei still; und es wird Ruhe sein über den Wassern.« Der Krebs sinkt zurück, das Wasser beruhigt sich. Der Weg bleibt.

Der Weg führt zwischen zwei Türmen hindurch und bedeutet eine Pforte in unbekannte Bereiche. Die Pforte ist ein sehr weit verbreitetes Symbol bei Mystikern und Schamanen und auch in vielen Mythen. Manchmal hat sie eine kreisförmige Gestalt, wie beim Mandala, oder die irgendeiner natürlichen Formation, wie z. B. einer Höhle (die oft mit der Vagina in Beziehung gebracht wird). Sie stellt die Möglichkeit dar, die gewöhnliche Welt zu verlassen und in den fremdartigen Bereich des Geistes einzutreten.

Die beiden Türme des Tarot haben noch eine andere Bedeutung, denn sie sind die letzte vollständige Manifestation jener Dualität, die uns zum ersten Mal in den beiden Tempelpfeilern der Hohenpriesterin begegnet ist. Wenn die Offenbarung des Turmes nicht in das Alltagsleben integriert wird, kann eine neue und noch schärfere Dualität daraus entstehen. Gleichzeitig wird dadurch, daß wir der Anrede Gottes begegnet sind, unser Verhältnis zum Problem der Gegensätze total verändert. Während wir vorher die Dualität als eine Grundlage des Lebens angesehen haben, wissen wir jetzt, daß die Realität in Wahrheit alle Dinge miteinander verbindet; während uns vorher der Vorhang daran hinderte, zwischen den zwei Pfeilern hindurchzugehen, haben wir sie hier schon hinter uns gelassen. Wir sehen von der anderen Seite auf die zwei Türme des Bewußtseins. Die Aufgabe ist hier nicht, die innere Wahrheit zu durchdringen, sondern sie mit sich zurückzunehmen.

In der **divinatorischen Befragung** bedeutet der Mond eine Erregung des Unbewußten. Wir machen Erfahrungen von merkwürdigen Gefühlen, Träumen, Ängsten, ja sogar Halluzinationen. Wenn die Karte aufrecht erscheint, bedeutet dies, daß der Fragende dies zulassen kann. Wenn wir die Phantasien annehmen, bereichern sie unser Leben. Wenn die Karte jedoch umgekehrt erscheint, zeigt sie einen Kampf gegen diese Erfahrungen. Dieser Kampf führt zu Angst und oft zu sehr verwirrten Gefühlen, da der Betreffende die beruhigende Seite des Mondes nicht zum Vorschein kommen läßt.

Wie die Hohepriesterin bedeutet der Mond, sich von äußeren Beschäftigungen abzuwenden und stärker nach innen zu sehen. Damit kann das Aufgeben einer ganz bestimmten Aktivität gemeint sein oder einfach eine Zeit des Rückzugs. Während die Hohepriesterin jedoch ruhige Intuition symbolisiert, steht der Mond für Erregung und die Stimulierung von Bildern aus dem Unbewußten. Auch hier bedeutet der umgekehrte Mond eine Störung. Der Fragende wehrt sich dagegen, sich von der Sonnenseite abzuwenden, und versucht, vielleicht mit einem Wirbel von Aktivitäten, gegen den Mond anzukämpfen. Aber der Mond läßt sich nicht verleugnen, und die Ängste werden stärker, je mehr wir gegen sie ankämpfen. Die Seele, die nach ihren eigenen Gesetzen funktioniert, hat sich dem Mond zugewandt. Wenn wir diese Erfahrung zulassen, werden die Ängste sich in Wunder verwandeln, und die Pforten werden sich öffnen und den Weg freigeben ins Abenteuer.

Die Sonne

Die Sonne ist, wie der Gehängte über ihr, sowohl eine freudige Befreiung nach der Prüfung der vorherigen Karte als auch eine Vorbereitung auf die Erfahrungen von Tod und Wiedergeburt der folgenden beiden Karten. Die Gerechtigkeit erforderte Handeln als Reaktion auf das Wissen, das wir über uns selbst gewonnen hatten. Infolge davon ist der Gehängte passiv. Der Mond verlangt passive Hingabe, denn es gibt keine Möglichkeit, die unter seinem Einfluß aufsteigenden Visionen zu kontrollieren. Die Sonne zeigt daher einen aktiven, energetisch aufgeladenen Zustand. Indem wir die erschreckenden Bilder des Mondes annehmen, führen wir die Energie aus uns selbst heraus und verleihen dadurch allen Bereichen des Lebens Glanz und Ausstrahlung.

Unter der Sonne wird alles einfach, freudvoll und körperlich. Sie ist das ins tägliche Leben gebrachte Licht des Unbewußten. Die beiden Kinder der Oswald-Wirth-Version werden manchmal in einer Interpretation, die über das übliche Bild des Trumpfes hinausgeht, das ewige Selbst und der sterbliche Körper genannt. Sie halten sich an den Händen und haben sich miteinander verbunden. Die zwei Figuren mit der Sonne über ihnen führen uns wieder zu dem Dreieckmotiv zurück, das uns zum ersten Mal im Hierophanten zwei Reihen höher begegnet war. Hier ist die Freude und Einfachheit der Sonne nicht der Vermittler zwischen dem inneren und dem äußeren Pol des Lebens, sondern die Verbindung zwischen den beiden Polen.

(a)   Abb. 21   *(b)*

Wir alle sind Kinder in dem Sinne, in dem Sonnenreligionen uns als heilige Kinder unseres Vaters, der Sonne, ansehen. Wenn wir uns die beiden Körper der Figuren auf dem Bild ansehen, erkennen wir, besonders an dem weiblichen Körper, daß es sich um Erwachsene handelt. Die erfolgreiche Reise vom Turm bis hierher hat ihnen eine kindliche Einfachheit verliehen.

Der Tarot zeigt diese Reise in verschiedenen Stufen und vermittelt damit den Eindruck einer Abfolge in der Zeit. Manchmal jedoch, vielleicht sogar meistens, kommt alles auf einmal, sind die blendende Offenbarung des Turms, der innere Glanz des Sterns und die akute Angst des Mondes in einem einzigen Augenblick der Wandlung vereint. Und der Nachklang davon ist Freude, ein Gefühl, als ob das Leben und die ganze Welt von einem wundersamen Licht erfüllt seien.

Erleuchtung hat bei allen Menschen die gleichen Merkmale, unabhängig von der kulturellen Interpretation durch Mythologien, Dogmen, psychologische Theorien usw. Erleuchtung ist eine Erfahrung und nicht ein Gedanke. Der Mensch wird von einer überwältigenden Lichtflut getroffen, die manchmal farbig ist, wie die Yod-Tropfen auf der Wirth-Karte. Plötzlich erkennen oder erleben wir die Welt als spirituell und ewig und nicht mehr als das alltägliche Leben mit seinen Mühen und seiner Verwirrung. Der Mensch fühlt sich durch und durch lebendig und spürt eine kindliche Freude, welche die meisten Kinder wahrscheinlich so niemals erfahren, denn der von der Sonne getroffene Mensch hat die Angst des Kindes vor der Dunkelheit überwunden, indem er durch sie hindurchgegangen ist.

Auf ihrer Reise über die Welt sieht die Sonne alles und steht daher für Wissen. Mit der Sonne assoziierten Göttern wie Apollo wird die Fähigkeit zugeschrieben, alles zu wissen, was geschieht. Der unter dem Einfluß der Sonne stehende Mensch hat das Gefühl, von Weisheit durchdrungen zu sein und alles mit völliger Klarheit zu sehen. Er ist luzid, ein Wort, das klar und direkt bedeutet, dessen wörtlicher Sinn jedoch »gefüllt mit Licht« ist.

Es ist interessant, daß Apollo, der Gott des Lichtes, von Leto, der Göttin der Nacht, geboren wurde, und daß sein Hauptheiligtum, das Orakel von Delphi, ursprünglich Göttinnen der Dunkelheit gewidmet war. Aber auch noch unter der Herrschaft des Apollo wirkten die Weisheit und das Licht des Orakels aus der Dunkelheit heraus. Es war Apollo, der Ödipus dazu zwang, das Geheimnis, das er in sich trug, aufzudecken.

Die Frühlingssonne bringt aus der unbelebten Erde des Winters das Leben zum Vorschein. Vielerorts findet man den Glauben, daß die Sonne nicht nur den Boden fruchtbar mache, sondern auch alle Frauen schwängere. Als man dann die biologischen Mechanismen der Fortpflanzung entdeckte, wurde die Bedeutung der Sonne dabei nicht geleugnet, sondern nur subtiler gesehen. Die Menschen sahen jetzt die Seele – den Atman oder das wahre Selbst – als ein dem Embryo innewohnendes Sonnenlicht an. Der buddhistische Mythos berichtet, daß Gautama im Leib seiner Mutter ganz aus Licht bestand, so daß ihr Bauch wie ein durchsichtiger Schirm über einer hellen Lampe leuchtete. Auch Zoroaster leuchtete so hell im Leib seiner Mutter, daß die Nachbarn mit Eimern gerannt kamen, weil sie glaubten, das Haus stünde in Flammen. Die Gnostiker entwickelten diese Vorstellung noch weiter. Sie glaubten, daß die Gottheit durch den Sündenfall in die vielen kleinen Stückchen der Existenz aufgesplittert worden wäre, und, was das Wichtigste war, daß das Licht dabei in den individuellen Körpern gefangen worden wäre (nicht einfach nur enthalten sei). Es war die Pflicht eines jeden Menschen, das Licht in seinem Körper durch die gnostischen Riten zu befreien, um so die Einheit wiederherzustellen. Der Kabbalist Isaak Luria predigte eine ähnliche Lehre. Der Baum des Lebens oder Adam Kadmon, die Einheit des Daseins, sei zerstört worden, weil das göttliche Licht zu mächtig für ihn war. Auch hier wurde das Licht aufgesplittert und gefangen, so daß jeder Mensch die Verantwortung bekam, bei »Tikkun«, d. h. bei der Rückführung des Lichts zur Einheit, mitzuhelfen.

Diese Lehren haben sich aus der Sonnen-Erfahrung entwickelt, die allen Kulturen gemeinsam ist. Der von der Sonne erfüllte Mensch erfährt alles, jeden Menschen, jedes Tier, alle Pflanzen und alle Felsen, ja sogar die Luft, als lebendig und heilig, vereint durch das Licht, das die gesamte Existenz erfüllt. Und dennoch ist die Sonne noch nicht die Welt. Mit Trumpf 19 nehmen wir die Welt als lebendig und vereint wahr. Die 21 verkörpert diese Gefühle.

Das übliche Bild für die Sonne zeigt die Kinder in einem Garten, oftmals in einem Kreis stehend. Douglas nennt dies den »inneren Garten der Seele«, ein Gefühl der Reinheit und Heiligkeit, ein neuer Garten Eden. Wenn wir die Energie, die in uns verschlossen liegt, befreien und transformieren, entdecken wir, daß der Garten Eden niemals wirklich verloren war, sondern immer in uns existiert hat.

Das Rider-Spiel (Abb. 21a) zeigt ein einzelnes Kind, das aus einem Garten herausreitet. Für Waite war die Sonnen-Erfahrung im wesentlichen ein Durchbruch von Freiheit, ein Aufbrechen und eine wundervolle Befreiung von dem gewöhnlichen, beschränkten Bewußtsein zur offenen Weite.

Die graue Steinmauer auf dem Bild repräsentiert das vergangene Leben, das in einer engen Sicht der Wirklichkeit gefangen war. Das Überbewußtsein der Sonne ist geprägt von dem Gefühl, ein Teil der ganzen Welt und nicht ein isoliertes Individuum zu sein. Vielleicht können wir die beiden Versionen des Trumpfes kombinieren, indem wir sagen: Wenn wir einmal erkannt haben, daß der Garten Eden in uns existiert, dann sind wir frei, ihn zu verlassen, da wir ihn immer mit uns tragen, wenn wir uns ein neues Leben erschaffen.

Die Nummer 19 weist auf eine höhere Ebene der 9 hin. Das Licht, das in der Laterne des Eremiten leuchtet, die Weisheit seiner Lehren, bricht hier hervor als die von Abulafia beschriebene dritte, ekstatische Ebene der Kabbala. Wir sagten bei dem Eremiten, daß der kahle Berg und der alte Mann Illusionen seien, die jedoch notwendig waren, da das innere Selbst an dieser Stelle nur durch Rückzug zu erreichen war. Hier ist die Wahrheit zum Vorschein gekommen, und der in seinen Mantel gehüllte starre Eremit hat sich in ein strahlendes, offenes Kind verwandelt. Die andere Hälfte der 19 ist die 1. Die mit der Weisheit des Eremiten verbundene Kraft des Magiers ist das Überbewußtsein, die Energie des Lebens, vereint mit ihrem Sinn und Zweck.

1 plus 9 ist gleich 10, das Rad des Schicksals. Seine Vision war etwas, das außerhalb von uns selbst war, und das wir versuchten zu verstehen. Hier sehen wir das Leben auf eine visionäre Weise aus unserem Innern heraus. In dieser Art von Vision gibt es keine Mysterien und keine Symbole, nur das von Licht erfüllte Universum.

Die **divinatorischen Bedeutungen** der Sonne sind so einfach und direkt wie die wundersamen Kinder auf den Bildern. Die Karte bedeutet Glück, Freude und ein starkes Gefühl für die Schönheit des Lebens. In ihrer tiefsten Entsprechung bedeutet sie, die Welt auf völlig neue Weise zu betrachten, das gesamte Leben in Freude und Licht vereint zu sehen. Vor allem ist sie eine Karte des Optimismus', der Energie und des Wunders.

Umgekehrt gehen diese guten Dinge nicht verloren, werden aber verwirrt, so als wenn Wolken vor die Sonne gezogen wären. Auch hier gibt das Leben dem Betreffenden eine Zeit einfachen Glücks, aber es kann nicht so deutlich gesehen werden. Der Mensch ist nicht mehr luzid und muß daran arbeiten, die Freude, jenes große Geschenk der Sonne, zu erkennen.

Das Gericht

Unter der Sonne erkennen wir, daß das gesamte Leben mit spirituellem Licht erfüllt ist. Diese Bewußtheit der ewigen Wahrheit befreit uns von allen Illusionen und Ängsten, so daß wir jetzt, wie einen Ruf aus unserem tiefsten Innern, die Sehnsucht spüren, völlig mit dem Geist und dem wundersamen Leben zu verschmelzen, das in jedem Wesen enthalten ist. Dieser Ruf erreicht uns sowohl von innen als auch von außen, denn eine der Auswirkungen der Sonne war es, die künstliche Barriere zwischen innerer Erfahrung und äußerer Welt zu durchbrechen. Wir fühlen den Ruf in unserem tiefsten Innern, so als wäre jede Zelle unseres

Abb. 22

Körpers von einem Aufschrei der Freude erfüllt. Gleichzeitig erkennen wir, daß der Ruf von einer Kraft kommt, die größer ist als jedes individuelle Leben.

Diese Vorstellung vom Gericht als einem Ruf, uns zu einer bedeutsameren Existenz zu erheben, hat auch ihre Entsprechungen in alltäglicheren Situationen. Zu gewissen Zeiten im Leben kommt der Mensch an eine Wegkreuzung (beachte das Kreuz auf dem Banner), an der er vor die Entscheidung gestellt wird, ob er eine große Veränderung wagen soll. Und manchmal scheint es, als ob irgend etwas in dem Menschen die Entscheidung schon getroffen habe, so daß es für sein bewußtes Selbst keine andere Wahl gibt, als nun auch die angemessenen Handlungen folgen zu lassen. Die alten Pfade des Glaubens und des Denkens, die alten Situationen sind gestorben, ohne daß er es bemerkt hat.

Die meisten Versionen des Trumpfes zeigen nur den Engel und die sich erhebenden Figuren. Das Rider-Spiel fügt dem noch eine Bergkette im Hintergrund hinzu. Waite nennt sie die »Berge des abstrakten Denkens«. Mit dieser Bezeichnung ist die ewige Wahrheit jenseits des begrenzten Wissens gemeint, das uns durch normale Mittel zugänglich ist. Eine der grundlegenden Eigenschaften der Moralität ist ihre Unfähigkeit, irgend etwas in einem absoluten Sinne zu erkennen. Wir sind begrenzt durch die Kürze unseres Lebens und durch die Tatsache, daß all unser Wissen über das Medium der Sinne zu uns kommt. Durch die moderne Physik haben wir erkannt, daß wissenschaftliche Forschung niemals ein ganz genaues Bild der Realität entwerfen kann, da der Beobachter immer ein Teil des Universums ist, das er beobachtet. Genauso sind die Gedanken jedes Menschen und seine Wahrnehmung des Lebens von seinen vergangenen Erfahrungen bestimmt. Abstraktes Denken nun bezieht sich, wie etwa die Platonischen Ideen, auf einen Sinn für das Absolute.

Wir erreichen diese Abstraktion, indem wir ein letztes Mal in die Wasser des Nichts hinabsteigen, um uns dann, befreit von allem Teilwissen, wieder zu erheben. Der Tod, direkt über dem Gericht, zeigte eine Auflösung. Dort mußte das Ego sterben, und der Trumpf machte deutlich, wieviel Angst wir vor dem Loslassen haben. Hier jedoch haben sich alle Illusionen der Getrenntheit bereits aufgelöst, und das Hauptthema ist nicht der Tod, sondern die Auferstehung. Wir nennen diese Karte das Gericht, weil sie, wie die Gerechtigkeit, damit zu tun hat, mit vergangenen Erfahrungen ins reine zu kommen und sie dadurch hinter sich zu lassen. Bei der Gerechtigkeit war die Erfahrung und unsere Reaktion darauf rein persönlich und hatte mit unseren eigenen Handlungen in der Vergangenheit zu tun. Hier ist es eine höhere Macht, die uns führt und ruft, und das Gericht bezieht sich nicht nur auf den Sinn unseres eigenen Lebens, sondern auf das wahre Wesen der Existenz und darauf, wie wir selbst und alle Wesen daran teilhaben.

Manchmal sind wir in diesem Buch auf die den einzelnen Trümpfen zugeordneten hebräischen Buchstaben eingegangen. Meistens sind wir dabei dem System gefolgt, nach dem der Narr Aleph ist. Es gibt ein anderes System, in dem Aleph dem Magier zugeordnet ist, und in diesem System bekommt das Gericht den Buchstaben Resh. Resh bedeutet »Kopf« und bezieht sich, wie Waites Berge, auf den absoluten Geist, der durch den Ruf erweckt wird. Resh erinnert auch an Rosh Hashanah, das jüdische Neujahr, dessen wörtliche Bedeutung »Kopf des Jahres« ist. Rosh Hashanah ist nun aber nicht wie das weltliche Neujahr der Beginn des Kalenders, sondern repräsentiert vielmehr den Jahrestag der Schöpfung. In ähnlicher Weise bezieht sich das Gericht nicht auf eine Veränderung der Lebensumstände, sondern auf ein neues Bewußtsein, welches direkt mit der Wahrheit verbunden ist, da wir hier mit den Kräften des Lebens eins geworden sind.

Das Rad des Schicksals, mit seinen unsichtbaren Gesetzen der psychologischen Zusammenhänge von Ursache und Wirkung, war die 10. Das Gericht ist die 20, 10 multipliziert mit 2. Durch die Entwicklung der letzten Reihe offenbaren wir die verborgene Weisheit der Hohenpriesterin, so daß wir jetzt die Mysterien, die das Rad in sich verbarg, verstehen können.

Das Kreuz auf dem Banner bedeutet die Zusammenführung der Gegensätze, die Vereinigung von allem, das einmal getrennt war. Es symbolisiert das Zusammentreffen von zwei Arten von Zeit; die normale Zeit, die mit unseren Sinneswahrnehmungen zu tun hat, und in der wir Tag für Tag leben, und die Ewigkeit, die spirituelle Wahrnehmung des Lebens. Diese beiden Zeiten werden von der horizontalen und der vertikalen Linie des Kreuzes symbolisiert. Ihr Zusammentreffen im Zentrum bedeutet, daß das höhere Selbst seine früheren Aktivitäten nicht aufgibt, sondern sie auf eine andere Art und Weise angeht.

Über dem Gericht ist die Karte die Liebenden und zeigt im Rider-Spiel auch einen Engel. Dort bedeutete der Engel jedoch nur das kurze Aufleuchten einer höheren Wahrheit, wie wir sie in der Liebe erfahren können. Hier beugt sich der Engel aus der Wolke zu uns herab, um uns zu rufen. Auf der traditionellen Version der Sonne kam jenes Dreiecksmotiv zum letzten Mal vor, das mit den Trümpfen 5 und 6 begonnen hatte. Hier sehen wir ein Kind zwischen den beiden Erwachsenen. Die Pole des Lebens haben sich vereint, um eine neue Realität zu schaffen, in der gleichen Weise, in der jedes Kind sowohl eine Kombination der Eigenschaften seiner Eltern als auch etwas völlig Neues ist.

Das Kind im Vordergrund steht mit dem Rücken zu uns. Das neue Dasein ist ein Geheimnis, das wir erst erkennen können, wenn wir es erfahren haben. Das abgewandte Gesicht des Kindes bedeutet auch, daß wir uns selbst nicht wirklich erkennen und auch nicht erkennen können, solange wir nicht auf den Ruf gehört und ihm geantwortet haben. Fast alle Mythologien enthalten Geschichten von einem Helden, der von seinen Eltern getrennt wurde und als ein gewöhnliches Kind bei anderen Leuten aufwuchs. Sehr oft weiß das Kind selbst nichts von seiner wahren Herkunft. König Artus, Moses, Theseus und Christus folgen alle diesem Muster. Die gleiche Idee begegnet uns in vielen Science-fiction-Geschichten, in denen der Held plötzlich an einem fremden Ort aufwacht und das Gedächtnis verloren hat. Die Suche nach seiner Herkunft führt dann dazu, daß er große Kräfte in sich entdeckt. Sehr oft entdeckt er, daß er in eine großangelegte Verschwörung verwickelt ist, oder er findet sich gar im Mittelpunkt des Wirkens der Natur selbst wieder. Wir alle haben unsere wahre Herkunft »vergessen« und sind von unseren »Eltern« getrennt worden. Und wenn wir unser wahres Selbst entdecken oder erschaffen, dann finden wir uns in der Mitte des Universums wieder. Denn die Mitte ist überall.

Die meisten Spiele zeigen nur die drei Menschen im Vordergrund. Dadurch, daß Waite noch drei andere Menschen hinzufügt, die uns alle anblicken, weist er darauf hin, daß das Gericht, obwohl es ins Unbekannte hineinführt, doch auch eine Bewußtheit darüber beinhaltet (die auch von den Bergen symbolisiert wird), in welche Richtung das unbekannte Leben sich entwickeln wird.

Die zusätzlichen Figuren bringen noch einen weiteren, sehr wichtigen Punkt zum Ausdruck. Indem der Trumpf uns zeigt, wie eine ganze Gruppe aufersteht, erinnert er daran, daß es keine persönliche Befreiung gibt. Jeder Mensch ist ein Teil der menschlichen Rasse und daher mitverantwortlich für die Entwicklung dieser Rasse als Ganzes. Niemand kann wahrhaft frei sein, solange irgendein anderer noch versklavt ist. Vom Buddha wurde gesagt, daß er als Bodhisattva zurückgekehrt sei, weil ihm klargeworden war, daß er sich nicht selbst befreien könne, bevor er nicht die gesamte Menschheit befreit haben würde. Gleichzeitig ist aber auch jede einzelne Befreiung eine Befreiung für alle, und zwar deswegen, weil durch jeden Menschen, der das Gericht und die Welt erreicht, die Lebensbedingungen aller Menschen verändert werden. Gautamas Buddhaschaft und die Auferstehung Christi werden als Ereignisse angesehen, die die Welt total verändert haben.

Bei **Divinationen** hat die Karte das Gericht eine ganz besondere Bedeutung. Was auch immer um uns herum vor sich gehen mag, wir erleben einen Anstoß, einen Anruf aus unserem Innern, eine wichtige Veränderung vorzunehmen. Die Veränderung kann sich auf etwas Weltliches und ganz Konkretes beziehen, oder auf eine radikale Veränderung unserer Lebenseinstellung. Das hängt von den anderen Karten und vom Gegenstand der Befragung ab. Das, worauf es ankommt, ist der Ruf. Eigentlich hat sich der Mensch schon verändert; die alte Situation, das alte Selbst sind schon gestorben. Es geht nur noch darum, dies zu erkennen.

Das umgekehrte Gericht kann bedeuten, daß der Mensch dem Ruf antworten möchte, aber nicht weiß, was er tun soll. Öfter jedoch zeigt es jemanden, der versucht, den Ruf zu leugnen, meistens aus Angst vor dem Unbekannten. Es mag in der Tat sehr viele vernünftige Gründe dafür geben, die geforderte Veränderung nicht zu vollziehen: ein Mangel an Geld oder an Vorbereitung oder anderweitige Verpflichtungen. Das Gericht bedeutet, und zwar sowohl aufrecht wie auch umgekehrt, daß all diese Einwände Entschuldigungen sind. Wenn die Karte auf dem Kopf steht, sind diese Entschuldigungen das Vorherrschende; der Mensch bleibt im Grab stehen. Das Wort Gericht beinhaltet, daß sich die Realität unseres Lebens schon verändert hat. Wir haben nur die Wahl zu folgen.

Die Welt

Was können wir über eine Weisheit, eine Freiheit und eine Seligkeit jenseits von Worten aussagen? Das bewußt gewordene Unbewußte, die Vereinigung des äußeren Selbst mit den Kräften des Lebens, Wissen, das eigentlich kein Wissen ist, sondern ein ständiger ekstatischer Tanz des Seins – dies alles ist wahr und doch nicht wahr.

Wir haben schon sehr viel gesagt über diese Karte und ihre Symbole. Sowohl durch die Zahl als auch durch die beiden Stäbe vereint sie den Magier und die Hohepriesterin. Außerdem haben wir gesehen, wie

Abb. 23

161

sich die Welt im Rad des Schicksals ankündigte, und festgestellt, wie die Symbole hier bei der Welt zu lebendigen Realitäten geworden sind. Auf die eine oder andere Art tauchte das Rad in fast jeder Karte der letzten Reihe auf. Man kann sagen, daß es der Sinn dieser Reihe ist, uns mit all dem, was wir auf Trumpf 10 als äußere Vision gesehen haben, zu vereinen, also mit dem Schicksal, mit dem Wirken des Lebens, mit den Elementen des Daseins. Wenn die Einheit erreicht ist, lösen sich die Symbole auf und werden zu einem tanzenden Geist.

Wir konnten die Welt sowohl über die Zahl als auch über das Bild in dem Gehängten wiedererkennen. Die Seligkeit des Trumpfes 12 beruhte auf seiner völligen Inaktivität. Aber sogar der Weltenbaum ist eine Illusion, die durch das Bedürfnis des Geistes, irgendeinen Gegenstand zu haben, geschaffen wird. Wenn wir unser isoliertes Selbst in jenem Wasser unter dem strahlenden Gesicht des Gehängten aufgelöst haben, erkennen wir, daß die wahre Einheit in der Bewegung liegt.

Alles im Universum bewegt sich, die Erde um die Sonne, die Sonne in der Galaxie, die Galaxien in Haufen, alles dreht sich umeinander. Es gibt kein Zentrum, keinen Ort, von dem wir sagen könnten: »Hier hat alles begonnen, hier wird es enden.« Und dennoch existiert das Zentrum überall, denn bei einem Tanz bewegt sich der Tänzer nicht um irgendeinen beliebigen Punkt im Raum, sondern der Tanz hat sein eigenes Gefühl von Einheit, das auf ein ständig sich bewegendes, friedliches Zentrum konzentriert ist. Nichts und alles zugleich.

Und so kehren wir zum Narren zurück. Unschuld und Leerheit vereint mit Weisheit. Wie wir schon zu Anfang sagten, sind diese beiden Karten die einzigen der Großen Arkana, die sich bewegen. Der ovale Kranz erinnert an die Zahl 0 und ihre Symbolik. Er repräsentiert aber auch das kosmische Ei, den Archetyp des Entstehens; alle Dinge existieren als Potential, und alle Potentiale werden verwirklicht. Das Selbst ist überall und in allen Dingen. Die Schärpen am oberen und unteren Ende des Kranzes sind zu Unendlichkeitszeichen gebunden und weisen damit darauf hin, daß das Selbst nicht in sich abgeschlossen ist, sondern offen für das Universum.

Die Schärpen sind rot, die Farbe des Wurzel-Chakras in der Kundalini-Symbolik. Die Tänzerin hat ihre Körperlichkeit, ihre Verwurzelung in der materiellen und sexuellen Wirklichkeit nicht ver-

162

loren. Im Gegenteil, die Energie ist ständig im Fluß, wird ständig transformiert und erneuert. Das Grün des Kranzes symbolisiert die natürliche Welt, die eher erhöht als aufgegeben wird. Grün ist auch die Farbe der Liebe und des Heilens, die durch ihre Ausstrahlung jeden an der Ganzheit teilhaben läßt, auch diejenigen, die sich dessen gar nicht bewußt sind. Purpur (das Tuch) ist die Farbe der Göttlichkeit, und Blau (der Himmel) die Farbe der Kommunikation. Wenn wir erkannt haben, daß Göttlichkeit nicht etwas Außenliegendes, sondern etwas in uns selbst ist, dann teilt sich diese Wahrheit schon durch unsere bloße Gegenwart den Menschen in unserer Umgebung mit.

Eine Analogie zu der Welt ist Shiva, der Herr des kosmischen Tanzes. Auch er tanzt mit ausgebreiteten Armen, einen Fuß auf der Erde, den anderen erhoben, den Kopf im Gleichgewicht und mit ruhigem Gesichtsausdruck. Der rechte Fuß ist bei beiden in die materielle Welt »gepflanzt«, während der erhobene linke Fuß die Befreiung der Seele symbolisiert. In dem Moment, in dem unsere Bindung ans Leben am stärksten wird, erkennen wir unsere Freiheit. Der Gesichtsausdruck ist weder traurig noch freudig, sondern friedlich und frei in seiner Leerheit. Die Arme sind offen für jede Erfahrung.

Der tanzende Shiva wird meistens als ein Hermaphrodit dargestellt, die eine Hälfte des Körpers als Shiva, die andere als Parvati, seine weibliche Seite. Auch die Welt-Tänzerin ist hermaphroditisch, aber die zweifachen Geschlechtsorgane werden von dem Tuch verborgen, als ob damit gesagt werden soll, daß die Einheit, die sie repräsentieren, jenseits unseres Wissens liegt. Bei der Besprechung der Liebenden sind wir auf den weitverbreiteten Glauben eingegangen, nach dem alle Menschen ursprünglich Hermaphroditen waren. All die vielfältigen Aspekte des Daseins werden von der Tänzerin vereint und zum Ausdruck gebracht.

Das gleiche Gefühl, das bei uns die »Erinnerung« an den ursprünglichen hermaphroditischen Zustand auslöst, hat die Menschen in einem weiteren Schritt auch dazu geführt, sich vorzustellen, daß das gesamte Universum einmal ein einzelner Mensch gewesen ist. Wir finden diesen Glauben bei den Gnostikern, bei Blake, in der germanischen, der indischen und in vielen anderen Mythologien und sehr ausführlich auch in der Kabbala. Dort hat diese Figur den Namen »Adam Kadmon« und soll die ursprüngliche Schöpfung gewesen sein, die aus dem unerkennbaren Gott hervorgegangen ist. Adam Kadmon, der auch ein Hermaphrodit war, wurde nicht als ein körperliches Wesen, sondern als reines Licht beschrieben. Erst als die Gestalt in die verschiedenen Teile des Universums aufgesplittert wurde, wurde das Licht in der Materie »gefangen«. Es ist eine faszinierende Tatsache, daß die modernen wissenschaftlichen Theorien zur Entstehung des Kosmos behaupten, das Universum habe ursprünglich nur aus einem Teilchen bestanden. In dem Moment, in dem jenes Teilchen zerbrach, bestand es nur aus reinem Licht; erst später, als die Teile isolierter wurden, kondensierte einiges von dieser Energie zu Materie nach Einsteins berühmter Formel $E = mc^2$.

Die Mythen betrachten die Aufsplitterung des urzeitlichen Menschen als ein nicht umkehrbares Ereignis. Okkultisten jedoch glauben an die Möglichkeit der Wiederherstellung. Indem wir dem Prozeß folgen, der in den Großen Arkana vorgezeichnet ist, vereinigen wir uns mit dem Leben und werden so selbst Adam Kadmon und Shiva-Parvati.

Adam Kadmon ist mit dem Baum des Lebens und seinen zehn Sephiroth oder Punkten der Emanation verbunden. In den 22 Pfaden des Baumes haben wir bereits die Verbindung zwischen dieser Figur und dem Tarot erkannt. Die Welt-Tänzerin ist durch ihre Haltung eine genaue Wiedergabe der häufigsten Form des Lebensbaumes. Der Baum wird folgendermaßen gezeichnet:

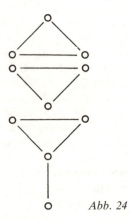

Abb. 24

Sehr vereinfacht ausgedrückt, ist das obere Dreieck das Überbewußtsein, das mittlere das Bewußtsein, das untere das Unbewußte

164

und der letzte Punkt, die Wurzel des Baumes, steht für die Manifestation all dieser Prinzipien in der materiellen Welt. Bei der Tänzerin wird das obere Dreieck vom Scheitelpunkt und den beiden Schultern gebildet, das mittlere Dreieck von den Händen und dem Genital und das untere von dem abgewinkelten Bein und dem rechten Fuß. Gleichzeitig jedoch bildet alles zusammen einen Körper. Wenn wir über die Tänzerin meditieren, erkennen wir, daß das Unbewußte, das Bewußtsein und das Überbewußtsein nicht getrennte Teile, ja nicht einmal getrennte Ebenen des Seins, sondern alle drei eins sind. Aber was hat es mit dem zehnten Punkt, der Wurzel des Baumes, auf sich? Wir finden ihn nicht im Körper, sondern im gesamten Universum, als den wundervollen Grund des Daseins, auf dem wir uns bewegen.

Beschreibungen, Metaphern, ja sogar Meditationen können uns nicht mehr als Hinweise geben auf die Wunder, die der Trumpf 21 verkörpert. Wenn die Karte bei der **Divination** auftaucht, werden diese Wunder noch mehr auf die gewöhnlichen Situationen reduziert, mit denen es die meisten Befragungen zu tun haben. Die Karte bedeutet Erfolg, das Erreichen eines Zieles und Befriedigung. Mehr oder weniger bedeutet sie, daß sich für den Fragenden eine Einheit von innerem Lebensgefühl und äußeren Aktivitäten herstellt.

Umgekehrt bedeutet der Trumpf Stagnation; Bewegung und Wachstum werden immer langsamer, bis sie schließlich ganz zum Erliegen kommen. So scheint es jedenfalls. In Wirklichkeit sind die Freiheit und die Glückseligkeit der Welt immer als ein Potential vorhanden, das freigesetzt werden kann, sobald der Mensch bereit ist, den Tanz des Lebens von neuem zu wagen.

Dies sind die Bedeutungen der Welt bei Befragungen. Ihre wahren Bedeutungen können wir nicht wissen. Sie sind ein Ziel, eine Hoffnung, eine Intuition. Den Weg zu diesem Ziel, die Schritte und die Musik des Tanzes, finden wir in den lebendigen Bildern der Großen Arkana.

Teil II

DIE KLEINEN ARKANA

Das Rider-Spiel

Im Jahre 1910 brachte die Rider-Company aus London ein neues Tarot-Spiel heraus, das von dem bekannten Okkultisten Arthur Edward Waite entworfen und von der weniger bekannten, medialen Künstlerin Pamela Colman Smith gezeichnet worden war. Waite erwartete offensichtlich kein großes Publikum für diese neuen Karten; wie alle seine Arbeiten wendet sich sein Buch über Tarot hauptsächlich an Leute, die sich bereits mit der Tradition des Okkultismus' beschäftigt haben. Und doch ist das sogenannte Rider-Spiel inzwischen in der ganzen Welt bekannt – in seiner Originalfassung, in Raubdrucken, in kaum veränderten »neuen« Tarotkarten, in mehreren verschiedenen Größen allein von Rider herausgebracht, in Illustrationen für Romane, Psychologiebücher, Comics und Fernsehshows. Daß gerade dieser esoterische Tarot so viel populärer ist als Hunderte von anderen, traditionellen und modernen Spielen, liegt zum großen Teil an einem Aspekt der Karten, den Waite selbst wahrscheinlich kaum beachtet haben wird – den Zeichnungen von Pamela Colman Smith, die die Kleinen Arkana revolutionierten. Waite gab sich große Mühe, seine

Abb. 25

Version des Spiels und bestimmte Veränderungen, die er in der Ausführung und Numerierung der Karten der Großen Arkana vorgenommen hatte, zu rechtfertigen. Doch wer sich als Anfänger mit Tarot beschäftigt, wird bei einem Vergleich des Rider-Spiels etwa mit dem eher traditionellen Marseille-Spiel sehr genau hinsehen müssen, um diese Veränderungen überhaupt zu bemerken. In den Kleinen Karten wird der Unterschied sofort deutlich. In jedem Spiel, das vor dem Rider-Spiel entworfen wurde, tragen die »Augen-Karten«, die Nummern 1–10 der vier Sätze (Stäbe, Kelche, Schwerter, Pentakel), geometrische Muster, die die Zahl der Schwerter, Stäbe, Kelche oder Münzen zeigen. Darin ähneln sie ihren Abkömmlingen, den normalen Spielkarten. In den meisten Spielen sind diese Muster einfach und gleichbleibend. Das kunstvolle Crowley-Spiel (Abb. 25 rechts) bildet eine Ausnahme. Das Waite-Smith-Spiel hat eine Illustration auf jeder Karte.

Waite, der sich hauptsächlich mit den mehr esoterischen Großen Karten befaßte, erkannte offensichtlich nicht, wie diese reiche Vielfalt von Szenen den durchschnittlichen Betrachter, der nach Erfahrung mit dem Tarot sucht, fesseln würde. In gewisser Weise macht gerade die Neuheit ihren Reiz aus. Während uns die Großen Arkana durch ihre Altertümlichkeit und die Komplexität ihrer Symbolik beeindrucken, erscheinen uns die Kleinen Arkana, die keine bildliche Tradition haben, wie Szenen, die direkt aus dem Leben oder in manchen Fällen aus der Phantasie genommen sind.

Daß Smith diese Szenen in einem pseudo-mittelalterlichen Stil gezeichnet hat, scheint die meisten nicht zu stören. Für sie ist ihre Lebendigkeit wichtiger. Beinahe alle Großen Arkana zeigen eine Figur, die sitzt oder steht; nur der Narr und die Welt bringen eine Bewegung zum Ausdruck. Genaugenommen tanzen sie. Doch in den Kleinen Arkana zeigen alle Szenen ein *Geschehen*, etwa wie Bilder aus einem Film.

Dieser Gegensatz ist nicht zufällig. Die Großen Karten stellen eher archetypische Kräfte als wirkliche Menschen dar. Der Narr und die Welt-Tänzerin bewegen sich, weil nur sie diese Prinzipien völlig verkörpern. Doch die Karten der Kleinen Arkana zeigen Aspekte eines wirklich gelebten Lebens. In diesen vier Sätzen und besonders in den Kombinationen, die sich bilden, wenn man die Karten auslegt, findet man ein Panorama von Erfahrung, das ständig zu neuen Einsichten in die Wunder der Natur des Menschen und in die Magie der Welt verhilft.

Gerade weil das Rider-Spiel eher das gewöhnliche Leben und nicht ein formales System darstellt, sagt es vielen Okkultisten nicht besonders zu. Während sehr viele spätere Spiele mit größeren oder kleineren Variationen das Rider-Spiel kopierten, sind andere Spiele, darunter auch solche, die man als sehr »ernsthaft« bezeichnen kann – wie die Crowley- oder die Builders-of-the-Adytum-Karten –, wieder dazu übergegangen, die Punktkarten mit geometrischen Mustern darzustellen, und zwar deswegen, weil ihre Urheber mit dem Tarot als einer Methode arbeiten, esoterische Praktiken zu organisieren und zu strukturieren, sowohl als ein Hilfsmittel als auch als lebendige Kraft. Für sie stellt der Tarot eine vitale Verbindung zu mystischen Systemen dar.

Die wichtigste Verbindung ist die zwischen den vier Sätzen und den vier Welten, die in der Kabbala beschrieben sind. Für die Kabbalisten existiert das Universum auf vier Ebenen, von denen uns die gewöhnliche, materielle Welt, die »Assiyah«, die als »Welt der Handlung« bezeichnet wird, am nächsten ist (und am weitesten entfernt von der direkten Vereinigung mit Gott). Zum besseren Verständnis haben die Theosophen des Mittelalters jede Welt in einem Lebensbaum dargestellt, der ein Diagramm der kosmischen Gesetzmäßigkeit ist. Die Struktur des Baumes bleibt in den verschiedenen Welten unverändert. Jeder Baum enthält zehn Sephiroth oder Archetypen der Emanation. (Das am meisten verwendete Muster des Baumes ist in der Zehn der Pentakel zu sehen.) Und hier kommt natürlich der Tarot ins Spiel. Da jede der vier Sätze zehn Augenkarten enthält, kann man die Karten auf die Sephiroth legen und so eine konkrete Meditationshilfe bekommen. Und weil die Sephiroth archetypische Kräfte darstellen, bevorzugen die meisten Okkultisten abstrakte Zeichnungen für ihre Versinnbildlichung. Sie sind der Meinung, daß Szenen, in denen eine Handlung stattfindet, wie bei den drei tanzenden Frauen oder der Gruppe der kämpfenden Knaben, nur von der zeitlosen Symbolik ablenken. Einige Okkultisten gehen noch weiter, indem sie glauben, daß die geometrischen Muster auf den Karten eine psychische Kraft an sich haben, und daß man beim tiefen Betrachten dieser Muster mit ihren speziellen Farben ganz bestimmte Effekte im Gehirn hervorrufen kann.

Viele Menschen werden dennoch die älteren Spiele allen modernen Interpretationen, einschließlich der geometrischen, vorziehen, auch wenn sie keine ausgeprochenen Esoteriker sind. Für sie birgt der Gehalt einer Tradition, deren Bedeutung sich über Jahrhunderte entwickelt haben, eine Kraft, der keine revidierte Ausgabe gleichkommen kann. Beim Auslegen der Karten betrachten sie die alten Formeln und finden die detaillierten Szenen des Rider-Spiels eher verwirrend. Oft werden die eher medialen Leser die älteren Karten benutzen, weil sie finden, daß gerade die Abstraktheit der Augenkarten hellseherische Bewußtheit auszulösen vermag.

Für die meisten von uns bedeuten die sich wiederholenden Muster jedoch eine ziemliche Begrenzung der Einsichten, die wir entweder beim Studium der einzelnen Karten oder bei Auslegungen bekommen könnten. Wenn wir uns erst einmal die schematische Bedeutung jeder Karte eingeprägt haben, ist es schwierig für uns, darüber hinaus zu gehen. In diesem Buch habe ich versucht, einen, wie ich ihn nenne, »humanistischen« Tarot zu entwickeln, der sich nicht nur von esoterischen Wahrheiten ableitet, sondern auch von Einsichten der modernen nachjungianischen Psychologie, um ein abgerundetes Bild davon zu geben, wie wir sind, wie wir handeln und welche Kräfte uns formen und lenken. In einem solchen Tarot liegt das Ziel nicht in festgelegten Bedeutungen, sondern eher darin, eine *Methode* zu finden, mit der jeder Mensch tiefere Einsichten in das Leben gewinnen kann. Zum Teil wird die Analyse der einzelnen Karte aus ihrem Gebrauch bei Befragungen abgeleitet sein, unter Berücksichtigung der Bedeutung der aufrechten und der umgekehrten Lage, in der Hauptsache jedoch soll die Analyse aufzeigen, wie diese Karte unser Wissen über die menschlichen Erfahrungsmöglichkeiten bereichert.

Da das Rider-Spiel solch lebendige Szenen darstellt, dienen die tradierten Bedeutungen oder Kommentare, die zu jeder Karte gehören, nur als Ausgangspunkte. Wir können uns in die Bilder selbst und die Verbindung, die sie mit den Bildern um sich herum haben, vertiefen. Man könnte sagen, daß die Bilder und die Imagination (und Erfahrung) eines jeden Menschen eine Partnerschaft bilden. Bei jeder Befragung, jeder Meditation oder Betrachtung kann das Ansehen der einzelnen Karten eine völlig neue Erfahrung sein. Während sich die mehr esoterischen Spiele am besten für okkulte Disziplinen und die älteren Spiele für Weissagungen eignen, ist das Rider-Spiel für diejenigen am besten, die die Karten in erster Linie zur Bewußtwerdung ihres eigenen Selbst und ihrer Umwelt einsetzen.

Die Bilder von Smith faszinieren durch ihre comicartige Handlung. Durch die sehr realen Bedeutungen, die in diesen Bildern liegen, halten sie uns über Jahre gefangen. Wie ist Pamela Smith dies gelungen? Soweit wir wissen, schuf sie ihre Bilder, ohne auf eine Tradition zurückzugreifen. In Teil Eins dieses Buches habe ich schon gesagt, daß Waite meines Erachtens die Zeichnungen nicht vorgeschrieben hat, wie er es auf jeden Fall bei den Großen Arkana getan hat. Sein eigenes Buch enthält keine Hinweise auf ihren Ursprung, und er rechtfertigt auch nicht die radikalen Veränderungen wie bei den Großen Arkana. Außerdem machen seine Interpretationen keinen besonderen Gebrauch von den Bildern. Obwohl er jedes Bild kurz beschreibt, sind seine Erklärungen meistens formelhaft und enthalten Phrasen (»Begierde, Wille, Bestimmung, Vorhaben«); sie unterscheiden sich im wesentlichen nicht von den Deutungen, die man früheren Spielen gegeben hat. Einige Autoren behaupten (obwohl ich in Waites eigenen Schriften keine Hinweise darauf gefunden habe), daß Smith die Bilder als vier comicartige Geschichten gezeichnet hat, für jede der vier Sätze eine. Die Qualität des Satzes bestimmt den Charakter der Geschichte, in der die Hofkarten eine Familie darstellen und die Augenkarten die Ereignisse, die dieser Familie zustoßen. Der sogenannte Moroccan Tarot, der sich stark an das Rider-Spiel anlehnt, folgte diesem Muster. Diese Erklärung der Bildfolgen als Geschichten geht am Wesentlichen vorbei. Denn es bleibt die wichtige Frage, in welchem Verhältnis das Bild zu der Bedeutung steht.

Ich vermute, daß Arthur Waite Pamela Smith die Bedeutungen vorgab, die sie illustrieren sollte, sich vielleicht auch mit ihr über das einzelne Bild beraten hat, und daß dann die künstlerischen Eingebungen von Pamela Smith zum Tragen kamen, die manchmal mit der offensichtlichen Symbolik übereinstimmten, manchmal aber auch über die Ebene der bewußten Entscheidung hinausgingen. Waites Deutungen stammen aus verschiedenen Quellen. Er selbst spricht manchmal von gegensätzlichen Bedeutungen, als ob er verschiedene Weissager befragt hätte. Seine Anordnung der Hofkarten läßt auch den Einfluß des Order of the Golden Dawn erkennen, eines Geheimbundes von esoterischen Magiern, dem Waite und Smith (wie auch Crowley und Paul Foster Case, Autor des Bota-Spiels) zeitweise angehörten.

In vielen Fällen sind die Bilder natürlich auch ganz einfach und mit den Bedeutungen, die sie darstellen sollen, direkt verknüpft. Die Vier der Pentakel z. B. zeigt das Bild eines Geizhalses, eines Menschen, der sich »an die Sicherheit von Besitz klammert«. Aber ist es Zufall oder Absicht, daß diese vier Pentakel den Scheitel des Kopfes, das Herz, die Kehle und die Fußsohlen bedecken und dadurch zu tieferen Deutungen führen, als wenn man das Bild einfach mit Gier gleichsetzen würde? Und in vielen Fällen berührt das Bild etwas in uns, das jenseits der Bedeutung liegt, die ihm offiziell zugesprochen wird. Betrachte einmal die Sechs der Schwerter, vermutlich eine »Seereise«. Die traumähnliche Stille, die dem Bild innewohnende Traurigkeit lassen an die mythische Reise der toten Seelen über den Fluß Styx denken.

Ich möchte Waite nicht als gleichgültig oder unsensibel für die Bilder in seinem eigenen Spiel darstellen. Manchmal verhelfen uns seine Erläuterungen, besonders zu den Bildern, zu einem Verständnis, das über die einfache Aufzählung von Bedeutungen hinausgeht. In der Sechs der Schwerter merkt er an, daß »die Fracht leicht sei«, und zusammen mit Eden Grays Anmerkung »Die Schwerter drücken das Boot nicht nieder« entsteht vor unserem inneren Auge das Bild einer spirituellen oder emotionalen Reise, bei der wir unsere Erinnerungen und Sorgen mit uns tragen. In der Zwei der Stäbe gibt Waite zwei entgegengesetzte Bedeutungen und sagt, daß das Bild einen »Fingerzeig« zu ihrer Lösung enthalte. Manchmal widerspricht die gegebene Bedeutung jedoch dem Bild, wie in der Zwei der Schwerter, in der eine beeindruckende Darstellung von Isolation und Abwehr angeblich »Freundschaft« veranschaulichen soll.

Nach dem Rider-Spiel haben ziemlich viele Tarot-Zeichner versucht, eine Szene auf jeder Karte darzustellen. Fast alle haben den Bildern von Pamela Smith Anerkennung gezollt; einige haben sich sehr eng an die Rider-Bilder gehalten, andere haben sie phantasievoll umgestaltet. Nichts zwingt sie, diese Darstellung zu benutzen; sie haben nicht die Autorität einer alten Tradition wie die Großen Karten. Ihre Autorität liegt in ihrer kreativen Gestaltung. Irgendwie haben diese einfach gezeichneten Bilder, manchmal unbeholfen, oft ohne jede Proportion oder Perspektive, die auf sentimentalen Vorstellungen vom Mittelalter basieren, Tausenden von Menschen dabei geholfen, nicht nur die Karten, sondern auch sich selbst zu verstehen. Mit einem Schlag ist es Pamela Smith gelungen, eine neue Tradition zu begründen.

Die vier Sätze

Wenn die Darstellung der einzelnen Karten auch sehr von der früheren Praxis abwich, so hielt sich Waite bei der Anordnung der Sätze und ihrer Embleme eng an frühere Spiele – mit einer Ausnahme. Während ältere Spiele bis hin zum Visconti-Sforza-Spiel aus dem fünfzehnten Jahrhundert Stäbe, Kelche, Schwerter und Münzen (oder Scheiben) benutzten, setzte das Rider-Spiel für den letzten Satz Pentakel (Pentagramme) – fünfzackige Sterne auf goldenen Scheiben – ein. Waite nahm diese Änderung aus zwei Gründen vor. Erstens wollte er mit seinem vierten Satz das ganze Spektrum der physischen Welt und nicht nur den begrenzten Materialismus von Geld und Geschäft darstellen. Zweitens sollten die vier Sätze die vier Grundinstrumente der rituellen Magie tragen. In Wirklichkeit sind diese zwei Gründe ein einziger. Waite wußte, daß Magier diese Gegenstände zum Teil deswegen benutzten, weil sie in konkreter Form die vielfältigen Aspekte des physischen und spirituellen Universums symbolisierten.

Die Verknüpfung dieser vier Embleme mit magischen Praktiken auf der einen Seite und mit der spirituellen Wahrheit, die dem Leben zugrunde liegt, auf der anderen Seite läßt sich mindestens bis zum Mittelalter zurückverfolgen, wo man ihre Entsprechung in den symbolischen Gegenständen finden kann, die die Grals-Jungfrauen tragen. Im Rider-Spiel erscheinen sie in den Großen Arkana, wo sie vor dem Magier auf einem Tisch ausgebreitet sind.

Im Tarot wie auch in der Magie stehen die vier Embleme für die Welt an sich und die Natur des Menschen sowie für den Akt der Schöpfung (und zwar für beides: für die Erschaffung konkreter *Dinge* und für den kontinuierlichen Schöpfungsprozeß der Evolution). Ihr Platz auf dem Tisch des Magiers deutet an, daß er (oder sie) ein Meister der physischen Welt geworden ist. In einem Sinn bedeutet Meisterschaft wirklich Macht über die Naturkräfte, die viele Menschen in der Magie suchen. Jene, die den Tarot als eine esoterische Disziplin gebrauchen, behaupten manchmal, daß meditativer und ritueller Umgang mit den Kleinen Arkana dem Adepten Kontrolle über die Kräfte der Natur geben kann. In dem Tarot-Roman *The Greater Trumps* von Charles William wird diese Idee zu einem dramatischen Höhepunkt geführt, als der Held einen Hurrikan heraufbeschwört, indem er die mit dem Wind assoziierten Karten durcheinanderflattern läßt. In psychologischen Begriffen bedeutet »Meisterschaft« der Kleinen Arkana, daß wir uns selbst und unsere Umwelt verstehen, all jene Erfahrungen und Kräfte, die auf den Karten dargestellt sind. Ein »Meister« ist ein Mensch, der Kontrolle über sein Leben hat – ein Meister über sich selbst.

Dieses Ziel zu erreichen, ist viel schwerer, als die meisten Menschen denken. Es bedeutet, wirklich zu wissen, wer wir sind, und zwar auf der unbewußten wie auf der bewußten Ebene. Es bedeutet zu verstehen, warum wir so und nicht anders handeln, und unsere wahren Wünsche im Gegensatz zu den verworrenen Vorstellungen, die sich die meisten Menschen von ihren Lebenszielen machen, zu erkennen. Es bedeutet, die Zusammenhänge zwischen scheinbar zufälligen Erfahrungen zu erkennen. Der Tarot kann uns zumindest dabei helfen, all diese Dinge besser zu verstehen. Wie weit ein Mensch dabei kommt, wird unter anderem davon bestimmt, welche Beziehung dieser Mensch zu den Karten hat.

Die Zahl Vier hat bei den Versuchen des Menschen, seine Existenz zu verstehen, schon immer eine große Rolle gespielt. Da unser Körper diese Zahl nahelegt (Vorderseite und Rücken, rechte und linke Körperhälfte), neigen wir dazu, unsere Wahrnehmung der sich ständig wandelnden Welt durch eine Einteilung der Dinge in Vierheiten zu organisieren. Auch die Einteilung des Jahres in vier Jahreszeiten kommt von den zwei Sonnenwenden und den zwei Tagundnachtgleichen. (In Kulturen, die keine Kenntnisse von der Astronomie haben, findet man oft die Einteilung des Jahres in die zwei Hauptjahreszeiten Sommer und Winter oder manchmal in drei Jahreszeiten.)

Der Tierkreis umfaßt zwölf Sternbilder, drei mal vier. Deshalb sind die astrologischen Zeichen in vier Dreiergruppen eingeteilt. Das »Fix«-Zeichen jeder Gruppe gibt die vier »starken Punkte« des Himmels an. In den Großen Arkana sind diese vier auf den Karten »Die Welt« und »Das Rad« des Schicksals, in Gestalt der vier Tiere in den vier Ecken der Karten dargestellt. Schon die Form der Karten und schließlich auch die der meisten Häuser im Westen offenbart unsere Vorliebe für vier Seiten. (Im Alten China benutzte man runde Spielkarten.) Die vier Tiere symbolisieren den Tierkreis, aber ihr eigentlicher Ursprung ist Ezekiels Vision im Alten Testament, die sich später in der Offenbarung wiederholte. Von allen Vierer-Symbolismen beziehen sich zwei direkt auf die Kleinen Arkana: die vier Elemente der mittelalterlichen

Alchemie und die vier Buchstaben des Namen Gottes im Hebräischen, das Tetragrammaton. Unser modernes Modell von den atomaren Elementen entstand aus der früheren Vorstellung (die aus dem alten Griechenland stammt), daß alle Dinge in der Natur aus vier Grundbestandteilen gebildet würden: Feuer, Wasser, Luft und Erde. Wir finden diese Idee nicht nur in Europa, sondern auch in so unterschiedlichen Kulturen wie China und Nordamerika. Manchmal gibt es andere Elemente; manchmal verändert sich auch die Anzahl von vier auf fünf, indem »Äther« oder Geist zu den vier Elementen der Natur hinzugefügt wird (so wie viele Kulturen das »Zentrum« als fünfte Richtung hinzufügen). Das Grundkonzept bleibt jedoch immer das gleiche – daß alles auf seine Grundbestandteile zurückgeführt werden kann, daß die Welt diese grundlegenden Qualitäten in unendlicher Vielfalt kombiniert.

Heute gehen wir in dieser Vorstellung viel weiter, indem wir die Materie auf subatomare Teilchen zurückführen (wobei die Idee vom Geist ganz fallengelassen wird, außer in einigen vergeistigten Theorien der zeitgenössischen Physik) und die mittelalterlichen »Elemente« als sehr komplizierte chemische Kombinationen ansehen. Doch wir irren, wenn wir glauben, daß das alte System uns nichts mehr lehren kann. Denn ein Charakteristikum der alten Weltanschauung – eigentlich der Weltanschauungen aller Kulturen vor der westlichen Zivilisation – ist das Nicht-Getrenntsein der physischen, spirituellen, moralischen und psychologischen Theorien und Werte. Für uns hat das Element Helium z. B. so gut wie keine spirituelle Bedeutung. Bei den Denkern des Mittelalters löste das Element Feuer eine ganze Kette von Assoziationen aus. Natürlich wäre es falsch, den ungeheuren Wissensschatz der modernen Wissenschaft zu verwerfen; doch sollten wir auch die Erkenntnisse früherer Zeiten nicht zurückweisen.

Im Tarot werden für die vier Elemente folgende Zuordnungen gemacht: Feuer–Stäbe, Wasser–Kelche, Luft–Schwerter, Erde–Pentakel (Münzen). Verschiedene Autoren haben diese Anordnung verändert. Meistens vertauschen sie Stäbe und Pentakel mit der Begründung, daß Zweige aus der Erde wachsen und Münzen im Feuer geschmiedet werden. Ich bleibe lieber bei der gebräuchlicheren Zuordnung, weil sie umfassendere Assoziationen zu den Elementen Feuer und Erde ermöglicht. Das Feuer ist nicht einfach ein Werkzeug des Menschen, sondern eine gewaltige Naturkraft, die sich am machtvollsten in der Sonne manifestiert, die die Stäbe aus der Erde hervorbringt. Die Erde steht nicht nur für den Boden, sondern traditionell für das gesamte materielle Universum, von dem die Münzen einen kleinen und die Pentakel einen viel größeren Teil repräsentieren.

Wenn wir die Welt nicht als Vierheit, sondern als Fünfheit betrachten wollen, also einschließlich des Geist-Zentrums, dann stehen die Großen Arkana für den Äther, das fünfte Element. Daß wir dieses Element von den vier Grundelementen absondern, symbolisiert die intuitive Einsicht, daß der Geist irgendwie auf einer anderen Ebene als die gewöhnliche Welt existiert. Doch wenn wir alle fünf für Befragungen miteinander vermischen, können wir gleichzeitig sehen, daß in Wirklichkeit der Geist und alle Elemente der Materie beständig zusammenwirken. Die intensive Beschäftigung mit dem Tarot hilft uns, die Dynamik zu verstehen, mit welcher der Geist Bedeutung und Einheit in die materielle Welt hineinbringt. Wenn wir diese Beziehung wirklich verstehen, sowohl praktisch als auch theoretisch, sind wir auf dem Weg zu der »Meisterschaft«, die ich schon früher beschrieben habe, einen großen Schritt weitergekommen.

Viele werden die Bilderwelt der vier Elemente aus der Astrologie mit ihren vier »Trigonen« kennen: Feuer – Widder, Löwe, Schütze; Wasser – Krebs, Skorpion, Fische; Luft – Zwillinge, Waage, Wassermann; Erde – Stier, Jungfrau, Steinbock. Auch die jungianische Psychologie verwendet die vier Elemente, indem sie sie mit den grundlegenden Arten der Orientierung in der Welt verknüpft. Feuer steht für Intuition, Wasser für Fühlen, Luft für Denken und Erde für Empfindung.

In der Astrologie und im jungschen Denken repräsentieren die Elemente Typen und Charaktere. Im Tarot finden wir diese Typen in den Hofkarten. Die Farben als Ganzes betrachtet, stellen eher die Aktivitäten und Qualitäten des Lebens und nicht individuelle Psychologie dar. Mit anderen Worten, wenn bei einer Befragung die Stäbe dominieren, bedeutet das nicht, daß der Fragende einen »feurigen« Charakter hat, sondern eher, daß er oder sie zur Zeit durch viele Feuer-Erfahrungen geht. Wir studieren jede der vier für sich, um herauszufinden, was Feuer-, Wasser-, Luft- oder Erde-Erfahrung für uns bedeutet. Bei Befragungen untersuchen wir sie im Zusammenhang, um zu erfahren, wie das Leben in Wirklichkeit alle Elemente umschließt und verbindet.

Um eine kurze Zusammenfassung zu geben: *Stäbe/Feuer* stehen für Handlung, Bewegung, Optimismus, Abenteuer, Kampf, Geschäft eher im Sinne der Betriebsamkeit des Handels als der verkauften Sachen, Anfänge. *Kelche/Wasser* stehen für Reflexion, ruhige Erfahrungen, Liebe, Freundschaft, Freude, Phantasie, Passivität. *Schwerter/Luft* stehen für Konflikt, ärgerliche oder aufgeregte Gefühle, Traurigkeit, aber auch für geistige Aktivitäten, Weisheit, den Gebrauch des Verstandes zum Erkennen der Wahrheit. *Pentakel/Erde* stehen für Natur, Geld, Arbeit, routinemäßige Handlungen, stabile Beziehungen, Geschäft im Sinne der Herstellung und des Verkaufes von Sachen. Da die Pentakel magische Zeichen sind, stehen sie auch für die Wunder der Natur und des alltäglichen Lebens, die nicht immer erkannt werden, aber oft unter der Oberfläche verborgen liegen.

Um es in einer anderen bekannten Symbolik auszudrücken, repräsentieren Stäbe und Schwerter »Yang« oder »aktive« Situationen, während Kelche und Pentakel für »Yin« oder »passive« Situationen stehen. In den Großen Arkana können wir auch den Magier mit Yang und die Hohepriesterin mit Yin gleichsetzen. Welche Terminologie man auch gebraucht, die Unterscheidungen werden deutlicher, wenn man sie bildhaft macht. Sowohl Stäbe als auch Schwerter werden zum Kämpfen gebraucht; die Kelche dagegen erfüllen ihre Funktion im Aufnehmen und Halten von Wasser; die Pentakel (Pentagramme) wiederum können in ihrer Bedeutung als magische Zeichen oder als Geld die Welt beeinflussen, ohne selber in Bewegung zu sein. Entsprechend befinden sich Feuer und Luft in einem ständigen Wandel, während Erde und Wasser eher zu Trägheit neigen.

Wenn wir ein wenig nachdenken und uns die Bilder noch einmal ansehen, können wir erkennen, wie diese getrennten Kategorien in Wirklichkeit miteinander verschmelzen. Stäbe und Pentakel haben beide mit Geschäft zu tun, Stäbe und Schwerter weisen beide auf Konflikte hin. Kelche und Stäbe werden glücklichen, positiven Erfahrungen zugeordnet, während Pentakel und Schwerter oft die schwierigsten Aspekte des Lebens darstellen. Gleichzeitig umfassen Kelche und Schwerter den ganzen Bereich der Gefühle, während Pentakel und Stäbe eher für physische Aktivitäten stehen. Die Karten tendieren viel stärker zur Vereinigung und zur Auflösung aller Unterscheidungen als zur Festlegung rigider Abgrenzungen.

In Teil Eins schrieb ich, daß das Studium von Tarot-Deutungen uns vor allem lehrt, daß keine Eigenschaft an sich gut oder schlecht ist, sondern nur im Zusammenhang mit einer bestimmten Situation. Wir lernen auch aus den Deutungen, daß keine Situation, keine Qualität oder persönliche Eigenart isoliert existiert, sondern immer nur in Verbindung mit anderen. Bei einer Befragung betrachten wir zuerst die einzelnen Karten in ihren individuellen Positionen, aber den Sinn der Auslegung verstehen wir erst, wenn wir sehen, wie sich die Karten zu einem Gesamtbild zusammenfügen. Auch die Bedeutung der einzelnen Karten verstehen wir nur, wenn wir sie in ihrem Zusammenspiel mit den anderen Karten sehen.

Die einzelnen Elemente repräsentieren nicht nur verschiedene Erfahrungen, sondern auch unterschiedliche Einstellungen zum Leben. Ein Grund für die Beschäftigung mit den Sätzen in ihrer Gesamtheit ist der, daß wir auf diese Weise die Vorzüge und Probleme jeder Einstellung sehen können. Bei jedem Satz wollen wir uns jeweils mit dem »Problem« und dem »Weg zum Geist« beschäftigen. So ist z. B. das Problem bei den Kelchen Passivität, der Weg zum Geist ist die Liebe. In den einzelnen Bildern sehen wir, wie diese Qualitäten durch die verschiedenen Erfahrungsmöglichkeiten der Kelche verwirklicht werden.

Bei der Anordnung der Karten bin ich Waites Beispiel gefolgt, indem ich jeden Satz vom König herunter bis zum As durchlaufe anstatt andersherum. Da Könige die Verantwortung für die Erhaltung der Gesellschaft tragen (eher in ihrer Funktion als traditionelle Symbole denn als politische Realität), und da der König ein Sinnbild für Reife ist, symbolisieren die vier Könige die stabilste und am stärksten sozial engagierte Einstellung jedes Satzes. Die Asse dagegen bedeuten Einheit und Vollkommenheit. Deshalb stehen die Asse für die Elemente in ihrer reinsten Form. Das As der Stäbe steht für das Feuer selbst und alles, was es bedeutet, während die anderen dreizehn Karten der Stäbe spezielle Beispiele für Feuer darstellen, entweder in einer Situation (Karten 2–10) oder als Persönlichkeitstypus (Hofkarten).

Im Rider-Spiel wird jedes As von einer Hand gehalten, die aus einer Wolke kommt. Dieses Symbol, das man auch in anderen Spielen findet, lehrt uns, daß uns jedes Element zum spirituellen Mysterium führen kann. Es lehrt uns auch, daß jede Erfahrung eine Gabe aus einer Quelle ist, die wir nicht bewußt erkennen können, es sei denn, wir folgen dem tiefen spirituellen Weg, der uns in den Großen Arkana gezeigt wird. Aus diesem Grund habe ich jede Farbe mit einem As enden lassen.

Das Tetragrammaton

Neben den vier Elementen sollten wir auch das andere Symbol betrachten, das in den vier Sätzen enthalten ist, nämlich den Namen Gottes. Wir finden diese vier Buchstaben, Yod–Heh–Vav–Heh, auf der zehnten Karte der Großen Arkana, dem Rad des Schicksals angeordnet. In europäischer Schrift schreiben wir sie als YHVH oder manchmal IHVH. Da die Bibel keine Vokale für den Namen angibt, können wir ihn nicht richtig aussprechen. Das symbolisiert die Unerkennbarkeit Gottes, die wesentliche Trennung zwischen Gott und den Menschen, die charakteristisch für die westliche Religion ist. Einige Autoren haben die Namen Jehovah oder Jah oder Jahwe mit diesen Buchstaben in Verbindung gebracht, was aber eher zu Verwirrung führt. Wenn wir die Schriften der Kabbalisten zu Rate ziehen, stellen wir fest, daß die Buchstaben kein Name in dem Sinne sind, daß damit eine Person gekennzeichnet werden soll. Sie stellen vielmehr eine Formel dar, und diese Formel beschreibt den Prozeß der Schöpfung.

Das Tetragrammaton und die vier Elemente stellen nicht zwei getrennte Systeme, sondern im Grunde ein einheitliches Symbol dar. Jedes Element ist einem Buchstaben zugeordnet, Yod zu Feuer, Heh zu Wasser, Vav zu Luft, Heh zu Erde*, und wenn wir den Namen Gottes auf die Elemente übertragen, vervollständigen wir die Bedeutung ihrer symbolischen Unterschiede.

Der Prozeß vollzieht sich wie folgt: Yod oder Feuer symbolisiert den Beginn eines Unternehmens, den ersten kreativen Impuls, die Energie, die man braucht, um etwas anzufangen. In mythischen Begriffen bedeutet Yod den göttlichen Funken, der aus dem unerkennbaren Gott in Erscheinung tritt. Psychologisch ausgedrückt steht es für den Impuls, ein bestimmtes Projekt oder gar ein ganz neues Leben zu beginnen. Das erste Heh, Wasser, symbolisiert

* Diese Verbindungen stammen aus der Tradition des Tarot. Einige Kabbalisten verwenden etwas andere Zuordnungen.

den tatsächlichen Anfang, wie auch der Funke anfängt, Gestalt anzunehmen. In der Mythologie bezieht es sich auf das Feuer Gottes, welches die »Wasser der Tiefe« berührt, die ein Symbol für das Chaos sind, das herrschte, bevor Gott anfing, das Universum zu ordnen. Psychologisch betrachtet bleiben unsere Pläne und Hoffnungen so lange formlos und vage, bis die Energie des Feuers sie durchdringt und uns dazu bringt, wirklich etwas zu tun. Gleichzeitig aber kann uns die ruhelose Energie der Stäbe nur dann zugute kommen, wenn wir ihr eine klare Richtung geben.

Der dritte Buchstabe Vav, der der Luft zugeordnet wird, symbolisiert die Entwicklung des Plans, die gerichtete, zielvolle Bewegung, die allem Gestalt gibt. Im religiösen Sinn bedeutet das die Stufe der Schöpfung, in der Gott der Welt die ihr zugrunde liegende Form gab. Luft steht für Intellekt, und psychologisch bedeutet Vav den geistigen Prozeß, in dem man von einem allgemeinen Vorhaben zu einem konkreten Plan kommt, mit dem man das Projekt in die Realität umsetzen kann.

Das zweite Heh, Erde, steht schließlich für die vollendete Schöpfung, das Ding an sich. In der religiösen Vorstellung bedeutet es Materie, das physische Universum, das Gott in dem Prozeß, den die anderen Buchstaben darstellen, geschaffen hat. Für den Menschen bedeutet es das Erreichen eines Ziels.

Ich möchte das am Beispiel eines Gedichtes verdeutlichen. Ohne eine Neigung zur Poesie und den Drang, etwas zum Ausdruck zu bringen, kann es nicht entstehen. Gleichzeitig geht dieser Drang ins Leere, wenn wir nicht ein bestimmtes Thema wählen. In gewisser Weise ist es das Thema, das den Impuls zu schreiben »empfängt«. Und doch wird das Gedicht niemals Gestalt annehmen, wenn wir nicht daran arbeiten, uns den Kopf darüber zerbrechen und viele Entwürfe schreiben, um mit den Problemen der Wortwahl, des Rhythmus' usw. fertig zu werden. Der Prozeß ist schließlich abgeschlossen, wenn wir das fertige Gedicht in der Hand halten und es an andere weitergeben können. Eine kurze Überlegung ergibt, daß die gleiche Entwicklung bei jeder Handlung abläuft, vom Bauen eines Hauses bis zum Brauen von Bier oder in der Liebe.

Es ist deutlich, daß das letzte Element, die Erde, eine etwas andere Stellung hat als die anderen. Der Mathematiker und Okkultist P. D. Ouspensky hat das Verhältnis der Elemente zueinander im folgenden Diagramm gezeichnet:

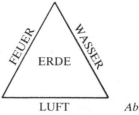

Abb. 26

Auch ein Blick auf die hebräischen Buchstaben hilft uns beim Verständnis der Symbolik weiter. Von rechts nach links gelesen sehen sie so aus:

Abb. 27

Wir sehen, daß das Yod, der Buchstabe des Feuers, nur sehr wenig ausgeformt ist. Er ähnelt eigentlich eher einem Punkt, wie dem Blitz eines ersten Impulses. Beachte auch, daß die beiden Hehs eine gewisse Ähnlichkeit mit umgekehrten Kelchen oder Bechern haben. Der erste empfängt den Impuls, der zweite nimmt den gesamten Prozeß in sich auf und gibt ihm eine materielle Gestalt. Achte schließlich noch darauf, daß der dritte Buchstabe Vav eine Erweiterung des ersten Buchstabens Yod darstellt. Der Intellekt, die Luft, nimmt die Energie des Feuers auf und gibt ihr eine bestimmte Richtung.

Es mag zuerst den Anschein haben, daß das vierte Element, die Erde, für sich allein existieren kann. Wenn wir jedoch irgendeinen Sinn in unseren Besitztümern entdecken wollen, müssen wir die schöpferischen Prozesse verstehen, in denen sie entstanden sind. Wenn wir die »Probleme« betrachten, die zu jedem Satz gehören, sehen wir, daß sie nur dann entstehen, wenn wir den Satz aus seiner Verbindung mit den anderen herauslösen, oder, mit anderen Worten, wenn wir in unserem Leben zu stark in eine Richtung tendieren. Das Problem der Erde, der Materialismus, wird im Zusammenwirken mit den Kelchen, die emotionale Wertschätzung bedeuten, kompensiert. Wie die Sätze miteinander kombiniert werden können, soll in dem Abschnitt über die Deutungen erläutert werden.

Die Pforten

Wenn die Kleinen Arkana des Rider-Spiels auch hauptsächlich das
alltägliche Leben kommentieren, verwehren sie uns doch nicht
den Einblick in tiefere Erkenntnisse oder ignorieren sie gar. Im
Gegenteil führt uns die philosophische Tendenz der Karten immer
zu den verborgenen Kräften, die unseren Alltagserfahrungen Gestalt und Bedeutung verleihen. Eine wahrhaft realistische Sichtweise der Welt (im Gegensatz zu der engen materialistischen Ideo-
logie, die man im allgemeinen als »Realismus« bezeichnet) wird
erkennen, daß die spirituelle Energie in den sich ständig wandelnden Erscheinungsformen der Welt immer gegenwärtig ist. Heutzutage gehen die wichtigsten Strömungen der Wissenschaft immer
mehr von der Vorstellung ab, daß Kräfte wie z. B. der Elektromagnetismus statisch und mechanisch seien, zugunsten einer Anschauung, die sie als dynamische und kreative Kräfte betrachtet.
Das Rider-Spiel unterstützt dieses Bewußtsein sehr stark. Auf der
Zehn der Kelche wird es zelebriert; am direktesten sehen wir es
auf den Assen, wo jedes Element als Gabe dargestellt wird.
Aber das Rider-Spiel geht über das bloße *Lehren* dieses Bewußtseins hinaus. Bestimmte Karten, in der richtigen Weise verwendet, können dieses Bewußtsein hervorbringen. Wir haben uns bereits mit der okkulten Anschauung beschäftigt, daß das Betrachten geometrischer Muster bestimmte Effekte im Gehirn hervorrufen soll. Auf ähnliche Weise werden wir, wenn wir eine tiefe meditative Verbindung mit bestimmten Karten aus den vier Sätzen eingehen, Erfahrungen machen, die über die spezifischen Bedeutungen der Karten weit hinausgehen.
Da diese Karten einen Weg von der alltäglichen Welt zu der inneren Ebene archetypischer Erfahrungen eröffnen, nenne ich sie
Pforten. Jeder Satz enthält mindestens eine dieser Karten, die
Pentakel die meisten. Sie alle haben bestimmte Merkmale gemeinsam: komplexe, oft widersprüchliche Bedeutungen und eine ans
Mythische gemahnende Fremdartigkeit, die keine allegorische Interpretation völlig ergründen kann. Wenn ich bestimmte Karten
auswähle, die diese Funktion erfüllen, soll das nicht bedeuten, daß
keine andere Karte dafür geeignet ist, sondern daß nach meiner
Erfahrung besonders diese Karten eine solche Möglichkeit in sich
tragen.
Manchmal ist die Fremdartigkeit einer Pforten-Karte auf den er-

sten Blick sichtbar, in anderen Karten jedoch kommt sie erst zum Vorschein, wenn wir die Karte intellektuell analysiert haben. Die zweite Möglichkeit vermittelt uns die sehr wichtige Einsicht, daß die äußeren und inneren Wahrnehmungen sich nicht unversöhnlich gegenüberstehen, sondern sich eher gegenseitig ans Licht bringen. Den besten Zugang zu einer Pforten-Karte finden wir über die wörtlichen und symbolischen Bedeutungen der Karten. Wenn wir diesen soweit wie möglich gefolgt sind, werden wir zu dem Pfad der Fremdartigkeit gelangen, der jenseits davon liegt.

Der Tarot zeigt uns viele Dinge, auch einige sehr unerwartete. Sie kommen zum Vorschein, wenn wir die Bilder des Tarot interpretieren, wenn wir uns meditativ in sie versenken, und wenn wir die Kombinationen betrachten, die sich bei Befragungen ergeben. Für sich genommen führen uns die Karten der Kleinen Arkana ein weites Panorama menschlicher Erfahrungsmöglichkeiten vor Augen. Zusammengenommen und in Verbindung mit den archetypischen Großen Arkana führen sie uns immer weiter in ein Wissen um das sich ständig wandelnde Wunder des Lebens ein.

1 Stäbe

Abb. 28

Auf die eine oder andere Weise haben die Menschen eigentlich alles in der Natur als Symbole für die spirituelle Essenz des Lebens betrachtet. Von allen diesen Symbolen ist das Feuer das mächtigste. Wir sprechen vom »göttlichen Funken« in der Seele, oder wir sagen, daß jemand »Feuer und Flamme« für eine Idee ist, und wenn jemand bitter und desillusioniert geworden ist, sagen wir, »er hat kein Feuer mehr«. Als Gott Adam und Eva aus dem Garten Eden und vom Baume des Lebens vertrieb, stellte er einen Engel mit einem Flammenschwert als Wächter an die Pforte des Paradieses. Durch ihren Sündenfall hatten die ersten Menschen sich vom himmlischen Feuer abgewendet. Wenn Yogis durch Meditation und Übungen die Kundalini (die spirituelle Kraft) zum Aufsteigen bringen, erfahren sie diese als große Hitze, die sich die Wirbelsäule entlang nach oben bewegt. Und überall in der Welt demonstrieren Schamanen ihre spirituelle Macht, indem sie Meister des Feuers werden und in Flammen tanzen oder glühende Kohlen in den Mund nehmen.

Das Feuer steht für die vitale Lebensessenz, die unseren Körper beseelt. Ohne sie wird er zum Leichnam. Auf Michelangelos berühmtem Gemälde von der Schöpfung sehen wir einen Funken, der vom Finger Gottes auf Adams Finger überspringt. Wir beschreiben die chemischen Umwandlungen der Nahrung in unserem Körper als »Verbrennung«. Das Feuer symbolisiert die ganze Energie des Lebens. Da es in ständigen Aufwärtsbewegungen emporsteigt, steht das Feuer für Optimismus, Zuversicht, Hoffnung.

Prometheus gab den Menschen das Feuer, um ihnen einen Hauch von Unsterblichkeit zu verleihen und um sie vor Zeus' Drohungen der Vernichtung zu schützen.

Da die Kleinen Arkana in erster Linie mit dem äußeren Bereich von Erfahrung zu tun haben, zeigen die Stäbe vor allem, wie sich das innere Feuer im gewöhnlichen Leben darstellt. Außer den spezifischen Erkenntnissen, die wir beim Studium der Kleinen Arkana erlangen, zeigen sie uns aber auch, wie alle weltlichen Erfahrungen eine spirituelle Grundlage haben.

Folglich stehen die Stäbe zuallererst einmal für Bewegung. Ob sie gewinnen oder verlieren, die Stäbe befinden sich in einem ständigen Kampf, nicht so sehr wegen der eigentlichen Probleme oder Ziele, sondern vor allem aus Lust am Streiten, als Gelegenheit, all diese Energien zu benutzen. Im geschäftlichen Bereich stehen die Stäbe für Handel und Wettbewerb; in der Liebe symbolisieren sie die Romanze, die Anträge, mehr das Werben um einen Geliebten als das Gefühl der Liebe selbst. Die Stäbe bringen uns dazu, das Leben aktiv und ungeduldig anzugehen.

Wenn die Stäbe zu erfolgreich werden, wie beim König oder der Figur auf der Zwei, können sie sogar melancholisch werden, da die Früchte ihres Erfolgs sie einengen. Manchmal, wie auf der Neun oder der Zehn, werden sie durch ihre Gewohnheit, ständig zu kämpfen und alle Probleme anzupacken, blind für die friedlicheren Alternativen.

Meistens jedoch zeigt uns der Einfluß der Stäbe Menschen, die ihre Schlachten gewinnen. Durch die Stäbe finden wir unseren Weg zum Geist in der Bewegung, im Handeln, im Leben aus Freude am Leben. Sie finden ihren stärksten Ausdruck in der Vier, die aus der ummauerten Stadt hinaustanzt, um die lebenspendende Kraft der Sonne zu feiern.

Und dennoch kann das Feuer trotz all seiner vitalisierenden Energie, die sich in der Kraft der Sonne ausdrückt, Leben aus der Erde hervorzubringen, auch sehr zerstörerisch sein. Wenn sie nicht kontrolliert und gelenkt wird, verbrennt diese Energie die Welt. Deshalb sitzen oder stehen alle Figuren auf den Hofkarten der Stäbe in der Wüste. Trotz ihres Optimismus' und ihrer Eifrigkeit brauchen die Stäbe den besänftigenden Einfluß der Kelche, denn wenn das Wasser fehlt, bringt die Sommersonne nur Dürre. Die Kelche geben uns ein Gespür für Tiefe und die Fähigkeit, zu fühlen *und* zu handeln. Von den Schwertern bekommen wir die Fähigkeit zur

Planung und Lenkung all dieser Energie. Die Schwerter geben uns auch ein Bewußtsein für Kummer und Schmerz, das den Optimismus und Eroberungsgeist der Stäbe ausgleicht. Und von den Pentakeln kommt das Empfinden, in der realen Welt verwurzelt zu sein, die Fähigkeit, das Leben zu genießen, aber auch, es zu bewältigen.

König

Bei Befragungen repräsentieren die Hofkarten jedes Satzes traditionellerweise Menschen, die auf das Leben des oder der Fragenden Einfluß haben werden. Dies ist zwar oft richtig, sie können aber auch den Fragenden selbst symbolisieren. Für sich genommen, d. h. nicht im Kontext bestimmter Befragungen, umspannen die sechzehn Hofkarten ein großes Spektrum menschlicher Charaktere. Sowohl bei einer Befragung als auch als einzelnes Studienobjekt stellt jede Hofkarte einen Menschen dar, der die von dieser Karte angedeuteten Qualitäten besitzt oder zum Ausdruck bringt.

Abb. 29

Ein König (oder Ritter oder Bube) muß nicht notwendigerweise ein Mann sein und eine Königin nicht unbedingt eine Frau. Sie zeigen eher die Qualitäten und Einstellungen, die diese Figuren traditionsgemäß symbolisieren. Die besonderen gesellschaftlichen Aufgaben eines Königs, einer Königin oder eines Ritters stehen für bestimmte Erfahrungen und Verantwortlichkeiten. Die Karten symbolisieren dies genauso oft, wie sie für Alter oder Geschlecht stehen.

Wir sollten uns auch von der Vorstellung frei machen, daß ein

Mensch sein ganzes Leben lang durch eine bestimmte Karte charakterisiert werden kann, in dem Sinne, daß man von jemandem sagt: »Sie ist die Königin der Stäbe« und glaubt, daß ihr Leben dadurch erschöpfend dargestellt sei. Eine Frau mag einen Monat lang eine Königin-der-Schwerter-Phase durchleben und im nächsten in eine Ritter-der-Kelche-Phase geraten. Oder sie kann beide auf einmal in verschiedenen Bereichen ihres Lebens erfahren.

Ein König ist ein Herrscher und verantwortlich für das Wohl der Gesellschaft. Im Rider-Spiel tragen alle vier Könige unter ihren Kronen eine, wie Waite sie nennt, »Kappe der Schirmherrschaft«. Der König trägt traditionsgemäß die Verantwortung für die Erhaltung seines Volkes. Deshalb symbolisieren alle Könige sowohl Erfolg (denn schließlich hat der König den höchsten Rang) als auch soziale Verantwortung.

Der König der Stäbe drückt diese Qualitäten im Sinne der Stäbe aus. Er verkörpert einen energischen Menschen, der andere durch die Kraft seines Willens beherrschen kann. Er ist der festen Überzeugung, der rechte Mann am rechten Platz zu sein, und das macht seine Stärke aus. Er *kennt* die Wahrheit; er *weiß*, daß seine Methoden die besten sind. Er betrachtet es als ganz natürlich, daß die anderen ihm folgen.

Gleichzeitig zeigt er die kontrollierte und in sinnvolle Projekte oder langfristige Karrieren gelenkte Energie der Stäbe. Da die Stäbe von Natur aus abenteuerlustig sind, kann sich ein Mensch in solch einer verantwortungsvollen Rolle sehr unwohl fühlen. Er lehnt sich auf seinem Thron nach vorne, als wolle er jeden Augenblick aufspringen, um nach neuen Erfahrungen zu suchen.

Er ist von Natur aus ehrlich, da das Lügen keinen Sinn oder Wert für ihn hat. Aus demselben Grund ist er positiv und optimistisch gestimmt; die Stäbe-Energie brennt so stark in ihm, daß er nicht verstehen kann, warum jemand eine negative Einstellung haben sollte.

Ein Mensch mit einer so starken Persönlichkeit kann leicht zu Intoleranz neigen; er ist dann nicht in der Lage, Schwäche oder Verzweiflung zu verstehen, weil er sie nicht am eigenen Leibe erfahren hat. Diese ungeduldige Seite des Königs könnte das Motto tragen: »Was ich kann, mußt du auch können.« Einmal sah ich in einer Befragung ein hübsches Bild für das, was man den »Generationskonflikt« nennt: Der König der Stäbe zusammen mit dem Narren, beide voller Energie, der eine jedoch der Inbegriff der Verantwortlichkeit, der andere dagegen Instinkt und Freiheit in ihrer reinsten Entsprechung.

Zwei Symbole dominieren auf der Karte: der Löwe, das Sinnbild des Tierkreiszeichens Löwe, und der Salamander, eine Eidechse, von der es in der Legende heißt, daß sie im Feuer wohne. Sie repräsentieren das Weltliche und das Spirituelle. Während der Löwe die Persönlichkeitsmerkmale, die zum Feuer gehören, verkörpert, war der Salamander ein beliebtes Symbol der Alchemisten. In seiner höchsten Form ist der König Meister des schöpferischen Feuers. Sein Sinn für soziales Engagement hat das Feuer gebändigt und zu einer produktiven Anwendung gebracht. Beachte, daß die Salamander auf seinem Gewand sich selber in den Schwanz beißen. Der geschlossene Kreis bedeutet Reife und Vollendung. Vergleiche dieses Bild mit dem Ritterkleid, auf dem Schwanz und Maul sich nicht berühren.

Umgekehrt

Wenn wir eine Karte umdrehen, verändern wir auf bestimmte Weise ihre eigentliche Bedeutung, so als wenn ihre ursprüngliche Wirkung blockiert, zurückgeleitet oder manchmal auch freigesetzt worden wäre. Einige Tarot-Kommentatoren lassen die umgekehrten Bedeutungen lieber außer acht, und in der Meditation oder im kreativen Umgang betrachten wir tatsächlich alle Karten so, als ob sie richtig herum lägen. Aber bei Befragungen oder beim Studieren der Karten sind die Umkehrungen mehr als nur eine Verdoppelung der möglichen Bedeutungen in einem Spiel. Indem wir die Karte aus einem anderen Blickwinkel betrachten, finden wir ein tieferes Verständnis ihrer wirklichen Bedeutung.

Wenn eine Hofkarte in einer Befragung auf eine bestimmte Person hinweist (eher durch das Aussehen der Figur als durch die Bedeutungsqualitäten der Karte), dann deutet die Umkehrung darauf hin, daß das Verhältnis zu diesem Menschen gestört oder blockiert ist, oder daß er vielleicht einen schlechten Einfluß auf den Frager hat. Wenn wir andererseits mehr auf die Eigenschaften der Karte achten, dann zeigt die Umkehrung eine Veränderung dieser Qualitäten.

Richtig herum stellt der König einen mächtigen und befehlenden Menschen dar, der jedoch oft intolerant gegenüber den Schwächen anderer ist. Umgekehrt sehen wir dieses natürliche Feuer, nachdem es durch Schwierigkeiten und Niederlagen gegangen ist, die einen weniger starken Menschen zynisch oder ängstlich gemacht hätten. Weil er der König der Stäbe ist, verliert er nicht seine Stärke, sondern wird statt dessen gemäßigter; er kann die anderen Menschen besser verstehen, wird aber gleichzeitig strenger und härter in seiner Einstellung zum Leben, das ihm nicht länger als ein allzu leicht zu gewinnender Kampf erscheint. Waites Formulierung ist hier sehr zutreffend: »Gut, aber streng, hart und doch tolerant.«

Königin

Die Königin verkörpert das Yin oder die empfangenden Qualitäten eines jeden Elements. Sie bedeutet einfühlendes Verstehen des jeweiligen Elements, während der König eher auf seine gesellschaftliche Anwendung ausgerichtet ist. Dies heißt nicht, daß die Königinnen für Schwäche oder gar Untätigkeit stehen, sondern eher für die Übertragung des Elements auf die Ebene von Fühlen und Verstehen.

Auch hier sollten wir diese Eigenschaften nicht nur auf Frauen beziehen. Wenn wir in einer Befragung in der physischen Gestalt der Königin einen bestimmten Menschen wieder-

Abb. 30

dererkennen, dann wird es natürlich eine Frau sein. Aber wenn wir die symbolische Bedeutung auf jemanden anwenden wollen, kann jede Hofkarte sowohl einen Mann als auch eine Frau bedeuten. Für sich genommen steht die Königin der Stäbe für eine besondere Wertschätzung des Lebens.

Im Gegensatz zu dem Ehrgeiz und der Ungeduld des Königs sitzt die Königin wie eingepflanzt auf ihrem Thron. Ihre Krone steht in

Blüte und sie trägt ein Kleid von Sonnenschein. Als einzige von den Königinnen sitzt sie mit gespreizten Beinen da, was ein Zeichen für sexuelle Energie ist. Sie liebt das Leben mit der Intensität des Feuers – warm, leidenschaftlich, sehr fest verankert in der Welt. Wie der König ist auch sie ehrlich und aufrichtig, da sie keinen Sinn in Täuschung oder Boshaftigkeit sieht. Da sie sensibler ist als der König, gestattet sie sich, sowohl das Leben als auch andere Menschen zu lieben. Für sie haben Kontrolle oder Herrschaft genauso wenig Wert wie Zynismus.

Eine schwarze Katze bewacht ihren Thron. Im christlichen Volksgut gab der Teufel den Hexen eine schwarze Katze mit, um sie vor Angriffen zu schützen. Hier ist die Bedeutung weniger melodramatisch. Wenn jemand das Leben liebt, scheint es manchmal, als würde die Welt darauf reagieren, indem sie diesen Menschen vor Schaden bewahrt und ihn glückliche Erfahrungen machen läßt. Wie dies möglich ist, können wir erst dann verstehen, wenn wir zu einem umfassenden und tiefen Verständnis in der Welt gelangen, wie es in den letzten Karten der Großen Arkana symbolisch dargestellt ist. Trotzdem geschieht es, und die schwarze Katze ist ein Bild für diese Antwort, die die Natur dem Menschen gibt, der ihr mit feuriger Freude begegnet.

Umgekehrt

Ähnlich wie beim König zeigt auch die auf dem Kopf stehende Königin die Reaktion eines solchen Menschen auf Widerstände und Kummer. Der gute Charakter und die positiven Einstellungen der Königin sowie ihre große Energie machen sie in Krisen und Unglückssituationen unersetzlich. Wir können sie uns als einen Menschen vorstellen, der für jemand, der sich in einer Krise befindet, den Haushalt übernimmt und ihm gleichzeitig mit Ratschlägen, Gesprächen und emotionaler Unterstützung zur Seite steht, all dies vielmehr aus einer spontanen Regung als aus Pflichtgefühl.

Gleichzeitig ist dieses gute Naturell aber auch auf positives Echo im Leben angewiesen. Zuviel Unglück oder Widrigkeiten des Lebens (und die Schwäche dieses Menschen kann darin liegen, das Leben »ungerecht« zu finden) können einen boshaften Zug zum Vorschein bringen. Er wird dann falsch, neidisch, unaufrichtig oder irgendwie verbittert.

Ritter

Die Ritter drücken die Qualität jedes Satzes in Bewegung aus. Die Energie, die beim König als Erfüllung und bei der Königin als Bewußtsein zu sehen war, bricht hier auf einer früheren Stufe hervor. Bei den Rittern sehen wir, auf welche Weise jedes Element zur Anwendung kommt. Gleichzeitig fehlen den Rittern die Sicherheit und Stabilität der Könige und Königinnen.

Da das Feuer an sich schon Bewegung symbolisiert, verkörpert der Ritter der Stäbe diese Eigenschaft im Extrem. Einige Kommentatoren nennen ihn »das Feuer des Feuers« oder das »übersteigerte Feuer«. Er symbolisiert Eifrigkeit, Handlung, Bewegung um ihrer selbst willen, Abenteuer und Reisen.

RITTER der STÄBE

Abb. 31

Wenn er nicht irgendwo Halt findet, kann sich diese ganze Aufregung in Nichts auflösen, weil er versucht, in alle Richtungen gleichzeitig zu fliegen. Aber in Verbindung mit einer gewissen Zielgerichtetheit und ein wenig Luft-Einfluß in Form von Planung kann der Ritter der Stäbe mit seiner Energie und seinem Selbstvertrauen große Leistungen vollbringen.

Beachte, daß die Mäuler und Schwänze der Salamander auf seinem Gewand sich nicht berühren. Dies symbolisiert unvollendete Handlungen und verschwommene Pläne. Im Gegensatz zum König hat der Ritter seine Abenteuer erst begonnen.

Umgekehrt

Stell dir den jungen Ritter vor! Im Gegensatz zu dem erfahrenen Krieger sucht er den Kampf bei jeder sich bietenden Gelegenheit, weil er sich und anderen ständig seinen Mut und seine Stärke beweisen muß. Und doch kann er leicht von seinem Roß heruntergeworfen werden. All der Ehrgeiz der Stäbe und des Ritters hat, wenn er nicht erprobt ist, eine gewisse Zerbrechlichkeit an sich. Widerstände bringen ihn durcheinander und lassen sogar seine großen Vorhaben über ihm zusammenbrechen. Weil er erwartet, daß alles vor ihm niederfällt, befindet er sich oft in grundlegender Disharmonie mit den Menschen seiner Umgebung oder den Situationen, in denen er steht. Er wird in seinem Handeln stark beeinträchtigt, wenn er mit seinem grundlegend guten Wesen in Zwietracht mit Menschen und Situationen liegt. In einer Befragung symbolisiert der auf dem Kopf stehende Ritter Verwirrung, abgebrochene Unternehmungen, Zusammenbruch und Disharmonie.

Bube

Die Buben repräsentieren die Qualität jedes Satzes in ihrem einfachsten Zustand. Auf dieser Stufe erfreut sich jeder Satz an seiner Eigenart, auf eine leichtere, viel jugendlichere Weise als die reife Königin. In ihrer körperlichen Gestalt erinnern die Buben an Kinder. Auf Erwachsene bezogen stehen sie für den Augenblick, in dem ein Mensch irgendeinen Aspekt des Lebens um seiner selbst willen und frei von äußerem Druck erlebt. Als Kinder symbolisieren die Buben sehr oft Anfänge, Studium, Reflexion, die Eigenschaft des jungen Studenten.

BUBE der STÄBE

Abb. 32

Da die Stäbe den Anfang symbolisieren, bedeutet der Bube der Stäbe vornehmlich den Beginn von Unternehmungen und insbesondere eine Ankündigung an die Welt und uns selbst, daß wir bereit sind, ein »Projekt« (dies kann sich genauso auf eine Bezie-

194

hung wie auf praktische Pläne beziehen) oder einen neuen Lebensabschnitt zu beginnen. Auf einer einfacheren Ebene kann der Bube einen Boten, eine Botschaft oder eine Information bedeuten. Im Gefühlsbereich verkörpert der Bube mit seinem kindlichen Eifer einen treuen Freund und Geliebten.

Umgekehrt

Da der Bube ein ruhigeres Wesen als der Ritter hat, werfen ihn Probleme nicht so heftig aus seiner Bahn; statt dessen wird er verwirrt und unentschlossen. Schwierigkeiten und offener Widerstand machen seinen Eifer, etwas Neues zu beginnen, zunichte und lassen ihn ängstlich oder sprachlos zurück. Da seine Haupteigenschaften Einfachheit und Treue sind (beachte, daß viele Salamander auf seinem Kleid einen Kreis bilden; dies deutet aber nicht, wie beim König, auf abgeschlossene Projekte hin, sondern eher auf eine einfache Ganzheit des Selbst) kann Unentschlossenheit ihn unsicher und schwach machen. Ein Mensch, der von dieser Karte dargestellt wird, muß den Schwierigkeiten entweder aus dem Weg gehen oder die Reife entwickeln, mit ihnen umzugehen. Andauernde Unentschlossenheit kann nur dazu führen, daß Entscheidungsfähigkeit und Selbstvertrauen immer mehr nachlassen.

Zehn

Da die Stäbe soviel mit Bewegung und Handlung zu tun haben, ziehen sie Probleme geradezu an. Ständig in Auseinandersetzungen verwickelt, üben sie eine magnetische Wirkung auf Feinde und Schwierigkeiten aus. Dies resultiert zum Teil aus dem Mangel an Zielgerichtetheit und Planung, zum anderen aber auch aus dem heimlichen Vergnügen der Stäbe an jeglicher Art von Auseinandersetzung.

Beim ersten Betrachten zeigt die Zehn uns das Bild eines Menschen, der vom Leben belastet und niedergedrückt wird, und zwar vor allem durch Verantwortung. Sein Stäbe-Eifer hat ihn in so viele Situationen

Abb. 33

verwickelt, daß jetzt paradoxerweise gerade diese Energie durch Verpflichtungen und Probleme abgeblockt wird. Er möchte frei sein, um zu reisen, Abenteuer zu erleben und sich auf neue Situationen einlassen zu können; statt dessen findet er sich – wie der Karriere-Typ aus der Vorstadt – gefangen in einem Netz von endlosen Verantwortlichkeiten (Finanzen, Familie, Arbeit), das er sich selber gesponnen hat. Er hat es so nicht geplant; die Dinge haben ihre Eigendynamik entwickelt.

Hier sehen wir ein großes Problem der Stäbe. Die Feuer-Energie handelt ohne nachzudenken; sie stürzt sich auf neue Probleme einfach um der Herausforderung willen. Aber diese Situationen und Verantwortlichkeiten lassen sich nicht einfach beiseite schieben, wenn man ihrer überdrüssig geworden ist und etwas Neues machen will. Sie bleiben bestehen und können das Feuer, das sie einst zu beherrschen schien, ersticken.

Im Gefühlsbereich zeigt die Karte uns einen Menschen, der das ganze Gewicht einer Beziehung auf sich nimmt. Alle eventuell auf-

196

tretenden Probleme, Konflikte und Unzufriedenheiten versucht er zu mildern. Mit gebeugtem Rücken kämpft er für den Fortbestand der Beziehung, während die andere Person vielleicht gar nicht erkennt, was vor sich geht.

Sowohl in der praktischen wie in der emotionalen Seite der Situation hat dieser Mensch die ganze Last auf sich genommen. Er hat die Situation geschaffen und muß erkennen, daß andere Wege immer noch offen sind. Die Belastungen dieser Situationen sind vielleicht gar nicht so real, wie er denkt, oder sie könnten sich zumindest vermeiden lassen. Tatsächlich können sie als Entschuldigung dafür dienen, nicht wirklich konstruktiv zu handeln, wie z. B. aus einer schlimmen Situation auszubrechen.

Umgekehrt

Wie bei vielen Karten, besonders wenn sie umgekehrt sind, ist auch hier mehr als eine Bedeutung möglich. In einer Befragung können wir die beste Bedeutung (obwohl manchmal mehr als eine Bedeutung paßt, wie z. B. bei einer Entscheidungsfrage) einerseits durch die anderen Karten, andererseits durch intuitive Fähigkeiten, die sich nur durch Übung entwickeln, finden. Beim Studium der Karten zeigt uns diese Vielfalt von Bedeutungen, daß eine Situation sich auf viele Arten verändern kann.

Zunächst einmal weist die umgekehrte Zehn darauf hin, daß die Belastungen so schwer und zahlreich geworden sind, daß der Mensch einen Punkt erreicht hat, an dem er – körperlich oder emotional – unter ihnen zusammenbrechen könnte. Zugleich kann sie bedeuten, daß jemand sich von den Lasten befreit hat (vielleicht waren sie unerträglich geworden). An dieser Stelle ist er wieder vor eine Entscheidung gestellt. Wirft er die Stäbe von sich, weil er erkannt hat, daß er seine Energie für einen besseren Zweck nutzen könnte? Oder lehnt er sich nur gegen seine Verantwortlichkeit auf, ohne wirklich etwas Konstruktives zu tun? Eine Frau, für die ich einmal eine Deutung machte, sah darin die Frage, ob wir die Stäbe hinter uns oder vor uns werfen. Wenn wir sie hinter uns werfen, versuchen wir, in eine neue Richtung zu gehen. Werfen wir sie vor uns, bedeutet das, daß wir sie wieder aufsammeln und uns auf demselben Weg fortschleppen werden.

Neun

Die Neunen zeigen uns, wie Sätze mit Problemen und den Kompromissen, die diese verlangen, umgehen. Feuer bedeutet große Stärke, physische Kraft und geistige Wachheit. Auf der emotionalen Ebene kann diese Neigung der Stäbe zum Kämpfen sie jedoch in Konflikte verstricken. Auf der Neun sehen wir wieder das Bild eines Menschen, der auf sehr viel Widerstand im Leben und bei anderen Menschen gestoßen ist; doch anstatt diesen Widerstand anzunehmen, hat er sich zur Wehr gesetzt. Durch das Kämpfen ist er immer stärker geworden, und so sehen wir auf der Karte einen muskulösen und scharf blickenden Men-

Abb. 34

schen. Die Stäbe hinter ihm können die Kraftquellen in seinem Leben darstellen oder aber die Probleme, die sich hinter ihm auftürmen. So oder so, er ist bereit für den nächsten Kampf. Beachte jedoch seine unbewegliche Haltung, seine Starrheit und die hochgezogene Schulter. Achte auch darauf, daß er einen Verband um seinen Kopf trägt, was eine psychische Verletzung andeutet. Der Kämpfer ist keine vollständige Persönlichkeit. Aus Notwendigkeit oder Gewohnheit hat er sich durch sein ständiges Kämpfen von wichtigen Lebenserfahrungen abgetrennt, und nun wartet er auf den nächsten Streit, während seine Augen nur den Feind sehen, oft sogar dann noch, wenn der Feind sich schon längst ergeben hat.

Umgekehrt

Es gibt wieder zwei Möglichkeiten. Eine ist die, daß die Abwehr zusammenbricht. Die Hindernisse und Probleme werden so groß, daß seine Kraft nicht mehr ausreicht, um sie zurückzudrängen. Die andere Möglichkeit ist jedoch, nach einer neuen Einstellung

198

zu suchen. Wir sollten nicht glauben, daß diese Karte uns jedesmal den Rat gibt, das Kämpfen aufzugeben. Es bedeutet ein großes Risiko, unsere Abwehrhaltung aufzugeben, denn was geschieht, wenn die Probleme, die wir so lange in Schach gehalten hatten, plötzlich auf uns einstürmen? Es kommt immer auf die Situation an, und manchmal erfordert sie eben starke Schultern und einen scharfen Blick. Doch beachte auch, wieviel Energie dieser Mensch allein dafür braucht, um seine Anspannung und ständige Kampfbereitschaft aufrechtzuerhalten. Bei der einzelnen Befragung können die richtigen Schlußfolgerungen aus dieser Karte erst dann klar werden, wenn man sie in der Kombination mit anderen Karten betrachtet.

Acht

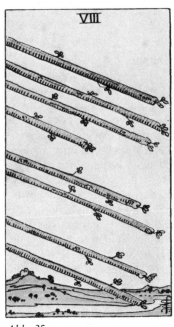

Feuer bedeutet Schnelligkeit und Bewegung. Obwohl diese Bewegung manchmal ohne Richtung ist, sehen wir hier das Bild einer Reise, die ihr Ende gefunden hat, oder vollendete Dinge. Wenn das Feuer sein Ziel erreicht, können die Projekte und Situationen zu einem befriedigenden Abschluß kommen. Die Stäbe sind auf den Boden der Wirklichkeit zurückgekehrt. Deshalb bedeutet das Bild auf dieser Karte die Ergänzung der Stäbe-Energie durch die Bodenständigkeit der Pentakel.

Waite nennt sie romantisch »Pfeile der Liebe«. Dies kann folgende spezielle Bedeutungen haben: in einer Liebesaffäre die Initiative ergreifen, Verführung oder Vorschläge machen, die akzeptiert werden.

Abb. 35

199

Umgekehrt

In der Umkehrung wird daraus ein Bild für ständige Wiederholung, für ein nicht zum Ende Kommen, besonders wenn ein Ende dringend herbeigesehnt wird. Eine Situation oder ein Verhalten geht einfach weiter und weiter, ohne daß ein Ende in Sicht wäre. Wenn sich eine solche Situation nicht vermeiden läßt, ist es gut, dies zu akzeptieren und sich nicht frustrieren zu lassen. Andererseits schaffen wir oft erst dieses »In-der-Luft-Hängen«, indem wir erwarten, daß eine Situation ungelöst bleibt. Eine der wichtigsten Positionen bei Befragungen ist die, welche »Hoffnungen und Ängste« genannt wird; sehr oft stellt sie sich als selbsterfüllende Prophezeiung heraus. Umgekehrt werden die Pfeile der Liebe zu Pfeilen der Eifersucht und des Streits. Diese Eifersucht kann aus Ungewißheit und Verwirrung, sowohl über unsere eigenen Gefühle als auch über die der anderen Personen entstehen.

Sieben

Wie die Neun ist auch die Sieben eine Karte des Konflikts, doch sehen wir hier den Kampf selbst, der eine belebende Wirkung hat. Dank ihrer natürlichen Stärke und ihrer positiven Einstellung haben die Stäbe die Erwartung, immer zu gewinnen, und meistens haben sie damit recht. In der aktiven Konfliktbewältigung erhebt sich die Figur auf dieser Karte über jede Depression hinweg in die klare, berauschende Luft. In gewisser Hinsicht stellt diese Karte einen Hintergrund zu der Neun dar. Durch unsere früheren Siege und die Erfahrung, ganz oben zu stehen, nehmen wir eine Abwehrhaltung an und

Abb. 36

fühlen uns ständig zum Kämpfen herausgefordert. Solange der Kampf andauert, geht es uns gut. Menschen, die unter dem Einfluß der Stäbe stehen, müssen sich immer wieder vergewissern, daß sie lebendig sind; sie brauchen diesen Adrenalinstoß, um zu spüren, daß das Feuer immer noch in ihnen brennt. Erst später wird ihnen ihre Gewohnheit, ständig zu kämpfen, zu einem Gefängnis.

Umgekehrt

Wie es auf dem Bild zum Ausdruck kommt, braucht dieser Mensch die Aufregung des Konflikts, um Unsicherheit und Depression zu überspielen. Die Umkehrung bedeutet, in Angst, Unentschlossenheit und Verwirrung zu versinken. In aufrechter Lage hatte er nicht eigentlich Kontrolle über sein Leben, sondern er war einfach in einer sehr guten Position. Jetzt kann er die Widersprüche nicht mehr beiseite schieben. Die Karte warnt vor allem vor Unentschlossenheit. Sie zeigt uns, daß ein Mensch, wenn er seinen Handlungen eine klare Richtung gibt, das natürliche Selbstvertrauen der Stäbe zurückgewinnen und die Ängste und äußeren Probleme überwinden kann.

Sechs

Je weiter wir bei den Stäben zum As vorrücken, desto stärker werden sie. Das Hauptgewicht verlagert sich von Problemen zur Freude, von der Defensive zum Optimismus, bis wir durch das As mit dem lebenspendenden Feuer vereinigt werden. Die Sechs stellt einen Wendepunkt dar. Im System des Golden Dawn trägt die Karte den Namen »Sieg«, und in der Tat ist auf ihr eine Siegesparade abgebildet, in der der Held einen Lorbeerkranz trägt und von seinem Gefolge umringt ist. Er hat jedoch sein Ziel noch nicht erreicht. (Dies ist natürlich eine Interpretationsfrage; er könnte genausogut gerade nach Hause kom-

Abb. 37

men. Ich halte mich hier an Waites Deutung.) Er setzt den Sieg voraus. Sein Optimismus bringt genau den Erfolg, den er braucht und erwartet, hervor.

Oft, wenn auch sicherlich nicht immer, müssen wir nur wirklich an uns glauben, um die Energie zu finden, die wir benötigen, um das zu erreichen, was wir uns wünschen. Und mehr noch, dieser Glaube wird andere inspirieren, uns zu folgen. Die Sechsen haben mit Kommunikation und Schenken zu tun. Hier ist es der feurige Glaube an das Leben, den die Stäbe den Menschen in ihrer Umgebung schenken.

Umgekehrt

Wahrer Optimismus führt zum Sieg. Falscher Optimismus, der unsere Zweifel mit Prahlerei und Selbsttäuschung übertüncht, bringt Angst und Schwäche. Die Einstellung, die in der aufrechten Karte gezeigt wird, kann nicht vorgetäuscht werden, denn wenn sie nicht echt ist, verwandelt sie sich in ihr Gegenteil: Defätismus, ein Ge-

202

fühl, daß unsere Feinde uns überwältigen werden, oder daß das Leben oder bestimmte Menschen uns auf irgendeine Weise hintergehen werden. Diese Einstellung wird sehr oft zu einer selbsterfüllenden Prophezeiung, denn Mißtrauen kann wirklich Verrat hervorbringen.

Fünf

Auch hier finden wir den Konflikt, jedoch auf einer leichteren Ebene. Es liegt in der Natur der Stäbe, das Leben als Kampf zu betrachten. Im besten Sinne wird der Kampf jedoch zur aufregenden Kraftprobe, die man voller Eifer sucht. Im allgemeinen symbolisieren die Fünfen Schwierigkeiten oder Verlust, doch das Element Feuer formt Probleme in Wettstreit um, der als eine Kommunikationsmöglichkeit der Menschen untereinander und mit der Gesellschaft angesehen wird. Die jungen Menschen kämpfen miteinander, doch nicht, um sich zu verletzen. Wie Kinder, die Ritter spielen, schlagen sie ihre

Abb. 38

Stöcke aneinander, ohne sich wirklich zu treffen. Sie wollen nicht zerstören, sondern ihre Kräfte aus reiner Freude an der Bewegung messen.

Umgekehrt

Der spannende Wettstreit auf der aufrechten Karte schließt einen Sinn für Regeln und Fair-play in sich, denn ohne Vereinbarungen, die für jeden einsichtig sind, wird der Kampf als Spiel unmöglich. Umgkehrt bedeutet die Karte, daß man die Regeln außer acht gelassen hat, und daß der Kampf auf einer ernsteren und boshafteren

Ebene stattfindet. Die Lust am Spiel schlägt um in Bitterkeit oder Enttäuschung, wenn Menschen danach trachten, einander wirklich zu verletzen oder zugrunde zu richten. Ein Mensch mit feuriger Einstellung zum Leben, besonders wenn diese nicht durch die Bewußtheit und Weisheit der Schwerter ergänzt wird, ist darauf angewiesen, daß ihm das Leben freundlich entgegenkommt und sich nicht von seiner grausameren Seite zeigt. Umgekehrte Feuerkarten führen uns vor Augen, daß das Feuer erlöschen kann.

(a) Abb. 39 (b)

Vier

Die Zahl Vier mit dem Bild des Quadrats bedeutet Stillstand und Solidität. Die Stäbe-Energie, die sich nicht unterdrücken läßt, braucht keine schützenden Gehege wie z. B. die Pentakel. Sie läßt sich nicht einsperren, und so sehen wir auf der Karte Menschen, die begeistert zu der einfachsten aller Strukturen hinausmarschieren, im Vertrauen darauf, daß die Sonne alle Wolken der Sorge vertreiben wird. Die Karte zeigt ein häusliches Milieu, das erfüllt ist von dem Optimismus, dem Eifer und der Festigkeit des Feuers. Wie auf der Sechs sehen wir Menschen, die den Tanzenden folgen. Anders als auf jener Karte, wo Soldaten dem charismatischen Führer folgen, werden die Menschen hier von Freude mitgerissen.

Sie verlassen eine ummauerte Stadt, um in eine offene Laube zu ziehen. Anders ausgedrückt: Ihr Elan und ihr Mut führen sie von einer defensiven zu einer offenen Situation. Wir können dieses Bild mit dem auf der rechten Seite abgebildeten Turm vergleichen. Die zwei Figuren auf dieser Großen Karte sind sehr ähnlich gekleidet wie die beiden auf der Vier der Stäbe; ihre Kleider haben sogar die gleichen Farben. In seiner weniger esoterischen Bedeutung symbolisiert der Turm den Zusammenbruch, der eintritt, wenn Menschen eine repressive oder unglückliche Situation so lange anwachsen lassen, daß sie ein unerträgliches Ausmaß erreicht. In der Vier der Stäbe führen Optimismus und die Liebe zur Freiheit die Menschen gemeinsam aus ihrer ummauerten Stadt heraus, bevor sie zum Gefängnis wird wie der Turm.

Umgekehrt

Waite sagt, daß die Umkehrung diese Karte nicht verändert. Die Freude ist so mächtig, daß sie nicht gehemmt werden kann. Man könnte jedoch hinzufügen, daß die umgekehrte Vier, wie auch die Sonne in den Großen Arkana, bedeuten kann, daß das Glück unserer Lebensumstände nicht auf den ersten Blick sichtbar wird. Wie bei der Familie auf der Zehn der Pentagramme könnte es auch hier sein, daß die Menschen lernen müssen, das, was sie haben, richtig zu schätzen. Eine andere Möglichkeit: Ein Mensch hat ebenso glückliche Lebensumstände, sie sind aber, zumindest in den Vorstellungen und Erwartungen anderer, ungewöhnlich.

Drei

Weil die Zahl Drei die Zahlen
Eins und Zwei zu einer neuen
Wirklichkeit vereinigt, symbolisiert sie Verbindungen und
Erfolge (vgl. die Herrscherin in
den Großen Arkana). In jedem
Satz zeigt sie das Element in
seiner reifsten Form. Zusammen mit den Stäben entsteht
daraus Erfüllung. Die Person
auf der Karte sieht sehr stark
aus; sie ist aber ruhig und unbe-
droht. Die jungen Wettkämp-
fer der Fünf haben Erfolge errungen, besonders im Beruf, in
der Karriere etc., obwohl die
Karte ebensogut emotionale
Reife bedeuten kann. Der Eifer der Stäbe verschwindet
nicht, sondern sendet jetzt
seine Schiffe aus, um neue Gebiete zu erforschen, während er

Abb. 40

selber zurückbleibt. Im Gegensatz zum Ritter bedeutet dieses
Bild, daß wir an der soliden Grundlage dessen, was wir bereits erreicht haben, festhalten, während wir gleichzeitig neue Bereiche
und Interessen in uns erschließen. In Befragungen kann dies
manchmal bedeuten, daß eine grundlegende Bindung an unsere
bestehenden Beziehungen bleibt, während wir gleichzeitig nach
neuen Freunden oder Geliebten Ausschau halten.
Einige Tarot-Karten haben ganz spezielle Bedeutungen, die nur
auf bestimmte Situationen zutreffen. Für einen Menschen, der von
seiner Vergangenheit verfolgt oder gequält wird, kann die Drei
der Stäbe bedeuten, Frieden mit seinen Erinnerungen zu schließen. Sie werden wie Boote, die auf einem breiten Fluß dahinsegeln
und zum offenen Meer gelangen. Die untergehende Sonne, ein
Symbol für Zufriedenheit, beleuchtet den Fluß, der ein Symbol für
das Gefühlsleben des Menschen ist, mit einem warmen, goldenen
Licht.

206

In der Drei der Stäbe erkennen wir die erste Pforten-Karte (bei den Stäben, deren Schwerpunkt im Handeln liegt, finden wir weniger von diesen nach innen weisenden Karten als bei den anderen Sätzen). Metaphysisch betrachtet hat das Meer in den Menschen immer eine Ahnung von der Unermeßlichkeit und dem Mysterium des Universums hervorgerufen, während der Fluß die Erfahrung symbolisiert, daß sich das Ego in diesem weiten Meer auflöst. Die Boote stehen für den Teil in uns, der nach tiefen Erfahrungen sucht, während uns der Mensch auf der Karte vor Augen führt, wie wichtig es ist, daß wir fest in der alltäglichen Realität verwurzelt sind, bevor wir uns auf eine solche metaphysische Reise begeben. Diese etwas schematische Erklärung gibt uns nur einen schattenhaften intellektuellen Begriff von der wahren Bedeutung der Karte. Diese Bedeutung liegt in der Erfahrung, so sehr in das Bild einzutauchen, bis uns das Boot in die unbekannten Gefilde unseres Selbst trägt. Bezeichnenderweise ist es die Verbindung von Wasser und Erde in Gestalt des Meeres und des Felsens, die bei diesem Bild das Feuer zu seinen größten Möglichkeiten führen. Die spezielle Eigenschaft dieser Pforten-Karte, die darin liegt, das Unbekannte zu erforschen, gehört jedoch zum Feuer.

Umgekehrt

Die Komplexität der aufrechten Karte spiegelt sich in ihren verschiedenen Bedeutungen. Zum einen kann sie bedeuten, daß eine »Forschungsreise« oder ein Unternehmen (sowohl praktischer als auch emotionaler Art) wegen heftiger »Stürme« mißlingt; das heißt, daß die Probleme größer sind, als wir erwartet hatten. Sie kann aber auch bedeuten, daß wir uns nach einer Zeit des Zurückziehens und des Besinnens wieder mehr auf unsere Umwelt einlassen. Das Bild auf der aufrechten Karte birgt eine gewisse Isolation in sich, da der Mensch auf die Welt herabblickt. Und schließlich kann die Karte auch bedeuten, daß man von seinen Erinnerungen verfolgt wird.

Zwei

Auch die Zwei ist eine Karte des Erfolgs, sogar mehr noch als die Drei, denn hier steht ein Mann in einem Schloß und hält die Welt in seinen Händen. Doch liegt in der Karte nicht die gleiche Zufriedenheit wie in der Drei. Er ist gelangweilt; seine Erfolge haben nur dazu gedient, ihn mit Mauern zu umgeben (eine für das Feuer sehr unangenehme Situation), und die Welt, die er hält, ist sehr klein. Waite vergleicht ihn in seinem Überdruß mit Alexander dem Großen, von dem erzählt wird, daß er weinte, nachdem er die Welt erobert hatte, weil er nicht wußte, was er nun noch mit seinem Leben anfangen sollte (daß er kurz darauf

Abb. 41

starb, hat diese Legende natürlich noch zusätzlich bestärkt). Waites Kommentar weist darauf hin, daß die Vorliebe der Stäbe für Kampf und Herausforderung den Menschen ohne wirkliche Befriedigung läßt, wenn er Erfolge errungen und den Kampf gewonnen hat. Ein Vergleich mit der Vier (und der Zehn) ist naheliegend. Dort tanzen mehrere Menschen zusammen aus einer ummauerten Stadt heraus. Hier steht ein Mensch alleine da, eingemauert von seinem eigenen Erfolg.

Umgekehrt

Hier finden wir eine von Waites besten Kurzdeutungen: »Überraschung, Staunen, Entzücken, Schwierigkeiten und Angst.« Alle diese Begriffe zusammen beschreiben einen Menschen, der direkt in neue Erfahrungen hineinspringt. Wenn wir die Sicherheit einer Situation und vergangene Erfolge hinter uns lassen, um uns in das Unbekannte hineinzuwagen, setzen wir so viele Gefühle und Energien frei, daß sowohl das Staunen und Entzücken als auch die

Angst, die damit einhergeht, unvermeidlich eintreten werden. Die Karte spricht besonders stark Menschen an, die lange Zeit in einer unerfreulichen oder unbefriedigenden Situation gelebt haben und schließlich den Entschluß fassen, alles auf einmal zu verändern.

As

Ein Geschenk der Stärke, der Macht, großer sexueller Energie, der Freude am Leben. Die Blätter sprießen so zahlreich hervor, daß sie herabfallen und zu Yod, dem ersten Buchstaben des Namen Gottes, werden. Diese Yods erscheinen auf allen Assen, außer auf dem der Pentakel; sie bedeuten, daß das Leben uns diese primären Erfahrungen als ein Geschenk zuteil werden läßt. Wir können sie nicht mit den uns zur Verfügung stehenden Mitteln verursachen oder hervorbringen; sie kommen zu uns als Hände, die sich aus einer Wolke herausstrecken. Erst wenn wir die hohen Bewußtseinsstufen erreichen, die in den letzten Karten

Abb. 42

der Großen Arkana dargestellt sind, können wir die Quellen, aus denen diese elementare Energie hervorbricht, erkennen. In Alltagssituationen genügt es, sie zu erfahren und zu würdigen.

Wenn wir am Anfang einer Situation stehen, könnte keine Karte einen besseren Start signalisieren. Sie gibt Energie und Stärke. Gleichzeitig lehrt uns die Karte Bescheidenheit, indem sie uns daran erinnert, daß es letztlich nicht unser moralischer Verdienst ist, wenn wir, mit diesem Optimismus und dieser großen Energie ausgestattet, manchmal in der Lage sind, andere Menschen zu überflügeln.

Umgekehrt

Ein umgekehrtes As bedeutet in gewisser Weise ein Fehlen dieser primären Erfahrung. Dies kann einfach bedeuten, daß sich eine Situation gegen uns wendet oder, besonders bei den Schwertern und den Stäben, daß es uns unmöglich erscheint, an dieser Kraft festzuhalten und sie sinnvoll zu nutzen.

Deshalb kann das umgekehrte As der Stäbe Chaos, das Auseinanderfallen der Dinge bedeuten, entweder weil es eben so geschieht, oder weil wir sie durch zuviel ungelenkte Energie zerstört haben. Dies kann auf einer konkreten Ebene geschehen, durch zu viele Aktivitäten, zu viele neue Anfänge ohne das, was wir bisher erreicht haben, zu festigen; oder aber auf einer emotionalen Ebene, indem wir einer Freundschaft zu sehr vertrauen oder sie zu stark belasten; und schließlich auf einer sexuellen Ebene, wenn wir uns weigern, dieses feurige sexuelle Verlangen zu bändigen.

Waite fügte dem noch eine freundlichere Deutung für das umgekehrte As hinzu: »Umwölkte Freude.« Dann wird das As wie die Vier oder die Sonne; das Wunder und das Glück sind immer existent, auch wenn wir sie nicht direkt sehen wollen oder können.

2 Kelche

Abb. 43

Während Feuer die geistige Kraft symbolisiert, die dem Universum Leben gibt, bedeutet Wasser die Liebe, die der Seele die Fähigkeit gibt, diese Kraft zu empfangen. Die Sonne bringt die Saat aus dem Boden hervor, aber nur, wenn Wasser ihn zuerst aufgeweicht und fruchtbar gemacht hat. Feuer steht für Handeln, Wasser für Formlosigkeit oder Passivität. Wasser symbolisiert nicht Schwäche; es repräsentiert vielmehr die innere Wirklichkeit und das langsame Erwachen der Saat. In extremen Situationen sind Wasser und Feuer natürliche Feinde; eine Flut bringt das Feuer zum Verlöschen, eine Flamme unter einem Topf löst das bereits formlose Wasser in Dampf auf. Gleichzeitig kann Leben ohne eine Verbindung dieser primären Gegensätze nicht existieren oder wachsen.

Dieses Paradoxon hat die Alchemisten und andere dazu gebracht, Transformation – was nicht einfach Veränderung, sondern plötzliche Entwicklung von einem fragmentarischen zu einem integrierten Zustand bedeutet – als eine Vereinigung von Feuer und Wasser zu beschreiben, dargestellt in dem Bild des Hermaphroditen (und welches Symbol für Gegensätze könnte in der traditionellen Gesellschaft mit ihrer strengen Rollen- und Geschlechtsidentifikation machtvoller sein als der Gegensatz zwischen Mann und Frau?), und in verschlüsselter Form im sechszackigen Stern. In diesem alten Symbol (weit älter als seine Verwendung als Emblem des Judentums) verbindet sich das obere Feuer-Dreieck mit dem unteren Wasser-Dreieck und fügt sich zu einem Bild vom Leben, das von einem Zentrum der Einheit aus in alle Richtungen ausstrahlt.

Weil sich das Wasser in einem Fluß ständig wandelt, und der Fluß doch immer seinen eigentlichen Charakter beibehält, symbolisiert er das wahre Selbst, das jenseits aller äußeren Veränderungen im Leben eines Menschen unverändert bleibt. Während Feuer also das symbolisiert, was wir tun, steht Wasser für das, was wir sind.

Alle Flüsse münden ins Meer. Wie sehr unser Ego auch auf der Trennung vom übrigen Leben bestehen mag, unsere Instinkte – die Wasser-Seite in uns – erinnern uns an unsere Einheit mit der Welt. Die westliche Kultur betont die Idee von einem einzigartigen und von der Welt getrennten Individuum. Der Tarot leugnet nicht die Einzigartigkeit des Individuums – er betont sie durch die Einzigartigkeit der Auslegungen –, sondern beschreibt den Menschen als eine Kombination von Elementen (ein astrologisches Horoskop mit seinen zwölf Zeichen und zwölf Häusern lehrt uns die gleiche Lektion). Und eines dieser Elemente stellt die grundlegende Verbindung eines Menschen mit dem Leben dar.

Der Satz der Kelche zeigt eine innere Erfahrung, die eher fließend ist, als daß sie sich abgrenzt, die eher öffnet, als daß sie einschränkt. Kelche symbolisieren Liebe und Phantasie, Freude und Frieden, einen Sinn für Harmonie und die Fähigkeit zu staunen. Sie zeigen uns Liebe als den Weg zum Geist, sowohl die Liebe, die wir anderen geben, als auch die Liebe, die wir von Menschen und vom Leben selbst in seinen glücklichen Augenblicken bekommmen.

In Zeiten, wo das Leben Handeln erfordert – auf der physischen oder auf der Gefühlsebene – stellen Kelche das Problem der Passivität dar. Alle Versuche, etwas zu tun oder ein schwieriges Problem zu klären, lösen sich in Verschwommenheit, Apathie oder leere Träume auf. Stäbe geben den Kelchen Energie, Schwerter definieren diese emotionale Energie, geben ihr eine Richtung und helfen ihr, einen Überblick zu bekommen (obwohl die Stürme der Luft das friedliche Wasser auch aufwühlen können), während Pentakel die Phantasien wieder auf den Boden realer Projekte zurückbringen.

König

Wie der König der Stäbe repräsentiert er seinen Satz in Form
von sozialer Verantwortung,
Erfüllung und Reife. Wie der
Feuer-König kann auch er sich
nicht so ganz mit seiner Rolle
als »Erhalter der Gesellschaft«
anfreunden. Kelche symbolisieren schöpferische Phantasie,
und um erfolgreich zu sein,
mußte er seine Träume diszipli-
nieren und sogar unterdrücken.
Er trägt einen Fisch, Symbol
für Kreativität, um seinen Hals;
er ist jedoch nur ein künstlicher
Schmuck. Er hat seine kreativen Fähigkeiten auf sozial verantwortliche Aufgaben ge-
lenkt. Waite beschreibt ihn als
einen Mann »der Tat, des Gesetzes, der Göttlichkeit«. In ge-

KÖNIG der KELCHE

Abb. 44

wisser Weise hat er seinen Satz zur Reife gebracht; doch Wasser
möchte fließen und sich nicht begrenzen lassen.

Hinter seinem Thron schnellt ein lebender Fisch durch die Wellen,
der andeutet, daß die schöpferische Phantasie selbst dann lebendig
bleibt, wenn sie in den Hintergrund verbannt wird. Entsprechend
schwimmt sein Thron auf dem bewegten Meer, doch er selbst
kommt mit dem Wasser nicht in Berührung (vgl. die Königin der
Kelche, S. 215), was bedeutet, daß er seinen Erfolg letztendlich
seiner Kreativität zu verdanken hat, auch wenn er sein Leben so
eingerichtet hat, als wenn er sich von seiner eigenen, spielerisch-
poetischen Imagination abtrennen wollte.

In extremer Form ist es das Bild eines Menschen, der seine Gefühle und seine Phantasie völlig abgeblockt hat. In abgeschwächter Form zeigt es jemanden, der diese Qualitäten zwar zum Ausdruck bringt, jedoch nicht als zentralen Punkt in seinem Leben.
Verantwortung kommt hier vor Selbstverwirklichung.

Der König schaut seinen Kelch nicht an; er hält ihn eher auf ähnliche Weise wie sein Zepter, das ein Symbol für Macht ist. Einige Kommentatoren sehen den König als einen Menschen mit aufgewühlten Emotionen bis hin zu Ärger und Haß, der diese Gefühle gewohnheitsgemäß und sogar vor sich selbst hinter einem immer ruhigen Aussehen verbirgt. Diese Vorstellung leitet sich von der Vorstellung ab, daß die Könige für Luft stehen, und deshalb bedeutet der König der Kelche Luft des Wassers, d. h. die aufgewühlten Gefühle der Luft, die vom wohltuenden Einfluß des Wassers bedeckt werden.

In bestimmten Zusammenhängen, besonders in der Kunst, bekommt der König eine ganz andere Bedeutung. Da er der Führer seines Satzes ist, kann er Erfolg, Vollendung, Meisterschaft und Reife im künstlerischen Werk symbolisieren.

Umgekehrt

Vielschichtiger und vielleicht auch schwieriger als der König der Stäbe, hat der umgekehrte König der Kelche eine Tendenz zu Unaufrichtigkeit. Aufrecht setzt er seine Kreativität für seine Arbeit ein; umgekehrt mißbraucht er seine Talente für Laster und Korruption. Auch Betrüger setzen ihre Kreativität ein, um ihre Karriere voranzutreiben; wir würden ihr Handeln jedoch niemals als »verantwortlich« bezeichnen.

Die auf den Kopf gestellte Karte kann bedeuten, daß die heftigen Emotionen der Luft hinter dem ruhigen Äußeren zum Vorschein kommen, möglicherweise durch den Druck von äußeren Ereignissen. In der Liebe kann der umgekehrte König der Kelche auf einen unehrlichen und noch dazu tyrannischen Geliebten hinweisen, der manchmal eine Frau, meistens aber ein Mann ist.

Schließlich kann der umgekehrte König im Zusammenhang mit der Kunst bedeuten, daß sich das Werk eines Künstlers als unbedeutend erwiesen hat, oder daß jemand seine Reife noch nicht erlangt hat und daher kein bedeutendes Werk vorweisen kann. Bei einer Befragung bekommt letztere Bedeutung besonderes Gewicht, wenn die Karte in Verbindung mit bestimmten umgekehrten Pentakeln, wie z. B. der Acht oder der Drei, erscheint.

Königin

Man könnte die Königin, als die erfolgreichste und ausgeglichenste der Kelche und in gewisser Hinsicht aller Kleinen Karten, fast als eine weltliche Version der Welt-Tänzerin ansehen. In ihrer Position zwischen der äußeren Verantwortlichkeit des Königs und der Passivität des Ritters zeigt sie uns die Möglichkeit, Phantasie und Handeln, Kreativität und soziale Nützlichkeit zu verbinden. Ihr Thron, der mit engelhaften Wassernixen dekoriert ist, steht auf dem Land und zeigt damit ihre vitale Verbindung zur äußeren Welt und zu anderen Menschen, eine Verbindung, die realer ist als die des Königs. Gleichzeitig um-

Abb. 45

spült Wasser ihre Füße und durchtränkt ihr Kleid. Dies bedeutet die Einheit des Selbst mit Gefühl und Phantasie. Das Wasser symbolisiert auch die Kräfte des Unbewußten – die grundlegenden spirituellen Muster, die in den Großen Arkana dargestellt sind – die dem bewußten Leben Nahrung geben. Die Einheit von Wasser, Erde und der Königin bringt zum Ausdruck, daß wir unsere Phantasie nicht dadurch nähren, daß wir ihr die völlige Freiheit lassen, ziellos umherzuschweifen, sondern dadurch, daß wir sie auf eine wertvolle Arbeit richten – ein Gedanke, dem die meisten Künstler beipflichten werden. Diese Vorstellung wird noch deutlicher in der Neun der Pentakel, dem Symbol für kreative Disziplin.

Waite schreibt, daß der Kelch, den sie in ihren Händen hält, ihr eigenes Werk ist. Er ist der kunstvollste von allen Kelchen (was immer man von seinem Stil halten mag!) und symbolisiert den Erfolg, den man erreichen kann, wenn man seine kreative Phantasie einsetzt. Beachte seine an eine Kirche erinnernde Form! Bis zu unserer modernen Zeit (und in archaischeren Kulturen noch heute) hat die Kunst spirituelle Erfahrungen dargestellt und verherrlicht. Die Königin starrt gebannt auf den Kelch. Dies weist auf den starken Willen hin, der die schöpferische Kraft lenkt und formt, ohne sie zu unterdrücken. Gleichzeitig deutet ihr Blick an, daß der kreative Mensch Inspiration für künftige Arbeit aus seinen vergangenen Erfolgen bezieht. Vergleiche ihren leidenschaftlichen Blick mit der Verträumtheit des Ritters oder den nebelhaften Phantasien der Sieben.

Willensstärke allein kann Imagination und Handeln nicht vereinigen. Nur die Liebe kann ihren Handlungen Sinn verleihen und ihre Ziele realisieren. Diese Ziele bedeuten nicht einfach Kreativität im engeren Sinne der Kunst, sondern allgemein etwas Ganzes und Lebendiges aus den Möglichkeiten und Elementen, die das Leben bereitstellt, zu schaffen. Dazu können auch emotionale Ziele gehören, besonders solche, die sich auf die Familie beziehen; denn während der König die Gesellschaft repräsentiert, symbolisiert die Königin die Familie, für Männer genauso wie für Frauen.

Das Wichtigste aber ist, daß sie Bewußtsein und Gefühl in sich vereinigt. Sie weiß, was sie will und wird die notwendigen Schritte unternehmen, um es zu bekommen. Doch handelt sie immer im Bewußtsein der Liebe.

Waite nennt dies »liebende Intelligenz und also auch die Gabe visionärer Kraft«. Diese Formulierung deutet an, daß uns eine glückliche Sicht vom Leben nur als ein Geschenk zukommt, daß aber die Liebe uns dafür öffnen kann, ein solches Geschenk zu empfangen oder überhaupt zu erkennen, daß es existiert. Wenn sich Intelligenz und Liebe vereinigen, können wir uns dieser Gabe würdig erweisen, indem wir diese Vision aufnehmen und etwas Reales und Dauerhaftes aus ihr machen.

Umgekehrt

Die umgekehrte Königin der Kelche zerbricht diese Einheit von Vision und Handeln. Wir sehen einen überaus ehrgeizigen und mächtigen Menschen, der sogar gefährlich ist, da man ihm nicht trauen kann.

Sie hat die Liebe verloren und mit ihr die Bindung an Werte, die größer sind als ihr eigener Erfolg. Wenn sie noch mehr aus dem Gleichgewicht gerät, kann sie unehrenhaft, sogar regelrecht verdorben werden, je mehr sie die Kontrolle über ihre schöpferische Kraft verliert.

RITTER der KELCHE   TOD

(a)   *Abb. 46*   *(b)*

Ritter

Da er eine weniger entwickelte Figur ist als die Königin oder der König, hat der Ritter nicht gelernt, seine Phantasie in der Welt einzubringen. Deshalb beherrschen Träume seine Karte, dargestellt in dem Bild von einem langsamen Pferd und einem Ritter, der sich in den Verlockungen seines Kelches, einem Symbol für Imagination, verloren hat. Gleichzeitig ist die schöpferische Kraft hier weniger machtvoll als in allen anderen Hofkarten der Kelche. Nur ein schmaler Fluß fließt durch das ausgedörrte Land. Der Ritter hat nicht gelernt, daß die wahre Imagination von Handlung und nicht von Phantasien ihre Nahrung erhält. Damit meine ich, daß unsere Träume unbestimmt und ohne Verbindung mit unserem sonstigen Leben bleiben, wenn wir nichts mit ihnen machen.

Wir können die Verträumtheit des Ritters auch noch von einer anderen Seite betrachten. Was gibt ihr Nahrung – innere Prinzipien, wie sie im Mythos oder in der archetypischen Kunst zum Ausdruck

217

kommen, oder ein Sich-gehen-Lassen wie in Tagträumen oder eskapistischen Filmen oder Büchern? Der englische Dichter Samuel Taylor Coleridge unterschied zwischen Imagination und Einbildung. Beide lenken den Geist weg von den gewöhnlichen Erfahrungen und Wahrnehmungen. Während die Imagination jedoch aus einer Bewußtheit der elementaren spirituellen Wahrheit hervorgeht bzw. diese hervorbringt, erzeugt die Einbildung nur Phantasien, die vielleicht aufregend sein mögen, die aber letztendlich keine wirkliche Bedeutung haben. Sie entspringen dem Ego und nicht so sehr dem Unbewußten.

Nichts kommt aus seinem Kelch hervor (vgl. den Buben, S. 219). Er hat ihn auch nicht in etwas Bedeutenderes umgeformt, wie die Königin. Ein Ritter ist eine Figur, die auf Handeln und Verwicklung angelegt ist. Wasser dagegen symbolisiert Passivität. Die Symbolik – im System des Golden Dawn Feuer des Wassers – bedeutet, daß die Elemente unversöhnliche Gegensätze darstellen. Indem er diese grundlegende Aufgabe in der Welt leugnet, nimmt er damit seiner Phantasie die Möglichkeit, sich zu entfalten.

Weil er ein Ritter ist, kann ihn die äußere Welt von Handlung und Sex in ihren Bann ziehen, obwohl er seinen Phantasien und Gedanken nachhängt. Seine Passivität kann manchmal zur Pose werden, fast schon übertrieben, um jene Verlockungen und Begierden beiseite zu drängen, die seinen Frieden stören könnten. In der Liebe kann der Ritter einen Liebhaber verkörpern, der sich nicht binden will, der vielleicht attraktiv, aber auch passiv, introvertiert oder narzißtisch ist.

Diese harten Beschreibungen des Ritters haben alle mit seinen Konflikten zu tun. Andererseits sind sein Helm und seine Füße mit Flügeln versehen, sein Pferd ist temperamentvoll auch in seiner Langsamkeit. Und er ähnelt dem Tod, dem Symbol für Transformation. Wenn der Ritter sich nicht von Verantwortlichkeiten oder Begierden ablenken läßt, wenn er einer echten Inspiration folgt, statt vor äußeren Verpflichtungen davonzulaufen, dann kann er sehr weit in sein Inneres vordringen, indem er die Ritter-Energie zur Erforschung seiner eigenen inneren Welt verwendet.

Umgekehrt

Wir sehen, daß der Ritter auf alle möglichen Arten auf die wachsenden Forderungen seiner Umwelt reagieren kann. Dies kann z. B. einfach heißen, daß er sich aufrafft, endlich etwas zu tun, oder daß er mehr seinen physischen Bedürfnissen nachgeht. Oder es kann bedeuten, daß ein passiver Mensch dahin gedrängt wird, aktiv zu werden und Verpflichtungen einzugehen, obwohl er eigentlich nicht will. Auch wenn er sich diesen Forderungen nach außen hin nicht widersetzt, kann er sie dennoch sehr übelnehmen. Das kann dazu führen, daß sich eine Mauer zwischen dem Ritter und jenen Menschen aufbaut, die ihn dazu bringen, seine Verantwortungen zu übernehmen. Diese Einstellung kann Heuchelei oder Manipulation, manchmal Lügen und Tricks zur Folge haben.

Bube

Weil er jünger im Geiste und wie ein Kind ist, leidet der Bube nicht unter dem gleichen Konflikt zwischen Verantwortung oder sinnlichen Begierden wie der Ritter. Er steht für einen Zustand oder eine Zeit, in der es für einen Menschen sehr angemessen ist, seinen Gedanken und Phantasien nachzuhängen. Keine Forderungen von außen stören ihn in seinen freundlichen Betrachtungen. Daher schaut ihm der Fisch der Imagination aus seinem Kelch entgegen. Der Bube blickt amüsiert zurück, ohne das Bedürfnis, sich selbst so tief zu ergründen, wie es der Ritter tut. Hier findet die Imagination ihre Berechtigung in sich selbst.

Abb. 47

Der Fisch kann auch übersinnliche Begabungen und Sensibilität symbolisieren. Und da alle Buben auch die Eigenschaft eines Schülers verkörpern, kann der Bube der Kelche einen Menschen versinnbildlichen, der mediale Fähigkeiten erlangt hat, entweder durch ein regelrechtes Studienprogramm und/oder durch Meditation, oder indem sie sich spontan, und zwar in friedlicher Weise, entwickeln.

Umgekehrt

Auf der aufrechten Karte sehen wir einen Menschen, der seine Imagination vor sich aufsteigen läßt. Da er mit seinen Phantasien nichts anfängt, bereiten sie ihm keine Probleme. Wenn er sie jedoch zur Grundlage seines Handelns macht, können sie ihn in Irrtümer verwickeln. Die Umkehrung bedeutet daher, daß wir unseren Neigungen nachgehen, daß wir handeln, ohne darüber nachzudenken, oder daß wir unseren spontanen Bedürfnissen nachgeben, besonders dann, wenn sie im Widerspruch zu unserer Vernunft stehen. Wir sehen den umgekehrten Buben immer dann, wenn wir etwas kaufen, das wir nicht brauchen und noch nicht einmal wirklich haben wollen; wir sehen ihn, wenn wir Versprechungen machen, die wir nicht halten können oder Verpflichtungen eingehen, die eigentlich nichts bedeuten.

In anderen Situationen, wenn sich der Bube z. B. auf die Entwicklung übersinnlicher Fähigkeiten oder echte Visionen bezieht, kann die Umkehrung einen Menschen zeigen, der von diesen Visionen beunruhigt wird. In unserer rationalen Welt kann das plötzliche Auftreten von übersinnlichen Begabungen, selbst wenn sie ganz bewußt durch Übung angestrebt wurden, sehr furchterregend sein. Der umgekehrte Bube spiegelt diese Angst und erinnert uns daran, ruhig zu werden und in Frieden den Fisch zu betrachten, der da aus dem Kelch unseres Selbst emporsteigt. In Verbindung mit den Pentakeln ist es eine Aufforderung, uns fest in der äußeren Realität zu verwurzeln, damit wir nicht von unseren Phantasien und Visionen hinweggeschwemmt werden.

Zehn

Als die höchste Zahl bedeuten die Zehnen, daß man von der Qualität der Farbe erfüllt ist. In den Stäben sahen wir ein Übermaß an Belastungen; in den Kelchen finden wir Freude und die Wunder des Lebens, die sich über den ganzen Himmel erstrecken. Der heilige Gral, Symbol der Gnade und Liebe Gottes, liegt dieser Farbe zugrunde und zeigt uns, daß Liebe, Phantasie und Freude als Gaben zu uns kommen. Die Bibel sagt, daß Gott den Regenbogen als Versprechen geschaffen habe, daß die Welt niemals wieder eine Sintflut erleiden wird. Aber der Regenbogen vermittelt auch noch ein positiveres Versprechen – daß

Abb. 48

das Leben uns Freude bringt und nicht nur die Abwesenheit von Schmerz.

Der Mann und die Frau in dem Bild haben diese Dinge verstanden. Arm in Arm schauen sie zum Himmel hinauf und preisen den Regenbogen. Die Kinder jedoch tanzen, ohne nach oben zu blicken. Sie symbolisieren die Unschuld, die das Glück als die natürliche Bedingung des Lebens betrachtet. Sie erwarten das Glück, aber sie vergeuden es nicht. Da sie eine Familie zeigt, bezieht sich die Karte in erster Linie auf häusliches Glück; sie kann aber auch für jede Situation stehen, die eine Welle von Freude bringt. Sie bezieht sich besonders auf das Erkennen der wertvollen Aspekte einer Situation. Dies trifft zu, wenn die Zehn der Kelche in einer Befragung im Kontrast zu der Zehn der Pentakel erscheint.

Umgekehrt

Hier gibt es zwei grundlegende Varianten. Die eine ist die, daß alle Emotionen sich gegen sich selbst wenden. Eine gefühlsmäßig stark aufgeladene Situation, häufig in der Liebe oder im familiären Bereich, ist in eine Sackgasse geraten und verursacht heftige Gefühle, Wut oder Intrigen. In der Praxis kann die umgekehrte Zehn aber auch einfach bedeuten, daß ein Mensch das Glück, welches das Leben ihm zu bieten hat, nicht erkennt oder nicht zu schätzen weiß.

Neun

Wir lassen den Zustand tiefer Freude hinter uns und wenden uns den einfacheren Vergnügungen der Schlemmerei und des körperlichen Wohlbefindens zu. Wie schon früher erwähnt, veranschaulichen die Neunen die Kompromisse, die wir mit dem Leben schließen. Die Stäbe waren von einer starken Abwehrhaltung geprägt; die freundlicheren Kelche zeigen die Einstellung, Sorgen und Probleme zu vermeiden, indem man sich auf die alltäglichen Freuden konzentriert. Manche Menschen reagieren mit Ablehnung auf diese Karte, vielleicht weil sie sich selbst als über jede Oberflächlichkeit er-

Abb. 49

haben sehen wollen. Manchmal, und besonders nach Zeiten der Sorgen oder langer, harter Arbeit, ist nichts so gut für uns wie eine Zeit des Wohlbefindens.

Umgekehrt

Diesmal liegt in der umgekehrten Karte die größere Bewußtheit – »Wahrheit, Treue, Freiheit« in der Kurzdeutung von Waite. Wenn wir sie im Zusammenhang mit der aufrechten Karte sehen, beinhalten diese Worte eine Ablehnung oberflächlicher Werte; sie beziehen sich jedoch auch auf sehr verworrene oder bedrückende Situationen, in denen wir Erfolg und Befreiung erlangen können, wenn wir dem Pfad der Wahrheit folgen, bzw. uns selbst, anderen oder einem bestimmten Ziel treu bleiben.

(a)   Abb. 50   (b)

Acht

Die freundliche Natur der Kelche kann uns leicht von dem, was wir zu tun haben, ablenken. Die Acht beginnt (oder beendet) eine Serie von fünf Karten, die mit dem Hauptproblem des Wassers, dem Handeln, zu tun haben. Auf dieser Karte sehen wir jemanden, der einer doppelten Reihe von aufeinander gestellten Kelchen den Rücken zukehrt; dies symbolisiert eine Situation, die uns nicht nur jetzt, sondern auch in Zukunft Glück bereitet. Im Gegensatz zu der Fünf stehen alle Kelche aufrecht da; keiner ist umgeworfen worden. Und doch weiß die Person, daß die Zeit gekommen ist, wo sie fortgehen muß. Dieses Bild zeigt eine der Gelegenheiten, in der der Wasser-Instinkt von echtem Nutzen ist – die Fähigkeit, zu spüren, wenn etwas zu Ende ist, bevor es entweder verdorrt oder über uns zusammenbricht, und zu wissen, wann die Zeit ist weiterzugehen. Wir sehen, daß die Person einen kleinen Berg besteigt, sich auf eine höhere Ebene begibt. Dies bedeutet, eine weniger bedeutsame zugunsten einer bedeutungsvolleren Situation zu verlassen. Beachte die Ähnlichkeit der Figur mit dem Eremiten rechts daneben. Wenn wir die hohe Stufe der Weisheit des Eremiten erlangen wollen, müssen wir als erstes die alltäglichen Dinge des Lebens hinter uns lassen.

Der Eremit führt uns vor Augen, daß das Bild der Erde nicht notwendigerweise Handlung oder Verwicklung im üblichen Sinne bedeutet, sondern daß es auch fast das Gegenteil sein kann, nämlich sich von äußerer Aktivität zurückzuziehen, um eine größere Bewußtheit über sich selbst zu erlangen. Auf den ersten Blick scheint die Szene in der Nacht stattzufinden; wenn wir jedoch genauer hinsehen, erkennen wir, daß sie eigentlich eine Sonnenfinsternis darstellt, bei der der Mond vor die Sonne wandert. Eine Mond-Phase, d. h. eine Zeit innerer Bewußtwerdung, ist an die Stelle der nach außen gerichteten Aktivitäten getreten. Indem sie das Bild des Mondes mit einer Szene der Bewegung verbindet, lehrt uns die Karte, daß es auch Handlung bedeutet, wenn wir ein tieferes Gefühl für unser Selbst entwickeln.

Ob sich die Figur in unseren Augen von der Welt fort oder in die Handlung hineinbewegt – die Karte symbolisiert auf jeden Fall das Verlassen einer stabilen Situation. Auf ihrer tiefsten Ebene ist auch diese Karte eine Pforte und ähnelt in gewisser Weise der Drei der Stäbe. Beide wirken durch das Bild einer Reise ins Unbekannte; während sich die Feuer-Karte jedoch dem Wasser nähert, zieht es die Wasser-Karte zur Luft. Die Drei der Stäbe überwindet das Ego und befreit den suchenden Geist, während die Acht der Kelche sich von der Unbestimmtheit des Wassers zu der klaren Erkenntnis von abstrakten Prinzipien hinbewegt, symbolisiert durch den Aufstieg auf den Berg des Eremiten.

Umgekehrt

Manchmal bedeutet die auf den Kopf gestellte Karte die einfache Verneinung des eigentlichen Bildes der Karte – hier also die Weigerung, eine bestimmte Situation zu verlassen; den Entschluß, auch dann noch zu bleiben, wenn man tief im Innern weiß, daß einem die Situation nichts mehr zu geben hat. Eine solche Beschreibung charakterisiert viele Beziehungen.

Meistens behält die Karte jedoch ihre Qualität der Bewußtheit und der richtigen Reaktion. Sie symbolisiert, daß die Zeit zu gehen noch *nicht* gekommen ist, daß die Situation auch weiterhin Freude und Sinn geben wird.

Eine letzte Möglichkeit: Zaghaftigkeit. Ein Mensch verläßt eine Situation, weil ihm der Mut fehlt, sie weiter zu verfolgen und alles aus ihr herauszuholen.

Viele Leute machen dies zu einem Verhaltensmuster in ihrem Leben; sie lassen sich auf Beziehungen, Arbeit, Unternehmungen usw. ein und laufen davon, wenn Probleme und Schwierigkeiten auftauchen oder wenn die Zeit für wirkliche Bindungen gekommen ist.

Sieben

In der Sieben findet das Problem der Kelche seinen direktesten Ausdruck. Gefühl und Imagination können wundervolle Visionen erschaffen, doch ohne eine Verwurzelung im Handeln und in den äußeren Realitäten des Lebens bleiben diese phantastischen Bilder Tagträume, Einbildungen ohne wirkliche Bedeutung oder Wert. Beachte, daß die Visionen das ganze Spektrum der Phantasien umspannen – von Reichtum (die Juwelen) über einen Siegeskranz, Angst (der Drachen), Abenteuer (das Schloß), bis hin zu den Archetypen der Mythologie in einem

Abb. 51

gottähnlichen Gesicht, einer geheimnisvoll strahlenden Figur und einer Schlange, dem universellen Symbol für seelische Weisheit. Man sollte Tagträume nicht aufgrund ihres *Inhalts* für bedeutungslos halten; im Gegenteil, sie entspringen oft tiefen archetypischen Bedürfnissen und Bildern. Es fehlt ihnen deshalb an Bedeutung, weil sie keine Verbindung mit irgend etwas außerhalb ihrer selbst haben.

Umgekehrt

Diese Karte bedeutet in der Umkehrung den Entschluß, etwas aus den Träumen zu machen. Dies heißt nicht, Phantasien abzuwehren, sondern eher, etwas mit ihnen anzufangen.

Sechs

Als Karten angenehmer Gefühle und Träume symbolisieren die Kelche schöne Erinnerungen. Manchmal geben diese Erinnerungen ein realistisches Bild der Vergangenheit; dann wieder können wir sie idealisieren und sie durch Vorstellungen von Sicherheit und Glück verschleiern. Das Symbol für diese zweite Einstellung ist die Kindheit, die wir uns oft als behütete Zeit vorstellen, in der Eltern und ältere Geschwister uns beschützten und uns alles gaben, was wir brauchten. Manchmal kann eine solche Vorstellung ein warmes, sicheres Gefühl vermitteln, das dem Menschen hilft, seinen gegen-

Abb. 52

wärtigen Problemen ins Auge zu blicken. In diesem Sinne zeigt die Karte, wie die Vergangenheit (der Zwerg) der Zukunft, symbolisiert durch das Kind, ihre Erinnerungen als ein Geschenk überreicht. Manchmal kann eine Fixierung auf die Vergangenheit einen Menschen aber auch daran hindern, sich mit seinen augenblicklichen Problemen auseinanderzusetzen. Die Vergangenheit kann genauso von der Gegenwart ablenken wie Phantasien über die Zukunft.

Außer Erinnerung gibt es auch noch andere Bedeutungen für die Sechs. Die Sechsen zeigen Beziehungen, in denen Geben und Nehmen eine Rolle spielt. Hier sehen wir das Bild eines Lehrers oder Schirmherrn, der jemandem, vielleicht einem Familienmitglied, einem Schüler oder Freund, Weisheit und Sicherheit vermittelt.

Umgekehrt

Ähnlich wie die Sieben bedeutet auch die umgekehrte Sechs eine Bewegung in Richtung Handeln. Sie steht eher dafür, in die Zukunft zu blicken als in die Vergangenheit. Die beiden umgekehrten Karten sind sich sehr ähnlich; der Unterschied liegt darin, daß die Sechs eine Einstellung zeigt, während die Sieben tatsächlich unternommene Schritte symbolisiert.

Ein anderes Mal, wenn sie sich stärker auf die Bedeutung der aufrechten Karte bezieht, kann die umgekehrte Sechs aufgewühlte Gefühle (vgl. die umgekehrte Drei der Stäbe) oder ein Gefühl der Entfremdung von der Vergangenheit symbolisieren. Sie kann auch das Auseinanderbrechen einer Beziehung bedeuten, in der ein Mensch für einen oder mehrere andere ein Lehrer oder Beschützer war.

Fünf

Die Fünfen haben mit Kampf und manchmal auch mit Schmerz zu tun. Bei den Stäben sahen wir das Abenteuer des Wettkampfes; die Kelche zeigen die emotionale Reaktion auf Verlust. Das Bild stellt Kummer, aber auch Annehmen dar. Drei Kelche liegen umgestürzt da und der Inhalt ist verschüttet, aber zwei stehen noch, auch wenn sich die Figur im Moment auf die drei anderen konzentriert. In Befragungen habe ich diese Karte oft in Verbindung mit der Drei der Kelche (Glück oder Hoffnungen, die sich zerschlagen haben) oder mit der Drei der Schwerter gesehen; die zwei stehenden Kelche verweisen

Abb. 53

oft auf die Zwei der Kelche, also auf Unterstützung durch einen Geliebten oder Freund.

Die Frau (oder der Mann – der androgyne Charakter der Figur deutet an, daß Kummer die Geschlechter vereint) steht starr, ganz in Schwarz (die Farbe der Trauer) gehüllt da. Sie muß akzeptieren, daß ein Glück plötzlich verloren oder »umgestürzt« worden ist. Noch hat sie nicht erkannt, daß ihr auch etwas bleibt. Sie muß als erstes den Verlust begreifen und annehmen. Hat sie vielleicht selbst die Kelche umgestoßen, entweder durch Leichtsinn oder weil sie sie als selbstverständlich betrachtete? Im Sinne der Bewußtwerdung steht die Karte in Verbindung mit der Gerechtigkeit, dem Symbol für Wahrheit und dem Akzeptieren von Verantwortung. In ihrer Haltung und Kleidung ähnelt die Figur dem Eremiten, der sich in den Mantel der Weisheit einhüllt, um einen Rückhalt zu haben bei seiner Aufgabe, tief in seinem Innern nach einer Vision seines Lebens zu suchen, einer Vision, die er erst in der Karte der Gerechtigkeit wirklich annehmen wird.

Der Fluß symbolisiert das Dahinfließen des Kummers, doch die Brücke bedeutet Bewußtsein und Entscheidung. Sie führt von der Vergangenheit (Verlust) in die Zukunft (neue Anfänge). Wenn der Mensch seinen Verlust akzeptiert hat, kann er sich umdrehen, die beiden Kelche, die ihm geblieben sind, aufheben und über die Brücke zu dem Haus gehen, das ein Symbol für Stabilität und Kontinuität ist.

Da die Karte tiefes Bedauern hervorrufen kann, stellt auch sie eine Pforte dar, die uns jenes Gefühl von spirituellem Verlust und Getrenntheit vermittelt, das überall in der Welt zur Entstehung von Mythen über einen Sündenfall oder eine Vertreibung aus dem Paradies geführt hat.

Umgekehrt

Die Grundbedeutung der Karte kann sich in der Umkehrung auf drei Arten verändern. Zuerst einmal kann sie bedeuten, einen Verlust nicht zu akzeptieren und als Folge davon falsche Unternehmungen oder Fehler zu machen. Zweitens kann sie Unterstützung durch andere, Freundschaft, neue Interessen und Beschäftigungen nach einem traurigen oder unangenehmen Ereignis anzeigen. Und schließlich kann sie ein Bewußtsein davon vermitteln, was angesichts des Kummers wichtig und dauerhaft bleibt. In diesem Sinne wendet sich die Frau von den drei umgeworfenen Kelchen den beiden anderen zu. Die beiden Kelche symbolisieren hier die solide Grundlage im Leben eines Menschen; sie bleiben stehen, weil sie nicht so leicht umzuwerfen sind. Und diese Erkenntnis weist darauf hin, daß die drei umgeworfenen Kelche etwas symbolisieren, das weniger wichtig ist, als es zu der Zeit seiner Zerstörung den Anschein hatte.

Vier

Die Passivität der Kelche kann manchmal zu Apathie führen. Das, was man als »negative Imagination« bezeichnen könnte, läßt uns alles als wertlos und langweilig erscheinen. Es scheint nichts zu geben, für das es sich lohnen würde, sich aufzuraffen, nichts, das es wert wäre, etwas dafür zu tun oder es sich überhaupt nur näher anzusehen.

Die drei Kelche symbolisieren vergangene Erfahrungen des Menschen. Gelangweilt von dem, was ihm das Leben gibt, erkennt er nicht die neuen Möglichkeiten, die sich ihm durch den vierten Kelch auftun. Die Ähnlichkeit dieses Kelches mit dem As weist darauf hin, daß die neuen Möglichkeiten zu Glück und Befriedigung führen können. In der Hauptsache zeigt die Karte jedoch eine Situation, in der alles im Leben ein eintöniges Einerlei zu sein scheint. Manchmal zeigt die Karte auch Apathie, die aus einer langweiligen, reizlosen Umgebung resultiert.

Abb. 54

Umgekehrt

Wieder führt uns die Umkehrung aus der Befangenheit unseres Selbst heraus und öffnet uns für die Welt und ihre Möglichkeiten. Neue Dinge bieten sich an, neue Beziehungen, neue Ideen. Das Wichtigste ist aber, daß uns die umgekehrte Karte Enthusiasmus und das Wahrnehmen von Gelegenheiten vor Augen führt.

Drei

Die Dreien heben die Bedeutung und den Wert des jeweiligen Satzes hervor. Weil dieser Satz sich im Grunde vom Gral ableitet, bedeutet die Drei der Kelche Freude, Festlichkeit und vor allem die gemeinsame Teilhabe an den Wundern des Lebens. So als wenn die Problematik des Handelns nun überwunden wäre, strömen die letzten drei Karten, ihren Zahlen entsprechend, über vor Glück. Hier sehen wir Frauen, die eine Art Erntedankfest feiern.

Vielleicht ist eine schwierige Zeit zu Ende gegangen, oder die Arbeit hat gute Erfolge gebracht. Die Frauen sind so miteinander verflochten, daß wir kaum sagen können, welcher Arm zu wem gehört. Die Karte bedeutet, Erfahrungen miteinander zu teilen, in guten wie in schlechten Zeiten.

Abb. 55

Umgekehrt

Zuerst einmal kann sie den Verlust eines Glücks anzeigen. Sehr oft bedeutet sie, daß etwas, das man sehr erhofft hatte, nicht eingetreten ist. Sie kann das Scheitern einer Freundschaft symbolisieren und die Enttäuschung, wenn wir feststellen müssen, daß Freunde uns nicht geholfen haben, als wir sie dringend brauchten.

Eine andere Bedeutung stellt eine Entartung des ursprünglichen Bildes dar. Hier finden wir nicht ein gemeinsames Zelebrieren der Freuden des Lebens, sondern das, was Waite etwas altmodisch »Exzeß in körperlicher Lust und sinnlichem Vergnügen« nennt. Waite wollte damit offensichtlich ausdrücken, daß tiefere Werte ignoriert werden. Es ist jedoch interessant zu beobachten, daß die meisten Menschen diese Worte, besonders als Voraussage, ganz und gar nicht unerfreulich finden.

Zwei

Diese Karte stellt in vielfältiger Weise eine schwächere Version der Liebenden dar. Während die Trumpfkarte die große Macht reifer sexueller Beziehungen veranschaulicht, betont die Zwei der Kelche besonders den Anfang einer Beziehung. Dies ist keine unumstößliche und starre Regel, sofern sie Befragungen betrifft. Die Zwei kann oft eine langfristige Verbindung oder Freundschaft repräsentieren, vielleicht auf einer lockereren Ebene als die Liebenden. Meist bedeutet sie, daß man sich Freundschaft gelobt oder den Beginn einer Liebesbeziehung.

Auf der Trumpfkarte sehen wir den Engel, das Symbol für

Abb. 56   (a)

Überbewußtsein. Auf der Zwei der Kelche sehen wir den mit Flügeln versehenen Löwen über dem Schlangenstab des Hermes, dem Symbol für Heilung und Weisheit. In beiden Fällen zeigt die Karte, wie zwei Menschen, indem sie ihre getrennten Eigenschaften und Fähigkeiten durch Liebe vereinigen, etwas in ihrem Leben erschaffen, was keiner von beiden alleine erreicht hätte. Der Löwe symbolisiert Sexualität, die Flügel symbolisieren den Geist. Die Liebe gibt den sexuellen Trieben, die ein Schritt zu ihr hin sein können, eine tiefere Bedeutung.

In Teil Eins dieses Buches sahen wir, wie die Liebenden ein Abbild des vereinten Selbst sein können. Wir können die Zwei der Kelche auf ähnliche Weise betrachten. Während der Mann Handlung und Bewegung symbolisiert, verkörpert die Frau Gefühl, Sensibilität und eine besondere Wertschätzung der Erfahrung. Wenn wir diese beiden Qualitäten vereinigen, geben wir unserem Leben eine Bedeutung.

Beachte die Ähnlichkeit des Mannes mit dem Narren. In einer Be-

232

Der NARR   Die LIEBENDEN

(b)   *Abb. 56*   *(c)*

fragung tauchten diese beiden Karten einmal in Verbindung miteinander auf. Die Frau, eine Künstlerin, hatte die Frage gestellt,
welche Richtung sie in ihrer Kunst einschlagen sollte. Sie wollte
unbedingt herausfinden, ob ihre Kunst wirklich dem Mittelpunkt
ihres Lebens entsprang, oder ob sie einfach eine intellektuelle
Spielerei war.

Nun wiesen andere Karten darauf hin, daß sie in ihrer bisherigen
Arbeit eine Stufe technischer Meisterschaft erreicht hatte, während ihr der Narr für die weitere Entwicklung einen Sprung in neue
Gebiete zeigte. Die Zwei der Kelche aber zeigte ihr, daß sie dann
Erfolg haben würde, wenn sie ihre technischen Fähigkeiten und
ihre Vorstöße in Neuland mit der spirituellen Verwurzelung, die in
der Frau symbolisiert ist, vereinigen würde.

Umgekehrt

Die umgekehrte Karte zeigt in verschiedener Hinsicht einen Zusammenbruch der Ideale der aufrechten Karte. Dies kann eine

233

Liebesbeziehung oder Freundschaft bedeuten, die auf irgendeine Weise gestört ist, besonders durch Neid und Eifersucht und fehlendes Vertrauen. Sie kann auch einfach das Ende einer Beziehung symbolisieren.

Je nachdem, von welchen Karten sie umgeben ist, kann die Zwei der Kelche auch die Gefährdung einer Beziehung durch inneren oder äußeren Druck bedeuten. Eine andere Möglichkeit ist Verblendung – wenn Menschen sich selbst und anderen vormachen, daß ihnen eine Liebesbeziehung mehr bedeutet, als es in Wirklichkeit der Fall ist. Auf einer ähnlichen Ebene kann die umgekehrte Karte Menschen zeigen, die nach außen hin eine Beziehung leben, jedoch ohne wirkliche innere Beteiligung des einen oder beider Partner.

Wenn wir zugrunde legen, daß die Karte das Selbst bedeutet, dann weist die Umkehrung auf eine Spaltung zwischen dem, was wir tun, und dem, was wir fühlen, zwischen Handeln und Gefühl hin.

As

Von den widerstreitenden Gefühlen des Königs über die verschiedenen Arten, ein Gleichgewicht zwischen Lebensfreude und Passivität zu finden, gelangen wir schließlich zum As – dem Symbol für die Liebe, die dem Leben zugrunde liegt. Die direkte Bedeutung vom As der Kelche ist eine Zeit des Glücks und der Liebe, eine Gabe der Freude. So wie das Feuer die Welt erschafft, so gibt die Liebe ihr den Wert.

Das Bild von Smith mit der Taube und der Oblate zeigt offensichtlich den Heiligen Gral, von dem gesagt wurde, daß er die physische Präsenz des Heili-

AS der KELCHE

Abb. 57

gen Geistes, durch die er in der Welt wirksam wird, enthalte. In den subtileren Versionen der Legende von König Artus war es nicht eigentlich die Ritterlichkeit – d. h. eine moralische Struktur–, die das ruhmreiche Königreich von König Artus zusammenhielt, sondern vielmehr die heimliche Präsenz des Heiligen Grals, der im Lande verborgen war. Als der Gral nicht mehr da war (weil die Ritter der Tafelrunde nicht in der Lage waren, seine spirituelle Bedeutung zu erkennen), zerfiel das Königreich. Diese Allegorie sagt uns, daß die Welt nicht in erster Linie aufgrund ihrer Gesetze, ihrer moralischen Ordnung und ihrer sozialen Strukturen funktioniert, sondern vielmehr durch die spirituelle Grundlage, die all diesen Dingen Bedeutung verleiht und sie vor Entartung bewahrt. Wenn wir unsere Existenz als etwas betrachten, das erobert werden muß (so wie die Ritter von König Artus dem Gral nachjagten), schaffen wir nur Chaos. Kelche (Wasser) symbolisieren Empfänglichkeit. Die Liebe und letztendlich das Leben kann man nicht in Besitz nehmen – man kann sie nur annehmen.

Umgekehrt

Das umgekehrte As bringt immer Zerrissenheit. Hier finden wir Unglück, Gewalt, Zerstörung – genau das, wozu es in der König-Artus-Legende kam, nachdem der Gral aus dem Königreich verschwunden war. Die umgekehrte Karte kann einfach bedeuten, daß sich die Zeiten gegen uns richten und wir akzeptieren müssen, daß das Leben sowohl Probleme als auch Freude mit sich bringt. Sie kann auch darauf hinweisen, daß wir unser Unglücklichsein selbst herbeiführen, weil wir nicht erkennen, welche Möglichkeiten das Leben uns bietet, oder weil wir heftig reagieren, wenn wir eigentlich Ruhe bräuchten.

3 Schwerter

RITTER der SCHWERTER

Abb. 58

In vieler Hinsicht sind die Schwerter der schwierigste Satz. Schon der Gegenstand, eine Waffe, weist auf Schmerz, Wut und Zerstörung hin, und es sind vor allem diese Erfahrungen, die das Bild des Schwertes zum Ausdruck bringt. Doch kann ein Schwert auch Illusionen und schwierige Probleme durchdringen (man denke an Alexander, wie er den gordischen Knoten durchschlug). Galahad, der Ritter, der den Heiligen Gral erreichte, konnte seine spirituelle Suche erst beginnen, nachdem er von Merlin, dem geistigen Führer des Königreichs, sein magisches Schwert erhalten hatte. In ähnlicher Weise können wir unsere Suche nach dem Sinn und Wert unseres Lebens nicht beginnen, bevor wir nicht gelernt haben, die Wahrheit zu erkennen und anzunehmen, wie schmerzhaft sie auch immer sein mag.

Schwerter gehören zu dem Element der Luft oder zum Wind. Von den vier Elementen gilt die Luft als dem Äther oder Geist am engsten verwandt. Das Wort »Geist« (spirit) steht in direkter Beziehung zu dem Wort »Atem«, und im Hebräischen ist das Wort für »Geist« und das Wort für »Wind« ein und dasselbe. So wie die Luft in ständiger Bewegung ist, so kommt auch der Geist nie zur Ruhe; er springt hin und her, vor und zurück, manchmal heftig, manchmal ruhig, aber immer in Bewegung. Jeder, der einmal versucht hat, zu meditieren, wird wissen, wie unruhig der Geist ist.

Ein Problem, das eng mit den Schwertern verknüpft ist, ist das nicht in der Realität verwurzelte Denken oder das, was man als »Hamlet-Komplex« bezeichnen könnte. Der Geist sieht so viele

Aspekte einer Situation, so viele Möglichkeiten, daß ein Verstehen, geschweige denn Handeln, unmöglich wird. Weil in unserer Kultur schon immer die Rationalität betont worden ist, halten heutzutage viele Leute das Denken für die Ursache aller Probleme im Leben schlechthin. Wenn wir nur einfach aufhören könnten zu denken, würde schon alles gut werden, sagen sie uns. Selbst wenn so etwas möglich wäre – im Tarot lernen wir, daß dies nicht heilsam für uns wäre. Wir können das Problem eines Elementes nicht dadurch überwinden, daß wir es einfach verbannen oder es durch etwas anderes ersetzen; wir müssen es vielmehr mit anderen Elementen verbinden. Je verwirrter wir sind, desto mehr brauchen wir unseren Geist, denn nur mit seiner Hilfe können wir die Wahrheit herausfinden. Wir müssen die Luft jedoch auch mit Wasser verbinden, d. h. mit Gefühl und Empfänglichkeit. Ebenso braucht sie die Ergänzung durch den Äther, also durch den Geist und die tiefen Werte, die in den spirituellen, psychologischen Wahrheiten begründet sind, deren Verkörperung wir in den Großen Arkana finden. Dann wird das Problem der Luft zu einem Weg der Weisheit.

Die noch deutlicher hervortretenden Probleme der Schwerter sind Kummer, Schmerz, Wut – die stürmischeren Seiten der Luft. Wir können diese Probleme nicht dadurch überwinden, daß wir sie einfach ignorieren; aber wir können die Schwerter durch den Optimismus der Stäbe ergänzen, und die Pentakel können uns dabei helfen, daß wir durch die Beschäftigung mit Arbeit, mit der Natur und mit der äußeren Welt aus der Befangenheit unserer Gefühle herausfinden.

König

Als ein Erhalter der sozialen Ordnung verkörpert der König Autorität, Macht und Urteilsvermögen. Er gebraucht die geistige Energie der Luft, um die Welt mit seinem scharfen Verstand und der Kraft seiner Persönlichkeit zu erhalten und zu regieren. Seine Krone ist gelb, die Farbe der geistigen Energie, während sein purpurner Mantel für Weisheit steht. Seine Haube, eine burnusähnliche Kopfbedeckung, ist rot, die Farbe der Handlung. Der Intellekt des Königs existiert nicht um seiner selbst willen, sondern eher für das, was er *tun* kann, als ein Instrument seiner Autorität. In ähnlicher Weise zeigt sein Schwert, anders als

KÖNIG der SCHWERTER

Abb. 59   *(a)*

das der Königin der Schwerter oder der Gerechtigkeit, nicht gerade nach oben, als Zeichen reiner Weisheit, sondern neigt sich leicht nach rechts, der Seite der Handlung hin. Die Verpflichtung, seine Urteile in Handlung umzusetzen, kann die Kraft seiner Urteilsfähigkeit leicht verzerren, eine Tatsache, die wir sehr gut beobachten können, wenn wir die Situation eines akademischen Beobachters der politischen Szene mit der Situation desjenigen vergleichen, der ein Land regiert.

Außerdem kann die Betonung des sozial gesonnenen »Realismus« seinen Standpunkt auf einen sehr begrenzten Materialismus einengen. Wir können ihn in einem Menschen wiedererkennen, der sich etwas auf seinen realistischen, gesunden Menschenverstand einbildet und keine Zeit für »mystischen Hokuspokus« hat. Diese Menschen wollen oft nicht wahrhaben, daß ein großer Teil ihres Denkens eher auf vorgefaßten Meinungen und Vorurteilen, als auf einer objektiven Beobachtung des Lebens beruht.

Beachte die Ähnlichkeit mit dem Herrscher. Man kann den König

GERECHTIGKEIT   Der HERRSCHER

(b)   *Abb. 59*   *(c)*

als Repräsentanten des Herrschers in der realen Welt bezeichnen.*

Zwei Vögel (der Vogel ist das Symbol-Tier der Hofkarten der
Schwerter) fliegen hinter seinem Thron. Der Vogel symbolisiert
die Fähigkeit des Geistes, uns hoch in die Luft der Weisheit em-
porzutragen, fort von der feurigen Leidenschaft, den wäßrigen
Gefühlen oder der erdhaften materiellen Bestechlichkeit. Die
Zahl Zwei dagegen symbolisiert Entscheidung, die ständige Spannung zwischen abstraktem Denken und dem Handeln, das sich in
der Welt bewähren muß.

Doch wenn die Vögel die Fähigkeit des Geistes symbolisieren, sich
über die Welt erheben, so symbolisieren sie auch die Distanz, die
eine solche Einstellung bewirken kann. Beachte, daß der Thron

---

* Während der Trumpf den Archetypus von Ordnung, Gesetz und gesellschaftlichen Regeln verkörpert, sorgt der König der Schwerter dafür, daß
diese Prinzipien in der Praxis aufrechterhalten werden.

des Königs in den Wolken zu stehen scheint! Wie der König der Stäbe kann auch der König der Schwerter zu Arroganz neigen, da sein starker Geist und Wille ihn über die weniger klar denkenden Menschen in seiner Umgebung erhebt. Im gesellschaftlichen Bereich führt uns dieses Bild die Tendenz von Regierungen und Herrschern vor Augen, ihre Entscheidungen losgelöst von den wirklichen Bedürfnissen des Volkes zu treffen. Im mehr persönlichen Bereich finden wir den distanzierten König in Männern und Frauen, die hart, kalt und verurteilend sind. Als Ehemann oder Geliebter verkörpert der König der Schwerter oft einen dominanten oder kontrollierenden Menschen.

Im positivsten Sinne bringt uns der König der Schwerter Gerechtigkeit, die Karte, die sich in den Großen Arkana direkt unter dem Herrscher befindet. Wenn er eine Verbindung mit dieser Trumpfkarte eingeht, steht der König für soziale Gerechtigkeit, weise Gesetze und vor allem für die Verpflichtung zu intellektueller Aufrichtigkeit und das Bedürfnis, Wissen in die Praxis umzusetzen. Wie die Gerechtigkeit, und als einzige von allen Hofkarten, blickt er uns direkt in die Augen; ein Meister der Weisheit, der uns zwingt, die Wahrheit zu erkennen und an ihr festzuhalten.

Umgekehrt

In der aufrechten Lage stellt der König eine Gratwanderung zwischen engagiertem Intellekt und Macht um ihrer selbst willen dar. Umgekehrt neigt er dazu, auf die falsche Seite abzurutschen. Er steht für den Mißbrauch von Autorität, für Stärke, die für ihre eigenen Zwecke von Macht und Herrschaft eingesetzt wird.

In Befragungen müssen wir immer auch dieses starke Bild in Erwägung ziehen. Der umgekehrte König (aber auch jede andere umgekehrte Hofkarte) kann einfach bedeuten, daß sich ein Mensch in Schwierigkeiten befindet. In Verbindung mit der Königin oder dem Ritter kann er eine schwierige Beziehung oder einen mißlungenen Reifungsprozeß symbolisieren (beachte auch, was im Kapitel über Befragungen über die Beziehungen zwischen Hofkarten desselben Satzes gesagt wird). Als einzelne Karte jedoch symbolisiert er die Arroganz eines mächtigen, selbstbezogenen Geistes, der nur seinen eigenen Wunsch nach Kontrolle kennt.

Königin

Als der Yin-Aspekt des Satzes symbolisiert die Königin der Schwerter Erfahrungen sowohl von Leid als auch von Weisheit, und besonders die Verbindung von beiden. Weil sie Schmerz erfahren hat (die Karte bezieht sich manchmal auf die Erfahrung, Witwe zu werden), und weil sie diesem Schmerz mutig, annehmend und aufrichtig entgegengetreten ist, hat sie Weisheit gefunden.

Die Quaste, die an ihrem linken Handgelenk (der Seite der Erfahrung) hängt, ähnelt einem abgeschnittenen Seil (vgl. die Acht der Schwerter, S. 248). Sie hat das Schwert ihres Verstandes dafür verwendet, um sich von Verwirrung, Zweifel und

KÖNIGIN der SCHWERTER

Abb. 60

Angst zu befreien; auch wenn sie die Welt finster betrachtet, streckt sie ihr nun die geöffnete Hand entgegen. Obwohl sich Wolken um sie herum auftürmen, ragt ihr Kopf über diese hinaus in die klare Luft der Wahrheit. Ein Vogel, Symbol der Reinheit ihrer Weisheit, fliegt hoch über ihr. Wie auf der Gerechtigkeit und dem As steht ihr Schwert gerade nach oben.

In dem Sinne, daß machtlose Frauen oft unter den Handlungen von Männern zu leiden haben, bezieht sich die Karte besonders auf Frauen. Ihre Eigenschaften können wir jedoch bei beiden Geschlechtern finden, denn weder Leid noch Mut sind auf ein Geschlecht beschränkt.

Umgekehrt

Die umgekehrte Königin kann eine Überbetonung des Schmerzes bedeuten, einen Menschen, der das Leben schlimmer macht, als es wirklich ist, indem er die guten Dinge in seiner Umgebung übersieht. Sie kann auch zeigen, wie eine starke Psyche boshaft werden kann, besonders als Reaktion auf Schmerz oder Druck durch unangenehme Situationen oder Menschen. Manchmal verkörpert sie einen Menschen, der so stark ist, daß er nicht nur fordert, sondern ganz selbstverständlich erwartet, daß jeder, und sogar das Leben selbst, das tut, was er will.

Wenn sich ihr jemand widersetzt, wird die Königin bösartig, engstirnig, bigott und mißbraucht wie der König ihre Stellung, um den Menschen ihren Willen aufzuzwingen. Ob sie nun ein Übermaß an Schmerz oder an Egoismus verkörpert – sie hat auf jeden Fall die Wahrheitstreue der aufrechten Karte verloren.

Ritter

Der junge Ritter, der aufgrund seiner Jugend freier von gesellschaftlicher Verantwortung ist als der König und weniger durch Erfahrung gemäßigt als die Königin, reitet direkt in den Sturm hinein und schwingt sein Schwert im ungestümen Drang, alle Schwierigkeiten zu überwinden. Er ist mutig, geschickt, stark; doch neigt er auch zu Wildheit, sogar zu Fanatismus. Er kennt seine Grenzen noch nicht.

Und doch weiß er oft nicht, wie er einen langen Kampf durchhalten soll. Er hat die Erwartung, daß seine Feinde und die Schwierigkeiten des Lebens unter seinem Ansturm zusammenbrechen und kann nicht so leicht mit einer Situation fertig werden, die langwierige, andauernde Bemühungen erfordert.

RITTER der SCHWERTER

Abb. 61

Sein Eifer weist auf eine gewisse Unschuld hin, wie ein junger Ritter, der noch nie eine Schlacht verloren hat. Seine Tapferkeit,

242

seine Geschicklichkeit, seine Bereitschaft, alle Probleme in Angriff zu nehmen, kann manchmal auf der Furcht beruhen, diese Unschuld, diesen starken Glauben an sich selbst zu verlieren. Denn in seinem Innern weiß er, daß die größeren Probleme des Lebens noch vor ihm liegen und bewältigt werden müssen. Er, der in vieler Hinsicht das genaue Gegenteil vom Ritter der Kelche ist, richtet alle seine Energie nach außen; vielleicht beunruhigt ihn die Vorstellung, in Ruhe mit sich selbst allein zu sein.

Umgekehrt
Wie beim König und der Königin treten hier seine Schwächen deutlich zutage. Er ist extravagant, sorglos, unmäßig. Seine wilden Attacken stellen eine unangemessene Reaktion auf Situationen dar, die ein ruhigeres, sorgfältigeres Angehen erfordern würden.

Bube

Der Bube, der eine viel freundlichere Karte als die anderen Hofkarten der Schwerter ist, zeigt eine andere Art, mit Problemen umzugehen als der Ritter (beachte, daß die beiden »jüngeren« Karten direkter mit der Schwerter-Eigenschaft des Konflikts zu tun haben, während beim König und der Königin das Schwergewicht auf der Weisheit liegt). Anstatt die Probleme anzugehen, findet er, daß es genügt, einfach über ihnen zu stehen, eine höhere Ebene zu finden.

Wenn wir es mit einer Situation zu tun haben, für die eine solch leichtfüßige Einstellung angemessen ist, dann ist die inner-

Abb. 62

243

lich losgelöste Haltung des Buben sehr positiv. Doch wenn es sich um ein schwierigeres Problem handelt, dann läßt sich die Methode des Buben kaum beibehalten. Sie erfordert »Wachsamkeit«, wie Waite es nennt, ein Sichvergewissern, daß Menschen oder Situationen einem nicht zu nahe kommen. Einen großen Teil seiner Energie braucht der Bube für sein Über-die-Schulter-Sehen. Hamlet verkörperte zeitweise die beobachtende und ironische Haltung des Buben. In seiner Situation wäre jedoch das aggressive Vorgehen des Ritters angebracht gewesen.

Wegen seiner distanzierten Art kann es der Bube oft nicht lassen, anderen Leuten nachzuspionieren, entweder ganz konkret oder als eine Grundhaltung in seinem Leben. Mit anderen Worten, er kann das menschliche Leben als eine Art komisches Schauspiel ansehen, an dem teilzunehmen er nicht die Absicht hat.

Umgekehrt

Hier sehen wir, welche Wirkung die distanzierte Haltung des Buben in einer Situation haben kann, die mehr Kraft erfordert. Die Wachsamkeit wird zu Paranoia; jeder Mensch erscheint als Feind. Was mit dem Gefühl begann »Ich stehe über allem; ich brauche mich damit nicht abzugeben«, wird zu einer zwanghaften Beschäftigung mit Problemen und zur scheinbaren Unfähigkeit, sie auf irgendeine Weise positiv beeinflussen zu können. Schwerter sind für diese Gefühle von Schwäche ganz besonders anfällig; sie brauchen den Mut und den Optimismus der Stäbe als Ergänzung.

Zehn

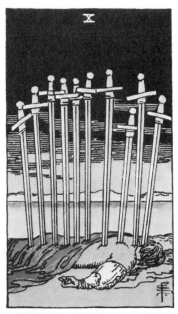

Vom strahlend blauen Himmel der Hofkarten zum schwarzen Dunkel der Zehn und der Neun. So wie die Zehn der Kelche uns überströmende Freude zeigte, so erfüllt uns die Zehn der Schwerter mit Schmerz. Trotz des extremen Bildes stellt die Karte nicht den Tod oder auch nur eine besondere Gewalttätigkeit dar. Sie bedeutet eher eine Reaktion auf Probleme als die Probleme selbst.

Man braucht nur ein einziges Schwert, um jemanden zu töten. Die zehn Schwerter im Körper des Mannes – eins davon sogar in seinem Ohr – weisen auf Hysterie hin und die unreife Einstellung, daß »niemand jemals so viel gelitten hat

Abb. 63

wie ich«, daß »das Leben vorbei ist« und so weiter. Beachte, daß sich der Himmel, im Gegensatz zur Neun, in der Ferne aufhellt, daß die schwarzen Wolken dem Sonnenschein weichen, und daß das Wasser, anders als bei der Fünf oder der Zwei, friedlich daliegt. Die Situation ist nicht so schlimm, wie sie aussieht.

Umgekehrt

Wir drehen die Karte herum und können uns vorstellen, wie die Schwerter aus seinem Rücken herausfallen. Waite beschreibt die Karte als Erfolg und Vorteil, die aber nicht dauerhaft sind. Diese Gedanken weisen darauf hin, daß mit der Veränderung einer Situation für diesen Moment auch die Probleme verschwinden können. Nun muß der Betreffende diese Erleichterung jedoch auch nutzen, indem er eine wirkliche Veränderung seiner Lebensumstände vornimmt – entweder in praktischer oder in psychischer Hinsicht, je nachdem, wie es die Situation erfordert, damit sie nicht wieder so wird, wie sie vorher war. Die Karte hat eine Verbindung zu der umgekehrten Zehn der Stäbe, wo uns die Gefahr vor Augen geführt wurde, daß wir die Stäbe wieder aufheben, wenn sich die Situation erst einmal beruhigt hat.

Neun

Ein Bild tiefsten Kummers, äußerster psychischer Qual. Während sich die Königin befreit, indem sie Sorgen in Weisheit umwandelt, und die Drei die Ruhe des Akzeptierens vermittelt, zeigt die Neun den Augenblick der Agonie, der Auflösung. Die Schwerter stecken nicht in ihrem Rücken; sie hängen über ihr in der schwarzen Luft. Sehr oft bezieht sich die Neun nicht direkt auf etwas, das uns selbst passiert, sondern eher auf etwas, das jemandem zustößt, den wir lieben. Genaugenommen ist es Liebe, die die Karte erfüllt und ihr die Bedeutung gibt. Das Muster der Decke zeigt abwechselnd Rosen, Symbole der Leiden-

Abb. 64

schaft, und die Zeichen des Tierkreises. In ihrer tiefsten Bedeutung zeigt die Karte einen Menschen, der alles Leid der Welt auf sich nimmt, den gelähmten Vav oder den Gerechten der jüdischen Legende.

Können wir einen Weg sehen, der aus diesem schrecklichen Schmerz herausführt? Buddha und Christus schilderten beide die Welt als einen Ort von unendlichem Leid, doch beide sagten auch, daß die Tragödie immer nur die halbe Wahrheit bleibt, daß das Universum, wenn man es als Ganzes sieht, Freude und Frieden bringt. Und Nietzsche schrieb über die Möglichkeit, die Existenz so vollständig und mit einer solch ekstatischen Aufrichtigkeit an-

246

zunehmen, daß wir freudig unser Leben endlos wiederholen würden, jeden einzelnen Moment, auch wenn dies noch so viel Leid brächte.

Umgekehrt

Für die umgekehrte Neun gibt Waite eine seiner prägnantesten Kurzdeutungen:»Gefangenschaft, Mißtrauen, Zweifel, berechtigte Angst und Scham.« Diese Worte geben eine genaue Beschreibung eines Geisteszustandes oder vielleicht eher einer Abfolge von Zuständen, die dann auftreten, wenn sich Menschen angesichts von Problemen, denen sie sich nicht zu stellen wagen, in sich selbst zurückziehen.

Wie die aufrechte Karte hat auch die umgekehrte Karte mit unserer Reaktion auf etwas zu tun, das außerhalb von uns selbst liegt; doch ist es hier eher Unterdrückung als eine Tragödie. Das Schlüsselwort ist»begründete Angst«, die sich z. B. auf politische Unterdrückung – beispielsweise von rassischen oder sexuellen Minderheiten – beziehen kann; oder auf gesellschaftliche Unterdrückung – ein Gefühl, aufgrund seines Aussehens, seiner Sprache usw. der Sündenbock zu sein; oder einfach persönliche Unterdrückung durch eine dominante Familie oder durch den Partner. Wichtig dabei ist, daß das Problem real ist; doch weil wir es nicht direkt angehen können, neigen wir dazu, es in uns zu verbergen und unseren Ärger und unsere Ressentiments für uns zu behalten.

Ärger, den wir in uns hineinfressen, wird zu Depression und führt weiter zu Mißtrauen. Jemand, der als Kind wegen seiner großen Nase ausgelacht wurde, fühlt sich von allen angestarrt. Der Schwarze glaubt, daß jede Beanstandung seiner Arbeit eine rassistische Verleumdung sei. Und Mißtrauen führt leicht zu Selbstzweifeln und Scham. Oft hilft es uns auch dann nicht, oder jedenfalls nicht ganz, wenn wir rational erkennen, daß wir keinen Grund haben, uns zu schämen; daß vielmehr diejenigen, die uns lächerlich machen oder unterdrücken, die Scham fühlen sollten. Wenn der unterdrückte, von Selbstzweifeln geplagte Mensch nicht anfängt zu handeln, wenn er seinen Ärger nicht zum Ausdruck bringt und keine wirklichen Veränderungen in seinem Leben vornimmt, dann wird die tief verborgene Scham bleiben.

Acht

Von der umgekehrten Neun gehen wir weiter zu einem noch deutlicheren Bild der Unterdrückung. Wir sehen einen gefesselten Menschen, eingekreist von Schwertern und mit einer Burg – Symbol für Autorität – im Hintergrund. Die Figur steht im Schlamm, ein Bild der Demütigung und Scham. Beachte jedoch, daß die Schwerter sie nicht wirklich einzäunen, und die Stricke nicht um ihre Beine gebunden sind; auch ist keiner von den Menschen, die sie gefesselt haben, auf der Karte zu sehen. Mit einem Wort, nichts hindert sie daran, einfach fortzugehen.

Abb. 65

Der Schlüssel zu dieser Karte liegt in den verbundenen Augen. Sie symbolisieren Verwirrung, bedrückende Gedanken und Isolation von anderen Menschen, die in einer ähnlichen Situation sind; das, was Vertreter politischer Befreiungsbewegungen als »Verschleierung« bezeichnen – die Unterdrückung von Menschen, nicht durch direkte Gewaltanwendung, sondern indem man sie dazu bringt, selbst an ihre eigene Hilflosigkeit zu glauben. Durch die bemerkenswerte Fähigkeit des Tarot, komplexe Situationen zusammenzufassen, wird die Karte fast zum Diagramm der Unterdrückung schlechthin.

Auf einer ganz anderen Ebene ist die Acht der Schwerter auch eine Pforte zu einer besonderen Bewußtseinsstufe. Indem wir uns mit ihr identifizieren, bekommen wir ein Gefühl für den Zustand der Unwissenheit, in dem wir uns befinden, etwas, das viele Menschen intellektuell wohl erkennen (das Paradox schlechthin), aber nicht wirklich akzeptieren. Ohne Erleuchtung oder das, was einige Sufis »bewußte Entwicklung« nennen, können wir uns selbst oder die Welt niemals wirklich erkennen, können wir niemals sagen:

»Dies ist die Wahrheit; so sind die Dinge und nicht anders.« Die Erkenntnis, daß wir nicht wissen, ist der erste (und oft der schwerste) Schritt zu wahrem Wissen.

Umgekehrt
Die Freiheit beginnt in dem Augenblick, wenn wir unsere Augenbinde herunterreißen, wenn wir klar erkennen, wie wir in die Situation, in der wir uns befinden, geraten sind, was wir getan haben, was andere getan haben (besonders diejenigen, die uns angebunden haben, aber auch andere Menschen in ähnlichen Situationen), und was wir jetzt daran ändern können. Die umgekehrte Acht bedeutet im allgemeinen die Befreiung aus einer bedrängten Situation; sie bezieht sich vor allem auf den ersten Schritt einer solchen Befreiung, der darin besteht, die Dinge so klar wie möglich zu sehen.

Sieben

Weiterhin geht es um das Thema Kämpfen. Hier sehen wir das Bild eines Menschen, der seine Probleme anpackt. Manchmal bedeutet die Karte einfach eine kühne Tat oder gar einen Streich, der aus reiner Opposition unternommen wird. Häufiger noch steht sie für eine impulsive Handlung, wo eigentlich sorgfältige Planung erforderlich wäre.
Das Bild zeigt uns einen Menschen, der sich grinsend mit den Waffen seiner Feinde davonmacht. Er hat das Lager nicht angegriffen; er kann noch nicht einmal alle Schwerter fortschaffen. Die Karte bedeutet Pläne und Handlungen, die

Abb. 66

keine wirklichen Lösungen bringen. Weniger deutlich, aber manchmal noch wichtiger ist das Gefühl der Isolation, das in der Karte liegt. Die Person handelt alleine, unfähig oder unwillig, sich von irgend jemandem helfen zu lassen. Wenn man noch einen Schritt weitergeht, kann diese Karte Schlauheit bedeuten, die aber den Fehler hat, daß sie ihre wahren Pläne und Absichten gewohnheitsmäßig, oft ohne jeden wirklichen Grund, verheimlicht.

Umgekehrt
Die Isolation wird zu Kommunikation, insbesondere zur Suche nach Ratschlägen, wie man seine Probleme angehen kann. Wie wertvoll die jeweiligen Ratschläge auch immer sein mögen – genauso wichtig ist die Bereitschaft des Menschen, die Hilfe zu suchen und anzunehmen. Die Karte kann sich manchmal auf das bewußte Suchen nach Hilfe beziehen, wie z. B. das Aufsuchen eines Kartenlesers, eines Therapeuten oder einfach von Freunden.
Wie immer hängt die Bedeutung des Bildes von seinem Kontext ab. Wo Selbstvertrauen erforderlich wäre, kann die umgekehrte Sieben der Schwerter eine zu starke Abhängigkeit von anderen bedeuten, die uns sagen, was wir tun sollen. Wenn die umgekehrte Karte in Opposition zum Narren oder zum Gehängten erscheint, müssen wir die anderen Karten hinzunehmen, um entscheiden zu können, welche Richtung wir einschlagen müssen – Unabhängigkeit oder Ratsuche –, um die besten Ergebnisse zu erzielen.

Sechs

Diese Karte mit ihrem fremdartigen und mächtigen Bild illustriert mehr als jede andere, wie die Bilder von Pamela Smith über Waites Deutungen hinausgehen. Im *Bilderschlüssel* steht dazu: »Eine Reise zu Wasser; Straße, Weg, Ausweg«. Doch das Bild einer Fähre, die in der Dämmerung verhüllte Gestalten auf eine bewaldete Insel bringt, deutet eine eher spirituelle Reise an – Charon, der im Mythos die Toten über den Fluß Styx fährt. Eine große Stille erfüllt diese Karte, wie die Stille in den Gemälden von Salvador Dali. Für gewöhnlich bedeutet diese Karte nicht Tod; manchmal weist sie jedoch auf Trauer hin.

Abb. 67

Sie zeigt auch nicht Transformation im Sinne des Todes aus den Großen Arkana. Sie stellt eher eine ruhige Fahrt durch schwierige Zeiten dar. Waite sagt: »Die Fracht ist leicht«, und Eden Gray schreibt: »Die Schwerter ziehen das Boot nicht hinab.« Obwohl wir unsere Sorgen mit uns schleppen, haben wir uns an sie angepaßt; sie können uns nicht zugrunde richten oder niederdrücken. Auf einer einfachen Ebene bedeutet sie, sich an eine schwierige Situation anzupassen, ohne die Probleme wirklich anzugehen. Sie kann sich auf ein unmittelbares Problem, aber auch auf eine schon seit Jahren bestehende Situation beziehen. Bei einer tieferen Betrachtung sehen wir das Bild langwährenden Kummers – dies kann z. B. Trauer sein, aber auch etwas anderes –, mit dem ein Mensch schon so lange lebt, daß er ihm keine Schmerzen mehr bereitet, sondern ein Teil seines Lebens geworden ist.

Es gibt noch eine andere, weniger beunruhigende Bedeutung – die einer ruhigen Reise, im konkreten Sinne (sicherlich darf man auch die Reise in ihrer wörtlichen Bedeutung nicht außer acht lassen) oder im spirituellen Sinne, als eine Zeit leichter Übergänge. Achte auf den schwarzen Staken des Fährmannes! Schwarz bedeutet Potentialität; wo nichts Endgültiges geschehen ist, bleibt alles möglich. Indem wir ruhig bleiben, vertun wir weder unsere Energie noch irgendwelche Möglichkeiten.

Die Sechs der Schwerter ist eine Pforte. Wenn wir die Karte einfühlend betrachten und uns dann in das Bild hineinversetzen, werden wir zunächst die beruhigende Wirkung des Bildes auf unseren Geist spüren, und später werden wir merken, wie langsam etwas in uns in Bewegung gerät.

Umgekehrt

Auf der einen Seite wird das Gleichgewicht und der Frieden gestört; die Reise ist nicht mehr so heiter, denn das Wasser, Symbol für Gefühle, ist aufgewühlt. So kann die umgekehrte Karte eine stürmische Reise im konkreten oder spirituellen Sinne bedeuten. Sie kann auch bedeuten, daß wir, wenn wir versuchen, ein schon lange bestehendes Problem anzugehen, besonders wenn alle anderen sich damit abgefunden haben, die Situation dadurch komplizieren. So kann z. B. eine unbefriedigende oder einengende Beziehung über viele Jahre hinweg ruhig weitergehen, bis einer der Beteiligten sich entschließt, etwas daran zu ändern. Der Versuch, die Schwerter zu entfernen, kann das Boot leicht zum Sinken bringen, denn schließlich verschließen sie auch die Löcher im Boot.

Auf der anderen Seite kann die umgekehrte Sechs auf Kommunikation hinweisen, indem sie uns daran erinnert, daß die Menschen auf der aufrechten Karte ihre Gemütsruhe vor allem dadurch bewahren, daß sie nicht miteinander sprechen und sich nicht ansehen. Wenn die Schwerter unglückliche Erinnerungen symbolisieren und die Stille eine Abwehrhaltung dagegen ist, dann kann Kommunikation schmerzhaft sein. Sie kann aber auch der Beginn der Heilung sein.

Fünf

Hier sehen wir eine der schwierigsten Karten, die mit ein
Grund dafür ist, daß einige
Leute das Rider-Spiel zu negativ finden. Und doch spiegelt
sie eine reale Situation, die die
meisten zu irgendeiner Zeit ihres Lebens erfahren werden.
Alle Fünfen zeigen Konflikt
oder Verlust. Schwerter führen
diese Vorstellung bis zum Extrem der völligen Niederlage.
Manchmal wird sich die Bedeutung der Karte auf die große
Gestalt im Vordergrund – den
Sieger – konzentrieren. Häufiger identifizieren wir uns mit
den beiden Figuren, die sich ab-
gewandt haben. Sie haben irgendeine Schlacht verloren,
und nun wendet sich die ganze

Abb. 68

Welt gegen sie – das Wasser aufgepeitscht, der Himmel sturmzer-
zaust. Ihre Niederlage ist von einem Gefühl der Demütigung und
der Schwäche begleitet.

Das Bild eines Feindes kann sich auf eine konkrete Person, auf die
Gesamtsituation oder auf ein inneres Gefühl der Unzulänglichkeit
beziehen. Ich machte einmal eine Deutung für zwei Leute, die unter der Willkür ihres psychopathischen und rachsüchtigen Chefs
gelitten hatten und nun wissen wollten, ob sie ihn vor Gericht bringen sollten. Sie entschieden sich dagegen, als die Fünf der Schwerter andeutete, daß sie verlieren würden. Später verklagten zwei
andere den Mann wegen des gleichen Fehlverhaltens. Sie verloren
den Prozeß.

Umgekehrt

Die Schmerzhaftigkeit der Erfahrung bleibt bestehen, aber der
Schwerpunkt kann sich verlagern. Während die aufrechte Karte
den Augenblick der Niederlage bezeichnet, bezieht sich die umge-

kehrte Karte auch auf die Verzweiflung, die man danach empfindet. Es ist schwierig, diesen Zustand zu überwinden, obwohl andere Einflüsse, besonders solche, die von den Stäben symbolisiert werden, uns dabei helfen können.

Die Schwerter sind pessimistischer als irgendeine Karte der Großen Arkana. Für sich genommen kann kein Satz der Kleinen Arkana ein wirkliches Gleichgewicht des Lebens zeigen. Sie spalten die Erfahrung in einzelne Teile auf und neigen daher zu Verzerrung und Übertreibung. Ein Übergewicht von Schwerter-Karten braucht mehr als jeder andere Satz den Ausgleich durch die Erfahrungen und Einstellungen der Elemente der anderen Sätze.

Vier

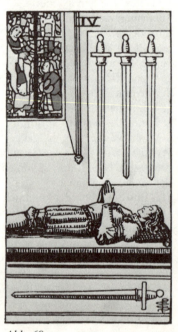

Die Vieren haben mit Stabilisierung zu tun; für die unglücklichen Schwerter bedeutet dies eine Ruhepause oder auch nur einen Zufluchtsort. Das Bild zeigt nicht Tod, sondern Rückzug. Die Menschen reagieren manchmal auf Schwierigkeiten, indem sie sich selbst isolieren. Entweder verkriechen sie sich buchstäblich in ihrem Haus, oder sie ziehen sich in sich selbst zurück, indem sie ihre emotionalen Reaktionen einfach abflachen lassen. Diese Karte tauchte einmal in einer Befragung für einen Mann auf, der sich angewöhnt hatte, mit seinen Mitmenschen ziemlich rüde umzugehen. Die Karte zeigte ihm, daß er sich, wenn er

Abb. 69

mit seiner Aggressivität nicht weiterkam, oder wenn es ihm zu schwer wurde, seine Maske des Selbstvertrauens aufrechtzuerhalten, von der Welt zurückzog, statt auch seine andere Seite zu zeigen oder zu versuchen, mit anderen Menschen zusammenzuarbeiten. Rückzug kann jedoch auch eine heilende Wirkung haben, nämlich dann, wenn wir uns nicht verstecken, sondern neue Kräfte sammeln wollen. Die Karte kann bedeuten, sich aus einem Kampf herauszuhalten, bis es eine bessere Chance gibt zu gewinnen. In ähnlicher Weise kann ein Mensch, der tief verletzt worden ist, sich durch einen Rückzug die Gelegenheit geben, darüber hinwegzukommen.

Beachte, daß der Ritter in einer Kirche liegt, und daß das Fenster Christus zeigt, der einem Menschen, der bittend zu ihm kommt, den heilenden Segen erteilt. Das Bild erinnert an den Fischer-König aus der Grals-Legende, dessen körperliche Wunde das spirituelle Kranken des Königreiches widerspiegelte. Es läßt auch an Dornröschen denken. Beide Figuren brauchten Außenstehende, um aufgeweckt zu werden. Der König lag krank darnieder, bis Galahad den Segen des Grals brachte; und die Prinzessin, Symbol für eine neurotische Angst vor dem Leben, schlief so lange, bis der Prinz, der sich von der Dornenhecke nicht abhalten ließ (Neurotiker gebrauchen oft die Macht ihrer Persönlichkeit, um Barrieren zwischen sich und anderen zu errichten), sie durch sexuelle Lebensenergie erweckte (in der Disney-Version küßt er sie; in einigen Märchenversionen hat er Geschlechtsverkehr mit ihr). Rückzug, selbst zum Zweck der Regeneration, kann einen Menschen von der Welt abschließen, indem er eine Art von Zauberbann um ihn errichtet, der nur durch Energie von außen gebrochen werden kann.

Umgekehrt

Die umgekehrte Karte zeigt eine Rückkehr in die Welt. Ob dies auf ruhige oder dramatische Weise geschieht, hängt von der Situation ab. Manchmal weist die Karte auf Vorsicht hin, so als verließe der Ritter ganz vorsichtig seine heilige Stätte. Andererseits kann die umgekehrte Vier auch andere Menschen repräsentieren, die durch den Zaun spähen und ihn durchbrechen – der Prinz, der sich um Dornröschen bemüht.

Drei

Der Titel, den der Golden Dawn dieser Karte gegeben hat, ist »Kummer«. Von allen Schwertern symbolisiert die Drei am direktesten Schmerz und Herzeleid. Und doch vermittelt die Karte, trotz aller Schwermut, eine gewisse Ruhe durch die Symmetrie ihrer Schwerter. Es gibt nur eine Möglichkeit, auf echten Kummer zu reagieren – den Schmerz in unser Herz hineinzunehmen, ihn zu akzeptieren und dann über ihn hinauszuwachsen.

Abb. 70

Bei der Neun stellte sich die Frage, wie man nach einem großen Schmerz weiterleben kann. Die Drei lehrt uns, den Schmerz nicht beiseite zu drängen, sondern ihn tief in uns hineinzunehmen, bis er durch Mut und Liebe transformiert wird.

Als ich einmal nach einem Todesfall in meiner Familie selbst die Karten befragte, erschien die Drei der Schwerter überkreuzt von der Drei der Kelche. Zuerst dachte ich, dies sollte bedeuten, Freude und Freundschaft gegen den Kummer zu setzen. Zwei Karten der gleichen Zahl bedeuten jedoch oft eine Wandlung. Und die überkreuzende Karte entsteht oft auf irgendeine Weise aus der ersten. Als ich mir die Auslegung genauer ansah, erschienen mir die beiden Karten nicht mehr als gegensätzlich, sondern als miteinander verbunden. Annahme und Liebe kann Schmerz in eine freudvolle Erinnerung, in ein Sichöffnen für das Leben verwandeln.

Umgekehrt

Der Heilungsprozeß wird blockiert, wenn wir uns gegen das Annehmen sträuben. Wenn etwas im Leben zu schmerzhaft zu sein scheint, neigen wir dazu, es beiseite zu schieben, versuchen wir, nicht daran zu denken und allem aus dem Weg zu gehen, das uns

256

daran erinnern könnte. Eine solche Haltung führt dazu, daß wir den Schmerz für immer mit uns herumschleppen; tatsächlich vergrößert sie seinen Einfluß nur noch mehr. Waite schreibt: »Geistige Entfremdung, Unordnung, Verwirrung«. Eine Befragung, die ich einmal für eine Frau machte, wies in vielen Bereichen auf ein großes Entwicklungspotential hin, doch das, was sie daraus machte, war eher mittelmäßig, schwach. Auf der Position des Hintergrundes lag die umgekehrte Drei der Schwerter. Früher hatte die Frau oft davon gesprochen, daß sie in vieler Hinsicht den Tod ihres Vaters nie richtig verwunden hatte.

(a)   *Abb. 71*   *(b)*

Zwei

Eine Methode, mit Problemen oder Widerstand umzugehen, ist die, alles hinter einer emotionalen Schutzmauer zu verbergen. Wenn wir nichts an uns heranlassen, kann uns auch nichts verletzen. Im Gegensatz zur Acht zeigt die Augenbinde hier nicht Verwirrung, sondern das vorsätzliche Verschließen der Augen. Die Figur hat sie sich selbst umgebunden, so daß sie nicht entscheiden muß, wer Freund oder Feind ist, denn eine solche Entscheidung stellt oft den ersten Schritt dar, sich wieder auf andere Menschen einzulassen. Die Schwerter sind bereit, jeden zu treffen, der versucht, zu nahe zu kommen. Sie repräsentieren Wut und Angst, die eine heikle Balance bilden; das eine möchte losschlagen, das andere möchte sich verbergen, und so bleibt die Person in der Spannung zwischen beiden gefangen.

Beachte jedoch, welche Wirkung diese Haltung auf die Frau hat. Zunächst einmal schließen die verkreuzten Arme ihr Herz ein. Das Bild abgeblockter Emotionen setzt sich fort in dem grauen Kleid, das in den steinernen Sitz überzugehen scheint. Gleichzeitig verschiebt sich durch die mächtigen Schwerter der Schwerpunkt vom Solarplexus nach oben zur Brust. Wenn ein Mensch seine Emotionen zurückhält, wird die Atmung flach, der Körper starr. Paradoxerweise macht der Versuch, Gefühle abzublocken, einen Menschen emotionaler, da sein Denken und Handeln nicht mehr aus seiner Mitte heraus entsteht, sondern aus seiner eingeschnürten Brust, und er nicht die Welt sieht, sondern seine eigenen Bilder hinter der Augenbinde.

Vergleiche die Zwei der Schwerter mit der Hohenpriesterin, der Nummer 2 in den Großen Arkana. Sie sitzen in ähnlicher Haltung da, doch während die Hohepriesterin entspannt wirkt, ist die Zwei der Schwerter von Spannung umgeben. Ein Schleier trennt die Priesterin von den Wassern des Unbewußten, die hinter ihr verborgen liegen; die Frau mit den verbundenen Augen trennt kein Schleier von dem See ihrer verwirrten Gefühle. Aber der flache See ist auch nicht das gleiche Wasser wie das hinter der Priesterin. Durch das Gewicht der Schwerter kann die Frau leicht in das unruhige Wasser hineinfallen. Da wir uns durch eine defensive Haltung mehr auf unsere Gefühle konzentrieren, werden wir auch anfälliger für Gefühlsausbrüche, für Wut und Hysterie.

Umgekehrt

Das Gleichgewicht ist zerstört – oder aufgegeben worden. Entweder wird die Person von Menschen oder Problemen so überwältigt, daß ihre Abwehr ins Wanken gerät, oder sie nimmt die Augenbinde ab, um die Wahrheit zu sehen oder mit anderen in Verbin-

dung zu treten. Letztere Erfahrung kann emotional sehr aufwüh-
lend sein, ja sogar zerstörerisch, wenn die Person keine Hilfe von
außen erfährt.

As

Die letzte (erste) Schwerter-
Karte führt uns wieder zum eigentlichen Wesen der Schwerter – dem Intellekt – zurück.
Das Schwert, das zum Zeichen
der wahren Erkenntnis gerade
nach oben zeigt, durchdringt
die Krone der materiellen
Welt. Weisheit führt uns über
Illusionen und Begrenzungen
hinweg zu der spirituellen
Wahrheit, die im Leben enthalten ist. Viele Schwerter-Karten
leiden an der Illusion, daß das
Leben nur Leid und Schmerz
enthalte. Die Berge symbolisieren »abstrakte Wahrheit«, objektive Tatsachen des Lebens,
die unabhängig von persönlichen Einstellungen und Erfahrungen sind. In den Großen Ar-

Abb. 72

kana wird uns diese Wahrheit vor Augen geführt; mehr als jede andere Karte der Kleinen Arkana kommt das As der Schwerter dem
fünften Element nahe. Doch Intellekt, der von der Intuition getrennt ist, wird nur zu noch mehr Illusion führen. Wir brauchen das
As der Kelche, oder anders ausgedrückt, die Liebe, um die Wahrheit zu finden; doch nur der Verstand kann uns über die unmittelbare Erfahrung hinausführen.

Viele Menschen behaupten, daß nur unsere Gefühle unser wahres
Selbst zum Ausdruck bringen, daß nur emotionale Reaktionen uns
zur Wahrheit führen können. Oft sind Gefühle jedoch übertrieben, egoistisch oder bequem. Doch auch mit dem Intellekt alleine

wird man die wahre Bewußtheit nicht erlangen. Sowohl Wahrheit als auch Bewußtheit müssen einer tieferen Ebene spiritueller Werte und Erfahrungen entspringen. Und so kommt die Hand aus einer Wolke hervor und führt uns zurück zum Geist.

Die Symbolik der Wahrheit gilt auch für weltliche Erfahrungen. In verwirrenden, gefühlsbeladenen oder bedrückenden Situationen kann der Geist die Nebel und Verwicklungen durchdringen und uns zu einer klaren Erkenntnis der Tatsachen verhelfen. Wahrheit ist eine Entsprechung des Asses in seinem wertvollsten Aspekt. Auf einer anderen Ebene bedeutet die Karte einfach emotionale Intensität, sowohl Liebe als auch Haß in ihrer Extremform. Beachte den festen Griff! Auch die Gefühle sind eine Gabe, die es uns ermöglicht, das Leben intensiv zu erfahren, aber es ist schwer, sie festzuhalten, und noch schwerer, sie zu lenken.

Umgekehrt

Der feste Griff kann nicht mehr aufrechterhalten werden; Illusionen, verwirrte Gefühle und Ideen, überwältigende Emotionen entstehen. Die gewaltsameren Gefühle drängen die positiveren zurück. Ohne ein klares Gefühl für die Realität kann der Geist emotional bedingten Irrtümern zum Opfer fallen. Probleme werden übertrieben; alles, auch das, was uns anzieht, scheint wichtiger zu sein, als es wirklich ist. In solchen Situationen gibt uns das umgekehrte As der Schwerter den Rat, daß wir versuchen sollten, uns selbst wieder in die Hand zu bekommen und ein ausgewogenes Gespür für die Realität zu entwickeln.

4 Pentakel (Münzen)*

Abb. 73

Die Geringschätzung der materiellen Welt hat eine lange Tradition in unserer Geschichte. Die Erschaffung Adams aus Lehm empfinden wir als Erniedrigung – »Asche zu Asche, Staub zu Staub«. Wir beleidigen andere, indem wir sie »wie Dreck behandeln«. Emotionen und abstrakte Vorstellungen werden »höher« bewertet als alles, was greifbar existiert. Doch wie das Gemälde das Endergebnis einer künstlerischen Konzeption ist, so können wir auch die vergängliche Welt als ein Werk der Schöpfungskraft Gottes ansehen. Für uns bedeutet Schöpfung die Welt, die wir mit unseren Sinnen erfahren können. Wie weit uns spirituelle Meditationen auch führen mögen – *hier* müssen wir aufbrechen, und *hierher* müssen wir zurückkehren, oder wir verlieren uns in dem Prozeß.

Ein bekanntes Märchen der Kabbalisten zeigt, wie notwendig diese Verwurzelung ist. Durch Studium und Meditation erlangten vier Rabbis Zutritt zum Paradies. Rabbi Ben Azai erfuhr eine solche Ekstase, daß er auf der Stelle tot umfiel. Rabbi Ben Zoma, überwältigt von der Flut der Erfahrungen, wurde verrückt. Rabbi Ben Abuysh glaubte, zwei Götter zu sehen, also einen Wider-

---

* Für dieses Symbol werden im deutschen Sprachraum verschiedene Bezeichnungen gebraucht: »Scheiben«, »Münzen«, »Pentakel«. Sie sind gleich gültig. Wobei beim Wort »Pentakel« mehr der (erd-)magische Aspekt des Pentagramms zum Ausdruck gebracht wird und bei »Scheiben« bzw. »Münzen« die Materieverhaftung stärker betont ist. (Anm. d. Hrsg.)

spruch zu der Grundlehre des Monotheismus, und fiel vom Glauben ab. Nur Rabbi Akiba kam und ging in Frieden. Wir können diese Geschichte in Begriffen der Tarot-Symbolik deuten. Rabbi Ben Azai ging zu weit in Richtung des Feuers und verzehrte sich dabei selbst. Rabbi Ben Zoma ließ es zu, daß seine Gefühle (Wasser) seinen Verstand überfluteten. Rabbi Ben Abuysh, mit seinem Übergewicht an Schwerter-Energie, nahm sowohl das, was er sah, als auch das, was er in den Schriften gelesen hatte, zu wörtlich. Rabbi Akiba, der die anderen Elemente durch Erde ausgleichen konnte, verstand das, was er erfuhr, in der richtigen Weise.

In ihrer früheren Form als Münzen symbolisierten die Pentakel in erster Linie Materialismus im engen Sinne von Geld und Arbeit. Diese wichtigen Eigenschaften spielen im Rider-Spiel noch immer eine Rolle, und es ist tatsächlich ein Problem der Pentakel, daß wir so sehr in diese Dinge verwickelt werden, daß wir alles, was es sonst noch gibt, vergessen – in gewisser Weise eine Umkehrung des Problems von Rabbi Akiba. Der vierte Satz wird im Rider-Spiel jedoch noch um die größere Dimension der Natur erweitert. Wir finden unseren Halt nicht nur in unserer Arbeit, sondern auch in der Liebe zu der Welt, die uns umgibt.

In seiner Eigenschaft als magisches Zeichen symbolisiert das Pentakel die »Magie« der gewöhnlichen Welt. Dies kann ganz einfach die Schönheit der Natur oder die Freude durch eine befriedigende Arbeit bedeuten. Die Symbolik enthält jedoch noch eine tiefere Bedeutung, auf die in der Geschichte von Rabbi Akiba hingewiesen wird. Für den Mystiker oder Magier ist die Verwurzelung des Selbst nicht einfach nur ein notwendiger Ausgleich, bei dem die Welt zum Gegenteil der spirituellen Erfahrung wird. Statt dessen öffnet die natürliche Welt den Zugang zu einer umfassenderen mystischen Erfahrung, da sie eine beständigere Realität hat als die anderen Elemente und nicht so leicht zu Verwirrung, falschen Vorstellungen und Mißbrauch führt.

Gerade die Weltlichkeit des alltäglichen Lebens sorgt durch eine Art Gesetz der Reziprozität dafür, daß diese Dinge eine größere »Magie« besitzen als die unmittelbaren Attraktionen der anderen Elemente. Wir können dieses Paradox nicht auf Anhieb verstehen. Wir müssen darüber nachdenken und es erfahren. Zwei Tatsachen im Zusammenhang mit Pentakeln/Erde weisen auf ihren wahren Wert hin. Erstens hat der Astrologe Ronnie Dreyer in einer Studie über religiöse Führer, sowohl früherer als auch moderner Zeiten, herausgefunden, daß in ihren Horoskopen die Erdzeichen dominieren. Zweitens enthalten die Pentakel mehr Pforten als irgendein anderer Satz.

<table>
<tr><td>KÖNIG der MÜNZEN</td><td>Der NARR</td></tr>
<tr><td>(a)</td><td>Abb. 74</td><td>(b)</td></tr>
</table>

König

Die Weltlichkeit der Pentakel verträgt sich ausgezeichnet mit der sozialen Verantwortlichkeit des Königs, der sich uns als Inbegriff des erfolgreichen Geschäftsmannes oder Experten präsentiert. Die Lässigkeit, mit der er auf seinem Thron sitzt, die Zuversicht, mit der er sein Pentakel betrachtet – hier das Symbol seiner Fähigkeiten und Erfolge – zeigen, daß er mit seinem Leben zufrieden ist. Er ist großzügig, sogar mutig, wenn auch nicht gerade dem Abenteuer verschrieben. Die Rolle des Königs frustriert ihn nicht wie den König der Stäbe oder der Kelche. Vielleicht mögen ihn zu ei-

263

nem früheren Zeitpunkt seines Lebens Ungeduld oder Zweifel ge- quält haben. Nun hat der Erfolg sein Leben gerechtfertigt, und er kann es entspannt genießen.

Sich am Leben zu erfreuen bedeutet auch, der Natur verbunden zu sein. Das Schloß – Symbol seiner dominierenden Stellung in der Gesellschaft – erhebt sich im Hintergrund; er selbst sitzt aber in seinem Garten mit Blumen auf seiner Krone, und Trauben – Symbol der Süße des Lebens – schmücken sein Gewand. Die Fülle der Blätter und Blumen scheint mit seinem Kleid zu verschmelzen, so wie das Wasser in das Kleid der Königin der Kelche überging. Das Leben meint es gut mit ihm, und er ist entschlossen, es zu genießen.

Einmal ergab es sich bei einer Befragung des Tarot, daß der König der Pentakel über Kreuz über dem Narren lag (die beiden Karten sind sich in ihrer Farbgebung sehr ähnlich). Diese Verbindung gibt ein gutes Beispiel für das, was ich horizontale und vertikale Zeit nenne, d. h. die innere und die äußere Welt. Der König symboli- siert alltägliche Aktivitäten, Fertigkeiten, soziale Stellung, Erfolg, während der Narr für die innere geistige Freiheit steht, die es ei- nem Menschen ermöglichen, diese Dinge zu genießen und auf ih- nen aufzubauen, ohne sich in einer engen, materialistischen Sicht- weise zu verstricken. Man stelle sich zwei Menschen mit den glei- chen äußeren Bedingungen vor – beide erfolgreich, geachtet, wohlhabend; doch kann einer in seinem Innern angespannt oder ängstlich sein, während der andere froh und in Frieden lebt.

Wenn wir den Narren als Anfang der Großen Arkana sehen und den König der Pentakel als die letzte der Kleinen Arkana, dann stehen die beiden an entgegengesetzten Enden des Tarot. Doch diese Polarität ist nur dann gegeben, wenn wir die Karten in einer Reihe betrachten. Wenn wir sie uns in einem Kreis angeordnet vorstellen, dann liegen der Narr und der König der Pentakel ne- beneinander.

Umgekehrt

Der König steht für Erfolg. Umgekehrt weist er auf Versagen oder einfach Mittelmäßigkeit hin. Der Mangel an Erfolg führt zu Unzu- friedenheit, Gefühlen von Schwäche und Zweifeln. Von einer an- deren Seite betrachtet kann der umgekehrte König korrumpierten Erfolg symbolisieren, das Bild eines Menschen, dem jedes Mittel recht ist, um seine Ziele zu erreichen.

Wenn wir den König der Pentakel als einen Menschen beschreiben, der eine lebendige Verbindung mit der Natur braucht (und das ist bestimmt nicht bei jedem so, auch wenn dies heutzutage oft behauptet wird), dann steht der umgekehrte König für den Zustand des Abgetrenntseins von dieser verjüngenden Quelle. Auch hier kann diese Trennung Unzufriedenheit, Schwäche, sogar die Gefahr geistiger Verwirrung zur Folge haben.

KÖNIGIN der MÜNZEN   Der MAGIER

(a)   *Abb. 75*   (b)

Königin

Während der König vor seinem Schloß sitzt, steht der Thron der Königin inmitten eines Feldes, eingerahmt von Rosen. Der König schaut sein Pentakel einfach nur an, während die Königin ihres mit beiden Händen hält. Sie ist sich der Magie der Natur und der Stärke, die sie aus ihr bezieht, intensiv bewußt. Mehr als jede andere Karte der Kleinen Arkana repräsentiert sie die Liebe zur

Welt und die Einheit mit ihr. Das Kaninchen in der unteren rechten Ecke steht nicht nur für sexuelle Fruchtbarkeit, sondern auch für die geistige Erfülltheit eines Lebens, das seinen eigenen Rhythmus in der Welt gefunden hat.

Ihre Eigenschaften, wie auch die sexuelle Symbolik, verbinden sie mit der Patronin der Pentakel, der Herrscherin. Gleichzeitig hat sie als Figur der Kleinen Arkana eine Eigenschaft, die der archetypischen Trumpfkarte der Leidenschaft fehlt: Selbsterkenntnis. Sie kennt sich selbst und glaubt an sich und das Wunder ihres Lebens. In Befragungen ist diese Qualität des Selbstvertrauens oft am wichtigsten.

Während der König eine Beziehung zum Narren hat, gehört die Königin zum Magier. Wie er trägt auch sie ein rotes Kleid über einem weißen Hemd; sie werden beide von Blättern und Blumen umrankt; hinter beiden leuchtet ein gelber Himmel. Während der Magier sich der Kräfte, die in der Welt verborgen liegen, bedient, vereinigt sich die Königin der Pentakel mit diesen Kräften, indem sie sich ihnen öffnet und sie in ihr alltägliches Leben einfließen läßt.

Umgekehrt

In Befragungen kann die umgekehrte Königin bedeuten, daß man sich selbst in einer bestimmten Situation nicht traut. Allgemeiner kann sie sich auf psychische Schwäche beziehen. Denn wenn man die Königin von ihrer lebendigen Verbindung mit der Erde abtrennt, führt dies, sogar noch stärker als beim König, zu Nervosität und Verwirrung. Sie wird ängstlich, sogar phobisch, voller Mißtrauen gegen andere und besonders gegen sich selbst, voller Zweifel an ihren Fähigkeiten und ihrem Wert als Person. Diese Trennung bedeutet mehr, als von Pflanzen und Tieren isoliert zu sein. Eher kommt sie in einem Verlust des täglichen Lebensrhythmus, in einer Unzufriedenheit mit der ganzen Situation und in der Unfähigkeit zum Ausdruck, das wertzuschätzen, was uns unsere Umgebung zu bieten hat.

In einer Befragung weist die umgekehrte Königin nicht nur auf diese Eigenschaften der betreffenden Person hin, sondern sie empfiehlt auch ein zweifaches Gegenmittel. Erstens, Vertrauen aufzubauen; ein Mensch kann dies erreichen, indem er zum einen seine besonderen Fertigkeiten und seine guten Eigenschaften hervorhebt, und zum anderen, indem er über die aufrechte Königin meditiert. Zweitens, eine Verwurzelung der Emotionen in natürlichen Dingen, alltäglichen Freuden und befriedigender Arbeit.

Ritter

Die Verpflichtung des Ritters zu handeln bringt die praktischen Eigenschaften des Satzes zum Ausdruck. Gleichzeitig kann es eine Verzerrung und Einengung seiner Lebenshaltung zur Folge haben, wenn der Ritter seine natürliche Neigung zum Abenteuer leugnet. Er ist verantwortungsbewußt und arbeitet hart, ohne sich zu beklagen. In seiner besten Entsprechung ist er tief mit der äußeren Welt und der Einfachheit verwurzelt, eine Eigenschaft, die in der Festigkeit, mit der das Pferd auf der Erde steht, und der aufrechten Haltung des Ritters zum Ausdruck kommt. Obwohl auch er ein Pentakel in der Hand hält, schaut er es

Abb. 76

nicht an, sondern starrt darüber hinweg. Die Symbolik deutet an, daß er die Quelle und den Sinn seiner Lebenskraft aus den Augen verloren hat. Indem er sich den rein praktischen Belangen verschrieben hat, hat er sich selbst von den tieferen Aspekten der Erde abgeschnitten.

Umgekehrt

Manchmal kann der umgekehrte Ritter ein Erwachen dieser anderen Bewußtseinszustände bedeuten. Häufiger zeigt er ein Versagen oder eine Übertreibung der wesentlichen Tugenden des Ritters an. Seine Gemächlichkeit verlangsamt sich bis zur Trägheit; seine schwerfällige Verantwortlichkeit wird zu Untätigkeit. Eine sanfte Persönlichkeit kann, wenn sie nur etwas zu weit getrieben wird, schwach und depressiv werden, besonders wenn ihre Ruhe einen unterdrückten Wunsch nach Abenteuer oder größerem Erfolg überdeckt.

Der Ritter der Pentakel kann manchmal eine Krise anzeigen. Wenn ein Mensch sein ganzes Leben einer Arbeit oder einer ähnlichen äußeren Verantwortung verschrieben hat, und wenn ihm dieser Lebensinhalt genommen wird – vielleicht durch Entlassung oder weil er in den Ruhestand getreten ist – dann können ihn Mutlosigkeit und Depressionen überwältigen. Ein anderes Beispiel könnte eine Frau sein, die ihr Leben gänzlich ihren Kindern gewidmet hat und nun feststellen muß, daß sie erwachsen sind und von ihr fortgehen.

Obwohl solche extremen Bedeutungen in Befragungen natürlich nur selten vorkommen, sind sie jedoch stets in dem Grundwiderspruch des Ritters enthalten: Tief verwurzelt mit der Magie der Erde, auf der er steht, ist er sich dessen dennoch unbewußt und identifiziert sich mit seinen Aufgaben. Er muß die wahre Quelle seiner Kraft sowohl in seinem Innern als auch im äußeren Leben entdecken.

Bube

Im direkten Gegensatz zum Ritter schaut der Bube nichts anderes an als sein Pentakel, das er graziös in die Luft hebt. Während man den Ritter als den Prototyp des Arbeiters bezeichnen könnte, verkörpert der Bube den Schüler, der in seine Studien so vertieft und davon so fasziniert ist, daß er nur wenig Interesse für andere Dinge aufbringen kann. Trotzdem hat er Teil an der praktischen Natur der Pentakel, weil er die Arbeit des Schülers, das Studium und die Forschung symbolisiert, im Unterschied zu der Inspiration des Buben der Kelche.

Der Schüler ist hier nur ein Symbol; der Bube bezieht sich

Abb. 77

nicht unbedingt nur auf jemanden, der wirklich zur Schule geht, sondern einfach auf einen Menschen, der an irgendeine Arbeit mit jener Haltung von Faszination und Interesse herangeht, der es weniger um soziale Positionen oder Anerkennung als um die Arbeit selbst geht.

Umgekehrt

Wieder erscheint der Bube als die Umkehrung des Ritters. Tatsächlich teilen sie die zwei Seiten der Pentakel – praktisches Wesen und Magie – unter sich auf. Wenn der Ritter ohne Arbeit ist, wird er mutlos und träge, während der Bube, dem dieser Sinn für harte Arbeit fehlt, sich der Wildheit und Zerstreuung überläßt. Waite nennt dies »Verschwendungssucht«. Manchmal kann die Karte jedoch auch einfach Entspannung nach einer schwierigen Aufgabe bedeuten, so wie beispielsweise ein Student nach seinem Examen erleichtert aufatmet.

Zehn

Die Zehn, eine der symbolisch-
sten und tiefgründigsten der
Kleinen Karten, zeigt uns ganz
konkret das Bild einer Pforte,
die den Weg für die verborgenen Erfahrungsmöglichkeiten
in den alltäglichen Dingen öffnet. Wie die Zehn der Kelche
beschäftigt sie sich mit dem
häuslichen Leben, doch während die Männer und Frauen
auf der Zehn der Kelche ein
Dankesfest für die Gaben feiern, nimmt diese Familie überhaupt keine Notiz von den
Wundern, die sie umgeben.
Oberflächlich betrachtet ver-
sinnbildlicht die Karte ein eta-
bliertes Zuhause, Wohlstand,
eine sichere und angenehme
Stellung in der Welt. Die Be-

Abb. 78

treffenden scheinen all diese Annehmlichkeiten jedoch als selbstverständlich zu betrachten; sie empfinden die Sicherheit eher als
langweilig und einengend. Im Gegensatz zu der Zehn der Kelche
(die beiden Karten erscheinen in Befragungen oft zusammen)
scheint die Familie hier nicht miteinander zu kommunizieren. Der
Mann und die Frau schauen in entgegengesetzte Richtungen, obwohl die Frau einen ängstlichen Blick über die Schulter zu ihrem
Mann wirft. Das Kind zerrt nervös an seiner Mutter, wendet sich
jedoch von ihr ab. Und keiner von den Dreien bemerkt den alten
Mann vor dem Torbogen.

Obwohl die Karte das profane Leben darstellt, ist sie von magischen Zeichen übersät. Die zehn Pentakel bilden den kabbalistischen Baum des Lebens, der nirgendwo sonst in dem Spiel erscheint. Beachte auch den Zauberstab, der an dem Torbogen
lehnt; er ist auf keiner anderen Karte der Kleinen Arkana zu sehen. Auf dem Torbogen selbst sehen wir ein Relief mit Waagen,
die sich im Gleichgewicht befinden (direkt über dem Kopf des al-

ten Mannes). Waagen stehen für Gerechtigkeit und darüber hinaus für subtile Kräfte, die verhindern, daß unsere alltägliche Welt in Chaos zerfällt. Mit »subtilen Kräften« meine ich nicht nur die sogenannten okkulten Gesetze, wie z. B. Polarität oder das Gesetz der Entsprechungen (wie oben so unten). Der Begriff bezieht sich auch auf die bekannteren Naturgesetze, wie Schwerkraft oder Elektromagnetismus. Bloß weil wir diese Dinge in der Schule lernen, sollten wir sie nicht als weniger wunderbar ansehen. Tatsache ist, daß wir alle das Universum als selbstverständlich betrachten, einfach weil es so gut funktioniert.

Mehr noch als die anderen Bilder strahlt der alte Mann etwas Magisches aus. Er erinnert an das in jeder Kultur vorkommende Bild eines Gottes oder Engels, der, als Bettler oder Reisender verkleidet, bei einer Familie einkehrt, ihre Gastfreundschaft und Großzügigkeit auf die Probe stellt und ihnen dann ein magisches Geschenk zurückläßt. In der Geschichte von Abraham und Sarah schenkten die Engel ihnen einen Sohn, Isaak. In vielen dieser Geschichten erkennen nur die Hunde den Gast (so wie es in anderen Märchen auch nur die Hunde sind, die vor dem Teufel, der in Verkleidung daherkommt, davonlaufen). Weil ihre Instinkte noch nicht vom blasierten menschlichen Rationalismus überlagert sind, können die Hunde das Wunderbare spüren, wenn es an die Türe klopft.

Die meisten dieser Märchen vertreten die Moral »Sei nett zu jedermann, denn du kannst nie wissen, wem du die Türe weist«. Wir können die Geschichte jedoch auch noch auf subtilere Weise interpretieren. Wenn Menschen sich auf eine bestimmte Art verhalten, schaffen sie *in sich selbst* die Fähigkeit, die Segnungen ihrer Umwelt zu erkennen und zu empfangen.

Alle diese verborgenen Zeichen und Wunder unterstreichen das Grundthema der Pentakel: In der alltäglichen Welt liegt ein Zauber, der über das, was wir normalerweise sehen können, weit hinausgeht. Dieser Zauber ist überall um uns, in der Natur, in der Tatsache, daß das Leben überhaupt existiert, und daß dieses unermeßliche Universum nicht auseinanderfällt.

Im Innern des Torbogens sehen wir einen hellen, gewöhnlichen Tag; außerhalb herrschen dunklere Farben vor, sogar auf dem bunten Mantel des alten Mannes mit seinen astrologischen und magischen Zeichen. Die Familie steht unter dem Torbogen wie für ein Schauspiel in Szene gesetzt. Denn die alltägliche Welt und das komfortable Leben, das wir für so selbstverständlich halten, ja sogar die Sorgen und Schwierigkeiten, mit denen wir uns herumplagen, sind trotz all ihrer scheinbar so sicheren Realität nur ein Spiel, in dem wir die Rolle einnehmen, die uns durch die Erziehung und die Gesellschaft zugewiesen wurde. (Die Einsicht, daß wir ein Produkt unserer Konditionierung sind, ist der erste Schritt zu unserer Befreiung.)

Die wahre Realität bleibt urtümlich, dunkel und geheimnisvoll. Obwohl wir durch den Torbogen hindurchsehen, stellt uns die Perspektive der Karte außerhalb davon, zusammen mit dem dämonischen Besucher. Wenn wir eins werden mit der Karte, finden wir uns jenseits des Tores wieder und sehen die kleinen Dramen, die sich in unserem alltäglichen Leben abspielen. Wenn wir uns noch tiefer darauf einlassen, machen wir die Erfahrung, daß das wilde, pulsierende Universum inmitten des Alltäglichen zu finden ist.

Als der Held Odysseus von seinen Wanderungen in der wilden, von Ungeheuern beherrschten Welt außerhalb des zivilisierten Griechenland nach Hause zurückkehrte, kam er in der Verkleidung eines Bettlers. Nur sein Hund erkannte ihn. Er trug zwar Lumpen, aber es waren glorreiche Lumpen (ähnlich wie der Flikkenmantel des Besuchers auf der Karte), denn die Göttin Athene hatte sie ihm geschenkt. Odysseus kehrte aus der Wildnis in das zivilisierte Leben zurück; er befreite sein Haus vom Übel und stellte die sittliche Ordnung wieder her. Zuerst mußte er jedoch das, was jenseits davon lag, erleben. Auch die Zehn der Pentakel kann uns dahin führen.

Umgekehrt

Wenn das Gefühl der Langeweile im Leben überhand nimmt, kann das dazu führen, daß man Risiken, besonders finanzieller oder emotionaler Art, eingeht. Manchmal können diese Risiken auch gerechtfertigt sein, je nachdem, in welchem Zusammenhang sie stehen, oder welche Ziele man damit verfolgt; so würde z. B. der Narr neben der Zehn der Pentakel ein gewagtes Unternehmen herausfordern. In anderen Situationen entstehen die Risiken weniger aus Notwendigkeit als aus Ungeduld mit dem, was wir bisher erreicht haben. Diese Situation wird besonders betont, wenn die Zehn der Pentakel zusammen mit der Zehn der Kelche erscheint.

Die Parallele zu Odysseus wird besonders deutlich, wenn die Karte umgekehrt ist. Die meisten Schwierigkeiten erwuchsen diesem Helden aus seiner Neigung zu Waghalsigkeit, die ihn dazu verleitete, sich immer im falschen Moment auf Abenteuer einzulassen. Sein Drang, etwas aufs Spiel zu setzen, stand im Widerspruch zu seinen Grundeigenschaften von Vorsicht, Geschicklichkeit und Voraussicht. Und doch war es die Wildheit, die das Gleichgewicht aufrechterhielt. Ohne sie hätte Odysseus niemals die Welt jenseits von Heim und Familie, wohin er schließlich auch zurückkehrte, gesehen.

(a)   *Abb. 79*   *(b)*

Neun

Als materielle Karten befassen sich die Pentakel mit Erfolg und seiner Bedeutung im Leben eines Menschen. Anders als die Figur auf der Zehn ist sich die hier abgebildete Frau der guten Dinge in ihrem Leben klar bewußt. Ihre Hand ruht auf den Pentakeln, ihr Daumen umfaßt einen Weinstock. Eine der Hauptbedeutungen der Karte ist Erkenntnis, besonders Selbsterkenntnis, und die Fähigkeit zu unterscheiden, für welche Dinge und Ziele im Leben es sich wirklich lohnt, all seine Kräfte einzusetzen. Die Karte bedeutet Erfolg – aber nicht einfach nur im materiellen Sinne; sie symbolisiert ebenso das Gefühl der Sicherheit, das wir aus dem Wissen schöpfen, die richtigen Entscheidungen getroffen und die sich daraus ergebenden notwendigen Schritte unternommen zu haben. Die Pentakel, die auf den Sträuchern wachsen, symbolisieren ein produktives und lebendiges Leben.

»Erfolg« bedeutet hier nicht so sehr weltliche Errungenschaften, sondern eher »Erfolg« bei der Aufgabe, uns mit dem Material, das uns durch die Umstände und Bedingungen unseres Lebens gegeben ist, selbst zu verwirklichen. Und »Gewißheit« im stärksten Sinne bedeutet mehr, als zurückzublicken und festzustellen, daß wir das Richtige getan haben. Sie bedeutet auch die Fähigkeit, zu *wissen,* wo andere nur vermuten können. Die Neun der Pentakel gilt als ein Symbol für diese Eigenschaft, die das wahre Kennzeichen eines entwickelten Menschen ist (eine weitere Auseinandersetzung mit diesem Thema findet sich am Ende des Abschnitts über Befragungen); wenn wir diese Karte studieren und über sie meditieren, wird sie uns dabei helfen, diese Gewißheit zu erlangen.

Wir haben gesehen, daß die Neunen Kompromisse und Entscheidungen zeigen. Dieses Thema kommt auch bei den Pentakeln zur Sprache. Die Frau steht alleine in ihrem Garten. Um das zu erreichen, was sie jetzt hat, mußte sie auf die üblichen Formen der Geselligkeit verzichten. In Befragungen bedeutet diese Symbolik nicht, daß die Karte uns unbedingt den Rat gibt, eine Beziehung aufzugeben; aber sie fordert Selbständigkeit und eine gewisse Einsamkeit bei der Verfolgung unserer Ziele.

Das Bild in Abb. 79b, das ein wenig von der offiziellen Rider-Version (Abb. 79a) abweicht, stammt aus einer amerikanischen Ausgabe, die vor einigen Jahren erschien. Auf dieser Neun der Pentagramme liegt ein Schatten über dem Gesicht der Frau und den Trauben auf der rechten Seite der Karte. Sie wendet sich eindeutig von der Sonne ab. Diese Symbolik weist auf ein Opfer hin. Um ihr Leben so gestalten zu können, wie sie es wünscht, muß sie nicht nur Geselligkeit, sondern auch solche Dinge wie Spontaneität, Umherschweifen und Unbekümmertheit aufgeben. Wenn uns das Opfer als zu groß erscheint, bedeutet dies vielleicht, daß wir den

Früchten unserer Selbstverwirklichung nicht genügend Wert beimessen.

Das Bild des Vogels führt diese Gedanken noch weiter. Als ein hoch in den Lüften fliegender Jäger symbolisiert der Falke den Intellekt, die Imagination, den Geist. Die Haube jedoch macht ihn seiner Herrin, d. h. dem bewußten Willen, untertan. Während die Karte also auf den ersten Blick für Erfolg steht, verwandelt sich ihre wesentliche Bedeutung bei genauerem Hinsehen jedoch in Disziplin. Und wenn wir durch die Pforte dieser Karte hindurchschreiten, wird uns das eine Hilfe dabei sein, die Freude an der wahren Disziplin, die nicht lähmt, sondern beflügelt, zu entdecken.

Umgekehrt
Die Qualitäten der Karte werden geleugnet oder ins Gegenteil verkehrt; Mangel an Disziplin und das Versagen, das sich daraus ergibt; Unternehmungen, die angefangen und dann wieder aufgegeben werden; die Unfähigkeit, seine Energie auf sinnvolle Dinge zu konzentrieren. Sie kann bedeuten, nicht zu wissen, was man will oder was einem wirklich wichtig ist. Der Mangel an Selbsterkenntnis führt zu Verantwortungslosigkeit und fehlendem Vertrauen sich selbst und anderen gegenüber.

Acht

Der Weg zum Geist liegt für die Pentakel nicht so sehr im Erfolg, auch nicht im Erkennen des Wertes der alltäglichen Dinge, sondern vielmehr in der Arbeit, die es uns erst ermöglicht, diese Dinge zu schätzen. Während die Neun Disziplin bedeutet, steht die Acht für die Übung, welche die Disziplin und die Geschicklichkeit zustande bringt.

Abb. 80

Keine Arbeit, sei sie nun körperlicher, künstlerischer oder spiritueller Art (der Sufi Idries Shah spricht von »Arbeit« als der Grundlage der Sufi-Lehre) kann gelingen, wenn der Mensch nur das Endergebnis vor Augen hat. Viele Künstler haben dies bezeugt und hoffnungsvolle Anfänger darauf hingewiesen, daß diese, wenn sie vor allem reich und berühmt werden wollen, niemals erfolgreich sein werden. Wir müssen uns um die Arbeit selbst kümmern.

Dementsprechend sehen wir den Lehrling, der in seine Arbeit versunken ist. Und doch muß Arbeit auch einen Bezug zur Außenwelt haben. Auch wenn wir noch so sehr unseren Ansprüchen und Eingebungen folgen oder uns selbst verwirklichen – unserer Arbeit fehlt es an Bedeutung, wenn sie nicht in irgendeiner Weise der Gemeinschaft dient. Deshalb liegt hinter dieser Werkstatt – wenn auch in weiter Ferne – eine Stadt, und eine gelbe Straße (Gelb steht für geistige Arbeit) führt von dort zu der Werkstatt.

Umgekehrt

Umgekehrt weist die Karte vor allem auf Ungeduld und die sich daraus ergebenden Zustände hin: Frustration, unbefriedigter Ehrgeiz, Neid oder Eifersucht. Diese Dinge können Folge einer Einstellung sein, die nur den Erfolg vor Augen hat und nicht die Arbeit, die ihn erst ermöglicht. Sie können auch durch unbefriedigende Arbeit entstehen, d. h. eine Arbeit oder eine Karriere, die einem Menschen weder Geschicklichkeit, noch persönliches Engagement oder Stolz abverlangt.

Sieben

Vom Bild der Arbeit gehen wir weiter zu ihrem Lohn. Wie die Neun stellt auch die Sieben die Pentakel als lebendige Entwicklung aus der Arbeit eines Menschen dar. Sinnvolle Arbeit bewirkt mehr als nur materielles Wohlergehen; auch der Mensch wächst durch sie. Die Sieben zeigt den Augenblick, in dem man voller Befriedigung auf etwas Vollendetes zurückblicken kann. Dieses »Etwas« kann eine ganze Karriere betreffen, aber auch einfach ein gerade anstehendes Projekt. Die Karte bedeutet, daß irgend etwas, das ein Mensch aufgebaut hat (dazu gehören auch zwischenmenschliche Beziehungen), einen Punkt erreicht

Abb. 81

hat, an dem es von selbst wachsen kann; er kann davon zurücktreten, ohne daß es zusammenbricht.

Umgekehrt

Viele Menschen haben einfach nicht die Möglichkeit, eine sinnvolle Arbeit zu tun. Im allgemeinen zeigt die umgekehrte Sieben die alles beherrschende Unzufriedenheit, das Gefühl, in einer Falle zu sitzen, das durch unbefriedigende Jobs oder Verpflichtungen entstehen kann. Wieder kann die umgekehrte Sieben ein Gefühl von Unsicherheit oder Angst bedeuten, besonders, wenn dieses durch ein Projekt, das nicht gut läuft, hervorgerufen wird.

Sechs

Die nächsten beiden Karten, die durch ihre Symbolik miteinander verbunden sind, gehören zu den komplexesten Karten der Kleinen Arkana, im Grunde sogar des ganzen Spiels. Gleichzeitig demonstrieren sie den Unterschied zwischen verschiedenen Interpretationsebenen und jener zusätzlichen Dimension, die ich mit dem Begriff »Pforte« zu fassen suchte; denn während die Fünf verschiedene Bedeutungen zuläßt, zeigt uns die Sechs direkt die Wirkungsweise der Pforte.

Oberflächlich betrachtet illustriert die Sechs der Pentakel das Thema des Teilens, der

Abb. 82

Großzügigkeit, der Nächstenliebe. Beachten wir jedoch, daß die Menschen eine Hierarchie bilden, in der der eine über den beiden anderen steht. Die Karte deutet deshalb eine Beziehung an, in der eine Person andere beherrscht. Er oder sie gibt, jedoch immer auf der Basis der Überlegenheit. Die Waage befindet sich im Gleichgewicht; solche Beziehungen sind oft sehr stabil, gerade weil die Personen sich so gut ergänzen. Der eine will herrschen, der (die) andere(n) will beherrscht werden. Die niedrigere Position bedeutet nicht wirklich Schwäche; die beherrschte Person initiiert oft die Beziehung, und tatsächlich ist sie oft diejenige, die auf subtile Weise darauf besteht, die Beziehung aufrechtzuerhalten, während derjenige, der die dominante Rolle spielt, sich vielleicht eine Veränderung wünscht.

278

Manchmal bezieht sich die Hierarchie nicht auf einen Menschen, sondern eher auf eine Situation – eine emotionale, ökonomische oder sonstige –, die eine Einzelperson oder eine Gruppe von Menschen beherrscht.

Auch wenn sie vielleicht nur sehr wenig davon profitieren, so ist es doch gerade genug, daß sie nicht nach etwas anderem Ausschau halten. Dies kann z. B. ein Beruf sein, der zwar materielle Vorteile, aber wenig Befriedigung oder Chancen zur Weiterentwicklung bringt; oder eine Beziehung, in der die Menschen zwar unglücklich sind, die ihnen aber auch eine gewisse Bequemlichkeit bietet; oder eine politische Situation, wo Menschen erkennen, daß sie unterdrückt sind, aber das bißchen Sicherheit, das sie noch haben, nicht aufs Spiel setzen wollen.

Die Karte hat eine (verzerrte) Beziehung zu denjenigen Großen Karten (der Hierophant, die Liebenden, der Teufel und andere), in denen eine Macht die Gegensätze des Lebens zusammenhält oder versöhnt. Hier wird nichts wirklich versöhnt, aber die Situation bleibt im Gleichgewicht und ist deswegen auch beständig.

Soweit betreffen die Bedeutungen vor allem die beiden Bettler. Aber was ist mit dem Gebenden? Er zeigt Großzügigkeit, doch weisen die ausbalancierten Waagschalen darauf hin, daß er nicht spontan gibt, sondern eher abwägt, was er entbehren kann. Mit anderen Worten – er gibt das, was er nicht vermissen wird. Auf der Gefühlsebene symbolisiert dies einen Menschen, der sehr leicht Beziehungen zu anderen herstellen kann, der jedoch seine tiefsten Gefühle immer zurückhält.

Wie ich bereits oben sagte, beruht die Beziehung auf Gegenseitigkeit. Viele Menschen wollen nur in begrenztem Maße »Geschenke« von anderen annehmen. Eine Zurschaustellung von starken Gefühlen z. B. kann sie verlegen machen oder ihnen Angst einflößen. Das gleiche kann auch für Menschen gelten, die eine Abwehr gegen »Nächstenliebe« haben und die jedes Angebot von Hilfe in diese Kategorie einordnen. Deshalb kann die Sechs der Pentakel bedeuten, *Menschen das zu geben, was sie auch annehmen können.*

Ich habe diese Worte besonders hervorgehoben, weil sie etwas beinhalten, das über ihre wörtliche Bedeutung hinausgeht. Die meisten Menschen richten sich in dem, was sie geben, unbewußt danach, was andere von ihnen erwarten; sie wollen vermeiden, daß die anderen oder sie selbst sich dabei unbehaglich fühlen. Auf

der anderen Seite muß man einen hohen Grad sowohl von Selbsterkenntnis als auch von Kenntnis der menschlichen Psychologie im
allgemeinen erreicht haben, um Menschen *bewußt* das zu geben,
was sie brauchen und gebrauchen können (und nicht, was sie vielleicht glauben, sich zu wünschen). Nur wenige Menschen erreichen wirklich diese Stufe des Gebens. Viele, die der Meinung sind,
sie hätten erkannt, was ein anderer braucht, projizieren im
Grunde ihre eigenen Bedürfnisse und Ängste auf diese Person.
Der Tarot, als eine objektivere Informationsquelle, kann uns helfen, unsere eigenen Bedürfnisse von denen eines anderen zu unterscheiden. Aufgrund dieser Bedeutungen hat die Sechs der Pentakel eine Verbindung mit der Neun in deren Eigenschaft als Sinnbild der Gewißheit.

Dem Gedanken, das zu geben, was Menschen auch annehmen
können, liegt auch eine religiöse Bedeutung zugrunde. Mystiker
und Esoteriker sagen oft, daß die in einer bestimmten Religion
verborgene Wahrheit häufig fast das Gegenteil von dem ist, was
diese Religion nach außen hin zu sagen scheint. Während z. B.
eine Doktrin uns lehren mag, unsere Begierden durch fromme Gedanken zu kontrollieren, kann es sein, daß der Okkultist versucht,
seine verborgensten Triebe hervorzubringen und mit ihnen zu arbeiten. Diese Spaltung existiert, weil die meisten Menschen nicht
nur unfähig, sondern auch nicht willens sind, sich mit religiösen/
psychologischen Lehren in ihrer unverschleierten Form zu konfrontieren. Aber auch vielen von denen, die es versuchen, gelingt
es oft nicht, die Wahrheit wirklich aufzunehmen. Denken wir an
Rabbi Ben Abuysh, der seinen Glauben verlor, als er meinte, zwei
Gottheiten zu sehen.

Idries Shah erzählt die Geschichte von zwei Männern, die auf einen Stamm treffen, der große Furcht vor Wassermelonen hat, weil
er sie für Dämonen hält. Der erste Reisende versucht, sie von der
Wahrheit zu überzeugen und wird als Ketzer gesteinigt. Der
zweite akzeptiert ihren orthodoxen Glauben, gewinnt ihr Vertrauen und arbeitet langsam an ihrer Erziehung. Wie diese Geschichte zeigt auch die Sechs der Pentakel, auf welche Weise die
Religion und auch esoterische Lehren uns nur das geben, was wir
empfangen können. Waite beschreibt diese Karte als »eine Person
in der Verkleidung eines Kaufmanns« – also nicht wirklich ein
Kaufmann, sondern eine Person, die als solcher »verkleidet« ist.
Und Nietzsche läßt in *Also sprach Zarathustra* einen Eremiten zu

Zarathustra sagen: »Wenn du zu ihnen gehen willst, so gib nicht mehr als ein Almosen, und laß sie darum betteln.« Gibst du mehr, wird dir keiner zuhören.

Doch wer ist diese Person im Gewand eines Kaufmanns? Ist er einfach ein Lehrer, oder verkörpert er eine religiöse oder psychologische Lehre? Die Waage deutet noch etwas anderes an: Gerechtigkeit, die für Wahrheit steht, nicht einfach im Sinne der »korrekten Information«, sondern als lebendige Kraft, die das Universum zusammenhält und es im Gleichgewicht hält. In der Zehn der Pentakel sahen wir diese Kraft in der Gestalt des alten Mannes am Tor; hier wird sie durch den Kaufmann verkörpert. Das Leben gibt uns das, was wir brauchen, und womit wir arbeiten können, vor allem, wenn wir uns um eine empfangende Haltung bemühen.

Menschen, die mit Meditation, dem Tarot oder ähnlichen Disziplinen arbeiten, auch Menschen, die künstlerisch tätig sind, nehmen oft ein merkwürdiges Phänomen wahr. Das Leben scheint sich zu verschwören, um ihnen das zu geben, was sie brauchen, um ihren Weg zu finden. Nicht ein großer Ausbruch, aber gerade genug, um ihnen einen kleinen Ruck zu geben, wenn sie ihn am meisten gebrauchen können. Ich möchte ein Beispiel dafür geben: Zu der Zeit, als ich mich intensiv um die Bedeutung der Sechs der Pentakel bemühte, machte ich eine Tarot-Befragung für mich selbst, in der die Sechs über Kreuz auf dem Ritter der Kelche erschien. Ich dachte, dies sollte bedeuten, daß es mir guttun würde, meinen Geist in einem meditativen Zustand zu halten. Nun geschah dies einige Monate nach dem Tod meiner Mutter, und während ich meinen Vater besuchte, fand ich ein *mezuzah* (eine Art jüdisches Amulett) meiner Mutter und begann es zu tragen. Das *mezuzah* hatte als Inschrift den Namen »Shaddai«. Ich erkannte, daß dies ein Name Gottes war, aber ich wußte nicht, was er bedeutete. Zwei oder drei Tage nach der Befragung ging ich mit meinem Vater in eine Synagoge zu den Sabbat-Gebeten (etwas, das ich alleine nicht getan hätte). Beim Hineingehen sah ich den Namen Shaddai auf einem ausgestellten Schmuckstück und erwähnte meine Neugierde, seine Bedeutung zu erfahren.

Als ich mir den Bibeltext für diesen Tag ansah, entdeckte ich eine Fußnote, die die Bedeutung von Shaddai erklärte. Es wird mit »der Allmächtige« übersetzt und kommt von einer hebräischen Wurzel, die »überwältigen« bedeutet. Es ist aber auch mit einem arabischen Wort verwandt, das »Wohltätigkeit, Schenken« bedeutet. So beantwortete das Buch nicht nur meine unmittelbare Frage, sondern es verhalf mir auch zu einem tieferen Verständnis der Sechs der Pentagramme. Der »Kaufmann« symbolisiert die Macht des Lebens, die uns nicht nur das gibt, was wir brauchen und annehmen können, sondern die uns auch mit ihren spirituellen Erfahrungen überwältigen kann (obwohl dies normalerweise nicht geschieht, wenn wir es nicht wollen). Und ich hatte diese Einsichten (die dadurch, daß ich sie erfahren hatte, von größerer Bedeutung für mich waren, als wenn sie nur intellektuelle Vorstellungen gewesen wären) dadurch gewonnen, daß ich mich buchstäblich in eine Position des Empfangens begeben hatte, indem ich nämlich mit meinem Vater in die Synagoge gegangen war.

Von der Sechs der Pentakel lernen wir, daß der Wert des Studiums des Tarot oder anderer Disziplinen nicht nur in dem jeweiligen Wissen liegt, das wir dadurch gewinnen, sondern auch in dem Geisteszustand, der im Verlauf des Lernens geschaffen wird. Es ist die Arbeit selbst, die uns verändert. Wir können diese Veränderungen durch die Wirkung der Pforten-Karten bewußt und absichtlich fördern. Indem wir ihre Bilder betrachten und uns in sie hineinversenken, öffnen wir uns dafür, ihre Geschenke zu empfangen.

Umgekehrt

Die möglichen Bedeutungen stehen in Beziehung zu den Bedeutungen der aufrechten Karte. Hier finden wir einen Mangel an Großzügigkeit und Selbstsucht, wenn man eigentlich teilen sollte. Manchmal bezieht sich dies auf eine Situation, wo eine Person in einer überlegenen Position ist. Dies ist dann eine Herausforderung für den Gebenden, freigebiger zu sein, nicht abzuwägen, was er oder sie sich leisten kann, sondern wirklich zu teilen. Manchmal zeigt die Karte die Abwehr derjenigen, die Wohltätigkeit oder ihre emotionale Entsprechung, Mitleid, empfangen.

Die umgekehrte Sechs bedeutet oft, daß eine stabile, aber im Grunde ungleiche oder unbefriedigende Situation auseinanderfällt. Ob dieses Auseinanderbrechen zu einer freieren oder gleichberechtigteren Situation führt oder nicht, hängt von zahlreichen Faktoren ab, und nicht zuletzt davon, wie groß der Wunsch und der Mut der betroffenen Menschen ist, einen Prozeß, den sie selbst oder eine äußere Instanz begonnen haben, weiterzuführen.

Und schließlich bedeutet sie natürlich auch, sich auf eine empfangende Haltung nicht einzulassen; wir verschließen uns spirituellen Erfahrungen oder verpassen eine gute Gelegenheit, vielleicht durch Arroganz oder durch Mißtrauen gegenüber den Motiven anderer Menschen.

(a)   *Abb. 83*   *(b)*

Fünf

Die vielfältigen Deutungsmöglichkeiten dieser Karte veranschaulichen noch einmal das Problem der Gewißheit, das im Kapitel über Befragungen behandelt wird. Wie können wir sicher sein, welche Bedeutung auf eine konkrete Situation zutrifft? Gleichzeitig zeigen die vielen Bedeutungen, wie eine Situation sich in ganz verschiedene Richtungen entwickeln kann.

Die Fünfen zeigen irgendeine Art von Konflikt oder Verlust. Auf die Pentakel bezogen bedeutet dies vor allem materielle Sorgen, wie z. B. Armut oder Krankheit. Manchmal symbolisiert sie eine langwährende Notzeit. Beachte, daß die Menschen auf der Karte überleben, auch wenn sie gebeugt und verkrüppelt sind. Diese Karte kann Liebe bedeuten, besonders die Liebe zweier Menschen, die in einer schlechten Situation zusammenhalten. Es kann sich herausstellen, daß die Not ein wesentlicher Faktor geworden ist, der ihre Beziehung zusammenhält, so daß eine Befreiung von ihren materiellen Sorgen ihre Einheit auf eine harte Probe stellen könnte – oder sie glauben auch nur, daß dies geschehen könnte und haben deshalb Angst vor einer Veränderung.

Beachte, daß sie an einer Kirche vorbeigehen. Als ein Ort der Zuflucht repräsentiert die Kirche Ruhe und Erholung nach dem Sturm. Doch die beiden Menschen sehen dies nicht. Die Menschen können sich an alles gewöhnen, und wenn dies erst einmal geschehen ist, werden sie Möglichkeiten zur Veränderung oft nicht sehen; sie werden sich sogar einem Ende ihrer Schwierigkeiten widersetzen.

Wenn wir diese Menschen mit den knienden Bettlern auf der Sechs vergleichen, sehen wir, daß die Fünf Stolz und Unabhängigkeit symbolisiert, manchmal in einem Ausmaß, das man geradezu als Dummheit bezeichnen könnte, wenn nämlich wirklich ehrliche Hilfe angeboten wird.

Beim näheren Betrachten der Karte können wir noch andere, sogar gegensätzliche Bedeutungen entdecken. Auf der Karte ist keine Tür zu sehen, die in die Kirche führt. So wie heutzutage viele wirkliche Kirchen ihre Türen wie Geschäfte um fünf Uhr nachmittags abschließen, so hat vielleicht auch diese Kirche den Menschen den Zugang verwehrt. Die heilige Stätte hat ihre Hilfe versagt. Darin können wir zuerst einmal eine Kritik an der modernen Religion sehen, die für viele Menschen in ihrer Aufgabe, den von Sorgen belasteten Seelen Trost und Heilung zu geben, versagt hat. Auf einer einfacheren Ebene sind die Kirchen in vielen Ländern auf Kosten der Menschen reich geworden. Vergleichen wir noch einmal die Fünf mit der Sechs! Der Kaufmann könnte die moderne verweltlichte Kirche symbolisieren, die soviel materielle Unterstützung gibt, wie sie kann (oder will), während sie die seelischen Bedürfnisse der Menschen vernachlässigt.

Wir können den vorherigen Abschnitt als »soziologische« Interpretation der türlosen Kirche bezeichnen. Wenn wir den Menschen in den Vordergrund stellen, erkennen wir die psychologische Bedeutung des Bildes. Manchmal befinden wir uns in einer

Situation, in der uns äußere Kräfte – soziale Institutionen, Familie, Freunde usw. – nicht helfen können, und wir allein mit den Problemen fertig werden müssen. Wir können diesen Gedanken in einer »magischen« oder okkulten Interpretation weiterführen. In Teil Eins dieses Buches habe ich erörtert, daß der Magier, indem er sich auf einen Weg der persönlichen Entwicklung begibt, sich damit gegen die etablierte Kirche stellt, die traditionellerweise die Rolle der Vermittlerin zwischen Gott und den Menschen einnimmt. Diese Entscheidung kann sowohl praktische als auch politische Konsequenzen haben. Wenn der Magier auf gefährliche übersinnliche Kräfte stößt, dann kann (und will) die traditionelle Religion ihm oder ihr nicht dabei helfen, diese zu überwinden. Vergleiche die Fünf der Pentakel mit dem Hierophanten, der Nummer 5 der Großen Arkana. Dort unterwerfen sich zwei Anwärter einer Lehre, die ihnen in allen Situationen den Weg weist. Die Menschen hier weisen solche Doktrinen zurück oder haben einfach festgestellt, daß diese für sie ohne Bedeutung sind.

Umgekehrt

Waite gibt die Deutung »Chaos, Unordnung, Ruin, Verwirrung«. Dies deutet an, daß die Situation der aufrechten Karte zusammengebrochen ist. Die Menschen können nicht überleben. Wenn auch die unmittelbare Situation viel schlimmer erscheinen mag, kann sie manchmal zu einer Verbesserung führen. Wenn Menschen sich an das Leiden gewöhnt haben, kann ein Zusammenbruch eine Befreiung für sie bedeuten. Ob sie dann etwas Positiveres aufbauen können, hängt zum Teil von ihnen selbst und zum Teil von äußeren Einflüssen und Gelegenheiten ab.

Vier

Zunächst einmal sehen wir das Bild eines Geizhalses und im weiteren Sinn Abhängigkeit von materieller Bequemlichkeit und Sicherheit, die durch die Stabilität der Zahl Vier symbolisiert wird. Gleichsam als Antwort auf die Schwierigkeiten, die auf der vorherigen Karte gezeigt wurden, hat sich der Mann einen Schutzschild gegen alle ökonomischen (oder anderen) Probleme geschaffen, die in Zukunft entstehen könnten. Während die Fünf jedoch zwei Menschen zeigte, sehen wir hier nur eine Person, die andere durch ihr Bedürfnis nach persönlicher Sicherheit ausschließt.

Abb. 84

Als magische Zeichen symbolisieren die Pentakel grundlegende emotionale/psychische Energie. Der Mann auf dieser Karte gebraucht seine Pentakel, um sich vor der Außenwelt zu verschließen. Er hat die vitalsten Stellen seines Körpers zugedeckt: den Scheitel des Kopfes, das Herz und die Kehle und die Fußsohlen. Menschen, die mit Chakra-Meditation arbeiten, werden wissen, daß die ersten beiden Punkte die vitale Verbindung mit dem Geist und mit anderen Menschen darstellen. Das Bedecken der Fußsohlen symbolisiert, daß wir uns von unserer Umwelt abschließen. Doch seinen Rücken kann der Mann nicht abschirmen. Wir bleiben im Leben immer verwundbar, auch wenn wir noch so sehr versuchen, uns durch Egozentrik zu schützen.

Für bestimmte Situationen ist die Vier, die gewöhnlich als »Problem«-Karte angesehen wird, genau das Richtige. Wenn das Leben zu einem völligen Chaos geworden ist, dann bedeutet die Vier, eine Struktur aufzubauen, entweder durch materielle Dinge oder dadurch, daß man emotionale und geistige Energie nach innen

richtet. Die Karte wird immer ein Bild der Selbstbezogenheit bleiben, doch manchmal benötigen wir gerade diese Selbstbezogenheit. Menschen, die mit Hilfe ihrer Aura meditieren, vollziehen
gewöhnlich am Ende jeder Meditation ein Ritual des »Versie-
gelns« der Aura an den Chakren. Diese Praktik verhindert sowohl
das Ausfließen ihrer eigenen Energie als auch eine Überflutung
des Selbst durch äußere Einflüsse.

Und schließlich symbolisiert die Vier der Pentakel auf einer sehr
tiefen Ebene die Art und Weise, in der der Verstand des Menschen
dem Chaos der materiellen Welt Struktur und Bedeutung verleiht.
Dieser Gedanke steht nicht im Widerspruch zu der Vorstellung
von Kräften, die die Natur im Gleichgewicht halten, wie es in der
Zehn und der Sechs beschrieben wird. Er stellt vielmehr eine Erweiterung dieses Konzepts dar, indem er zeigt, daß der Geist diese
Kräfte nicht nur wahrnimmt, sondern sie sogar in ihrer Funktion
unterstützt. Die Tatsache, daß die Menschen in der Welt eher die
Rolle eines Schöpfers als eines passiven Beobachters spielen, ist
einer der Berührungspunkte zwischen mystischen/esoterischen
Lehren und der modernen Physik.

Umgekehrt
Hier wird die Energie befreit. Diese Befreiung kann Großzügigkeit und Freiheit bedeuten – in Umkehrung der aufrechten Karte,
die für Gier oder Selbstbezogenheit steht –, sie kann aber auch die
Unfähigkeit symbolisieren, die Fäden des Lebens zusammenzu-
halten und ihm eine Struktur zu geben. Wieder einmal hängt die
Bedeutung in einer konkreten Situation von den anderen Einflüssen ab.

Drei

Wir kehren hier zum Thema der Arbeit, sowohl in ihrem wörtlichen Sinne als auch in ihrer Eigenschaft als Symbol spiritueller Entwicklung zurück. Der Mann links ist ein Bildhauer, ein Meister seiner Kunst. Die Karte erscheint manchmal in Verbindung mit der Acht der Pentakel. Dies bedeutet, daß die harte Arbeit und Hingabe zur Meisterschaft geführt hat oder führen wird.

Zur Rechten stehen ein Mönch und ein Architekt, die die Baupläne für die Kirche in den Händen halten. Das Zusammenspiel dieser drei Figuren bedeutet, daß die beste Arbeit durch die Verbindung von technischem Geschick (Luft) und spiritueller Erkenntnis (Wasser) auf der einen Seite, und Energie und Verlangen (Feuer) auf der anderen Seite zustande kommt. Beachte, daß die Pentakel ein nach oben weisendes Feuer-Dreieck bilden, welches zeigt, daß die Arbeit uns auf eine höhere Ebene erheben kann, während die Blume in dem darunterliegenden, nach unten weisenden Wasser-Dreieck die Notwendigkeit symbolisiert, eine solche Arbeit in der Realität der Welt und den Bedürfnissen der Gemeinschaft zu verankern. Wenn wir über diese Dualität nachdenken, erkennen wir, daß sich diese Karte, ähnlich wie die Neun, auf tatsächliche Arbeit bezieht, aber ebenso ein Symbol des entwickelten Selbst sein kann. Diese beiden Bedeutungen schließen einander nicht aus. Wie wir schon vorher festgestellt haben, kann praktische Arbeit, die bewußt und verantwortungsvoll ausgeführt wird, ein Mittel zur Entwicklung der Persönlichkeit sein. Ein Teil der Bedeutung dieser Karte liegt in der Tatsache, daß diese Symbolik der spirituellen Entwicklung in den weltlichen Pentakeln auftritt und nicht in den Bildern der anderen Farben.

Abb. 85

288

Mittelmäßigkeit: die physische oder spirituelle Arbeit geht schlecht voran, oft durch Faulheit oder Schwäche. Manchmal kann sich die Bedeutung auf eine allgemeine Situation beziehen, in der einfach wenig passiert; die Dinge gehen weiter, entweder zum Guten oder zum Schlechten, in einem langsamen, gleichmäßigen Tempo.

Zwei

Wie die Zwei der Schwerter hält auch die Zwei der Pentakel ein prekäres Gleichgewicht aufrecht, wenn es im allgemeinen auch ein glücklicheres ist. Das Bild des Jongleurs ist in der Tat der Inbegriff der Balance. Manchmal bedeutet die Karte ein Jonglieren mit dem Leben selbst, d. h. alle Dinge gleichzeitig in der Luft zu halten. Auf einer einfacheren Ebene bringt sie die Haltung zum Ausdruck, das Leben zu genießen, es sich wohlergehen zu lassen – ähnlich wie die Neun der Kelche, aber leichter, mehr ein Tanz als ein Fest.

Wie so viele Pentakel weist die Karte auch darauf hin, daß den

Abb. 86

alltäglichen Freuden ein verborgener Zauber innewohnt. Der Jongleur hält seine magischen Zeichen in einer Schlinge oder einem Band, das die Form des Unendlichkeitszeichens hat; dasselbe Zeichen erscheint über dem Kopf des Magiers und der Frau auf der Karte der Kraft. Einige Menschen glauben, daß sich spirituelle Entwicklung nur in ernsten Augenblicken vollziehen kann. Doch auch Freude und Vergnügen können uns sehr viel lehren – unter der Voraussetzung, daß wir aufmerksam sind.

Umgekehrt

Hier wird das Spiel gekünstelt. Waite spricht von »vorgetäuschtem Vergnügen«. Wenn wir mit einem Problem konfrontiert werden, dem wir uns nicht stellen wollen, oder wenn sozialer Druck auf uns ausgeübt wird, kein Spielverderber zu sein, spielen wir manchmal uns selbst und anderen vor, alles leicht zu nehmen. Das Kunststück des Jonglierens wird wahrscheinlich mißlingen.

As

Die Gaben der Erde: Natur, Wohlstand, Sicherheit, ein freudenreiches Leben. Nur auf diesem As sehen wir keine Yods vom Himmel fallen. Die Erde, in ihrer Vollständigkeit und ihrer sicheren Realität, hat ihre eigene Magie.

Auf anderen Karten, vor allem der Zehn, haben wir gesehen, wie diese Magie uns oft verborgen bleibt, einfach weil wir ihre Wirkungen für so alltäglich halten. Hier überreicht die Hand ihr Geschenk in einem Garten, einem Ort, der vor der dahinterliegenden Wildnis geschützt ist. Eine gut funktionierende Zivilisation gibt uns diesen grundlegenden Schutz. Durch

Abb. 87

den Aufbau einer Zivilisation formt die Menschheit das Rohmaterial der Natur in eine sichere und angenehme Umgebung um. Spirituelle Arbeit hilft uns dabei, die Magie, die in den gewöhnlichen Dingen der Natur und der Zivilisation liegt, zu erkennen, um dann darüber hinauszugehen zu einem größeren Verständnis, das durch die Berge symbolisiert wird. Um aus dem Garten hinauszugelangen, muß man durch einen Torbogen gehen, der große Ähnlichkeit mit dem Siegeskranz der Welt-Tänzerin hat. Am Ende der

290

Kleinen Arkana zeigt uns das As der Pentakel noch einmal, daß sich die Pforte immer für die Wahrheit öffnet – vorausgesetzt, wir sind dafür empfänglich.

Umgekehrt

Da materielle Gaben auf eine konkretere Weise zur Verfügung stehen als die Gaben der anderen Asse, können sie auch leichter mißbraucht werden. Das umgekehrte As der Pentakel zeigt, wie viele Möglichkeiten es gibt, den Menschen durch Reichtum zu verderben – Selbstsucht, extreme Konkurrenz, Mißtrauen, totale Abhängigkeit von Sicherheit und Luxus.

Von einer anderen Seite betrachtet kann der Garten manchmal auch Schutz vor den Schwierigkeiten des Lebens bedeuten – entweder durch bestimmte Situationen oder durch andere Menschen. Dann weist die Umkehrung darauf hin, daß dieser Schutz beendet ist, und daß die Person jetzt alleine mit ihren Problemen fertig werden muß; sie kann aber auch bedeuten, daß sie an diesem Schutz auch dann noch festhalten will, wenn sie ihm eigentlich schon entwachsen ist. Wie der umgekehrte Eremit kann das umgekehrte As die Weigerung bedeuten, erwachsen zu werden, besonders wenn es darum geht, von den Eltern unabhängig zu werden.

Und schließlich kann das umgekehrte As auch bedeuten, daß man erkennt (wie bei der Acht der Kelche), daß die Zeit reif dafür ist, das Vertraute hinter sich zu lassen und sich auf den Weg zu machen, durch die Pforte hindurch zu den Bergen der Weisheit.

Teil III
BEFRAGUNGEN

1 Einführung in die Divinationstechniken des Tarot

Der Gebrauch von Tarot-Karten zur Orakel-Befragung bzw. zur »Divination«, um der Praktik die korrekte Bezeichnung zu geben, ist schon seit den Anfängen der okkulten, »ernsthaften« Beschäftigung mit den Karten im 18. Jahrhundert umstritten. Paradoxerweise nehmen viele Okkultisten die Divination nicht ernst, während den meisten Menschen der Tarot nur in dieser Funktion bekannt ist.

Ziemlich früh in ihrer Geschichte gelangten die Tarot-Karten in die Hände von Romani oder Zigeunern, wahrscheinlich als diese von Nordafrika nach Spanien kamen (die Karten kamen offenbar von Italien oder Frankreich nach Spanien). Die Romani haben uns keine Hinweise darauf hinterlassen, ob sie die Karten für irgendwelche privaten oder geheimen Zwecke gebrauchten. In der Öffentlichkeit jedenfalls verwendeten sie die Karten dazu, um mit Wahrsagerei Geld zu verdienen – für die Reichen in Privatgemächern, wo niemand ihre Geheimnisse belauschen konnte, für die Armen in Zelten und Wagen auf Jahrmärkten und Festen.

Auch heute noch glauben viele Menschen, daß die Romani den Tarot erfunden haben, obwohl es deutliche Gegenbeweise gibt. Die Verbindung zwischen beiden ist so stark, daß z. B. Frauen, die als professionelle Kartendeuterinnen Erfolg haben wollen, sich schillernde Tücher, wallende Röcke und goldene Ohrringe anziehen (die Männer tragen Pumphosen, Brokatwesten und nur *einen* Ohrring) und sich so klangvolle Namen wie »Madame Sosostris« u. ä. geben, um ihr Publikum zufriedenzustellen.

Die schon seit langem bestehende Assoziation von Tarot-Befragung mit billiger Theatralik mag zumindest zu einem Teil die Verachtung oder den Mangel an Interesse erklären, den viele Tarot-Schüler der Divination entgegenbringen. Okkultisten und Esoteriker, die den Tarot sowohl als ein Diagramm als auch als ein Hilfsmittel der Bewußtseinsentwicklung betrachten, werden einen Gebrauch der Karten, der mit Ankündigungen von »großen, dunklen Fremden« oder geheimnisvollen Erbschaften arbeitet, zwangsläufig ablehnen. Doch indem sie nur den Mißbrauch der Befragungen sehen und nicht ihre tieferen Möglichkeiten, haben diese Okkultisten selbst den wahren Wert des Tarot mißverstanden.

Nachfolgend Arthur Edward Waites Kommentar zur Divination aus seinem Buch *Der Bilderschlüssel zum Tarot:* »Die Tatsache, daß diesen Karten ein wahrsagerischer Aspekt zugeschrieben wird, ist eine Geschichte fortgesetzter Unverschämtheit.« Dies führt uns zu einem interessanten Paradox. Durch ihre Verachtung der Wahrsagerei haben Waite und andere den Mißbrauch von Orakel-Befragungen noch gefördert. Die abfällige Weise, in der sie sich darüber geäußert haben, hat im Bewußtsein vieler Menschen die Vorstellung gefestigt, daß mit dem Tarot auf triviale Weise versucht werde, die Zukunft vorauszusagen.

Warum haben sie dann überhaupt darüber geschrieben? Wir können nur vermuten, daß ihre Herausgeber wahrscheinlich annahmen, daß das Publikum eine solche Einstellung erwartete. Schließlich ist es ja auch heute noch so, daß die meisten Menschen, die ein Tarot-Buch in die Hand nehmen, sich mehr für irgendwelche geheimnisvollen Botschaften interessieren als für ihre eigene geistige Weiterentwicklung. Bestimmt verkaufen sich gerade die Tarot-Bücher am besten, die die einfachsten Deutungsformeln für die Karten geben – und die gleichzeitig die höchste Weisheit versprechen.

Wichtiger, als sich Gedanken darüber zu machen, warum sie überhaupt darüber geschrieben haben, ist es, sich klarzumachen, daß die meisten Esoteriker wenig dafür getan haben, um das triviale Bild der Divination abzubauen. Diese Geringschätzung hat sich sogar auf die gesamten Kleinen Arkana übertragen. Weil die Kleinen Arkana mit Orakel-Befragungen assoziiert werden, werden sie von vielen ernsthaften Tarot-Büchern sehr oberflächlich abgehandelt, wenn überhaupt (Waites Kommentar bezieht sich nur auf die Großen Arkana). Das Buch von Paul Foster Case *The Tarot* gibt nur die knappsten Kurzdeutungen in einer Art von Anhang am Schluß des Buches. Viele andere befassen sich ausschließlich mit den Großen Arkana. Unter den neueren esoterischen Studien beschäftigt sich beinahe nur Crowleys *Das Buch Thoth* eingehend mit den Kleinen Arkana und fügt sie zu einem komplexen astrologischen System zusammen.

Im Hinblick auf die Methoden der Orakelbefragung haben die wichtigsten esoterischen Studien nur spärliche Hinweise gegeben, einige wenige »Auslegungen« mit formelhaften Erläuterungen der einzelnen Positionen. Wieder stellt Crowley eine Ausnahme dar, der ein in charakteristischer Weise kompliziertes System von Deutungen auf der Basis einer astrologischen Uhr entwickelt hat. Unter dem Einfluß der Tiefenpsychologie und der humanistischen Astrologie suchen viele zeitgenössische Autoren nach einer ernsthafteren Anwendung der Divination. Leider haben frühere Autoren dadurch, daß sie die Befragungen nur so beiläufig behandelt haben, eine Tradition von Formeln geschaffen, von denen sich moderne Autoren nur schwer lösen können. So finden wir immer wieder die gleiche Art von Erklärungen für die Kleinen Arkana, wie z. B. »Noch ist nicht alles verloren; eine Wendung zum Guten ist noch möglich« (Douglas), und dieselben Kurzbeschreibungen von Auslegungen, mit Erklärungen für die Positionen wie »bestmögliches Ergebnis«. Dem Beispiel von Crowley und anderen folgend haben viele moderne Bücher versucht, die Bedeutung der Karten zu erweitern, indem sie diese nicht nur mit der Astrologie und der Kabbalah, sondern auch mit dem I Ging, der Psychologie C. G. Jungs, dem Tantra bis hin zur Mythologie Mittelamerikas verknüpften. Eine solche Verknüpfung kann sehr hilfreich sein, besonders für jene, die bereits über Vorkenntnisse des anderen Systems verfügen (es könnte bestimmt sehr interessant sein, ein Buch z. B. über Gestalt-Psychologie zu lesen, das sich bei der Behandlung seines Themas auf Übereinstimmungen mit dem Tarot stützt statt umgekehrt). Doch muß bei einem gewissenhaften Studium des Tarot das Hauptgewicht auf den Karten selbst und ihrer Anwendung für die Meditation und Befragungen liegen. Mit diesem Abschnitt des Buches hoffe ich zumindest ein Gefühl davon vermittelt zu haben, wie komplex und zutiefst lehrreich die Divination mit Hilfe des Tarot sein kann.

Common sense

Viele Leute sagen, daß der Tarot ihnen »angst« mache. Damit meinen sie zuerst einmal ein Gefühl des Unbehagens, daß irgend etwas ihre Erfahrungen und ihre verborgenen Ängste und Hoffnungen aufdecken könnte; und zweitens, daß dies durch einen Packen Karten möglich sein sollte. Vielleicht betrachten sie den

Tarot zuerst als ein Spiel, besonders wenn ein Freund oder Verwandter ihnen die Karten legt, so daß sie für die Befragung nichts zu bezahlen brauchen. Sie mischen die Karten, müssen ein wenig grinsen, weil sie sich albern vorkommen; der Deuter legt sie aus, schlägt die Bedeutungen vielleicht in einem Buch nach, und erstaunlicherweise kommt tatsächlich der neue Job, der untreue Freund oder, wenn der Deuter etwas subtiler vorgeht, vielleicht die Angst vor Krankheit oder eine schmerzhafte Rebellion gegen ein Elternteil zum Vorschein. Dann sagen sie: »Du bastelst das jetzt sicherlich aus dem zusammen, was du von mir weißt«, oder: »Du kannst das alles genausogut sagen, wenn du mich einfach genau ansiehst. Du hast das doch nicht wirklich aus den Karten herausgelesen!« Und wenn das nächste Mal jemand vorschlägt, die Karten auszulegen, werden sie lachen und sagen »Nein danke, das Zeug ist mir unheimlich«.

Tatsache ist, daß die meisten Menschen Angst vor der Zukunft haben. Sie erwarten nicht, daß etwas Gutes passieren könnte. Sie möchten ihr Leben so einrichten, daß alles immer gleichbleibt – ein Gleichgewicht von Schmerz und Glück mit sehr viel Langeweile und Frustration, aber nur wenig wirklichem Leid; doch selbst diese Stabilität erscheint ihnen unwahrscheinlich. In den Augen der meisten Menschen können die Dinge nur schlechter werden, und wahrscheinlich werden sie es auch.

Tarot-Befragungen lehren uns viele Dinge, die über die einzelnen Informationen, die wir mit ihrer Hilfe gewinnen, weit hinausgehen. Wir erkennen z. B., wie stark die Neigung zu Pessimismus ist. Wenn jemand in einer Befragung nur positive Karten hat, und die Verheißung des Glücks förmlich aus ihnen leuchtet, dann wird er vermutlich sagen: »Ach ja? Ich glaube es erst, wenn ich es sehe.« Aber wenn nur eine einzige Karte auf Sorgen oder Krankheit hindeutet, dann wird er erwidern: »Ich wußte es, ich wußte es. Was soll ich nur tun?« Man kann sich leicht vorstellen, wie mit dieser Einstellung Furcht und vielleicht auch Abwehr entstehen, wenn jemand durch einen Packen Karten eine Hiobsbotschaft erhält.

Es gibt noch einen anderen Aspekt bei dem Problem, die Karten zu akzeptieren. Menschen, die zu Tarot-Deutern gehen, tun dies oft mit einer »Laß-mal-sehen«-Haltung. Weil sie die Divination als etwas »Magisches« ansehen (ohne wirklich zu wissen, was dies bedeutet), möchten sie, daß der Deuter magische Kräfte vorführt. Den Wert der Deutung machen sie daran fest, wie genau sie mit dem übereinstimmt, was ihnen über ihr Leben bekannt ist; und außerdem wünschen sie sich natürlich auch noch ein paar neue Informationen. Um sich zu vergewissern, ob der Deuter auch wirklich »ehrlich« ist, halten sie soviel wie möglich von ihrem Leben geheim. Ich erinnere mich an eine Frau, die zu mir kam, weil sie sich wegen ihrer Arbeit beraten lassen wollte. Während der ganzen Befragung starrte sie ausdruckslos mich oder die Karten an, ohne mir auch nur den geringsten Hinweis darauf zu geben, ob das, was ich ihr sagte, irgendeine Bedeutung für sie habe. Hinterher jedoch ging sie Karte für Karte durch und erklärte mir, wie sie sich direkt auf ihre gegenwärtigen Erlebnisse bezogen.

Ein anderes Mal hatte ich versprochen, eine Befragung nach dem Baum des Lebens (siehe weiter unten) als Geschenk für eine Freundin, die ihren einundzwanzigsten Geburtstag feierte, zu machen. Als sie auf ihrer Arbeitsstelle einer Frau erzählte, daß sie sich die Karten deuten lassen wollte, sagte diese erschrocken: »Oh, das dürfen Sie nicht tun! Sie wissen ja nicht, wie diese Leute arbeiten. Sie gehen zum Rathaus und bringen alles über Sie in Erfahrung, wo Sie geboren wurden, wo Sie leben...« Meine Freundin erzählte der Frau nicht, daß ich alle diese Dinge schon längst wußte.

Diesen Menschen scheint es gar nicht in den Sinn zu kommen, daß sie ihre Zeit und ihr Geld verschwenden, wenn sie nur Dinge über sich erfahren, die sie sowieso schon wissen, und einige neue Fakten, die nur angerissen werden. Sie scheinen zu vergessen, daß sie nicht gekommen sind, um den Deuter auf die Probe zu stellen, sondern um sich einen Rat zu holen. Wieviel mehr hätte die Frau über ihren beruflichen Werdegang erfahren, wenn sie mir die Gelegenheit gegeben hätte, tiefer auf die Beziehungen zwischen den Karten einzugehen, anstatt nur darauf zu achten, wie gut meine Aussagen mit den Tatsachen übereinstimmten.

Hinter der Angst und der Skepsis liegt das gleiche Problem. Tarot-Karten verletzen den »gesunden Menschenverstand« (common sense), d. h. die Vorstellung, die wir uns von der Welt machen, und die meistens dem Bild entspricht, das uns durch die Gesellschaft vermittelt wird. Wir können dieses Bild »wissenschaftlich« nennen, wenn auch nur im streng historischen Sinne des Wortes, der sich auf das Weltbild bezieht, das von offiziell anerkannten Wissenschaftlern (also z. B. nicht von Astrologen und Yogis) seit dem siebzehnten Jahrhundert verkündet worden ist. Ironischerweise bewegen sich die Naturwissenschaften selbst, besonders die Physik, immer weiter von einem streng mechanistischen Weltbild fort. Doch die Trägheit der Kultur sorgt dafür, daß die meisten Menschen immer noch in Begriffen des neunzehnten Jahrhunderts denken.

So hält die »vernünftige« Sichtweise der Welt, die ihre Wurzeln nur in einer Kultur – Europa – hat, seit nicht mehr als zwei oder drei Jahrhunderten die Herrschaft und beginnt schon wieder zu verblassen. Wir können die Errungenschaften dieser Sichtweise nicht leugnen, welche Mängel sie auch immer haben mag. Die meisten Menschen, die die Wissenschaft verurteilen, haben keinen Ersatz dafür zu bieten außer Sehnsucht nach einer romantisch verklärten Vergangenheit, die niemals existiert hat. Die Gefahr, die die Menschheit jetzt für die Natur darstellt, bezeugt ironischerweise das Ausmaß, in dem die Menschheit die großen Bedrohungen – Hungersnöte, wilde Tiere, Seuchen usw. –, die die Natur einst für die Menschheit darstellte, überwunden hat. Doch die Errungenschaften der Wissenschaft zu akzeptieren heißt nicht, daß wir alle anderen Beiträge zum Wissen der Menschheit verbannen.

Die moderne westliche Wissenschaft begann als ideologische Bewegung, die sich bewußt gegen die religiöse Weltanschauung der damaligen Zeit stellte. Ihre frühen Praktiker und Theoretiker, wie z. B. Francis Bacon, sahen sich als Revolutionäre, die ein völlig neues Verhältnis zur Natur propagierten, eines, das mehr bewirken sollte als nur eine Vermehrung des Wissens. Die Wissenschaft, so predigten sie, würde eine neue Welt erschaffen. Sogar heute noch haftet den wissenschaftlichen Institutionen eine Art von dogmatischem Verkündungscharakter an. Der Ruhm und die Popularität des Immanuel Velikovsky rührten, zumindest teilweise, von den hysterischen Angriffen gegen ihn von seiten einiger Wissenschaftler her. (In Holland, dem Land der Toleranz, haben Wissenschaftler versucht, die Regierung dazu zu bewegen, Velikovskys Bücher zu verbieten.) Auch die Organisation, die kürzlich von Carl Sagan, Isaac Asimov und anderen gegründet wurde, mit dem Ziel, die Popularität der Astrologie zu bekämpfen, gibt ein Zeugnis davon.

Während das Ansehen der traditionellen Wissenschaft stark gelitten hat, ist ihre Sicht der Welt interessanterweise weitgehend unangetastet geblieben. Mit einiger Berechtigung, aber auch einiger

Verwirrung machen Menschen die Wissenschaft für die vielen Dinge, die das Leben auf der Erde bedrohen, verantwortlich. Doch der »gesunde Menschenverstand« oder »Common sense« meint immer noch die Welt, die von der Wissenschaft des achtzehnten und neunzehnten Jahrhunderts geschaffen wurde. Das zeigt uns, wie groß die Macht der Konditionierung ist.

Wie können wir nun diesen »common« (allgemein geteilt, gewöhnlich) sense charakterisieren? Vor allen Dingen besteht er darauf, daß es nur eine Art von Beziehung zwischen Ereignissen, Gegenständen oder Gesetzmäßigkeiten geben kann. Dies ist die Beziehung der direkten physikalischen Verursachung. Wenn ich etwas anstoße, fällt es um. Das ist vernünftig. Ist es auch vernünftig, daß etwas umfällt, wenn ich daran denke oder wenn ich ein Spielzeugmodell davon umstoße?

Der Mensch mit gesundem Menschenverstand sagt nein. Wenn Ereignisse in dieser Art zusammenhängen, dann ist das Koinzidenz; dieses Wort bedeutet, daß zwei oder mehrere Dinge eine Beziehung in der *Zeit* haben; sie *koinzidieren*, haben aber sonst keine Beziehung zueinander. Die Kausalität beschränkt sich auf beobachtbare physikalische Ereignisse.

Aber die Wissenschaft mußte selbst in ihrer mechanistischen Zeit in den vergangenen zwei Jahrhunderten ihr Konzept bis zu sehr zweifelhaften Grenzen hin erweitern, um die beobachtbare Welt erklären zu können. Die Erde und die anderen Planeten bewegen sich um die Sonne. Dies ist eine demonstrierbare Tatsache. Wir können die mathematischen Beziehungen dieser sich bewegenden Körper bis zu einem solchen Grad berechnen, daß wir durch eine irreguläre Bewegung in den bekannten Himmelskörpern neue Planeten entdecken können (Neptun und Pluto wurden auf diese Weise entdeckt). Doch die Fakten können nicht erklären, wie dies geschieht. Keine Riesenhände schieben oder ziehen die Erde um die Sonne herum. Doch die Regelmäßigkeit der Bewegung hält uns davon ab, von Koinzidenz zu sprechen. Deshalb entwickelten Wissenschaftler solche Konzepte wie »Naturgesetze« und »Kraftfelder«. Die gleiche Person, die sagt, daß es »vernünftig« sei, einen Stuhl durch die Kraft der Gedanken umwerfen zu wollen, findet es völlig vernünftig, daß es die Schwerkraft ist, die die Erde um die Sonne bewegt.

Wie steht es nun mit der früheren Sichtweise – derjenigen der »Entsprechung«–, bei der die Beziehung zwischen Objekt und Ereignis eine Beziehung der Ähnlichkeit ist? Hier ist es vernünftig, daß jemand einen Stuhl umwerfen kann, indem er ein Spielzeugmodell desselben umstößt. Und es ist auch vernünftig, anzunehmen, daß die Position der Planeten zu dem Zeitpunkt der Geburt eines Menschen dessen Persönlichkeit anzeigt.

Tatsächlich existieren diese beiden Sichtweisen heute nebeneinander, obwohl die der Entsprechung weit weniger anerkannt ist. Bestimmte Pflanzen ähneln bestimmten menschlichen Organen. Manche Leute (besonders Heiler) behaupten, daß es einleuchtend ist, daß diese Pflanzen helfen, die entsprechenden Organe gesund zu halten (Signaturenlehre). Andere Leute werden sagen, daß es klar ist, daß diese beiden Dinge nichts miteinander zu tun haben. Die beiden Gruppen haben nicht denselben »Common sense«.

Trotz dieser Verschiedenheit überschneiden sich die beiden Sichtweisen manchmal auch. Menschen, die die Astrologie vor der Allgemeinheit rechtfertigen möchten, berufen sich oft auf das »Gesetz« der Schwerkraft, um die astrologischen Einflüsse zu erklären, ungeachtet der Tatsache, daß die spezielle Wirkung, die jedem Planeten zugeschrieben wird, hauptsächlich auf den mythologischen Assoziationen beruht, die diesen Planeten von der Zivilisation des Altertums zugeordnet wurde.

Angenommen, wir akzeptieren den früheren Common sense; hilft uns das dabei, die beobachtbare Tatsache zu akzeptieren, daß Tarot-Befragungen das Leben eines Menschen genau widerspiegeln? Wir interpretieren sie tatsächlich im Sinne von Entsprechungen; das Muster der gemischten Karten entspricht dem Muster der Ereignisse. Und trotzdem haben viele, die fest an die Astrologie glauben, immer noch Schwierigkeiten mit dem Tarot. Die Planeten bilden zum Zeitpunkt der Geburt ein festgelegtes und einzigartiges Muster, dessen Verursachung sich bis zum Beginn der Schöpfung zurückverfolgen läßt, als die Planeten durch die Schwerkraft in ihre vorhersagbaren Bahnen geworfen wurden. Gemischte Karten dagegen sind nicht auf eine so grandiose Art determiniert. Außerdem sind die Planeten mächtige Erscheinungen, die sich gravitätisch am Himmel bewegen. Karten können so trivial erscheinen. Wie können wir sie akzeptieren?

Für viele Menschen leitet sich die Autorität der Astrologie von der Weite des Kosmos und letztendlich von Gott ab. Es scheint »sinnvoll«, daß etwas so Kleines wie ein menschliches Wesen seine Persönlichkeit durch die ungeheure Weite der Planetenbewegungen empfängt. Und selbst wenn wir uns scheuen, es auszusprechen – wir wissen, *wer* am Anfang der Welt diese Planeten und Sterne in Bewegung gesetzt hat. Aber Karten werden nur von Menschen gemischt. Und wenn sie sie nochmals mischen, dann ergibt sich plötzlich ein neues Muster. Wie konnte dann das erste überhaupt eine ernsthafte Bedeutung haben?

Hinter dieser letzten Frage liegt die sehr wichtige Annahme, daß nur festgelegte Muster wirklich seien. Tatsächlich kann auch das Weltbild der Entsprechung genauso mechanistische Einstellungen entwickeln wie das naturwissenschaftliche Weltbild. Beide gehen von der falschen Voraussetzung aus, daß alles auf Gott oder eine erste Ursache zurückzuführen sein muß. Da keiner von beiden erklärt, wie der Mechanismus – die Naturgesetze oder die Ordnung des Tierkreises – zustande gekommen ist, brauchen wir uns darüber auch nicht den Kopf zu zerbrechen. Gott mag alles in Bewegung gesetzt haben, aber jetzt läuft es von alleine weiter. Obwohl ein guter Astrologe Intuition braucht, um ein Horoskop zu interpretieren, kann das Horoskop selber von jedem erstellt werden, der ein wenig Übung hat.

Der Tarot jedoch ist eher dynamisch als deterministisch. Es gibt keine festen Regeln, wie man die Karten mischen soll. Sie können auch immer wieder neu gemischt werden. (Ich habe einmal sechs Auslegungen zu einer Frage gemacht und jedesmal im Grunde dieselbe Antwort erhalten, wenn auch mit wichtigen Variationen; viele Karten erschienen in jeder Auslegung. Doch die Feststellung, daß etwas funktioniert, erklärt noch nicht, *wie* es funktioniert.)

In den dreißiger Jahren dieses Jahrhunderts beschlossen C. G. Jung und Wolfgang Pauli, eine Untersuchung über »sinnvolle Koinzidenzen« zu machen. Jungs Interesse für dieses Thema war durch die Astrologie und durch Experimente mit dem I Ging geweckt worden, die ihn in gleicher Weise erschreckten wie der Tarot die meisten Menschen erschreckt. Pauli war eher durch persönliche Verwicklung auf dieses Thema gestoßen – Koinzidenzen schienen ihn zu verfolgen wie ein treuer und oft tolpatschiger Hund.

Ihre Nachforschungen gingen im Grunde nicht weiter als bis zu der Behauptung, daß es solche Koinzidenzen gebe, und daß eine Art von Prinzip dahinter liegen müsse. Sie erweiterten die Sprachen der Welt jedoch um ein neues Wort: Synchronizität. Ereignisse sind synchronistisch, wenn sie durch keine beobachtbaren Ursachen verbunden sind und es doch einen sinnvollen Zusammenhang zwischen ihnen gibt. Wenn wir z. B. ein ganz bestimmtes seltenes Buch suchen, und wenn dann jemand, der nichts davon wußte, zu uns zu Besuch kommt und ein Exemplar dieses Buches bei sich hat, dann nennen wir dieses Zusammentreffen synchronistisch.

Viele Leute benutzen das Wort Synchronizität als eine Art Zauberformel, die alle philosophischen Schwierigkeiten mit Ereignissen, die keine offensichtliche Ursache haben, lösen soll. Wenn etwas scheinbar Unmögliches geschieht, sagt man »es ist Synchronizität« und vermeidet damit eine Infragestellung des gesunden Menschenverstandes. Für Jung und Pauli bedeutete dieser Begriff natürlich mehr. Sie versuchten, darauf hinzuweisen, daß ein »akausales Prinzip« Ereignisse genauso gesetzmäßig miteinander verbinden könne wie die Kausalität der Naturgesetze. Mit anderen Worten, wenn wir einzelne Informationen auf zufällige Weise zusammenbringen, frei von den kausalen Verbindungen einer absichtlichen Steuerung, dann wird das akausale Synchronizitätsprinzip sie in sinnvoller Weise anordnen. Dies ist genau das, was in der Divination geschieht. Es ist wichtig zu beachten, daß das Synchronizitätsprinzip nur dann wirksam werden kann, wenn wir eine kausale Verknüpfung unmöglich gemacht haben. Mit anderen Worten, wir müssen also immer irgendeine Methode anwenden, die zufällige Muster hervorbringt – Karten mischen, Münzen werfen –, damit das Prinzip in Kraft treten kann.

In gewisser Weise leitet sich die Divination von einer Weltsicht ab, die sogar noch älter ist als die der Entsprechungen. Wir können diese Weltsicht »archaisch« nennen und sie dadurch charakterisieren, daß in ihr Gott oder die Götter zu jeder Zeit gegenwärtig sind und aktiv am Schicksal und dem Lauf des Universums teilnehmen. In einer solchen Welt geschieht nichts aufgrund irgendwelcher Gesetze, sondern weil Gott sich entschließt, es geschehen zu lassen. So ist es nicht die Schwerkraft, sondern die Große Mutter, die bewirkt, daß der Frühling auf den Winter folgt. Und sie könnte sich genausogut entschließen, dies nicht geschehen zu lassen.

Für Menschen, die dieses Weltbild hatten, war die Kommunikation mit Gott nicht nur wichtig, sondern notwendig. Sie wollten nicht nur die Götter bei Laune halten, oder sie zumindest nicht verärgern, sondern es half ihnen, wenn sie sich eine Vorstellung davon machen konnten, welche Absichten die Götter hegten.

Menschen, die sich nicht auf die Vorhersagbarkeit von Naturgesetzen oder die regelmäßigen Bewegungen der Planeten verlassen konnten, mußten Fragen stellen.

Sie konnten auf zweierlei Art mit den Göttern kommunizieren. Erstens war (und ist) es möglich, sich in eine Trance zu versetzen und die Götter in ihrer himmlischen Abgeschiedenheit zu besuchen, wie es die großen Schamanen immer praktiziert haben. Auf einfachere und weniger gefährliche Weise konnten sie die Götter durch einen Kode, d. h. durch Divination, sprechen lassen, wofür sie Würfel, Eingeweide, Vogelflugmuster, Schafgarbenstengel und Karten benutzten.

Aber warum sollten gerade diese zufälligen Muster die Sprache Gottes darstellen? Wie bei der Synchronizität lautet auch hier die Antwort: Gerade weil sie zufällig *sind,* weil sie dem rationalen Verständnis *widersprechen.* Sie umgehen die Alltagserfahrungen der Menschen, in denen eins auf das andere folgt. Wie die Träume überschreiten sie die normale, von der Logik bestimmte Sprache des menschlichen Bewußtseins. Und indem sie sie überschreiten, transzendieren sie sie.

In dieser archaischen Weltsicht ist Gott in allen Dingen, allen Geschehnissen gegenwärtig. Gott spricht die ganze Zeit zu uns. Doch unsere begrenzte Wahrnehmung verhindert, daß wir uns dieser Kommunikation bewußt werden. Es ist auch gut, daß es diese Begrenzung gibt. Auch die drei Rabbis, die mit Rabbi Akiba ins Paradies kamen, erfuhren, daß die Sprache Gottes überwältigt und blendet. Tatsächlich ist der Schleier des Ichs, wie wir in Teil I dieses Buches gesehen haben, nicht nur eine belastende Begrenzung, sondern auch ein gnädiger Schutz vor der gewaltigen Macht des Universums. Esoterische Übung hat nicht den Sinn, diesen Schleier einfach zu entfernen, sondern vielmehr, das Selbst darin zu üben, den richtigen Gebrauch von den Lichtblitzen der Sprache Gottes zu machen. Doch wenn wir als gewöhnliche Menschen eine Botschaft von Gott – d. h. von jenseits unserer begrenzten Wahrnehmungen – empfangen wollen, dann brauchen wir einen Weg, um über die Scheuklappen hinausblicken zu können, die uns von der Welt der Wahrheit abtrennen. Wir müssen synchronistische Ereignisse herbeiführen.

Jede Vorrichtung, die ein »zufälliges« Muster hervorbringt, erfüllt diesen Zweck. Es ist möglich, daß alle Utensilien, die Menschen beim Glücksspiel verwenden, ursprünglich der Divination dienten, und zwar aus demselben Grund. Würfel, gemischte Karten und sich drehende Räder sind alle dazu geeignet, die bewußte Kontrolle des Ergebnisses zu verhindern.

Das Aufzeigen von einigen urtümlichen Wurzeln des Tarot allein macht ihn für einen modernen Menschen nicht leichter verständlich. (Ich will nicht behaupten, daß sich der Tarot selbst auf sehr frühe Zeiten zurückverfolgen läßt – wohl aber die Vorstellungen, die hinter seiner Wirkungsweise stehen.) Bestimmte Aspekte der archaischen Weltsicht tauchen jedoch allmählich wieder auf, passend gekleidet in das Gewand der modernen Terminologie der Physik und der Tiefenpsychologie, statt in der mythologischen Sprache von Göttern und Göttinnen. »Synchronizität« ist ein solcher Begriff.

Die moderne Quantentheorie geht davon aus, daß das Leben auf der ursprünglichsten Ebene keinerlei Regeln oder festgelegten Gesetzen folgt. Teilchen wirken aufs Geratewohl aufeinander ein, und das, was wir als Naturgesetze beobachten, sind eigentlich Anhäufungen von Wahrscheinlichkeit, die den Anschein von Determinismus erwecken, ähnlich einer Münze, die, wenn sie nur oft genug hochgeworfen wird, schließlich eine gleiche Anzahl von Kopf und Zahl hervorbringt, so daß man meinen könnte, ein »Gesetz« der Ausgewogenheit würde für eine gleiche Verteilung sorgen. (Tatsächlich glauben viele Leute, daß das »Gesetz der Wahrscheinlichkeit« das Ergebnis eines bestimmten Ereignisses bestimmen kann – »alle bisherigen Versuche sind fehlgeschlagen, nach dem Gesetz der Wahrscheinlichkeit muß es dir diesmal gelingen« – während das Wesentliche der Wahrscheinlichkeit gerade das Gegenteil ist, daß sie nämlich ein bestimmtes Ereignis nicht vorhersagen kann.)

Zur gleichen Zeit, da die Physik immer mehr von einem Universum der festgelegten Gesetze abkommt, hat auch die moderne Psychologie (oder zumindest einige ihrer Zweige) begonnen, sich mit nicht-rationalen Theorien des Bewußtseins zu befassen. Wo die archaischen Völker von »anderen Welten« oder dem »Land der Götter« sprachen, sprechen wir heute vom »Unbewußten«. Die Begriffe mögen sich verändern, doch die ihnen zugrunde liegende Erfahrung bleibt die gleiche: ein Bereich des Daseins, in dem es keine Zeit gibt und Wissen nicht begrenzt ist auf die Bilder, die wir mit unseren Sinnen empfangen können. Und die Methoden, mit deren Hilfe wir Kontakt mit dem Unbewußten aufnehmen können, sind nicht anders als jene, die man vor Tausenden von Jahren anwendete, um den Willen der Götter zu erfahren – Träume, Trancen (Freuds freie Assoziation könnte man als eine Art abgeschwächter Form davon betrachten), geworfene Münzen.

Allmählich wird deutlich, daß der Tarot gerade deshalb funktioniert, weil er sich verstandesmäßig nicht erklären läßt. Die Information ist da. Unser unbewußtes Selbst kennt sie bereits. Was wir brauchen, ist ein Medium, das eine Brücke zu unserer bewußten Wahrnehmung herstellen kann.

Wie ich bereits ausgeführt habe, ist es für das Erreichen dieser Art von Verbindung, dieser Synchronizität des »Uncommon sense« nicht wichtig, welches System wir benutzen. Der Tarot, das I Ging, Würfel, Teeblätter, sie alle haben im Grunde die gleiche Funktion. Sie bringen zufällige Informationen hervor. Vielleicht wird es in Zukunft »modernere« Methoden geben, um zufällige Muster zu produzieren. Am »reinsten« könnte ein System der Divination sein, das auf den Bewegungen und Energiesprüngen von subatomaren Teilchen beruht. Denn auf dieser ursprünglichsten Ebene können wir die wichtigste Bedeutung der Synchronizität erkennen, daß nämlich das Leben *nicht* rigiden deterministischen Gesetzen folgt, in denen alle Ereignisse aus festgelegten Ursachen hervorgehen. Und doch haben die Ereignisse einen Sinn. Oder besser gesagt, der Sinn ergibt sich aus den Ereignissen. Aus all den zufälligen, blitzschnellen Bewegungen und dem Umherschwirren der Teilchen entsteht feste Materie. Aus den einzelnen Handlungen und Erfahrungen im Leben eines Menschen erwächst eine Persönlichkeit. Aus dem Mischen der Tarot-Karten entsteht Bewußtheit.

Wenn jede Methode sinnvolle Aussagen liefern kann, warum sollten wir dann gerade den Tarot benutzen? Die Antwort ist die, daß jedes System uns etwas sagen kann. Die Qualität dieser Aussage hängt jedoch von den Werten ab, die in dem jeweiligen System enthalten sind. Der Tarot beinhaltet eine Philosophie, einen Abriß der menschlichen Bewußtseinsentwicklung und eine ungeheuer große Sammlung von menschlichen Erfahrungsmöglichkeiten. Das Mischen der Karten bringt all diese Werte in ein Zusammenspiel.

Man könnte argumentieren, daß die Verbindung mit einer Philosophie die Objektivität der Karten beim Vorhersagen von Ereignissen zerstört. Menschliche Werte und Interpretationen vermengen sich mit einem an und für sich reinen System. Eine solche Vorstellung beruht meiner Meinung nach auf einem falschen Verständnis von »Objektivität«. Der Tarot ist objektiv, weil er bewußte Entscheidungen umgeht, aber er ist nicht unparteiisch. Im Gegenteil versucht er, uns in eine bestimmte Richtung zu drängen: Optimismus, Spiritualität, Vertrauen in die Notwendigkeit und den Sinn von Veränderungen.

Die Bedeutungen, die den Karten in diesem Buch gegeben werden, lassen noch genügend Raum für die Interpretationen des Deuters. Sie verlangen sogar danach. Denn der erfahrene Deuter benötigt für seine Arbeit weit mehr als eine detaillierte Kenntnis der Karten und ihrer überlieferten Bedeutungen. Ebenso wichtig ist Sensibilität – sowohl für die Bilder, als auch für die Person, die da nervös sitzt und aufgeregt auf die Karten starrt. Ein guter Deuter wiederholt nicht einfach die traditionell festgelegten Bedeutungen. Er wird eher nach neuen Bedeutungen und Interpretationen suchen und versuchen, die Muster weiter auszuspinnen.

Während einige Leute eine objektive Deutung wünschen und Interpretationen ablehnen, fordern andere, daß ein Deuter überhaupt keinen Gebrauch von festgelegten Bedeutungen machen sollte, sondern immer mit dem spontanen »Einfühlen« in die Bilder arbeiten sollte. Doch wenn man das tut, engt man den Deuter auf den begrenzten Bereich seiner eigenen Wahrnehmungen ein. Und diese Wahrnehmungen werden immer, zumindest teilweise, von seiner eigenen Erfahrung und kulturellen Konditionierung bestimmt sein. Nur sehr wenige Menschen haben eine solche Stufe von Bewußtheit erreicht, daß sie der Befangenheit ihrer eigenen Geschichte entkommen können. Bei den meisten von uns wird die Intuition durch Gefühle vernebelt. Das Unterbewußtsein stört das Unbewußte. (Siehe die Fußnote auf S. 337, die auf den Unterschied zwischen dem Unterbewußtsein und dem Unbewußten eingeht.) Ein Deuter, der auf die Gefühle vertraut, kann ebenso von der Wahrheit fort wie auch zu ihr hingeführt werden. Doch es gibt noch einen anderen Grund, weshalb wir mit den traditionellen Bedeutungen der einzelnen Bilder arbeiten sollten. Wenn wir uns nicht die Weisheit zunutze machen, die andere den Karten mitgegeben haben, berauben wir uns selbst der Möglichkeit, ihr Wissen und ihre Erfahrung zu nutzen. Deshalb besteht ein Teil der Ausbildung eines Deuters darin, die Karten zu studieren, und der andere darin, durch Übung, Meditation und kreative Arbeit ein individuelles Gespür für die Karten zu entwickeln.

Tarot-Befragungen lehren uns viele Dinge. Eines der wichtigsten ist die notwendige Balance von objektiv und subjektiv, von Handlung und Intuition. Vor kurzem hat die experimentelle Wissenschaft »entdeckt«, daß die beiden Gehirnhälften nicht die gleichen Funktionen erfüllen; die linke Hälfte (die die rechte Seite des Körpers steuert) steht im Zusammenhang mit rationalen und linearen Aktivitäten, während die rechte Gehirnhälfte (die für die linke Seite des Körpers zuständig ist) mit intuitiven, kreativen und ganzheitlichen Aktivitäten zu tun hat. (Bei Linkshändern scheinen diese Funktionen genau andersherum aufgeteilt zu sein; hier steuert die rechte Seite die Intuition, die linke die Rationalität.) Diese »Entdeckung« erinnert an den Streit, ob nun Kolumbus, Leif Ericson oder St. Brendan Amerika entdeckten. So wie die Indianer dort seit Tausenden von Jahren gelebt haben, so ist die Zweiteilung des Gehirns Esoterikern seit Jahrhunderten bekannt.

Wenn jemand die Tarot-Karten gemischt hat, nimmt sie der Deuter, wenn er Rechtshänder ist, mit der linken Hand auf und legt sie mit der rechten wieder ab. Wir tun das, um auf diese Weise die notwendige Verbindung von Intuition und bewußtem Denken ein wenig mehr hervorzuheben. Die linke Hand hilft dabei, die Sensibilität zu kanalisieren, doch wir decken die Karten mit der rechten Hand auf, weil wir das Muster mit Hilfe der rationalen Gehirnhälfte intuitiv erklären wollen.

In Teil I dieses Buches schrieb ich, daß bei Befragungen sowohl die Prinzipien des Magiers als auch die der Hohepriesterin, also Bewußtsein und Intuition, eine Rolle spielen. Wir können noch weitergehen und sagen, daß das Befragen der Tarot-Karten uns dabei hilft, ein Gleichgewicht und eine Einheit dieser Prinzipien in ihren konkreten Entsprechungen von Wille und Offenheit zu erlangen. Jedesmal, wenn wir eine Befragung machen, bringen wir damit unseren Willen zum Ausdruck, den vom Chaos hingeworfenen Mustern eine Bedeutung abzuringen. Dies erinnert nicht nur an den Magier (Nummer 1), sondern auch an das Rad des Schicksals (Nummer 10). Letztere Karte beinhaltet eine Vision der Welt in der Zeit (erinnern wir uns an die Wirth-Version des Rades, bei der es auf einem Boot – Bewußtsein – steht, welches auf dem Meer des Daseins schwimmt). Jedoch hat eine Bedeutung, die vom Bewußtsein bestimmt wurde, nur dann einen wirklichen Wert, wenn wir uns für die Bilder und die Eindrücke, die sie uns vermitteln, öffnen. Deshalb weisen Tarot-Befragungen auf die Hohepriesterin (Nummer 2), aber auch auf den Gehängten (Nummer 12) hin, der eine so enge Verbindung mit dem Leben zeigt, daß wir uns selbst nicht länger als getrennt oder im Widerspruch mit dem Leben fühlen. Und die Karte, die die Trümpfe 10 und 12 verbindet, kann auch als ein Sinnbild für Tarot-Befragungen selbst gelten: die Gerechtigkeit, deren Waagschalen immer ausgeglichen sind, nicht aufgrund eines sorgfältigen Abwägens von Gegensätzen – soviel Intuition für soviel objektives Wissen –, sondern durch eine lebendige Hingabe an die Wahrheit.

2 Verschiedene Methoden der Befragung

Die ersten Schritte

Die wirklich hellseherischen Deuter, die seltener sind, als viele Menschen glauben, können einfach ein paar Karten irgendwo aus dem Packen nehmen, sie ohne ein bestimmtes Muster auslegen und sie als Auslöser benutzen, um sich in eine Trance zu versetzen oder um die Information aus unbewußten Quellen freizusetzen.

Den meisten Menschen jedoch hilft eine Auslegung der Karten dabei, die Bedeutung einer Divination herauszufinden. So wie die Karten oben vom Stoß abgenommen werden, legt der Deuter sie auf bestimmte Positionen, von denen jede ihre eigene Bedeutung hat, wie z. B. »Einflüsse der Vergangenheit« oder »Hoffnungen und Ängste«. Die Bedeutung einer Karte ergibt sich dann aus der Verbindung des Bildes mit seiner jeweiligen Position. Aus den symbolischen Bedeutungen aller Karten entsteht (so hoffen wir) ein ganzheitliches Muster.

Am Anfang jeder Auslegung steht zuerst das Mischen der Karten und die Wahl einer Karte, die den Klienten repräsentiert bzw. den »Fragenden«, wie viele Autoren die Person nennen, die die Karten mischt. Wir wählen die Karte für den Fragenden aus und legen sie beiseite, und zwar aus zwei Gründen. Erstens kann sich der Fragende auf das Bild konzentrieren, damit er mit seiner Aufmerksamkeit nicht so schnell abschweift. Zweitens ist das Spiel dadurch auf siebenundsiebzig Karten reduziert, also sieben – die Zahl des Willens – multipliziert mit elf, der Zahl des Gleichgewichts.

Einige Autoren machen den Vorschlag, in allen Befragungen den Narren als Repräsentanten des Fragenden einzusetzen. Viele Deuter benutzen irgendeine andere Karte der Großen Arkana, je nach ihren Vorlieben. Ich rate meistens von dieser Praxis ab, denn die Großen Karten symbolisieren archetypische Kräfte, während der Fragende eine komplette Persönlichkeit ist, die zu einer bestimmten Zeit an einem bestimmten Ort lebt. Außerdem schlie-

ßen wir dadurch, daß wir eine Trumpfkarte aus dem Spiel heraus-
nehmen, die Möglichkeit aus, daß diese Karte irgendwo in der Befragung erscheint.

Die meisten Deuter ziehen es vor, eine von den Hofkarten als Signifikator für den Fragenden zu nehmen. Traditionsgemäß stehen
die Buben für Kinder (einige Leute sehen die Grenze zwischen
Kindheit und Erwachsenenalter im Verlust der Unschuld), die
Ritter für junge Männer, die Königinnen für Frauen und die Könige für ältere, reifere Männer.

Wer Waites *Bilderschlüssel zum Tarot* gelesen hat, wird sich an
seine verwirrende Zuordnung der Ritter zu Männern über Vierzig
und der Könige zu Männern jüngeren Alters erinnern. Dieses System stammt von dem kabbalistischen Tarot des Golden Dawn. In
diesem Spiel repräsentieren die Ritter Feuer, und wie bei einem
Orden von Magiern nicht anders zu erwarten, räumen sie dem
Feuer vor allen anderen Sätzen den höchsten Rang ein. Deshalb
repräsentieren die Ritter im Golden Dawn reife Männer. Doch
gibt es im Golden-Dawn-Spiel (und in Crowleys Thoth Tarot)
überhaupt keine Könige, im übrigen auch keine Buben; es verwendet statt dessen Ritter, Königin, Prinz und Prinzessin. Es
leuchtet ein, daß ein Prinz einen jüngeren Mann repräsentiert als
ein Ritter. Auf den König bezogen ist dies jedoch nicht einleuchtend, und die wenigsten Deuter halten sich in diesem Punkt an
Waites Instruktionen, auch dann nicht, wenn sie mit seinem Spiel
arbeiten.

Das traditionelle System beinhaltet ein Symbol für einen jungen
Mann, aber keines für eine junge Frau. Da Frauen nicht abrupter
als Männer den Sprung von der Kindheit zur vollen Reife vollziehen, finde ich es sinnvoll, die Ritter so wie die Buben, für beide
Geschlechter einzusetzen. Da die Könige und Königinnen unterschiedliche Werte und Einstellungen zum Leben symbolisieren,
könnten auch sie im Grunde sowohl männliche als auch weibliche
Fragende repräsentieren. Eine meiner ehemaligen Schülerinnen,
eine Psychotherapeutin, die mit dem Tarot arbeitet, um einen Zugang zu den Problemen ihrer Klienten zu bekommen, geht nach
diesem System vor. Wenn ich nicht deutliche Anzeichen für eine
andere Zuordnung habe, wähle ich für eine Frau im allgemeinen
eine Königin, für einen Mann einen König. Ich erinnere mich jedoch an einen Mann, der mich ganz stark an die Königin der
Schwerter mit ihrer großen Empfänglichkeit für das Leid erin-

nerte. Als ich ihm die Karte zeigte und sie ihm erläuterte, stimmte er mir völlig zu.

Wenn sich Deuter und Klient auf die Figur geeinigt haben, müssen sie als nächstes den Satz wählen. Gewöhnlich ist dies die Aufgabe des Deuters, der dabei nach einer von zwei möglichen Methoden verfährt. Die erste richtet sich nach der Farbgebung. Stäbe, bzw. der Satz, den man für Feuer einsetzt, verkörpern Menschen mit blondem oder rotem Haar, Kelche stehen für hellbraunes Haar und hellbraune oder haselnußbraune Augen, Pentakel für schwarzes Haar und schwarze Augen. Man braucht nicht lange zu überlegen, um die Nachteile dieses Systems zu erkennen. Abgesehen von seiner grundsätzlichen Willkür wären nach ihm die meisten Chinesen Pentakel, die meisten Schweden Stäbe usw.

Ein etwas objektiveres System verwendet astrologische Zeichen. Wie ich schon weiter oben geschrieben habe, sind die vier Elemente sowohl bestimmten Tierkreiszeichen als auch den Sätzen des Tarot zugeordnet.

Die meisten Menschen kennen ihr eigenes Sonnenzeichen, und wenn dies nicht der Fall ist, kann der Deuter es ohne weiteres anhand des Geburtsdatums bestimmen. Natürlich werden die meisten Astrologen sagen, daß das Sonnenzeichen nur einen Teil des Horoskops eines Menschen ausmacht und durchaus auch ein anderes Element dominieren kann.

Bei meiner Arbeit habe ich festgestellt, daß es gut ist, den Klienten stärker zu beteiligen, indem ich ihn den Satz selbst auswählen lasse. Nachdem ich die Zugehörigkeit bestimmt habe (Königin, König, Ritter oder Bube), nehme ich die vier geeigneten Karten aus dem Spiel und breite sie vor dem Klienten aus. Wenn er ein wenig von der Tarot-Symbolik versteht, bitte ich ihn (oder sie), formale Gesichtspunkte außer acht zu lassen und nur nach seinen Reaktionen auf das Bild zu entscheiden.

Gewöhnlich wird diese »Signifikator«-Karte nicht interpretiert. Sie steht für die ganze Person und nicht so sehr für irgendwelche Aspekte, die zu der Karte gehören. In einigen Situationen wird die Auswahl jedoch sehr wichtig. Angenommen, eine verheiratete Frau entscheidet sich dafür, daß die Königin der Kelche sie selbst darstellen soll. Wenn der König der Kelche in der Befragung erscheint, kann er ihren Ehemann repräsentieren, oder genaugenommen den Einfluß, den dieser auf sie hat, da die Befragung die Situation vom Standpunkt des Fragenden aus beleuchtet. Wenn der Ehemann zu Unreife und/oder Abhängigkeit von der Frau tendiert, kann anstelle des Königs der Ritter erscheinen.

Andere Karten desselben Satzes können auch für den Fragenden selbst stehen statt für jemand anderen. Wenn der Fragende den König der Stäbe wählt, um sich selbst darzustellen, dann kann das Erscheinen der Königin das Auftauchen einer »weiblicheren« Seite von Anerkennung und Empfänglichkeit anzeigen. Wenn der Fragende durch einen Ritter repräsentiert ist, kann das Erscheinen eines Königs oder einer Königin Unreife, Regression oder eine eher jugendliche Haltung symbolisieren.

Wir können diese Wandlungen als »vertikal« bezeichnen – sie bewegen sich in demselben Satz nach oben oder nach unten. »Horizontale« Wandlungen nennt man das Erscheinen einer oder mehrerer Karten der gleichen Stufe, aber verschiedener Sätze. Wenn die Person die Königin der Schwerter ausgewählt hat, dann kann die Königin der Kelche in der Befragung eine Wandlung der Person bedeuten. Diese »Transmutationen«, wie ich sie nenne, haben oft eine tiefe Bedeutung.

Die Frage, wie Hofkarten zu interpretieren seien – als eine andere Person oder als ein Aspekt des Fragenden –, ist für die meisten Menschen eines der schwierigsten Probleme bei Tarot-Befragungen. Gewöhnlich benötigt man Erfahrung und ein tiefes Gefühl für die Karten, um die richtige Deutung bestimmen zu können. Selbst geübte Deuter finden es oft schwierig, sich zwischen diesen Alternativen zu entscheiden.

Nach der Wahl des Signifikators kommt das Mischen. Wenn die Person keine bestimmte Frage stellt, gebe ich ihr die Anweisung, den Geist zu leeren und sich auf die Hände oder einfach auf den Signifikator zu konzentrieren. Wenn die Befragung eine bestimmte Frage betrifft, bitte ich die Person, ihre ganze Aufmerksamkeit auf diese Frage zu richten und sie womöglich laut auszusprechen, um sie noch stärker im Bewußtsein zu verankern.

Wie man die Karten mischt, spielt keine Rolle, doch sollte es gründlich geschehen und einige Karten sollten dabei umgedreht werden, damit auch umgekehrte Bedeutungen vorkommen können. Ich empfehle manchmal die Methode, die Karten auf dem Tisch oder dem Fußboden auszubreiten (viele Deuter machen ihre Befragungen immer auf dem Seidentuch, in das sie das Spiel einwickeln), sie dann mit beiden Händen umherzuschieben, wie ein Kind, das mit Schlamm spielt. Dann bitte ich die Person, die Karten wieder zusammenzunehmen. Diese Methode ist nicht nur gründlich, sie hat auch eine schöne Symbolik. Jede Tarot-Befragung stellt ein individuelles Muster dar, das aus dem Chaos von möglichen Kombinationen hervorgeht. Auch wenn wir nur zehn Karten auslegen, ist doch das ganze Spiel von demjenigen geprägt, der die Karten zuletzt gemischt hat. Durch das Vermengen des Spiels führen wir es wieder zum Chaos zurück; wenn wir es dann zusammennehmen, trägt es ein neues Muster.

Nachdem er die Karten gemischt hat, muß der Fragende sie auf folgende Weise in drei Packen einteilen. Mit der linken Hand nimmt er einen Packen von oben ab und legt ihn auf die linke Seite, dann nimmt er von diesem Packen wieder einen Packen oben ab und legt ihn ebenfalls auf die linke Seite.

Das weitere übernimmt der Deuter, und an diesem Punkt gibt es geteilte Meinungen darüber, wie man das Spiel wieder zusammenlegen sollte. Einige nehmen einfach den rechten Packen mit der linken Hand auf, legen ihn über den mittleren Packen und diese beiden zusammen über den linken Packen. Andere halten ihre linke Hand einige Zentimeter über jedem Packen, bis von einem von ihnen Wärme aufzusteigen scheint. Diesen Packen legen sie dann auf die beiden anderen.

Auf jeden Fall beginnt der Deuter, nachdem das Spiel wieder zusammengelegt ist, die Karten mit der rechten Hand umzudrehen und nach dem Muster auszulegen, für das er sich entschieden hat. Es gibt Hunderte von verschiedenen Mustern. Von den dreien, die hier vorgestellt werden, stammt eines von mir, während die anderen beiden Abwandlungen traditioneller Muster sind. Beinahe jedes Buch über Tarot wird weitere Muster angeben.

Das Keltische Kreuz

Mit den Jahren hat sich dieses Muster als das populärste erwiesen. Der Name des Kreuzes leitet sich von seiner Form ab, einem Kreuz von gleichlangen Armen (eine Karte auf jeder Seite des Zentrums), und vier Karten als »Stütze« in einer Reihe rechts daneben (siehe Abb. 90, S. 325).

Wie nicht anders zu erwarten, gibt es unter den Kommentatoren keine Einigkeit über die Bedeutung der einzelnen Positionen und ihre richtige Beschreibung. Einige, wie z. B. Waite und Eden Gray, schlagen eine Art von Ritual vor, bei dem der Deuter während des Auslegens der Karten spricht: »Diese bedeckt ihn« oder: »Diese liegt unter ihm.« Andere bevorzugen einen etwas konventionelleren Stil. Es spielt keine Rolle, welches System wir verwenden, solange wir bei einem bleiben. Die Bedeutungen, die ich im folgenden beschreibe, sind die, mit denen ich arbeite. Sie halten sich, von gewissen Abwandlungen abgesehen, an das traditionelle System.

Das kleine Kreuz

Bei jeder Methode, das Keltische Kreuz auszulegen, bilden die ersten beiden Karten ein kleines Kreuz für sich, bei dem die erste Karte, die »Deck«-Karte, direkt auf dem Signifikator und die zweite horizontal darüber liegt. Nun steht die Deckkarte im allgemeinen für einen grundlegenden Einfluß auf den Fragenden, für eine allgemeine Situation oder den Ausgangspunkt der Befragung. Die zweite Karte, die immer richtig herum gelesen wird, unabhängig davon, wie sie aus dem Spiel gezogen wird, repräsentiert in traditionellen Systemen einen »entgegengesetzten Einfluß«, etwas, das der ersten Karte zuwiderläuft. In der Praxis kann diese »Opposition« aber genausogut einen Einfluß darstellen, der die Wirkung der ersten Karte unterstützt.

Nehmen wir z. B. einmal an, die Deckkarte wäre der Narr, der darauf hinweist, daß man mehr seinen Instinkten folgt als dem, was als das Vernünftige erscheint. Wenn der Narr von der Mäßigkeit überkreuzt wird, können wir dies eine Opposition nennen, da die Mäßigkeit normalerweise auf Vorsicht hinweist. Doch wenn der Ritter der Stäbe den Narren überkreuzt, werden sich die beiden Karten eher unterstützen, und es kann sogar sein, daß die anderen Karten auf die Notwendigkeit von mäßigenden Einflüssen hinweisen, die ein Gegengewicht zu all dieser Kühnheit bilden könnten.

In meiner Arbeit habe ich eine etwas andere Betrachtungsweise der ersten beiden Karten entwickelt, indem ich sie nicht als »Deckkarte« und »Opposition«, sondern als »Zentrum« (1) und »Kreuzkarte« (2) bezeichne. Ich sehe in ihnen die Bedeutung von »inneren« und »äußeren« Aspekten, manchmal auch von »vertikaler« und »horizontaler« Zeit oder einfach von »Sein« und »Handeln«.

316

Die Zentrumskarte zeigt eine grundlegende Eigenschaft der betreffenden Person oder ihrer Situation. Die Kreuzkarte zeigt dann, wie diese Eigenschaft die Person beeinflußt oder wie sie in Handlung umgesetzt wird. Mit anderen Worten, die erste Karte zeigt, was die Person ist, die zweite, wie sie sich verhält.

Sehen wir uns einmal das Beispiel in Abb. 88 an. Der Narr weist auf einen Menschen hin, der dazu neigt, etwas zu riskieren, seinen Eingebungen zu folgen. Wenn er von der Mäßigkeit überkreuzt wird, kann dies bedeuten, daß sich die Person im Augenblick des Handelns eher vorsichtig verhält und die instinktive Energie durch vernünftige Überlegungen ergänzt.

Mit einem anderen Beispiel will ich versuchen, diesen wichtigsten Teil einer Befragung nach dem Keltischen Kreuz zu illustrieren. Das As der Kelche im Zentrum würde auf eine glückliche Zeit im Leben eines Menschen hinweisen, oder genauer gesagt, auf eine Möglichkeit, glücklich zu sein, da die Asse Gelegenheiten symbolisieren. Wenn das As von der Zehn der Kelche überkreuzt wäre, würden die beiden Karten zusammen bedeuten, daß der Betref-

Abb. 88

fende seine Möglichkeiten erkennt und auch nutzt. Doch wenn das As von der Vier der Kelche überkreuzt wäre, entstünde eine andere Bedeutung. Hier würden wir eine apathische Haltung sehen, die die Person daran hindert, das anzunehmen, was das Leben ihr anbietet. Diese Apathie würde die Möglichkeit jedoch nicht aufheben.

Ich habe das kleine Kreuz wegen seiner Wichtigkeit besonders hervorgehoben. In einigen Befragungen können die ersten beiden Karten die ganze Geschichte erzählen, und die anderen Karten liefern nur noch die Details. Wie in Teil I beschrieben, leiten sich die Begriffe »vertikale und horizontale Zeit« von symbolischen Interpretationen der Kreuzigung ab, wonach die »horizontale« Bewegung der Geschichte, d. h. der Tod eines menschlichen Wesens, durchkreuzt wurde von der Ewigkeit, verkörpert in Christus als dem Sohn Gottes. Christliche Mystiker können durch die Kreuzigung – mit Hilfe von Meditationen über das Kreuz und anderen Methoden der Identifikation mit Christus – ein Gefühl von »vertikaler« Zeit in die horizontalen Bedingungen ihrer eigenen physischen Existenz bringen. In vielen anderen Kulturen symbolisiert das Zeichen des Kreuzes die vier horizontalen Richtungen auf der Oberfläche der Erde, während das Zentrum, der Punkt, an dem alle vier zusammentreffen, auf die vertikale Richtung hinweist. Deshalb symbolisiert das Kreuz auch den Tarot selber, wobei die vier Arme die vier Sätze darstellen und das Zentrum die Großen Arkana.

Bei Befragungen kann die Kreuz-Symbolik zeigen, wie sich das Wesen oder das Innere eines Menschen mit seiner Art und Weise, in der Welt zu handeln, verbindet. Es lohnt sich, an dieser Stelle noch einmal das ursprüngliche Beispiel zu wiederholen, das die Symbolik der überkreuzten Zeit deutlich machte. Ich machte die Befragung für einen Mann, der sich über die Richtung seines Lebens im unklaren war. Eine langjährige Liebesbeziehung ging zu Ende, seine beabsichtigte Karriere als professioneller Sänger war nicht zustande gekommen. Die Befragung begann mit der Hohenpriesterin, die vom Hierophanten überkreuzt wurde. Nun stellen diese Karten, die auch manchmal Päpstin und Papst genannt werden, auf den ersten Blick entgegengesetzte Werte dar. Die Hohepriesterin steht für Instinkt, Geheimnis, Stille, während der Hierophant, als Verkünder einer Lehre, nach der Menschen ihr Leben ausrichten können, Orthodoxie, geplantes Verhalten und Klarheit verkörpert. Deshalb hatte es zumindest den Anschein, daß die beiden Karten sich widersprechende Einstellungen zum Leben symbolisierten. Je länger ich jedoch die religiöse Symbolik der beiden Karten betrachtete, desto mehr wurden die Gegensätze von den Gemeinsamkeiten verdrängt. Es erschien mir fast so, als würden die beiden einen Weg aufzeigen, wie das Leben zu meistern wäre. Die Hohepriesterin deutete an, daß dieser Mann Fähigkeiten von instinktivem Verstehen in sich trug, die vielleicht niemals ganz zum Vorschein kommen würden, die aber seinem Leben Substanz geben könnten. Der Hierophant dagegen zeigte, daß er für sein alltägliches Leben ein eher rationales Planen seiner Handlungen brauchte; er mußte organisieren und klare Entscheidungen treffen, wenn er das, was er sich wünschte, erreichen wollte. Aber diese Pläne und die praktischen Schritte hierzu würden am ehesten Erfolg haben, wenn sie von seinen eigenen Instinkten und seiner inneren Bewußtheit getragen wären und nicht von gesellschaftlich akzeptierten Vorstellungen von richtigen Zielen und gutem Verhalten. Als ich gerade erklären wollte, wie sich diese Eigenschaften ergänzen könnten, unterbrach mich der Mann und erzählte, wie er diese in einem ständigen Widerstreit sah, wie er hin und her pendelte, einmal seinen Trieben oder einfach seiner Passivität nachgab, dann wieder auf die andere Seite umschwenkte zu genau vorherbestimmtem, konventionellem Handeln, wie z. B. nach einer »verantwortungsvollen« Mittelschichtposition zu streben, statt sein Singen weiter zu verfolgen. Teil meiner Arbeit bei der Befragung war es, ihm zu zeigen, wie diese Qualitäten zusammenwirken könnten.

Grundlage (3)

Nach dem kleinen Kreuz legt der Deuter die nächste Karte direkt unter das Zentrum. Diese Position stellt die »Grundlage« der Befragung dar – eine Situation oder ein Ereignis, das häufig, wenn auch nicht immer, in der Vergangenheit stattgefunden und mit dazu beigetragen hat, die gegenwärtige Situation hervorzubringen. Weil wir so sehr durch unsere Vergangenheit geprägt sind, kann diese Karte manchmal alle anderen miteinander verbinden und erklären. In einer bemerkenswerten Befragung, die die Schwierigkeiten einer Frau in bezug auf ihren Ehemann zum

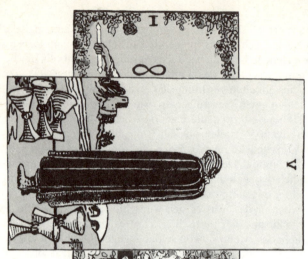

Der MAGIER

Abb. 89

Thema hatte, wies der Herrscher auf der Position der Grundlage darauf hin, daß ihre Beziehung zu ihrem Vater noch immer ihre unbewußte Sexualität beherrschte und sie daran hinderte, ihre aktuellen Probleme anzugehen.

Normalerweise stellt die Grundlage kein so umfassendes Thema dar, doch weist sie oft auf eine frühere Situation hin, besonders dann, wenn es durch die Zahl oder den Satz eine Verbindung zu einer der ersten beiden Karten gibt. Sehen wir uns diese drei Karten an: der Magier, überkreuzt von der Fünf der Kelche und darunter die Fünf der Schwerter (siehe Abb. 89). Der Magier, der das Wesen des Betreffenden repräsentiert, zeigt eine starke, sehr kreative und dynamische Persönlichkeit. Die Fünf der Kelche weist jedoch darauf hin, daß die Person zur Zeit einen Verlust verarbeiten muß, so daß die starke Persönlichkeit in den Hintergrund gedrängt wird. Bildlich ausgedrückt hat der Magier sein leuchtendes weißes und rotes Gewand unter einem schwarzen Mantel verborgen. Doch die Fünf der Schwerter zeigt, daß der Verlust als eine schmerzhafte und demütigende Niederlage begonnen hat. Diese Niederlage ist es, die das Feuer des Magiers gedämpft hat. Doch der Schritt von Schwertern zu Kelchen zeigt, daß bereits ein Prozeß der Erneuerung eingesetzt hat. Die Person kann damit beginnen, die Situation mit Gefühlen der Trauer, aber ohne Scham zu betrachten. Es sind die Eigenschaften des Magiers, die diesen Schritt ermöglicht haben. Doch auch wenn sie zur Zeit im Verborgenen liegen, sind sie im Leben dieses Menschen doch wirksam.

Jüngere Vergangenheit (4)

Die nächste Karte liegt links neben dem kleinen Kreuz und trägt den Titel »Jüngere Vergangenheit« (siehe Abb. 90). Dieser Begriff ist im Grunde eine falsche Bezeichnung, denn der Unterschied zwischen dieser Position und der Grundlage liegt nicht so sehr in einem Zeitunterschied als vielmehr in ihrer Wirkung auf den Menschen. Die Jüngere Vergangenheit bezieht sich auf Ereignisse oder Situationen, die zwar noch einen Einfluß auf den Betreffenden haben, die aber schon der Vergangenheit angehören und allmählich an Bedeutung verlieren. Meistens bezieht sie sich tatsächlich auf nur kurz zurückliegende Ereignisse; manchmal kann sie aber auch etwas zeigen, das weit zurückreicht oder von

großer Bedeutung ist. Kommen wir noch einmal auf das oben an-
geführte Beispiel von der Frau zurück, deren Vater einen so starken Einfluß auf sie ausübte. Wenn der Herrscher nicht auf der
Grundlage, sondern auf der Jüngeren Vergangenheit erschienen
wäre, hätte dies bedeutet, daß die Blockierung in ihrem Leben sich
langsam auflöste und sie in Zukunft nicht mehr so sehr beschäftigen würde.

Mögliches Ergebnis (5)

Die nächste Karte wird direkt über das kleine Kreuz gelegt. Einige
nennen diese Position das »Bestmögliche Ergebnis«. In der Praxis
zeigt sich jedoch schnell die Begrenztheit dieses optimistischen Ti-
tels. Wenn z. B. die Neun der Schwerter auf dieser Position erscheint, können wir dies wohl kaum als das »bestmögliche« Ergebnis bezeichnen. In Übereinstimmung mit vielen anderen nenne ich
diese Position daher einfach das »Mögliche Ergebnis«. Da wir die
letzte Karte »Ergebnis« nennen, mögen einige diese beiden Bezeichnungen verwirrend finden. Mit dem Wort »möglich« meinen
wir in erster Linie einen noch unbestimmten Trend, der sich aus
den Einflüssen, die in der Befragung gezeigt werden, ergeben
könnte. Im Moment ist er noch vage und wird vielleicht auch nie
Wirklichkeit. Er bedeutet einfach, daß die Person in diese Richtung geht.
Manchmal stehen das Mögliche Ergebnis und das Ergebnis in einem Verhältnis von Ursache und Wirkung zueinander. Das Mögliche kann als Folge des Ergebnisses entstehen. Nehmen wir ein einfaches Beispiel: Das Ergebnis zeigt die Acht der Pentakel, und das
Mögliche Ergebnis zeigt die Drei. Die Acht bedeutet, daß der Betreffende eine Zeit erleben wird, in der er viel arbeiten und lernen
muß. Die Drei bedeutet, daß diese Anstrengungen wahrscheinlich
das gewünschte Ergebnis, nämlich Geschicklichkeit und Erfolg,
hervorbringen werden.
Manchmal deutet das Mögliche Ergebnis auf ein vorläufigeres Resultat hin als das Ergebnis. Hier ein Beispiel aus einer Befragung,
die ich vor mehreren Jahren für eine Frau machte, die sich für eine
Stelle beworben hatte und wissen wollte, wie ihre Chancen waren,
sie zu bekommen. Die Karte des Ergebnisses bedeutete Verzögerungen und Unsicherheit, aber das Mögliche Ergebnis zeigte Er-

folg. Als die Frau beim Personalchef vorsprach, sagte er ihr, sie hätten einen anderen eingestellt, aber sie würden sie auf eine Warteliste setzen. Einige Tage später rief der Personalchef die Frau an und sagte ihr, daß der andere Bewerber seine Meinung geändert hätte, und daß er sie jetzt einstellen wolle. Das Mögliche war Wirklichkeit geworden.

Es gibt noch eine Möglichkeit, das Mögliche Ergebnis und das Ergebnis miteinander in Beziehung zu setzen, besonders, wenn sich die beiden Positionen widersprechen (statt sich zu ergänzen, wie in den Beispielen oben), oder wenn sie eine direkte Verwandtschaft zeigen, etwa durch gleichen Satz oder gleiche Zahl. In diesen Fällen deute ich das Mögliche Ergebnis als etwas, das hätte geschehen können, das aber nicht geschehen wird. Wir müssen dann bei den anderen Karten nach dem Grund dafür suchen, warum das Ergebnis und nicht das Mögliche Ergebnis eintritt.

Angenommen, der Stern liegt in einer Befragung auf dem Möglichen Ergebnis und zeigt an, daß die Person einen Zustand erreichen könnte, in dem sie sich sehr frei, voller Hoffnung und offen für das Leben fühlt. Wenn nun der Teufel als das tatsächliche Ergebnis erscheint und ein Gefangensein in einer bedrückenden Situation ankündigt, was ist dann falsch gelaufen? Wenn z. B. die umgekehrte Neun der Schwerter auf der Position der Grundlage liegt, könnte das eine Erklärung sein; denn das würde bedeuten, daß die Person in ihrem Innern ein Gefühl von Scham und Demütigungen mit sich herumträgt, das auf frühere Schwächen und Ängste zurückgeht, und daß die von der Neun symbolisierte »Gefangenschaft« die Person daran hindert, die Möglichkeiten, die sich mit dem Stern auftun, zu verwirklichen.

Diese Beispiele sollen deutlich machen, daß die wahre Bedeutung einer Tarot-Befragung sich nicht von einzelnen Karten, sondern nur von ihren Konfigurationen herleiten läßt.

Nähere Zukunft (6)

Der letzte Arm des Kreuzes liegt auf der rechten Seite des Zentrums, gegenüber der Jüngeren Vergangenheit, und trägt den Titel »Nähere Zukunft«. Diese Position zeigt eine Situation, mit der der Betreffende bald zu tun haben wird. Sie hat nicht die gleiche umfassende Bedeutung wie das Ergebnis, sondern zeigt nur noch einen zusätzlichen Einfluß, nämlich den der kommenden Ereignisse. Wenn eine Situation in einer bestimmten Weise beginnt, aber völlig anders endet, dann kann der Grund dafür in der Näheren Zukunft liegen; sie führt eine neue Situation oder Person ein und ändert damit die ganze Richtung. Wenn die Qualität des Ergebnisses sehr verschieden ist von der der Näheren Zukunft, kann dies andererseits auch bedeuten, daß die kommenden Ereignisse keine bleibende Wirkung haben werden. Wenn z. B. die Fünf der Stäbe auf der Näheren Zukunft liegt, und die Drei der Kelche auf dem Ergebnis, kann das bedeuten, daß die Person in ihren Freundschaften eine Zeit voller Konflikte durchmachen wird, daß aber diese Streitigkeiten nicht lange dauern, und die Bindungen und die Zusammenarbeit danach noch enger sein werden. Oft kann eine solche Information dem Fragenden helfen, eine schwierige Zeit durchzustehen, da sie ihm die Gewißheit gibt, daß diese Zeit vorübergehen wird. Und wenn das Gegenteil erscheinen sollte (also eine glückliche Situation von einer schlechten abgelöst wird), dann kann der Deuter nur hoffen, daß der Fragende diese Information gut nutzen wird. Es ist immer unangenehmer, schlechte Nachrichten zu übermitteln, als gute.

Nachdem der Deuter das Kreuz ausgelegt hat, deckt er die letzten vier Karten auf und legt sie übereinander auf der rechten Seite des Kreuzes aus. Das endgültige Muster siehe Abb. 90 rechts.

Selbst (7)

Die Karte am unteren Ende der Stütze wird »Selbst« genannt und bezieht sich nicht auf die Person als Ganzes, sondern auf die Art und Weise, in welcher der Fragende selbst zu der Situation beiträgt. Welche Einstellungen hat der Betreffende? Was tut er oder sie, das die Situation, die von den anderen Karten beschrieben wird, beeinflussen könnte? Angenommen, in einer Befragung, die mit der Zwei der Kelche begonnen hat, erscheint auf der Position des Selbst die Zwei der Schwerter. Das würde bedeuten, daß es dem Fragenden schwerfällt, sich der neuen Beziehung, die von der ersten Karte angedeutet wurde, zu öffnen. Sein angespanntes, ja sogar feindseliges Verhalten beeinflußt die Gesamtsituation sehr stark. Auf der Position des Ergebnisses fänden wir dann einen Hinweis darauf, wie dieser Konflikt ausgeht.

Abb. 90

1 Zentrum
2 Kreuzkarte
3 Grundlage
4 Jüngere Vergangenheit
5 Mögliches Ergebnis
6 Nähere Zukunft
7 Selbst
8 Umwelt
9 Hoffnungen
  und
  Ängste
10 Ergebnis

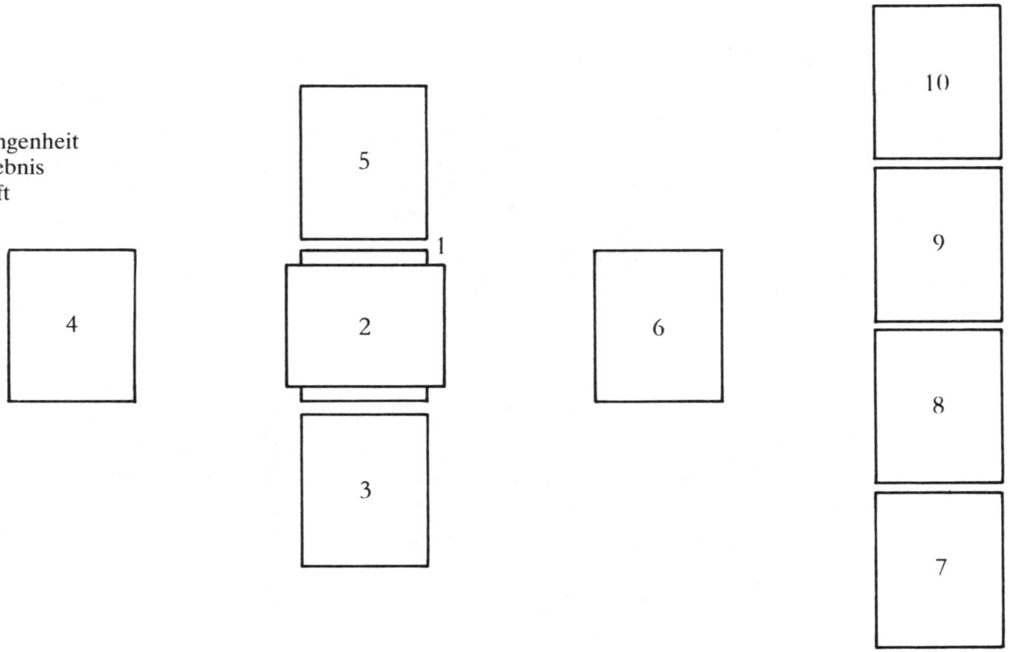

Umwelt (8)

Genauso wie von dem Fragenden selbst wird der Gegenstand der
Befragung auch von den Menschen und den allgemeinen Bedingungen seiner Umwelt beeinflußt. Wir nennen die achte Karte die
»Umwelt« oder den Einfluß der »anderen«. Wenn auf dieser Position eine Hofkarte erscheint, ist damit meistens eine Person gemeint, die Einfluß auf den Fragenden ausübt. Sonst kann die
Karte entweder den Einfluß einer wichtigen Person oder den der
allgemeinen Umweltbedingungen zeigen. Oft gibt sie zu erkennen, ob die Umgebung für die Ziele des Fragenden förderlich oder
hinderlich ist. Bei einer Befragung über die Arbeit z. B. würde die
umgekehrte Fünf der Stäbe auf der Position der Umwelt bedeuten, daß die Arbeit durch eine Atmosphäre der Feindschaft, der
Betrügerei und des rücksichtslosen Konkurrenzkampfes sehr unerfreulich geworden ist.
Manchmal weist die Umwelt auch eher auf den Fragenden selbst
hin als auf andere Menschen. Sie zeigt, wie er oder sie auf seine
oder ihre Umgebung reagiert. Bei einer Befragung, die ich vor einiger Zeit gemacht habe, zeigte die Vier der Schwerter auf der Position der Umwelt die Gewohnheit des Fragenden, den Konflikten
mit den Menschen in seiner Umgebung aus dem Weg zu gehen.

Hoffnungen und Ängste (9)

Über der Umwelt befindet sich eine Position, die eine gewisse
Ähnlichkeit mit der des Selbst hat, deren Bedeutung jedoch schär-
fer eingegrenzt ist. Wir nennen diese Position »Hoffnungen und
Ängste«, da sie zeigt, wie die Entwicklung der Ereignisse von der
Einstellung eines Menschen zur Zukunft geprägt wird. Oft beherrscht diese Karte fast die ganze Befragung, besonders wenn das
Ergebnis sehr stark von dem möglichen Ergebnis abweicht, wenn
also das Wahrscheinliche schließlich doch nicht eintritt. Der Einfluß, den diese Karte zeigt, kann sich sowohl positiv als auch negativ für den Fragenden auswirken. Angenommen, die Befragung
beschäftigt sich mit einer Liebesbeziehung, die meisten Karten haben eine erfolgreiche Tendenz, und die Zwei der Kelche erscheint
als mögliches Ergebnis. Das Ergebnis jedoch zeigt die umgekehrten Liebenden, ein klares Zeichen dafür, daß die Beziehung in ei-

nem schlechten Zustand ist. Wenn die Karte der Hoffnungen und Ängste die Drei der Schwerter wäre, würde das darauf hinweisen, daß der Betreffende aus Angst vor Liebeskummer der notwendigen emotionalen Nähe ausgewichen ist.

Andererseits würde eine sehr positive Karte auf dieser Position, wie etwa der Stern oder die Sechs der Stäbe (beides Karten, die Hoffnung bedeuten), anzeigen, daß die Einstellung dieses Menschen zu Erfolg führen kann.

Manchmal wirken diese Position und die der Basis oder des Selbst sehr eng zusammen. Die Grundlage erklärt dann, wie die Einstellung der Person zur Zukunft zustande gekommen ist. Wenn beispielsweise die umgekehrte Zwei der Kelche als Hoffnungen und Ängste erschienen wäre, und die umgekehrte Acht der Stäbe als Grundlage, dann würde das bedeuten, daß ein ständiges Grundgefühl von Eifersucht eine sehr negative Einstellung im Hinblick auf die Fortsetzung der Beziehung erzeugt hätte.

Beachte, daß bei diesem letzten Beispiel die umgekehrte Zwei der Kelche sowohl Angst als auch Hoffnung bedeuten könnte. Wir haben diese Position Hoffnungen *und* Ängste und nicht, wie sonst meist üblich, Hoffnungen *oder* Ängste genannt. Diese Bezeichnung bringt zum Ausdruck, daß beides oft zusammen auftritt (worauf ich zum ersten Mal von einem meiner Therapie-Schüler hingewiesen worden bin). In der Arbeit hoffen die Menschen oft auf Erfolg und haben gleichzeitig Angst davor, und in Beziehungen fürchten sich viele Menschen vor der Liebe, nach der sie suchen, oder hoffen halb bewußt auf Zurückweisung. Die Dualität von Hoffnungen und Ängsten zeigt sich am deutlichsten bei Karten, die mit Veränderung oder mit dem Übergang von begrenzten zu offenen Situationen zu tun haben.

Der Tod, die Acht der Kelche, die umgekehrte Zwei der Stäbe und die Vier der Stäbe haben alle mit diesem Thema der Freiheit und Veränderung zu tun. Auch der umgekehrte Teufel, die umgekehrte Acht der Schwerter und der Stern gehören dazu. Wenn der Fragende und der Deuter gemeinsam die Einstellung des Fragenden zu einem dieser Bilder auf der Position der Hoffnungen und Ängste untersuchen, tritt sehr oft eine Ambivalenz zutage. Begrenztheit ist sicherer als Freiheit. Da die unangenehme Komponente – die Angst vor der Liebe (oder dem Erfolg), oder die Hoffnung auf Zurückweisung (oder auf Versagen) – den bewußten Wünschen oft verborgen bleibt, kann die Entdeckung dieser Ambivalenz dem Betreffenden dabei helfen, sich für das, was er wirklich will, einzusetzen.

Als Deuter erkennen wir einige Grundtatsachen über Konditionierungen, wenn wir diese Dualität in einer Befragung nach der anderen am Werk sehen. Das Unterbewußtsein (die verdrängten Inhalte, die wir die tiefere Ebene des Egos nennen könnten – siehe noch einmal die Fußnote auf Seite 337) ist im Grunde konservativ, ja sogar reaktionär. Es widersetzt sich nicht nur jeder Veränderung, ob sie nun erfreulich oder unangenehm ist, sondern neigt auch dazu, mit allen Situationen auf die gleiche Art umzugehen, in der es bei ähnlichen Gelegenheiten in der Vergangenheit mit ihnen umgegangen ist. Viele Menschen benutzen jeden neuen Freund oder Geliebten, um immer wieder die gleiche Geschichte von »Mama und Papa« zu inszenieren. Jedem neuen Problem und jeder neuen Aufgabe begegnen wir so, wie wir es in der Kindheit gelernt haben. Dabei spielt es keine Rolle, ob diese Art, Probleme zu lösen, erfolgreich war; wichtiger ist die Sicherheit, ein festgelegtes Verhaltensmuster zu haben, an das wir uns halten können. Das Unterbewußtsein sucht erst nach Sicherheit, bevor es andere Dinge in Betracht zieht. Und Sicherheit entsteht durch Wiederholung.

Nun, dieser verborgene Mechanismus der Wiederholung alter Verhaltensmuster hat durchaus seinen Überlebenswert. Wenn ein neues Problem auf uns zukommt, können wir damit umgehen, da das Unterbewußtsein es automatisch mit früheren Problemen vergleicht und dann eine passende Reaktion auslöst. Wenn man nicht gerade vorhat, sich bewußt auf einen Weg der Selbstfindung zu begeben (wie er z. B. von den Großen Arkana vorgezeichnet ist), funktioniert dieses System recht gut und bedarf keiner Veränderungen. Wenn man jedoch erlebt, daß eine Liebesbeziehung nach der anderen an Eifersucht und Bitterkeit zerbricht oder eine Arbeit nach der anderen von Mißerfolg begleitet ist, sollte man sich einmal genauer ansehen, warum das Unterbewußtsein beharrlich jede neue Situation so arrangiert, daß sie zu einer Wiederholung der vorherigen wird. Eine Möglichkeit, damit zu beginnen, sind Tarot-Befragungen, da sie unseren früheren Erfahrungen und unseren Hoffnungen und Ängsten so viel Bedeutung beimessen.

Ergebnis (10)

Zuletzt das Ergebnis. Diese Karte faßt alle anderen zusammen. Mehr noch, sie gibt jeder Karte das ihr zukommende Gewicht, zeigt, welche Einflüsse die stärksten sind, und wie sie zusammenwirken, um dieses Ergebnis hervorzubringen. Manchmal kann das Ergebnis ein Ereignis sein. Dann ist die wichtigste Frage, wie es zustande kam, und nicht einfach nur, welcher Art es ist. Wenn der Fragende mit einem unangenehmen Ereignis konfrontiert ist, kann er durch die anderen Karten herausfinden, welche Einflüsse in diese Richtung drängen, in der Hoffnung, die Situation verändern zu können. Wenn das Ergebnis erfreulich ist, kann eine ähnliche Untersuchung dabei helfen, die schon bestehenden, auf dieses Resultat hinführenden Einflüsse zu verstärken.

Das Keltische Kreuz besteht, wie jede andere Auslegung, aus einer festgelegten Anzahl von Karten. Wenn eine Kombination für den Deuter oder den Fragenden zweideutig bleibt, kann er entweder ohne festgelegtes Muster einige zusätzliche Karten aufdecken oder noch eine weitere Befragung machen. Wenn ich zusätzliche Karten aufdecke, nehme ich meistens nicht mehr als fünf (manchmal bitte ich den Fragenden, die Anzahl selbst zu bestimmen), obwohl ich manchmal auch schon auf der Basis der ursprünglichen Befragung fast das ganze Spiel aufgedeckt habe. Anfänger im Deuten finden es meist schwieriger, Karten außerhalb eines Musters zu deuten, und vermeiden diese Technik lieber.

Manchmal ist es sinnvoll, eine zusätzliche Befragung zu machen, um Informationen über eine ganz bestimmte Karte der ersten Befragung zu erhalten. Es könnte sich uns z. B. eine Frage zu einer Person stellen, auf die in der Position der »Nahen Zukunft« hingewiesen wurde. In diesem Fall werden einige Deuter die Karte, um die es geht, als Signifikator für die neue Befragung nehmen. So wie der ursprüngliche Signifikator dem Fragenden geholfen hat, sich auf sich selbst zu konzentrieren, so hilft ihm die neue Karte, sich auf die betreffende Frage einzustellen.

Ein Befragungsbeispiel

Bevor ich den Abschnitt über das Keltische Kreuz abschließe, möchte ich beispielhaft eine Befragung erläutern, die ich einige Monate vor der Niederschrift dieses Buches gemacht habe. (Ich möchte erwähnen, daß die Fragende ihre Einwilligung dazu gegeben hat.)

Ich machte die Befragung für eine Frau, die gerade ihr Jura-Examen bestanden hatte, die vor kurzem eine neue Liebesbeziehung angefangen hatte, und die überhaupt glücklich und zufrieden mit ihrem Leben zu sein schien. Als ich jedoch die Karten aufdeckte, hatte ich sofort ein Gefühl von Traurigkeit. Ich vertraute mehr auf die Karten als auf meinen bewußten Eindruck und fragte die Frau, ob sie sich in der letzten Zeit traurig gefühlt habe. Zu meiner Überraschung bejahte sie dies sofort.

Und so erschienen die Karten: Als Signifikator wählte die Frau die Königin der Pentakel. Die erste Karte war die Drei der Stäbe, die vom Ritter der Kelche überkreuzt wurde. Die Grundlage war der Tod, die jüngere Vergangenheit war die Neun der Schwerter, das mögliche Ergebnis die umgekehrte Fünf der Schwerter und die nahe Zukunft die umgekehrte Welt. Das Selbst war von der umgekehrten Sechs der Kelche besetzt, die Umwelt von der Drei der Kelche, die Hoffnungen und Ängste von dem Turm, und der Eremit erschien als das Ergebnis.

Ich begann die Interpretation, indem ich der Frau einen sehr allgemeinen Überblick gab. Sie machte eine Zeit des Übergangs durch, in der sie viele alte Verhaltensmuster aufgeben mußte. Dies hatte sowohl eine beängstigende als auch eine beglückende Wirkung auf sie. Die Traurigkeit entstand durch das Bewußtsein, daß sie etwas verloren hatte und durch die Tatsache, daß sie erwachsen geworden war und ihre Bindungen an die Kindheit gelöst hatte. Es sah nicht so aus, als ob sich die Situation sehr schnell auflösen würde – es bestand sogar die Möglichkeit, daß sie sich zum Schlechten entwickeln könnte, wenn sie sich aus Angst vor der nahen Zukunft, für die Stagnation angedeutet war, in eine sehr negative Einstellung fallen ließe. Die Menschen in ihrer Umgebung jedoch gaben ihr sehr viel Unterstützung, wenn sie auch die Situation letztlich selbst bewältigen mußte.

Dies war in der Tat noch sehr allgemein gehalten. Nun nahmen wir uns jede Karte einzeln vor. Die erste Karte, die Drei der Stäbe,

Abb. 91

331

stand zunächst einmal für ihren gerade errungenen Erfolg. Sie hatte das Jura-Examen nicht nur bestanden, sondern war sogar die Beste gewesen. Als wir uns darüber unterhielten, was sie vorher gemacht hatte, erzählte sie mir, daß sie vor ihrer Zeit an der juristischen Fakultät weder ihr Leben noch ihre Fähigkeiten besonders ernst genommen hätte. Jetzt war sie an einem Punkt angelangt, an dem sie nicht nur ihre Stärke und Intelligenz kennengelernt hatte, sondern der auch, da sie ihre Prüfung auf Anhieb mit Erfolg absolviert hatte, eine solide Grundlage darstellte, auf der sie ihre zukünftige Arbeit würde aufbauen können. Aber ehe wir noch über diese Tatsachen gesprochen hatten, kam ihre Bedeutung schon in dem Bild des Mannes zum Vorschein, der auf den Klippen steht und seine Schiffe zur Erforschung neuer Länder aussendet.

Aber die Drei der Stäbe hat noch eine andere Bedeutung, die bei dieser Befragung sehr gut paßte. Es geht dabei um eine kontemplative Einstellung, mit der ein Mensch seine Erinnerungen betrachtet. Bei der Frau entwickelte sich diese Rückschau auf ihr Leben aus einem Gefühl der Erfüllung heraus. Die Leistungen, die sie vollbracht hatte, machten ihr bewußt, daß ihr altes Leben zu Ende war. Gleichzeitig symbolisierten die Schiffe, die zu unbekannten Meeren auslaufen, ihre Situation, die dadurch gekennzeichnet war, daß sie nicht genau wußte, was sie als nächstes tun sollte, oder in welchen Bahnen ihr Leben in der Zukunft verlaufen würde.

Das Bild der Erfüllung und der Erforschung neuer Bereiche hatte, abgesehen von ihrer Karriere, auch noch andere Entsprechungen in ihrem Leben. Sie hatte vor kurzem eine Psychotherapie angefangen; außerdem hatte sie sich einer Selbsthilfegruppe mit dem Namen »Arbeitskreis Heilung« angeschlossen. Beide Aktivitäten gaben ihr ein Gefühl des Neuanfangs, konfrontierten sie aber auch mit Unbekanntem; während sie ihr einerseits Selbstvertrauen gaben, machten sie es ihr andererseits auch schwerer, an alten Mustern festzuhalten.

Über der Drei der Stäbe lag der Ritter der Kelche. Die zweite Karte ist hier ganz deutlich ein Ergebnis der ersten, denn der Ritter der Kelche bedeutet eine Beschäftigung mit sich selbst, ein In-sich-Gehen. Die beiden Karten zusammen sagten, daß die Fragende zu jenem Zeitpunkt die Betrachtung der Vergangenheit, das Nachdenken über das, was ihr Leben einmal gewesen war, und das Planen der Zukunft in den Mittelpunkt ihres Lebens gestellt hatte. Aber der Ritter der Kelche hat von allen Rittern am wenigsten mit Handeln zu tun. Wenn es darum ging, praktische Schritte zu unternehmen, verhielt sich die Frau sehr zögernd.

Unter dem kleinen Kreuz lag der Tod, die erste Karte aus den Großen Arkana. Der Tod wies nachdrücklich darauf hin, daß sie gerade die Erfahrung machte, sich von der Vergangenheit trennen zu müssen. In ihrem bisherigen Leben hatte die Frau immer an bestimmten Verhaltensmustern, an einer bestimmten Art und Weise, mit der Welt, mit anderen Menschen und mit sich selbst umzugehen, festgehalten. Dieser alte Stil war jetzt aufgrund ihrer Erfolge nicht mehr angemessen. Ziemlich unvorbereitet machte sie die Erfahrung, ohne ihre sicheren Verhaltensmuster auskommen zu müssen, und es fiel ihr noch sehr schwer, sich vorzustellen, wie sie mit der Zukunft fertig werden sollte. Wir erfuhren mehr über diese Verhaltensmuster, als wir uns mit den Karten auf der Position des Selbst und des Ergebnisses beschäftigten; hier jedoch war es einfach nur wichtig zu sehen, daß das Alte zu Ende war, unabhängig davon, welche Formen es im einzelnen angenommen hatte.

Beachte die Ähnlichkeit des Ritters der Kelche mit dem Tod. Da die Trumpfkarte auf der Position der Grundlage – also der Vergangenheit – und die Kleine Karte in der Gegenwart liegt, können wir sagen, daß der Ritter die praktische Konsequenz aus dem Archetyp des Todes ist. Das heißt, daß die Frau unter der Oberfläche den Verlust ihres alten Lebens erfährt, den sie nach außen hin jedoch als einen Mangel an Vertrauen erlebt und als eine Unsicherheit, darüber, was sie sowohl im emotionalen wie im praktischen Bereich als nächstes tun soll.

Die Jüngere Vergangenheit entwickelte sich direkt aus der Grundlage. Das zeigt, wie diese beiden Positionen fast in dem gleichen zeitlichen Rahmen stehen können. Mit anderen Worten, es war nicht so, daß zuerst die Grundlage kam, und diese dann der jüngeren Vergangenheit Platz machte, sondern wie bei dem Kleinen Kreuz entwickelte sich die Jüngere Vergangenheit aus dem allgemeinen Grundmuster, das in der Grundlage dargestellt war. Die Neun der Schwerter symbolisiert Kummer und Leid. Manchmal bedeutet sie auch Trauer um einen Menschen. In diesem Fall können wir die Bedeutung »Trauer« als Metapher gebrauchen. Der Mensch, um den sie trauerte, war sie selbst; denn bei der Grundlage sahen wir, daß etwas in ihr »gestorben« war. Dieses Etwas war nichts Schlimmes, es hatte einfach nur seinen Sinn verloren. Die Tatsache aber, daß sich ihr Leben weiterentwickelt hatte, konnte sie nicht davon abhalten, die sichere und bequeme Art, mit der Welt umzugehen, schmerzlich zu vermissen. Die Karte bedeutete eigentlich auch nicht, daß sie ihrem alten Selbst nachtrauerte, weil sie das Leben fürchtete. Ihre Traurigkeit war irgendwie ursprünglicher und konnte ja sogar neben der ebenso wirklichen Freude und Begeisterung bestehen, die ich vor der Befragung erlebt hatte.

Die ersten vier Karten beschäftigten sich hauptsächlich mit ihrem inneren Leben; die nächsten beiden zeigen die Fähigkeit des Tarot, auf Trends und Ereignisse hinzuweisen und insbesondere eine Warnung zu geben. Zunächst einmal das Mögliche Ergebnis: Die Fünf der Schwerter bedeutet Niederlage, die Demütigung und Beschämung bringt. In dieser Position zeigte sie, daß es trotz allem, was die Frau bisher erreicht hatte, immer noch möglich war, daß all ihre Anstrengungen zu nichts führen würden. Manchmal steht die Karte des Ergebnisses in eindeutigem Widerspruch zum Möglichen Ergebnis und zeigt damit, daß die Möglichkeit aus irgendeinem Grund nicht Wirklichkeit werden wird. Der Eremit ist ein guter Indikator dafür, daß sie das, was sie erreicht hat, nicht verlieren wird, aber er garantiert noch nichts. Er zeigt, daß sie in die richtige Richtung geht, daß sie aber noch nicht angekommen ist, jedenfalls nicht in einem konkreten Sinn. Die Fünf der Schwerter blieb daher eine Möglichkeit, und der Tarot ermahnte sie, alles in ihren Kräften Stehende zu tun – die Unterstützung ihrer Freunde in Anspruch zu nehmen, sich nicht ihren Ängsten zu überlassen, besonders nicht in Phasen der Stagnation –, um dieses Ergebnis zu vermeiden.

Die umgekehrte Welt steht für Stagnation, ausbleibenden Erfolg, die Unfähigkeit, die Dinge zu einem guten Ende zu führen. Auf der Position der nahen Zukunft bedeutete diese Karte, daß das Leben der Frau eine Zeitlang unruhig bleiben würde, ohne große Fortschritte in ihrer Karriere oder in anderen Bereichen. Wir sehen daher, daß die als Möglichkeit gezeigte Niederlage ihres alten Selbst tatsächlich eintreten könnte, wenn es ihr nicht gelänge, praktische Ergebnisse zu erzielen. Die Tatsache, daß der Tarot sie davor gewarnt hatte, wie auch ihr Wissen darum, daß es sich dabei nur um die nähere Zukunft und nicht um das Ergebnis handelte, könnten ihr dabei helfen, diese Phase zu bestehen.

Nach dem Kreuz nun zur Stütze: Als erste der vier Karten liegt die umgekehrte Sechs der Kelche auf der Position des Selbst. Hier fanden wir einen deutlicheren Hinweis auf das, was in ihr gestorben war. In ihrer aufrechten Lage zeigt die Karte ein Kind in einem Garten, das von einer größeren Gestalt ein Geschenk bekommt. Sie bedeutet Schutz und Sicherheit, ein Kind, dessen Eltern sich um all seine Bedürfnisse kümmern. Hier jedoch sehen wir die Karte umgekehrt. Zusammen mit den anderen Karten, besonders mit dem Tod und dem Eremiten, bedeutet das Bild, daß die Frau mit diesem begrenzten und beschützten Leben gebrochen hatte. Bei der Besprechung dieser Karte wurde deutlich, daß sie tatsächlich den größten Teil ihres bisherigen Lebens mit ihren Eltern verbracht hatte, die sie als ihr »kleines Mädchen« behandelten. Sie hatte dies zugelassen, weil es ihr Sicherheit gab. Sie erzählte mir, daß ihre Eltern, und besonders ihr Vater, es auch jetzt noch nicht akzeptieren könnten, daß sie erwachsen geworden sei, daß sie ihre eigenen Entscheidungen treffen und ihre Gelegenheiten wahrnehmen müsse. Und natürlich war es auch ihr selbst schwergefallen, die Veränderung anzunehmen. Der Besuch der juristischen Fakultät war ihr erster Schritt gewesen. Davor hatte sie sich selbst niemals ernst genug genommen, um irgend etwas Wichtiges zu tun. Gleichzeitig war die Fakultät aber wieder ein neuer »Garten« gewesen, eine Situation, in der sie keine Entscheidungen fällen mußte, sondern nur einem genau vorgezeichneten Weg zu folgen hatte. Als es soweit war, daß sie ihr Examen ablegen mußte, war sie ängstlich geworden, und der eigentliche Grund, warum sie zu dem Therapeuten gegangen war, war der, daß dieser ihr helfen sollte, die Prüfung zu bestehen. Die Therapie war in dieser Hinsicht erfolgreich, aber sie bewirkte auch noch andere Dinge. Es wurde ihr dabei klar, daß sie kein Kind mehr war, und daß sie nicht mehr andere Leute ihre Entscheidungen fällen lassen konnte. Die Traurigkeit rührte von diesem Verlust her.

Die nächste Karte war in gewisser Hinsicht die wichtigste und auch die einfachste der ganzen Befragung. Die Drei der Kelche auf der Position der Umwelt deutete auf sehr viel Unterstützung durch Freunde hin. Sie stand vor allem für den »Arbeitskreis Heilung« und für den Therapeuten. Sie war deswegen so wichtig, weil sie der Frau zeigte, wieviel rückhaltlose Unterstützung sie von diesen Menschen bekommen konnte, besonders im Hinblick auf die Möglichkeit von Niederlagen in der Phase der Stagnation. Die

Drei der Kelche zeigt eine Unterstützung, die nichts mit Wohltätigkeit oder Aufopferung zu tun hat. Die drei Frauen tanzen zusammen. Die Menschen in der Umgebung der Fragenden geben ihr Kraft, einfach dadurch, daß sie bei ihr sind, und indem sie ihre Erfahrungen mit ihr teilen und es andererseits *ihr* ermöglichen, *sie* zu unterstützen. Achte auch auf den Unterschied zwischen der Drei und der Sechs. Die drei Frauen hier sind alle gleich; die Karte hat nichts mit Beschützen oder Verhätscheln zu tun.

Die Drei der Kelche hat eine »horizontale« Verbindung zu der Drei der Stäbe im Zentrum. Etwas von der festen Verwurzelung, die in diesem Bild zum Ausdruck gebracht wird – beachte die sicher auf der Hügelkuppe stehende Figur –, beruht auf der Unterstützung, die von der Umwelt gegeben wird. Auch wenn der Rückblick auf ihr Leben und das Erkunden neuer Bereiche im wesentlichen Aufgaben waren, die sie allein bewältigen mußte, konnten ihr die Menschen in ihrer Umgebung doch Mut machen.

Auf der Position der Hoffnungen und Ängste lag eines der beängstigenderen Bilder des Tarot, der Turm. Er bedeutet Zerstörung, Zusammenbruch, schmerzvolle Erfahrungen. Er steht ganz deutlich für die Befürchtungen der Frau, daß alles, was sie erreicht hat, wieder zerrinnen könnte. Diese Befürchtungen können sich sehr leicht als sich selbst erfüllende Prophezeiungen erweisen und zu der umgekehrten Fünf der Schwerter führen, besonders wenn sie keinen direkten Erfolg hat, der ihr Sicherheit und Mut geben kann.

Die übertriebenen Ängste gehen auf die Sechs der Kelche und ihre Umwälzung zurück. Sie hatte zwar auf der einen Seite eine abhängige und kindliche Einstellung aufgegeben und sah begeistert und erwartungsvoll ihrem neuen Leben entgegen, ein anderer Teil von ihr jedoch dachte immer noch: »Wie konnte ich das nur tun? Jetzt bin ich ganz allein. Ich muß meine Entscheidungen selbst treffen.« Und daraus entsteht dann: »Ich bin nicht stark genug. Ich kann das nicht, es wird alles schiefgehen.« Und wenn dann Widerstände oder Verzögerungen aufträten, würde die Angst die Führung übernehmen und ihr einreden, daß dies der erwartete Zusammenbruch sei. Aus den halbbewußten Gedanken würde dann: »Siehst du, ich wußte, daß ich es nicht kann. Warum habe ich mich nur jemals selbständig gemacht?« Während der Befragung besprachen wir die Möglichkeit, daß der Turm eine unterbewußte Hoffnung repräsentierte. Das Unterbewußtsein, das eine sehr dumme und konservative Instanz ist*, weigert sich oft, den Verlust einer Situation, in der es sich sicher fühlte, anzunehmen. Dabei spielt es keine Rolle, daß sich das Selbst völlig darüber im klaren ist, daß es niemals unter den elterlichen Schutz zurückkehren kann. Das Unterbewußtsein weigert sich, die Realität anzuerkennen. Es kann sich sehr leicht einreden, daß das Scheitern der gegenwärtigen Pläne eine Rückkehr in die Sicherheit bringen wird.

Wenn man sich solcher verborgenen Einstellungen bewußt wird, hat man schon ein gutes Stück auf dem Weg zu ihrer Überwindung hinter sich gebracht, denn das Unterbewußtsein ist sehr stark von seiner Unbewußtheit abhängig. Jeder von uns hat sicher schon einmal Situationen erlebt, in denen er eine geheime Angst mit sich herumschleppte, die sich einfach dadurch, daß er sie laut aussprach, in ihrer reinen Dummheit ad absurdum führte. Eine Tarot-Befragung kann diese Funktion haben, indem sie verborgene Inhalte identifiziert und uns ihre möglichen Konsequenzen zeigt – in diesem Fall die Fünf der Schwerter.

Auf der Position des Ergebnisses liegt der Eremit. Das erste, was wir bei dieser Karte beachten müssen, ist, daß sie nicht Erfolg oder Mißerfolg anzeigt. Im Gegensatz zu der Drei der Stäbe und der Fünf der Schwerter zeigt sie nicht die wahrscheinlichen konkreten Entwicklungen.

* Wir dürfen das »Unterbewußtsein« nicht mit dem »Unbewußten« verwechseln, zu dessen Eigenschaften auch Mut und wahres Wissen gehören. Es ist sehr viel Verwirrung entstanden, weil diese beiden Begriffe als Synonyme verwendet worden sind. Ich gebrauche den Begriff »Unterbewußtsein« hier für Material – Begierden, Ängste, Hoffnungen –, das vom Bewußtsein bei der Bewältigung der äußeren Realitäten des Lebens verdrängt wird. Das »Unbewußte« dagegen ist die grundlegende Energie des Lebens, jener Bereich des Daseins, der über das persönliche Ich hinausgeht. Das Unterbewußtsein ist trotz seiner Verborgenheit eigentlich eine Ausdehnung des Ichs. In gewissem Sinne verkörpert es sogar den Bereich, in dem das Ich absolut herrscht, in dem es keine Kompromisse mit der Realität eingeht. Da es sich nicht um Konsequenzen kümmert, bringt es das Unterbewußtsein z. B. fertig, daß wir vor einen Lastwagen laufen, um einem unangenehmen Gespräch aus dem Weg zu gehen. Das Unbewußte jedoch unterstützt uns und bringt uns ins Gleichgewicht, indem es uns mit der mächtigen Brandung des Lebens jenseits des individuellen Lebens verbindet. Der Gehängte in den Großen Arkana gibt uns ein eindrucksvolles Bild dieser vitalen Verbindung.

Statt dessen weist sie auf Eigenschaften der Frau hin, und die wiederum zeigen, wie sie mit ihrer neuen Situation umgehen wird.

Die offensichtlichste Bedeutung des Eremiten leitet sich von seinem Namen und von seinem Bild her. Er macht deutlich, daß sie dem Leben allein begegnet. Das bedeutet nun aber nicht, daß sie die Unterstützung ihrer Umgebung leugnet oder verliert, sondern im Gegenteil die Notwendigkeit, diese Unterstützung, soweit dies möglich ist, in Anspruch zu nehmen. Denn der Eremit zeigt, daß sie ihre Entscheidungen, soviel ihr andere auch helfen mögen, allein treffen muß. Der Eremit steht, wie die Gestalt auf der Drei der Stäbe, allein auf seinem Berg.

Die Einsamkeit des Eremiten ist jedoch kein Selbstzweck. In den Großen Arkana symbolisiert sie den Rückzug des Bewußtseins von der äußeren Welt der Ereignisse hin zu einer Beschäftigung mit dem Sinn. Und wie wir sehen, paßt die Vorstellung von der Suche nach dem Sinn sehr gut in diese Befragung. Der Eremit auf der Position des Ergebnisses bedeutet, daß die Ängste, Verzögerungen und möglichen Niederlagen gar nicht mehr so wichtig sind, wenn die Frau ihre Situation erst einmal angenommen hat. Tatsächlich symbolisiert der Eremit auch konkrete Psychotherapie.

Gleichzeitig hat der Eremit aber auch etwas damit zu tun, ob sie Erfolg haben wird in ihrem Bemühen, mit dem Leben fertig zu werden. Denn in seinem archetypischen Aspekt bedeutet er Weisheit und wahres Wissen der Seele, das durch Rückzug und Innenschau gewonnen wird. Der Berg des Eremiten steht, wie der Baum des Gehängten, für die Verbindung der bewußten Psyche mit der Weisheit und Lebensenergie des Unbewußten.

Als Ergebnis weist der Eremit daher darauf hin, daß sie die Veränderungen, die sie in ihrem Leben vorgenommen hatte, halb unbewußt annehmen und verstehen würde. Die Symbolik des Berges verbindet die letzte Karte mit der ersten, der Drei der Stäbe. Diese Verbindung wiederum deutet sowohl emotionalen als auch konkreten Erfolg an.

Schließlich bedeutet der Eremit auch noch Reife. Durch seine Bewußtheit führt er den Prozeß fort, der mit der umgekehrten Sechs der Kelche begonnen hatte, nämlich die Loslösung von der infantilen Abhängigkeit. Er zeigt, daß sich die Situation lösen wird, sobald die Frau ihr Zögern und ihre Ängste überwunden hat. Auf lange Sicht steht der Berg des Eremiten ganz und gar nicht für Isolation, sondern für Eigenschaften, welche die Frau gerade erst anfing, bei sich zu entdecken, nämlich Selbständigkeit und Vertrauen auf ihre eigenen Fähigkeiten und Urteile.

Da das Ergebnis eigentlich kein echtes Resultat, sondern eher eine Art der Bearbeitung des Problems zeigte, entschloß ich mich, eine weitere Karte aufzudecken, um noch einen Hinweis darauf zu bekommen, in welche Richtung sich die Ereignisse wahrscheinlich entwickeln würden. Die Karte war wieder eine Drei, die Drei der Pentakel. Als eine Karte des Erfolgs und der Meisterschaft zeigte sie, daß der Erfolg, der in der nahen Zukunft verzögert war, auf lange Sicht kommen würde.

Der Zyklus der Arbeit

Das Keltische Kreuz ist zwar ein wirksames Instrument, aber es arbeitet vor allem beschreibend und zeigt uns die verschiedenen Einflüsse, von denen eine Situation geprägt ist. Obwohl es oft auch eine Handlungsanweisung beinhaltet (»Gehe sorgfältig vor, bringe alles in Ordnung, bevor du irgend etwas unternimmst«, oder »Die Probleme werden sich mit dieser Person nicht lösen lassen. Du wirst dich selbst erst dann wiederfinden, wenn du dich von ihr trennst.«), stellt sich den Menschen am Ende manchmal die Frage: »Was soll ich denn nun tun?« Der Tarot gibt zwar meistens nicht so konkrete Anweisungen wie: »Du solltest töpfern lernen«, oder »Besuche deine Großmutter«, aber er kann in etwa die Richtung der Handlung oder der Einstellung andeuten, die einen Menschen weiterbringen wird, und die Ausfüllung der spezifischen Details dem einzelnen selbst überlassen. Um ein einfaches Beispiel zu geben: Die Acht der Pentagramme kann einem Menschen den Rat geben: »Arbeite beharrlich weiter an dem, was du gerade tust. Es wird seine Zeit brauchen, aber am Ende wird es zu einem guten Ergebnis führen.«

Es gibt noch andere, subtilere Fragen, die bei manchen Leuten nach einer Befragung mit dem Keltischen Kreuz auftauchen: Wie wäre es, wenn ich anderen Einflüssen folgen würde? Wie wäre es, wenn ich nicht diese Einstellung zur Zukunft hätte, oder in der Vergangenheit nach etwas anderem gesucht hätte? Wie würde sich dann das Ergebnis verändern? Mit anderen Worten, was könnte ich möglicherweise anders machen? Um mehr Möglichkeiten für

Ratschläge zu eröffnen, habe ich eine neue Methode entworfen, die Karten auszulegen. Zum Teil beruht sie auf dem Keltischen Kreuz und zum Teil auf meiner eigenen Anordnung der Großen Arkana. Sie beinhaltet drei Neuerungen. Erstens ist sie ganz auf Beratung und nicht auf Beschreibung ausgerichtet. Zweitens ist sie am Ende offen; wenn der Deuter die letzte Position erreicht hat, kann er weitere Karten auslegen, bis zu zehn mal soviel wie die ursprüngliche Anzahl. Dies kann man natürlich bei jeder anderen Befragung auch tun, jedoch nicht auf festgelegten Positionen. Die Struktur des Zyklus der Arbeit, wie ich diese Auslegung genannt habe, erlaubt es dem Deuter, die ursprünglichen Positionen immer wieder neu zu wiederholen. Das hat den Effekt, daß der Deuter die Situation von verschiedenen Seiten betrachten kann.

Die dritte Neuerung ist die, daß die Karten in Kombinationen gedeutet werden. Bei vielen Befragungen (wenn auch nicht bei allen; siehe den Baum des Lebens weiter unten) wird jede Karte einzeln gedeutet, auch wenn wir, wie beim Kreuz, versuchen, die Bedeutungen miteinander zu kombinieren. Beim Zyklus der Arbeit jedoch ist der Gedanke der Kombination schon in den Positionen enthalten. Vom Teil I werden Sie sich daran erinnern, daß ich die Großen Arkana in den Narren und in drei Reihen mit je sieben Karten einteile, wobei jede Reihe eine andere Entwicklungsstufe darstellt. Sie werden sich weiterhin daran erinnern, daß sich jede Reihe weiter aufgliedert in drei Teile. Die ersten beiden Karten bezeichnen den Ausgangspunkt für die Reihe – die Archetypen oder grundlegenden Eigenschaften, die ein Mensch braucht, um die Erfahrungen, die in dieser Reihe gezeigt werden, durchlaufen zu können. Die mittleren drei stehen für die eigentliche Aufgabe der Reihe – für das, was der Mensch hier verarbeiten oder überwinden muß. Die letzten beiden Karten zeigen das Ergebnis. Dementsprechend sind in der ersten Reihe der Magier und die Hohepriesterin die grundlegenden Archetypen des Lebens. Die Herrscherin, der Herrscher und der Hierophant zeigen die verschiedenen Aspekte der äußeren Welt, mit denen wir uns im Prozeß des Erwachsenwerdens auseinandersetzen müssen. Die Liebenden und der Wagen symbolisieren die Entwicklung einer erfolgreichen Persönlichkeit. Der Zyklus der Arbeit lehnt sich an diese dreigeteilte Struktur an.

Das Legemuster – Die Positionen und ihre Bedeutungen

Die Befragung beginnt damit, daß man den Signifikator auswählt und die Karten auf die gleiche Art und Weise mischt wie beim Keltischen Kreuz. Ebenso wird mit den ersten beiden Karten ein kleines Kreuz gelegt, das auf eine sehr ähnliche Art interpretiert wird wie bei der älteren Befragungsmethode, mit dem Unterschied vielleicht, daß der überkreuzenden Karte mehr Gewicht gegeben wird, da sie als ein Ergebnis oder als eine Entwicklung aus der Karte des Zentrums angesehen wird.

Nach dem Kleinen Kreuz deckt der Deuter sieben Karten auf, die in einer Reihe unter dem Signifikator – statt im Kreis um ihn herum – ausgelegt werden, wobei der Signifikator und die kreuzende Karte über der mittleren Karte liegen (siehe Abb. 92).

Diese Reihe bildet den grundlegenden Zyklus, und die Befragung kann nach diesen neun Karten aufhören. Wenn der Deuter und der Fragende nach dieser Reihe jedoch noch mehr Informationen haben möchten und nach einer anderen Herangehensweise suchen, deckt der Deuter eine zweite Reihe von sieben Karten direkt unter der ersten auf, und dies kann so lange fortgesetzt werden, bis der Sinn der Sache völlig klargeworden ist.

In jeder Reihe stehen die ersten beiden Karten für den Ausgangspunkt. Ihre spezifischen Bedeutungen stammen vom Keltischen Kreuz. Die erste ist die Position der vergangenen Erfahrung und wird ähnlich interpretiert wie die Karte der Grundlage bei der älteren Form. Die zweite bedeutet Erwartungen, die Einstellung der Person zur Zukunft. In der Praxis interpretieren wir diese Karte fast genauso wie die Position der Hoffnungen und Ängste beim Keltischen Kreuz. Die beiden Karten zusammen zeigen, was geschehen ist, und die Hoffnungen und Ängste der Person, oder einfach ihre Vorstellung davon, was geschehen wird.

Die nächsten drei Karten weichen stärker von dem älteren System ab. Sie zeigen das, was ich die Arbeit nenne – Situationen, Einflüsse oder Einstellungen, die die Person gebrauchen kann oder aber überwinden muß. Beim Keltischen Kreuz repräsentieren die Positionen relativ festgelegte Muster. Es ist, wie es ist. Die Karten der Arbeit dagegen weisen auf Möglichkeiten, ja sogar Gelegenheiten hin. Die Betonung liegt hier darauf, wie der Betreffende die Situation geschaffen hat und wie er sie verändern kann.

Als ich anfing, mit dieser Form der Befragung zu arbeiten, gab ich

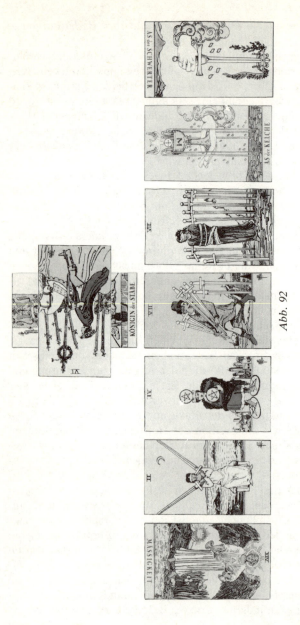

Abb. 92

342

zunächst jeder Position eine eigene Bedeutung. Die Karte in der Mitte repräsentierte das Selbst, die auf der linken Seite die anderen, die auf der rechten Seite Ereignisse.

Ich merkte jedoch bald, daß es besser ist, keiner von ihnen eine spezifische Qualität zuzuschreiben, und sie statt dessen alle zusammen als das zu interpretieren, womit der Betreffende in der Situation arbeiten muß, als eine Kombination von Möglichkeiten. Gleichzeitig lohnt es sich aber, die drei Bezeichnungen im Hinterkopf zu behalten, da eine oder mehrere von ihnen uns vielleicht einmal dabei helfen können, die Bedeutung einer bestimmten Befragung herauszufinden.

Ich möchte ein Beispiel dafür geben, wie man die drei als eine Kombination betrachten kann. Angenommen, wir machen eine Befragung über das beliebte alte Thema einer neuen Liebe. Eine Frau ist einem Mann begegnet, den sie sehr gern mag, sie weiß jedoch nicht, welche Gefühle er ihr gegenüber hat, und ob sie etwas mit ihren Gefühlen anfangen soll. Bei der Befragung zeigt der Abschnitt der Arbeit die Fünf der Stäbe, den umgekehrten Eremiten und die Zwei der Kelche (siehe Abb. 93).

Die Zwei der Kelche zeigt eindeutig, wie sie das auch im Keltischen Kreuz getan hätte, daß der Mann ihr gegenüber ähnliche Gefühle hegt. Hier jedoch gibt die Karte der Frau außerdem den Rat, dem Mann ihre Gefühle zu zeigen. Weiterhin läßt sie vermuten, daß ihr das Zusammensein mit dem Mann sehr viel bedeuten

Abb. 93

wird, und daß diese Liebesbeziehung, unabhängig davon, ob sie kurz oder lang dauern wird, einen ziemlich großen Einfluß auf ihr Leben haben wird.

Der Eremit bekräftigt noch diese Vermutungen. Seine umgekehrte Lage bedeutet hier nicht Unreife, sondern weist eher darauf hin, daß jetzt nicht die richtige Zeit für Alleinsein ist. Statt dessen wird die Auseinandersetzung mit der Beziehung ein sehr großer Gewinn für die Frau sein. Die Fünf der Stäbe weist jedoch darauf hin, daß die Situation auch Konflikte mit sich bringt. Da sie aufrecht erscheint, steht sie nicht für Bitterkeit oder etwa für eine ernsthafte Störung, der die Frau aus dem Weg gehen sollte. Sie zeigt vielmehr, daß die Kämpfe eine belebende Wirkung haben, daß sie durch sie aufgelockert und nicht erschöpft wird. Und da die Karte im Abschnitt der Arbeit auftritt, bedeutet sie, daß die Frau die Energie, die durch Konflikte freigesetzt wird, sinnvoll *gebrauchen* sollte und nicht versuchen sollte, sie zu vermeiden.

Der Eremit bringt mit seiner Stellung zwischen den beiden anderen Karten vielleicht zum Ausdruck, daß die Frau sich einige Zeit von anderen Leuten zurückgezogen hat und jetzt den Wunsch (oder die Notwendigkeit) spürt, in die Welt zurückzukehren. Auf der einen Seite kann ihr die neue Beziehung dabei helfen, aus ihrer Abgeschlossenheit herauszufinden. Auf der anderen Seite wird sie feststellen, daß der Umgang mit anderen Menschen Kämpfe und Konkurrenz mit sich bringt, und sie lernen muß, diese Dinge anzunehmen und konstruktiv damit umzugehen.

Beachte, daß die drei Karten nicht einfach nur zeigen, was ist, sondern auf Trends und Möglichkeiten hinweisen – Dinge, mit denen man arbeiten kann. Jetzt möchte ich zwei mögliche Ausgangspunkte für diese theoretische Befragung betrachten und dabei zeigen, in welche Richtung sie die Karten der Arbeit abwandeln. Zunächst wollen wir uns damit beschäftigen, welche Bedeutung das Ganze bekäme, wenn die ersten beiden Karten die Fünf der Kelche und die Drei der Kelche wären, die durch das Bild der drei Kelche miteinander verbunden sind. Die erste bedeutet als Vergangene Erfahrung irgendeinen Verlust – höchstwahrscheinlich das Ende einer Liebesbeziehung – und würde damit den Hintergrund für den Eremiten verdeutlichen. Die Vergangene Erfahrung sagt uns also, daß sich der Zustand des Eremiten als Reaktion auf ein Ereignis entwickelt hatte, eine Reaktion, die die Frau jetzt hinter sich lassen kann. Die Drei unterstützt die Vermutung, daß die

Frau sich wieder stärker auf andere Menschen einlassen wird. Sie zeigt eine sehr optimistische Einstellung, die der Frau wahrscheinlich über alle Konflikte, die auftauchen könnten, hinweghelfen wird.

Aber angenommen, wir besetzen den Ausgangspunkt mit Schwertern, beispielsweise mit der Acht, gefolgt von der Vier. Dann würde die Acht auf eine lange Geschichte der Unterdrückung, der Isolation und der Verwirrung hinweisen, und die Vier würde bedeuten, daß die Frau aus dieser Situation der Vergangenheit völlig eingeschüchtert hervorgegangen ist; denn die Vier zeigt auf der Position der Erwartungen den Wunsch, sich vor der Welt zu verkriechen und Beziehungen zu anderen Menschen aus dem Weg zu gehen. Gleichzeitig würde die Vier die Befürchtung – oder Überzeugung – der Frau repräsentieren, daß sie ihr ganzes Leben lang allein bleiben wird, daß niemand in die verschlossene Kirche einbrechen wird, um sie aufzuwecken und sie in die Welt zurückzubringen.

Bei einem solchen Ausgangspunkt würden die Karten auf eine wichtige Gelegenheit für die Frau hinweisen. Sie würden ihr sagen, daß sie durch diese Beziehung aus ihrem einsamen Eremitenzustand herausfinden könnte. Die Zeit ist reif dafür, wieder aufzutauchen, und wenn dieses Wiederauftauchen Konflikte und Streitereien mit sich bringt, dann muß sie auch diese akzeptieren, ja sie sogar dazu benutzen, sich noch stärker ins Leben einzubringen.

Auch die letzten beiden Karten der Reihe sind auf Kombination hin angelegt. Sie fassen die Befragung in dem Ergebnis und in der Folge zusammen und gehen damit über das Keltische Kreuz hinaus, bei dem zu diesem Zwecke nur das Ergebnis vorgesehen ist. Das Ergebnis zeigt an, wie sich die Dinge wahrscheinlich entwickeln werden. Die Folge dagegen weist darauf hin, wie der Mensch auf diese Entwicklung reagieren wird, oder welche Wirkung diese auf das Leben des Menschen haben wird. Diese Wirkung kann sich entweder in einer Erfahrung oder in einer Einstellung niederschlagen. Die Folge kann ein Ereignis oder eine weitere Entwicklung bedeuten, die aufgrund des Ergebnisses eintritt. Die Fünf der Kelche beispielsweise, gefolgt von der Acht der Kelche, würde aussagen, daß der Betreffende etwas verliert, oder daß etwas für ihn schlecht ausgeht, und er sich als Folge davon dazu entschließt, seine Zelte abzubrechen, woanders hinzugehen oder eine neue Lebensphase zu beginnen.

Die Karte der Folge kann aber auch die psychologische Wirkung des Ergebnisses zeigen. Ein klassisches Beispiel ist der Turm, auf den der Stern folgt. Das würde bedeuten, daß eine gewaltige Erschütterung im Leben dieser Person zu einer Freisetzung von Hoffnung und Energie führt. Dieses Beispiel veranschaulicht auch sehr gut, wie wichtig es oft ist, nicht nur das Ergebnis zu sehen, sondern auch das, was danach kommt. Wenn eine Befragung nur den Turm gezeigt hätte und nicht den Stern als eine Folge davon, hätte sie den Betreffenden mit einem Gefühl der Zerschmetterung zurückgelassen.

Sehr oft zeichnet schon die erste Reihe ein so deutliches Bild, daß der Fragende keine weiteren Informationen mehr nötig hat. Manchmal jedoch ist dem Fragenden noch etwas unklar, oder er möchte die Situation auch noch aus einem anderen Blickwinkel betrachten. In diesem Fall kann der Deuter einfach eine weitere Reihe direkt unter der ersten auslegen. Die Positionen bleiben die gleichen, und die sieben Karten beziehen sich immer noch auf das Kleine Kreuz, das die zugrunde liegende Situation umrissen hatte. Da wir jetzt jedoch einen anderen Ausgangspunkt haben, können wir die Situation mit der neuen Reihe auf eine andere Art betrachten.

Über die zusätzlichen Informationen hinaus, die wir mit dieser Methode gewinnen, hilft sie uns auch, eine Frage zu beantworten, die sich vielen Menschen bei Tarot-Befragungen stellt: »Wenn ich die Befragung noch einmal machen würde, würden ganz andere Karten erscheinen. Wie kann es also sein, daß gerade diese Karten etwas bedeuten sollen?« Die Antwort ist, daß die neuen Karten die Situation aus einem anderen Blickwinkel beleuchten.

Wenn ein Deuter ein Keltisches Kreuz auslegt, die Karten dann wieder mischt und neu auslegt, geschieht es sehr oft, daß bei der zweiten Befragung sehr viele der vorherigen oder sehr ähnliche Karten erscheinen. Als ich einmal eine doppelte Befragung für ein verheiratetes Paar machte (zwischen den beiden Auslegungen machte ich eine Befragung für eine andere Person), waren sechs der zehn Karten identisch, und bei der Befragung der Frau erschien die Karte, die wir für den Mann als Signifikator gebraucht hatten, auf der Position der Umwelt. Der Zyklus der Arbeit hat dadurch, daß die gleichen Karten nicht noch einmal erscheinen können, eher die Tendenz, die verschiedenen Aspekte der Frage aufzuzeigen.

Manchmal ist die zweite Reihe fast ein Spiegelbild der ersten. Das bedeutet dann, daß die Situation so stark in diese Richtung läuft, daß der Betreffende nicht so leicht etwas daran ändern kann. Manchmal jedoch wird die Kombination von Ergebnis und Folge auch eine klare Alternative zu der ersten Reihe darstellen; dann muß sich der Deuter gründlich mit den Ausgangspunkten und den Karten der Arbeit beschäftigen.

Ein Befragungsbeispiel

Ich machte einmal eine Befragung für eine Frau, die einen eifersüchtigen Liebhaber hatte. Theoretisch erwarteten die beiden nicht voneinander, monogam zu sein, aber die Frau wußte, daß ihr Liebhaber sehr beunruhigt wäre, wenn sie mit einem anderen gehen würde, und dieser andere war nun tatsächlich aufgetaucht. Sie suchte einen Rat, was sie tun sollte, und wir legten einen Zyklus der Arbeit (siehe Abb. 94).

Vor der Befragung sagte ich der Frau, daß in solchen Situationen oft die Drei der Kelche erscheint, aufrecht, wenn es gutgeht, und umgekehrt, wenn es nicht gutgeht. Die Befragung fing an mit der umgekehrten Drei der Kelche, die vom As der Kelche überkreuzt wurde. Diese Kombination zeigte, daß ihr die Situation trotz Eifersucht und Streitereien viel Glück bringen könnte, wenn sie mit den Problemen fertig würde.

Die erste Reihe fing dann sehr positiv an mit dem As der Pentakel für die Vergangenheit und mit der Sonne als höchst optimistische Erwartung für die Zukunft. Doch das As der Pentakel zeigt nicht nur Glück und Vergnügen, sondern hat auch etwas mit Sicherheit und mit behüteten, abgeschlossenen Situationen zu tun. Eine Zeitlang hatten die Frau und ihr Geliebter nicht sehr viel mit anderen Leuten zu tun gehabt und einen engen emotionalen »Garten« um sich herum aufgebaut, wie in der Symbolik des Asses deutlich wird (sie lebten tatsächlich in einem abseits gelegenen Haus im Waliser Land).

Die Sonne zeigt, wie das Kind aus dem Garten herausreitet. Die Frau hoffte jetzt ausbrechen und ihre Erfahrungsmöglichkeiten erweitern zu können. Und da sich das As der Pentakel in der Gegenwart des Asses der Kelche verändert hatte, zumindest als Möglichkeit, zeigten die Karten, daß sie angefangen hatte, sich zu lösen

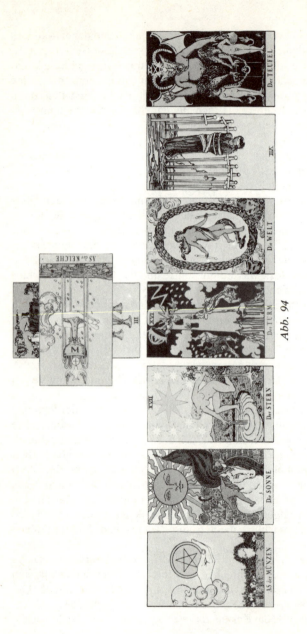

Abb. 94

348

und ihren Emotionen freien Lauf zu lassen, ohne auf die Sicherheit Rücksicht zu nehmen.

Die Arbeit schien sogar noch stärker auf Freiheit hinzuweisen. Der Stern, der Turm und die Welt, alles Trümpfe aus der dritten Reihe der Großen Arkana, zeigten zunächst einmal die Mächtigkeit der Situation. Der Turm in der Mitte symbolisierte die stürmischen Kämpfe und die überwältigenden Gefühle, die dabei auftreten würden. Er wies auch auf die Gefahr hin, daß die sichere Beziehung an den Blitzschlägen der Eifersucht und des Grolls zerbrechen könnte. Der Stern nun bedeutete hier nicht eine nach dem Turm auftretende Befreiung und Entspannung, wie das der Fall gewesen wäre, wenn er am Ende der Reihe erschienen wäre, sondern er sagte ihr, daß sie in dieser schwierigen Situation Optimismus und völlige Offenheit ihren eigenen Wünschen und Gefühlen gegenüber benötigen würde. Auch die Welt bedeutete Optimismus und wies auf die Möglichkeit hin, die gegensätzlichen Ziele einer festen Beziehung und der Freiheit zu kombinieren.

Doch trotz all dieser positiven Einflüsse sahen die letzten beiden Karten nicht sehr vielversprechend aus. Die Acht der Schwerter, gefolgt vom Teufel, bedeutete, daß die Frau einen Versuch machen würde, sich von den einschränkenden Bedingungen ihrer Situation zu befreien, die Folge jedoch zeigte, daß ihr das wahrscheinlich nicht gelingen würde. Die glückliche und bequeme Sicherheit vom As der Pentakel schlug um in die Unterdrückung des Teufels, in der sie und ihr Partner an eine Situation gekettet waren, die keiner von ihnen eigentlich gewollt hatte.

Um es noch einmal unter einem anderen Blickwinkel zu versuchen – und auch um zu sehen, was in der ersten Reihe falsch gelaufen war – legten wir noch eine zweite Reihe aus (siehe Abb. 95 folgende Seite).

Diese Reihe fing nüchterner an. Die vergangene Erfahrung zeigte die Sieben der Schwerter und stand für die halbherzigen Versuche der Frau, aus der Beengtheit ihres Lebens auszubrechen. Sie bedeutete, daß sie diese Frage früher nie ernsthaft gestellt oder sich mit den damit zusammenhängenden Problemen auseinandergesetzt hatte. Schon allein diese Karte machte deutlich, warum sich am Ende der Teufel durchgesetzt hatte – die Frau hatte nie versucht, die Probleme, die anstanden, wirklich durchzuarbeiten; sie hatte sich ihrem Geliebten und den Schwierigkeiten zwischen ihnen nie wirklich gestellt.

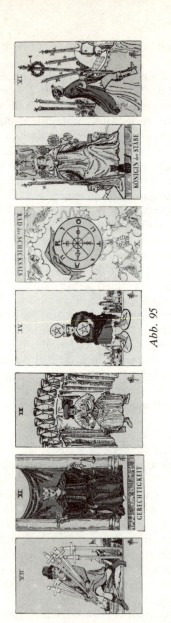

Abb. 95

Die zweite Karte führte diesen Gedanken noch weiter. Die Gerechtigkeit zeigte nicht einfach nur die Hoffnung, daß jedermann »fair« und nicht unterdrückend oder selbstsüchtig sein möge, sondern mehr noch ihren Wunsch, alles klar und deutlich zu sehen und sich der Wahrheit zu stellen – sowohl dem, was sie selbst aus ihrem Leben gemacht hatte, als auch ihren Reaktionen auf das Verhalten der anderen. Die Gerechtigkeit, die eine viel härtere und strengere Einstellung darstellt als die Sonne, symbolisiert eine Hinwendung zur Realität und den Wunsch, sich eine realistische Zukunft aufzubauen. Beachte, daß die Sonne ein freies Kind ohne Verantwortlichkeiten zeigt – das Gegenteil der Gerechtigkeit.

Die Karten der Arbeit in dieser Reihe – die Neun der Kelche, die Vier der Pentakel und das umgekehrte Rad des Schicksals – bleiben bei dem Thema Realismus. Die Neun der Kelche zeigte das Bedürfnis, dem emotionalen Druck ein Gegengewicht in leichteren Vergnügungen zu verschaffen. Das umgekehrte Rad auf der anderen Seite bedeutete die Fähigkeit, alle auftretenden Illusionen zu durchschauen. Es zeigte auch das Bedürfnis, Kontrolle über die Situation zu bekommen, sich dagegen zu wehren, einfach vom Rad der Ereignisse überrollt zu werden. Die Gerechtigkeit wäre dann nicht mehr nur eine Hoffnung, sondern würde zur primären Methode, um Passivität und Subjektivität zu überwinden.

Von den drei Karten in der Mitte war die Vier der Pentakel die interessanteste, besonders im Vergleich mit dem darüberliegenden Turm. Während die Trumpfkarte gezeigt hatte, wie sie unter dem Einfluß der aufgeladenen Emotionen aller Beteiligten zusammenzubrechen drohte, sehen wir in der Vier der Pentakel, wie sie sich selbst schützt, sich nach ihren eigenen Bedürfnissen und ihrer eigenen Einschätzung der Situation richtet, und zwar gegen den Druck, den ihre beiden Liebhaber auf sie ausüben. Die Karten zu beiden Seiten zeigen Wege auf, wie sie das erreichen kann: Zum einen, indem sie sich Vergnügen gönnt und aus der Freude daran neue Kraft schöpft, und zum anderen durch ein Verständnis dessen, was geschehen ist, und warum es geschehen ist. Das umgekehrte Rad bedeutet das Bedürfnis – und die Gelegenheit –, ihre Hoffnung auf Gerechtigkeit in die Tat umzusetzen, d. h. intensiv daran zu arbeiten, die wahre Bedeutung aller Veränderungen in ihrem Leben zu verstehen.

Als wir diese beiden Reihen besprachen, sagte die Frau, sie glaube, daß die erste Reihe das darstelle, was sie sich wünschen *sollte,* und die zweite das, was sie sich wirklich wünscht. Die Menschen in ihrer Umgebung redeten so viel von »Freiheit« und von offenen Beziehungen ohne schmerzliche Konsequenzen, daß sie sich unter Druck gesetzt fühlte, auch nach diesem »sonnigen« Verhalten zu streben. In Wirklichkeit aber war ihr die Gerechtigkeit, die Wahrheit, viel wichtiger. Das Ergebnis, das sich aus dem strengeren und realistischeren Ausgangspunkt der zweiten Reihe ergab, machte den Sinn ihrer Aussage deutlich. Die Karte des Ergebnisses war die Königin der Stäbe, und auf der Position der Folge lag die Sechs der Stäbe. Die Königin bedeutete: Wenn sie sich mehr an der Gerechtigkeit als an einer überoptimistischen Sonne orientieren würde, würde sie ein Gefühl für ihre eigene Kraft und Freude entwickeln. Sie würde mehr in sich selbst ruhen und nicht mehr so abhängig von der äußeren Situation sein. Daraus würde sich dann das Vertrauen der Sechs entwickeln, ein Optimismus, der auch die anderen mitreißen würde.

Der Baum des Lebens

Jede Tarot-Befragung geht aus einem bestimmten Moment hervor; indem sie Einflüsse und Trends beschreibt, reicht sie in die Vergangenheit und in die Zukunft hinein. Die kürzeren Formen der Befragung reichen meistens gerade so weit, daß sie eine ganz bestimmte Situation beleuchten können. Wenn wir die Karten schon besser kennen, suchen wir vielleicht nach einer Methode, die uns ein umfassenderes Bild davon vermitteln kann, welchen Platz ein Mensch im Leben einnimmt. Der Baum des Lebens, der das gesamte Spiel mit einbezieht und eine ähnliche Reichweite hat wie das Geburtshoroskop in der Astrologie (nur vielleicht stärker auf den spirituell/psychologischen Aspekt konzentriert), kann uns dieses umfassendere Verständnis vermitteln. Das Bild des Baumes kommt aus der Kabbala. Wir können es im Rider-Spiel auf der Zehn der Pentakeln sehen, wie es in Abb. 96 gezeichnet ist.
Wenn wir über die Großen Arkana meditieren, benutzen wir hauptsächlich die zweiundzwanzig Positionen oder Verbindungen zwischen den verschiedenen Sephiroth (den zehn Positionen). Bei der Divination verwenden wir die Sephiroth selbst und formen ihre klassischen Namen und Bezeichnungen so um, daß sie als Positionen in einer Befragung fungieren können, so wie die Grund-

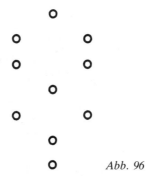

Abb. 96

lage, das Selbst etc. beim Keltischen Kreuz, aber mit einem viel weiteren Bedeutungsrahmen. Die kabbalistischen Titel und Beschreibungen sind notwendigerweise sehr abstrakt; sie enthalten eine mystische Beschreibung der Erschaffung und der Struktur des Universums und sind ein Weg zur Gotteserkenntnis. Daher haben Tarot-Deuter, die, wie ich selbst, den Wunsch hatten, dieses mächtige Bild zur Divination zu gebrauchen, nach weltlicheren Bedeutungen gesucht, die diesen Positionen entsprechen.

Die Struktur des Baumes

Bevor wir diese Bedeutungen abhandeln, sollten wir einen kurzen Blick auf die Struktur des Baumes werfen. Es gibt zwei grundlegende Muster innerhalb des Baumes, die so aussehen:

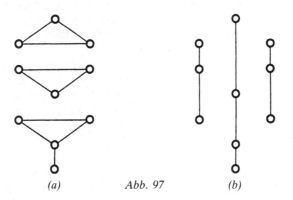

(a)   Abb. 97   (b)

Diagramm (a) betont die Ebenen des Bewußtseins. Das oberste Dreieck ist Gott am nächsten, von dem der ursprüngliche Lichtpunkt kam, der den ersten Sephirah schuf. Auf seinem Weg durch die verschiedenen Dreiecke wurde das Licht der Schöpfung immer mehr zerstreut, nach einigen Überlieferungen sogar korrumpiert, bis es schließlich durch den letzten einzelnen Sephirah in die physische Welt des Fleisches und des Felsens und des Wassers einging. (Eine so kurze Beschreibung führt natürlich zu einer starken Verzerrung der kabbalistischen Philosophie. Ich gehe hier nur deshalb darauf ein, um wenigstens etwas von dem Hintergrund zu zeigen, auf dem die Befragung nach dem Baum des Lebens beruht.)

Die Vorstellung von einem Abstieg des Lichts drückt sich bei der Divination folgendermaßen aus: Da wir das Leben eines Menschen beschreiben wollen, betrachten wir jedes Dreieck als einen Aspekt der Persönlichkeit; wir benutzen also ein dreigeteiltes System, ähnlich wie bei den drei Reihen der Großen Arkana. Das oberste Dreieck bedeutet die spirituelle Existenz eines Menschen und ist nach oben gerichtet auf sein höchstes Potential. Das mittlere Dreieck weist nach unten in die Richtung der Manifestation und repräsentiert damit die Art und Weise, in der ein Mensch mit der äußeren Welt und den praktischen Angelegenheiten des Lebens umgeht. Das untere Dreieck zeigt ebenfalls nach unten, diesmal jedoch in die verborgenen Bereiche des Selbst hinein. Es steht für die unbewußten Triebe und für die Energie der Phantasie. Wir können die Dreiecke auch mit den Begriffen Überbewußtsein, Bewußtsein und Unbewußtes bezeichnen.

Die unterste Position, die nicht in die Dreiecke integriert ist, repräsentiert keine persönliche Qualität wie die anderen Positionen, sondern die äußere Welt, in der die Person lebt. Wir können sie uns ähnlich vorstellen, wie die Umwelt beim Keltischen Kreuz, jedoch mit einem sehr viel weiteren Horizont.

Diagramm (b) beruht auf der Idee der gegensätzlichen Kräfte bzw. der Polarität. In der Kabbala zeigen die rechte und die linke Seite des Baumes, wie Gott die Welt regiert. Der rechte Pfeiler, derjenige der Gnade, neigt zur Ausdehnung. Seine Qualitäten erweitern und öffnen. Der linke Pfeiler, der Strenge genannt wird, ist kontrahierend und betont Qualitäten, die beschränkend wirken. Der eine gibt, der andere nimmt, und auf diese Weise sorgen sie für die Erhaltung der Energie. Wenn es aber nur diese beiden Kräfte gäbe, würde das Universum wie wild vor und zurück schwingen, sich ständig ausdehnen und wieder zusammenziehen. Daher steht der mittlere Pfeiler für Versöhnung, für eine Verschmelzung und Harmonisierung der beiden Prinzipien. Beachte, daß der letzte Sephirah, der die physische Existenz symbolisiert, zu dem mittleren Pfeiler gehört. In der materiellen Welt vermischen sich die archetypischen Elemente zu einer stabilen Form.

Das Bild der drei Säulen erscheint in weniger abstrakter Form auf der Hohenpriesterin des Rider-Spiels (sowie auch bei einigen anderen Spielen). Der dunkle Pfeiler steht für die Strenge, der helle für die Gnade. Die Hohepriesterin selbst erfüllt die Funktion der Versöhnung; in vollkommener Ruhe bringt sie die Gegensätze von Yin und Yang ins Gleichgewicht.

Ebenso wie wir eine »konkrete« Version der Dreiecke brauchen, müssen wir auch eine direktere Interpretationsmöglichkeit der drei Pfeiler haben. Wir gehen daher nach einem Muster vor, das sich bei jedem Dreieck wiederholt. Die linke Position stellt eher die Probleme dar, die auf der betreffenden Ebene entstehen, und die rechte schildert die Vorzüge oder die positiven Entwicklungen. Die Position in der Mitte beschreibt die Qualität selbst, in der sich die Gegensätze vereinen. Diese Unterscheidungen werden noch deutlicher, wenn wir die einzelnen Sephiroth betrachten.

Noch etwas zur Struktur: Kabbalisten stellen den Weg, den das Licht der Schöpfung nimmt, als eine Zickzacklinie dar, die manchmal auch als der Blitzschlag Gottes bezeichnet wird. Sie beginnt jenseits des ersten Sephirahs (denn das wahre Wesen Gottes bleibt unerkennbar und transzendent) und verläuft folgendermaßen:

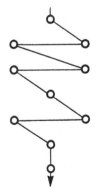

Abb. 98

355

In der Meditation benutzen wir dieses Bild vor allem, um auf dem Weg über die Sephiroth zur Vereinigung mit jenem Aspekt Gottes zu gelangen, den wir in mystischer Ekstase erfahren können. Mit anderen Worten, durch die meditative Übung versuchen wir, den Weg des Blitzes wieder zurückzugehen, so als würden wir das Universum wieder entwirren, um zu seiner Quelle zurückzugelangen. Der Blitz, der in den Turm der Großen Arkana einschlägt, symbolisiert dieses Licht der Erleuchtung.

Eine andere Form der Meditation, die in Verbindung mit zeremonieller Magie durchgeführt wird, versucht, dem Blitz abwärts zu folgen, bzw. ihn auf die Person herabzurufen. Diese Umsetzung kabbalistischer Prinzipien in der Magie wird »Angewandte Kabbala« genannt und geht in ihrer Arbeit im wesentlichen von der Vorstellung aus, daß durch die richtige Durchführung von Ritual und Meditation sowohl tiefe Erkenntnis als auch große Macht in einer Art Blitz auf den Magier herabkommen. Diejenigen, die diesen okkulten Praktiken folgen, werden gewarnt, diese Macht nicht zu ihrem persönlichen Vorteil, sondern nur im Dienste der Gemeinschaft zu suchen. (Die Warnungen, die man manchmal in magischen Texten findet, haben häufig verblüffende Ähnlichkeit mit den Warnungen auf pornographischen Büchern: »Dieses Material ist nur für den medizinischen Gebrauch bestimmt.«)

Das Legemuster

Bei der Divination folgen wir mit dem Auslegen der Karten dem Weg des Blitzes auf eine sehr viel weltlichere Art. Bei einer Befragung nach dem Baum des Lebens nimmt der Deuter zunächst, wie bei den anderen Methoden, den Signifikator aus dem Spiel und legt ihn weit nach oben auf der Legefläche (man braucht natürlich sehr viel Platz, um achtundsiebzig Karten auslegen zu können). Wenn der Fragende das Spiel gemischt und abgehoben hat, nimmt der Deuter die Karten und legt sie zugedeckt nach dem Muster rechts oben aus.

Der Signifikator bleibt aufgedeckt liegen. Wenn die ersten zehn Karten plaziert sind, legt der Deuter noch einmal zehn auf die schon ausgelegten Karten und so weiter, bis auf jeder Position ein Packen von sieben Karten liegt. Wenn man den Signifikator aus dem Spiel genommen hat, sind es noch siebenundsiebzig oder elf

```
                    1

    3               2

    5               4

            6

    8               7

            9

            10
```

mal sieben Karten. Daher bleiben am Ende sieben Karten übrig.
Viele Kabbalisten sprechen von einem »unsichtbaren« elften Sephirah, den sie Daath oder Wissen nennen. Meistens plazieren die
Kabbalisten diesen zusätzlichen Sephirah auf den mittleren Pfeiler, also zwischen das obere und das mittlere Dreieck. Bei Tarot-
Befragungen legen wir ihn auf die Seite oder ganz nach unten und
deuten ihn am Schluß nach allen anderen. Die Tatsache, daß wir
ihn nicht zusammen mit den anderen Karten auslegen, sondern
einfach die »übriggebliebenen« sieben Karten nehmen, betont
seine Einzigartigkeit. Der Daath-Packen läßt sich keinem der allgemeinen Einflußbereiche zuordnen. Einige Deuter meinen, daß
er die nächste Zukunft bedeutet.

Als ich damit anfing, Befragungen nach dem Baum des Lebens
durchzuführen, habe ich den Daath-Packen als einen allgemeinen
Kommentar angesehen, als eine zusätzliche Information, die für
die Befragung als Ganzes gilt. Später bin ich zu einer spezifischeren Bedeutung übergegangen, nämlich derjenigen der Transformation.

In Teil I habe ich eine Theorie beschrieben, die sich sowohl aus der
Kabbala als auch aus der modernen Quantenphysik ableitet, nach
der sich jede Veränderung nicht als gradueller Wandel, sondern
als ein Sprung von einem Zustand in den anderen vollzieht. Auch
wenn wir uns auf eine Veränderung in jahrelangen schrittweisen
Vorbereitungen zubewegen – die tatsächliche Veränderung geschieht als ein Sprung über den Abgrund. Wir hören auf, das eine

zu sein, und werden zu etwas anderem. In solchen Momenten der Transformation können wir manchmal spüren, daß der wesenhafte Grund der gesamten festgelegten Existenz das Nichts ist. Manche Leute beschreiben Daath als den Aspekt von uns, der diese Wahrheit des Abgrunds spürt. Andere meinen, daß Daath Weisheit (Sephirah 2) und Erkenntnis (Sephirah 3) durch seine Qualitäten der Bewußtheit und der Reflexion miteinander verbindet. Tatsächlich bedeutet Daath »Wissen«.

Auf dem Hintergrund dieser Bedeutungen habe ich die Erfahrung gemacht, daß sich der Daath-Packen sehr gut für eine Beschreibung der Umstände gebrauchen läßt, durch die sich ein Mensch verändert. Im Hinblick auf die gesamte Befragung macht er deutlich, welche Verbindungen eine Person zwischen den verschiedenen Ebenen herstellt. Die einzelnen Sephiroth-Positionen zeigen verschiedene Ebenen und Bedingungen des Daseins. Der Daath-Packen hilft uns zu erkennen, wie wir uns zwischen ihnen bewegen. Daher habe ich ihm den Titel Transformation gegeben.

Die Positionen und ihre Bedeutung

Welches sind also die einzelnen Sephiroth-Positionen? Die nun folgende Liste ist mein eigener Entwurf, der teilweise auf Anregungen von verschiedenen Kommentaren beruht. Ich biete sie als ein mögliches System und als eine Anleitung an. Deuter, die sehr intensiv mit dem Baum des Lebens arbeiten wollen, werden wahrscheinlich ihre eigenen Formulierungen für die Positionen entwikkeln wollen.

Hier die Positionen nach dem Zahlenmuster von S. 357:

1 Kether oder Krone – Höchste spirituelle Entwicklung

Hiermit sind die reinsten und besten Qualitäten eines Menschen gemeint und die Wege, auf denen er diese erreichen kann. Die Krone wird nicht immer positive oder freudige Qualitäten zeigen. Einige Menschen erreichen ihre höchste Entwicklungsstufe durch Kampf oder durch Trauer. Ich erinnere mich an eine Befragung, bei der der Turm in der Mitte der Kether-Reihe lag und der Stern zwei Karten weiter. Für den Betreffenden war es sehr schwer, sich auf irgendeine stabile Art zu entwickeln. Er neigte dazu, immer wieder durch Zyklen von Spannung, Explosion und Entspannung zu gehen, ein Thema, das seinen Widerhall ganz am Ende der Befragung fand, als der Teufel in der Mitte der Daath-Reihe erschien.

2 Chokmah oder Weisheit

Der zweite Sephirah, Chokmah oder Weisheit, steht für kreative Intelligenz, die Art und Weise, in der ein Mensch das Ziel der höchsten Entwicklung anstrebt. Er steht meistens in enger Beziehung zur Reihe der Krone, betont aber mehr den Prozeß der Entwicklung als das Ergebnis. Wenn z. B. die Sonne in der Reihe der Krone erscheint, würden wir das als Freude und Freiheit interpretieren, die ihren Wert in sich selbst haben. Wenn sie dagegen bei der kreativen Intelligenz aufgetaucht wäre, würden wir sie als ein Mittel ansehen, den Menschen zu dem, was in der Krone gezeigt wurde, zu führen. Wie die erste Reihe kann auch die kreative Intelligenz unangenehme und schwierige Karten enthalten, wenn dies die Kräfte sind, mit denen sich die Person weiterentwickelt. Wenn solche Karten auftauchen, ist es wichtig, sie nicht nur in ihrer Funktion zu betrachten – um zu sehen, wie die Person kreativ mit ihnen umgehen kann –, sondern sie auch in Beziehung zu den anderen Karten der Reihe zu setzen. Angenommen, die Neun der Stäbe erscheint auf der Position Chokmah. Zunächst einmal würde der Deuter die Kraft und Entschlossenheit der Karte hervorheben und nicht so sehr die der Karte innewohnende Rigidität. Aber nehmen wir einmal an, daß auch die Vier der Stäbe in dieser Reihe erscheint. Dann müssen wir die Neun als Teil eines Zyklus von Abwehr und Offenheit betrachten, bei dem sich die einzelnen Teile gegenseitig fördern und hervorbringen. Und da sie in der zweiten Reihe des Geist-Dreiecks erschienen, würden wir sie nicht als einen Kreis sehen, in dem sich die gleiche Erfahrung unendlich wiederholt, sondern eher als eine Spirale, die zu den Bildern der Kether-Reihe führt.

Es ist wohl deutlich geworden, daß es sehr viel Erfahrung mit den Karten und mit der Divination erfordert, um die Befragung nach dem Baum des Lebens richtig durchführen zu können. Der Deuter muß nicht nur für jede Position sieben Karten deuten, sondern jede Position auch zu den anderen in Beziehung setzen.

3 Binah oder Erkenntnis

Die letzte Position des oberen Dreiecks ist Binah, die Erkenntnis. In der Kabbala bezieht sich der Unterschied zwischen Weisheit und Erkenntnis auf die Art und Weise, in der die Seele Gott und sich selbst meditativ erfährt. Auf der weltlicheren Ebene einer Befragung können wir der Position Erkenntnis Erfahrungen zuordnen, die uns von der Entwicklung abhalten, bzw. die uns Sorgen und Belastungen bringen. Die Karten hier zeigen Einschränkungen, denen die Person ausgesetzt ist, und diesmal müssen wir uns bei den positiven Karten Gedanken darüber machen, wie wir sie mit dem Tenor der Reihe in Einklang bringen können. Gleichzeitig weist der ursprüngliche Titel »Erkenntnis« darauf hin, wie diese Einschränkungen überwunden werden können.

Das mittlere Dreieck steht für die alltäglicheren Aspekte des Lebens, und hier beginnen wir mit den beiden Seiten und kommen erst am Schluß zur Mitte.

4 Geburah oder Gericht

Gegenüber der Position des weltlichen Gewinns finden wir Geburah oder das Gericht, das für Schwierigkeiten steht. Diese können alles umfassen, von finanziellen Problemen bis zur Einsamkeit. Die Königin der Schwerter, die in dieser Reihe lag, zeigte mir einmal in einer Befragung, daß die Frau verwitwet war.

5 Chesed oder Gnade

Der fünfte Sephirah steht für weltliche Gewinne, also für das, was die Person im Hinblick auf Arbeit, Familie, Geld, Freunde etc. im Leben erreichen wird. Im allgemeinen betont die Reihe eher Bereiche des Erfolgs als des Versagens. Sie kann auch zeigen, auf welche Weise weltliche Gewinne den Charakter eines Menschen beeinflussen. Die drei Dreiecke bilden ein gemeinsames Muster, eine Tatsache, die meistens im Verlauf der Befragung um so deutlicher wird, je mehr Verbindungslinien auftauchen. Die profanen Belange der Position weltliche Gewinne spiegeln daher oft die spirituelle Bewußtheit der darüberliegenden kreativen Kraft wider. Und das Verständnis der tiefer liegenden Positionen des Baumes wird oft der Schlüssel dazu sein, zu den höheren zurückzugehen und sie neu zu interpretieren.

6 Tiphareth oder Schönheit

Die Spitze des Dreiecks steht für Tiphareth oder die Schönheit. Bei Befragungen benutze ich diese Position als Hinweis auf die Gesundheit. Ganz spezielle körperliche Probleme mit dem Tarot zu diagnostizieren, ist oft ein sehr schwieriges Unterfangen, obwohl gewisse Anleitungen dafür existieren, die meistens auf Verbindungen zu astrologischen Gesichtspunkten oder anderen Systemen beruhen. Nach meiner Erfahrung ist es besser, sich mit Hilfe der Reihe ein allgemeineres Bild zu machen und nicht nur den körperlichen Zustand, sondern auch die emotionale und spirituelle Gesundheit in Betracht zu ziehen.

Eine Empfehlung: Achte darauf, welches Element vorherrscht. Sehr viel Stäbe bedeuten gute allgemeine Gesundheit des Betreffenden sein ganzes Leben hindurch, obwohl Stäbe-Karten wie z. B. die Zehn oder die Neun und umgekehrte Stäbe natürlich auch das Gegenteil bedeuten können. Kelche und Schwerter zeigen eher den emotionalen und spirituellen Zustand der Person, während Pentagramme oft auf eine schwächere Gesundheit und auf die Notwendigkeit, auf den Körper zu achten, hinweisen. Die Fünf beispielsweise wäre eine ausgesprochene Warnung. Ein Übergewicht an Großen Karten in dieser Reihe ist schwieriger zu interpretieren, und die Bedeutung hängt davon ab, welche Karten erscheinen. Die Kraft würde natürlich eine gute allgemeine Gesundheit bedeuten, die Mäßigkeit eine durch Vorsicht verhinderte Krankheit, während der Teufel Krankheit oder Hypochondrie anzeigen könnte. Manchmal symbolisiert eine einzelne Große Karte irgendeine besondere Situation, die im Leben des Betreffenden aufgetreten ist oder noch auftreten wird. Zeitliche Reihenfolgen in dieser Reihe oder im gesamten Baum festzustellen, ist ein schwieriges Problem, besonders für den Anfänger.

Das dritte Dreieck beschäftigt sich mit dem Unbewußten, besonders mit der Phantasie und mit dem Sexualtrieb. In Teil I haben wir uns mit dem Gedanken beschäftigt, daß das Überbewußtsein oder die spirituelle Energie und Bewußtheit aus der Transformierung und Bewußtmachung des Unbewußten hervorgeht. Dementsprechend wird der Baum oft sehr starke Verbindungen zwischen dem oberen und dem unteren Dreieck aufweisen, wobei die mittlere Ebene – die bewußten Erfahrungen des Betreffenden – der Vermittler zwischen den beiden ist.

Weiter oben habe ich über das Unterbewußtsein geschrieben, das

als die verdrängte Seite des Ichs vom Unbewußten, der Lebensenergie des Menschen, zu unterscheiden ist. Keins der Dreiecke
beschäftigt sich speziell mit dem so verstandenen Unterbewußtsein. Statt dessen kann dieses verborgene Material überall in der
Befragung auftauchen und auf Probleme, Aggressionen und uner-
füllte Wünsche hinweisen. Leider kann ich keine ausführlichen
Beispiele geben, da die Weite dieses Themas den Rahmen spren-
gen würde. (Ich möchte mich dafür entschuldigen, daß ich mir hier
etwas erlaube, das den dunklen Andeutungen ähnelt, die man oft
in okkulten Büchern findet: »Darüber darf ich hier nicht mehr sagen.«) Ich möchte nur darauf hinweisen, daß wir den Einfluß des
Unterbewußtseins in scheinbaren Widersprüchen erkennen können, wenn z. B. die Zwei der Schwerter als ein Block in der Reihe
der kreativen Kraft erscheint.

7 Netzach oder Ewigkeit

Der siebte Sephirah, Netzach, bedeutet Ewigkeit. In meinem System steht er für Disziplin, die Art und Weise, in der eine Person
mit ihrer Phantasie arbeiten kann. Mit »Disziplin« meine ich nicht
die strengen Regeln, an die man normalerweise bei diesem Wort
denkt. Ich meine vielmehr die Übung und bewußte Steuerung, wie
sie von dem mit der Kappe verhüllten Falken auf der Neun der
Pentakel symbolisiert wird. Durch eine solche Disziplin wird die
kreative Kraft eher bereichert und befreit als geschwächt oder verschüttet. Denn es ist eine Eigenart des Unbewußten, daß sein Einfluß auf unser Leben um so wohltuender ist, je mehr wir es lenken.
Dies ist etwas, das den meisten Künstlern sowie Menschen, die
ernsthaft in okkulten Bereichen gearbeitet haben, wohlbekannt
ist.

Bei den meisten Menschen, die nicht gezielt mit der unbewußten
Energie arbeiten, bleibt diese in einem schlafenden Zustand. Sie
empfinden ihr Leben dann wahrscheinlich als flach und glauben,
daß ihnen jede Kreativität abgeht. Bei einigen ist das Unbewußte
jedoch so stark, daß es von sich aus hervorbrechen und zu Chaos,
ja sogar zum Wahnsinn führen kann. Ich erinnere mich an eine Befragung (nicht nach dem Baum des Lebens), die ich für einen
Mann machte, der nach einer Reihe von starken medialen Erfahrungen einen ernsthaften Nervenzusammenbruch erlitten hatte.
Es erschien die Neun der Pentakel, aber auch der Eremit; die Befragung kündigte ihm damit an, daß ein geeigneter Lehrer ihn den

Umgang mit dieser Energie, die so schmerzvoll in sein Leben eingebrochen war, lehren würde. Disziplin im besten Sinne steht für den Prozeß, das Unbewußte aufsteigen zu lassen und es in kreative Energie zu transformieren.

Da sich jedoch die meisten Menschen nicht dazu gedrängt oder genötigt fühlen, sich medialer oder okkulter Arbeit zu widmen, finden wir normalerweise alltäglichere Belange auf der Position der Disziplin dargestellt. Sie kann sich auf künstlerische Arbeit beziehen, dies muß aber nicht sein. Bei einigen Menschen drückt sich das Unbewußte in der Karriere oder in der Schaffung eines liebevollen Zuhauses für ihre Familie aus. Das Wichtige bei dieser Reihe ist, daß sie die Übung bzw. die Arbeit zeigt, die für die Person notwendig ist, um etwas mit ihrem kreativen Potential anfangen zu können. Wenn so blockierte Karten wie die Acht der Schwerter in dieser Reihe erscheinen, dann hat das eine große Bedeutung für die gesamte Befragung, denn so vieles in unserem Leben hängt von der Freisetzung unbewußter Energie ab.

8 Hod oder Widerhall

Auf der anderen Seite des Dreiecks finden wir Hod oder Widerhall. Die Divinationsbezeichnung für diese Reihe – Liebe und Lust – wird meistens erreichen, daß der Fragende sich aufrichtet und die Ohren spitzt. Diese Reihe zeigt die sexuellen Triebe der Person, und wie sich diese Wünsche in die Praxis umsetzen lassen – kurz, was die Person sich wünscht und was sie bekommt. Auch diese Reihe kann, je nach der Eigenart des Betreffenden, ein Schlüssel für alle anderen sein, jedoch vielleicht nicht ganz so oft, wie wir erwarten würden.

Beachte, daß Liebe und Lust auf der einschränkenden Seite des Baumes liegt, während die Disziplin auf der Seite der Expansion erscheint. Diese Konstruktion bringt die Tatsache zum Ausdruck, daß wir von unseren sexuellen Trieben oft beherrscht und dazu getrieben werden, Dinge zu tun, die wir normalerweise vermeiden würden, bzw. daß wir davon abgehalten werden, Potentiale in anderen Bereichen zu nutzen. Die Disziplin auf der anderen Seite fängt etwas an mit der imaginativen Energie und lenkt sie in Richtung der Transformation zum Spirituellen. Es kann auch vorkommen, daß sexuelle Karten nicht in der Reihe Liebe und Lust, sondern in der Disziplin erscheinen; das bedeutet dann, daß sich dieser Mensch durch die Liebe entwickelt, ähnlich wie das durch den

Engel zwischen der Frau und dem Mann auf der Karte die Liebenden symbolisiert wurde. Für solche Menschen ist die Liebe ebenso sehr eine Disziplin wie eine Verführung oder eine Befriedigung.

Ich sollte noch hinzufügen, daß wir Liebe und Lust, auch wenn sie auf der Seite der Einschränkung erscheint, nicht als ein Problem interpretieren müssen. Wenn die Karten Befriedigung und Freiheit anzeigen, dann sollten wir sie sicherlich auch so deuten.

9 Yesod oder Fundament

Der neunte Sephirah, Yesod oder Fundament, steht für die Imagination, die in vieler Hinsicht die wahre Grundlage des Selbst ist. Den meisten Menschen, die nicht irgendwelche Formen der Selbsterfahrung durchlaufen, wird das Unbewußte niemals bewußt werden. Es bleibt sowohl Quelle wie Antriebskraft der Persönlichkeit. Wir können diese Energie erkennen in Träumen, Phantasien, Wünschen – mit anderen Worten, in dem, was wir normalerweise die Phantasie nennen. Wenn wir der Reihe des Fundaments die Bezeichnung Imagination geben, meinen wir jedoch noch mehr als diese Erscheinung. Der Begriff steht hier für die Energie selbst, die unter der bewußten Persönlichkeit verborgen liegt und dann und wann Blitze in die äußere Welt abgibt. Die Karten dieser Reihe zeigen Form und Stimmung des Unbewußten der Person. Oft haben sie eine sehr direkte Beziehung zu der Reihe der höchsten Entwicklung ganz oben.

10 Malkuth oder Königreich

Nach der Imagination kommt Malkuth oder das Königreich, das die Umwelt der Person bedeutet. Hier sehen wir äußere Einflüsse, andere Menschen und Situationen, sowohl im persönlichen als auch im sozialen/politischen Sinne. Im allgemeinen erscheinen Hinweise auf diese äußeren Kräfte natürlich überall in der gesamten Befragung. In einer Befragung erschien einmal der Herrscher, stellvertretend für den dominanten Ehemann der Frau, in der Mitte der Reihe der Gesundheit, also genau im Zentrum des Baumes. In der letzten Reihe liegt das Hauptgewicht jedoch auf äußeren Einflüssen, bei denen auch die Wirkung auf den Fragenden gezeigt wird. Wir können sie uns ähnlich vorstellen wie die Umwelt beim Keltischen Kreuz, jedoch in einem sehr viel weiteren Sinne.

Daath

Schließlich kommen wir zu Daath. Wir haben ihn zwar beim Auslegen des Baumes zur Seite gelegt, viele Deuter halten es aber für sinnvoll, ihn unter Malkuth auszulegen – einmal um dadurch die Symmetrie des Baumes nicht zu stören, zum anderen, um graphisch zu zeigen, wie alle Positionen miteinander verbunden sind.

Manchmal werden diese Karten eine deutliche Beziehung zu einer ganz bestimmten Situation aufweisen, die in einem der drei oberen Dreiecke gezeigt wurde. Gewöhnlich schreiben wir den Daath-Karten keine spezifische Funktion wie den anderen Reihen zu. Wie der Narr bei den Großen Arkana bewegt sich Daath frei zwischen den anderen Positionen, verbindet Dinge miteinander und hilft dabei, das Gesamtmuster im Geist des Deuters und des Fragenden deutlicher werden zu lassen.

Das Bild des gesamten Baumes, achtundsiebzig Karten in strahlenden Farben, kann ein faszinierender Anblick sein. Manchmal habe ich ihn für mich selbst oder für den Fragenden fotografiert. Ich würde es jedem Deuter empfehlen, eine Karte von dem Baum anzulegen, auf der die Positionen und die einzelnen Karten eingetragen sind. Die meisten Leute finden es auch hilfreich, die Beratung auf eine Kassette aufzunehmen, die sie später noch einmal abhören können, um die überwältigende Menge von Informationen besser verarbeiten zu können.

Wenn Deuter und Klient mit einer regelmäßigen Folge von Befragungen beginnen, dann kann eine Befragung nach dem Baum des Lebens, die schriftlich und auf Kassette festgehalten wird, sehr hilfreich dabei sein, die übrigen Befragungen besser zu nutzen. Oft ist es jedoch besser, nicht gleich mit dem Baum anzufangen, sondern erst ein oder zwei kleine Befragungen zu machen, um eine Vorstellung von den wesentlichen Punkten im Leben eines Menschen zu bekommen. Der Baum des Lebens wird dann ein umfassendes Bild dieses Menschen entwerfen, auf das Deuter und Klient sich dann bei späteren Befragungen beziehen können.

Die Durchführung dieser Befragung erfordert sehr viel Wissen über die Karten und darüber, wie sie ineinandergreifen. Erinnern wir uns daran, daß der Astrologe, wenn er ein Geburtshoroskop deutet, dieses meistens schon im voraus aufstellen und sich Gedanken über die verschiedenen Qualitäten machen kann, bevor er es dem Klienten erklärt. Doch eine Befragung nach dem Baum des

Lebens funktioniert, wie jede Tarot-Befragung, am besten, wenn wir die Karten deuten, während wir sie auslegen.

Denken wir auch daran, daß jede Reihe sieben Karten enthält. Jede Reihe ist schon eine Befragung für sich. Manchmal scheinen die sieben Karten eine Gruppe von einzelnen Erfahrungen zu sein. Öfter jedoch ergibt sich ein Muster innerhalb der Reihe. Dabei mag sich unser Verständnis, sagen wir, von links nach rechts bewegen, so wie in einer Geschichte; oder wir konzentrieren uns auf die mittlere Karte als dem Hauptthema und deuten die Karten rechts und links davon teilweise nach ihren Positionen. Ich habe oft festgestellt, daß die Symmetrie ein wichtiger Schlüssel ist – Karte eins und sieben beziehen sich aufeinander, zwei und sechs, usw. Oder die drei Karten auf der rechten Seite zeigen ein gemeinsames Merkmal und die auf der linken Seite ein anderes, vielleicht ein gegensätzliches. Jede Reihe hat ihre eigene Bewegung, ihre eigene Vollkommenheit.

3 Über den Umgang mit Tarot-Befragungen

Der Wert von Tarot-Befragungen hängt, zumindest für den Klienten, davon ab, wie er nachher damit umgeht. Für Leute, die aus Neugier zu einem Deuter kommen, oder die das Ganze nur als ein Spiel betrachten, wird die Befragung wahrscheinlich vorbeirauschen wie eine Show, die sie als Zuschauer miterleben. Aber diese Show geht sie etwas an, und wenn die Befragung irgend etwas Wirkliches gezeigt hat, dann werden sie einen praktischen Nutzen daraus ziehen wollen.

Zunächst einmal können der Deuter und der Klient erst dann etwas mit der Befragung anfangen, wenn sie sie verstanden haben. Daher muß der Deuter seine Fähigkeit zur Interpretation entwikkeln, und die beste Art, dies zu tun, ist die Praxis. Wenn du anfängst, täusche nicht tiefe Weisheit vor und gib nur nicht auf. Mach dir keine Sorgen, wenn du anfänglich nicht erkennen kannst, wie die Dinge zusammenpassen, oder wenn dich all die vielen Interpretationsmöglichkeiten einer einzigen Karte verwirren. Nach einiger Zeit wirst du feststellen, daß du Dinge bemerkst, die dir bei deinen ersten Versuchen entgangen wären.

Beschäftige dich mit dem Thema! Lerne die Bedeutungen aus allen Büchern, die du für brauchbar hältst! Dann fang damit an, dir dein eigenes Buch zu machen. Nimm eine Kladde und notiere dir deine eigenen Beschreibungen, Gefühle und Erfahrungen zu jeder Karte.

Du kannst dies mit Worten, Bildern, Zeichnungen tun, was immer dir eine sinnvolle Methode zu sein scheint. In dem gleichen oder in einem anderen Buch notiere dir die Befragungen, die du machst, und was du aus ihnen gelernt hast. Und wenn dir eine Befragung eine neue Einsicht über eine einzelne Karte, über eine Kombination oder über das Spiel als Ganzes vermittelt, dann schreib auch diese auf.

Verlaß dich nicht darauf, daß du das, was du schon gelernt hast, nun ein für allemal weißt. Wir haben alle bestimmte Vorurteile und neigen dazu, einige Bedeutungen zu behalten und andere zu vergessen. Oft verstehen wir eine Karte nicht, weil wir darauf beharren, sie stur nach unserer Gewohnheit zu deuten, während eine andere, vergessene Interpretation ihre Bedeutung sofort klären würde. Daher rate ich dir, sieh von Zeit zu Zeit noch einmal in deine Notizen und Bücher, auch wenn du glaubst, alle Karten in- und auswendig zu können. Du wirst überrascht sein, wieviel du neu lernst.

Ein Notizbuch zu führen, dient auch noch einem anderen Zweck. Wie ich weiter oben ausgeführt habe, helfen uns Tarot-Befragungen dabei, ein Gleichgewicht zwischen Intuition und Handlung, zwischen der Hohenpriesterin und dem Magier, herzustellen. Ein Notizbuch kann eine Methode sein, dieses Gleichgewicht zu entwickeln, denn es verbindet deine eigenen Eindrücke mit den Gedanken, die du aus veröffentlichten Texten übernommen hast. Es ist ganz besonders wichtig für dich, dein eigenes Buch zu schreiben, wenn du dazu neigst, schnell an das, was du aus einem Buch oder von einem Lehrer gelernt hast, zu glauben. Du bist der Deuter, und die Karten liegen immer vor dir und vor niemandem sonst. Ohne die Fähigkeit, instinktiv auf die Bilder zu reagieren, wirst du kaum dazu in der Lage sein, von mehreren möglichen Interpretationen die richtige auszuwählen, geschweige denn, eine neue Bedeutung zu finden, die nur für eine ganz bestimmte Befragung zutrifft.

Jeder von uns hat die Fähigkeit, intuitiv zu reagieren, aber wie jede andere Fähigkeit auch, braucht diese Art der Wahrnehmung Übung und Entwicklung. Ein Notizbuch wird auch dabei hilfreich sein. Abgesehen davon, daß etwas Dauerhaftes entsteht, auf das du später zurückgreifen kannst, werden deine Gedanken allein schon durch das Aufschreiben mehr Substanz bekommen. Du wirst die Erfahrung machen, daß sich deine ursprünglichen Ideen enorm erweitern, da dir beim Niederschreiben immer neue Gesichtspunkte aufgehen.

Du kannst deine Intuition auch dadurch trainieren, daß du viel Zeit mit den Bildern verbringst, sie betrachtest, sie durcheinanderwürfelst, Geschichten mit ihnen erzählst und dabei vor allem vergißt, was sie angeblich bedeuten sollen. Vergiß die Symbolik und überlaß dich ganz den Farben und Formen, der Atmosphäre und dem Einfluß der Karten.

Je mehr Erfahrung ein Deuter bekommt, desto kompetenter werden seine Befragungen. Jede Befragung liefert uns vor allem Informationen; aber diese Informationen können sehr unterschiedlicher Art sein. Menschen, die sich der spirituellen Unterströmungen bewußt sind, die unser ganzes Leben bestimmen, können im Tarot erkennen, in welchem Zustand sich diese Strömungen in einem bestimmten Moment befinden. Andere sehen im Tarot vielleicht nur die Möglichkeit, die wahrscheinliche Entwicklung, die aus einer bestimmten Situation oder Entscheidung folgt, zu erkennen. »Suche eine neue Stelle, fange eine neue Liebesbeziehung an, schreibe weiter an deinem Roman« – all das sind weltliche Themen, die scheinbar wenig mit den mystischen Belangen der Großen Arkana zu tun haben. Aber das sind die Dinge, die die meisten Menschen bei Tarot-Befragungen interessieren; und tatsächlich sind es gerade auch diese Dinge, durch die wir uns wirklich weiterentwickeln, da sie uns dazu bringen, uns auf das Leben einzulassen. Sie sind die Realität, die aus der spirituellen Unterströmung hervorgeht. Eine Tarot-Befragung kann uns dabei helfen, uns über die Konsequenzen solcher Handlungen und Entscheidungen klarzuwerden.

Die Tarot-Befragungen können uns die Information geben. Aber dann auch danach zu handeln, bleibt eine schwierige Sache, besonders dann, wenn die Information unseren Wünschen zuwiderläuft.

Wir können uns endlose Ausflüchte ausdenken, um die Gültigkeit einer Tarot-Befragung zu leugnen. Auf der einen Ebene sagen wir uns: »Es ist doch nichts als ein Packen Karten.« Aber auch Menschen, die die Vorhersagen des Tarot nicht so leicht in Frage stellen, denken vielleicht: »Jetzt, wo ich diese Information habe, kann ich dafür sorgen, daß es nicht so kommt.« Zu der Zeit, als ich damit anfing, mit Tarot-Karten zu arbeiten, befragte ich sie einmal über etwas, das ich gerne machen wollte, von dem ich aber wußte, daß es gefährlich war. Die Karten zeigten eine Katastrophe an und schilderten ziemlich genau, welche Form diese Katastrophe annehmen würde. Ich sagte mir: »Gut, jetzt, da ich die Gefahren gesehen habe, kann ich dafür sorgen, daß ich sie vermeide.« Ich machte das, was ich mir vorgenommen hatte, und die Situation entwickelte sich bis ins Detail genauso, wie es die Karten vorhergesagt hatten. Nun hatte ich aber meine Lektion immer noch nicht gelernt und befragte die Karten noch einmal, nicht um die Wahrheit zu erfahren, sondern in der Hoffnung, irgendeine ermutigende Botschaft zu erhalten. Ich benutzte damals ein Buch mit Deutungsregeln, und als ich die Karte der Grundlage nachschlug, fand ich die Interpretation: »Unterläßt es, einem guten Rat zu folgen.«

Die Schwierigkeit, die wir mit einer Entscheidung auf der Grundlage einer Tarot-Befragung haben, ist die, daß wir nie wissen, wie sich die Dinge entwickelt hätten ohne diese Entscheidung. Angenommen, eine Studentin trägt sich mit dem Gedanken, das College zu verlassen, und die Karten raten ihr stark davon ab. Wenn sie der Befragung folgt, wird sie niemals wissen, was geschehen wäre, wenn sie statt dessen ihrem Wunsch nachgegeben hätte. Zweck der Befragung ist es natürlich, ihr zu sagen, was geschehen wäre. Aber sie wird sich immer fragen: »Wenn es nun aber nicht stimmte?« Eine Vorhersage, besonders eine durch ein Kartenspiel, kann nie die gleiche Wirkung haben wie eine tatsächliche Erfahrung. Nur Neugierde kann uns dazu bringen, katastrophale Dinge zu tun.

Es erfordert Mut, Neugierde und Begehrlichkeit zu überwinden. Vor einigen Jahren las ich einmal, daß der Dichter Allen Ginsberg und seine Freundin sich wünschten, ein Kind zusammen zu haben. Sie machten eine Befragung mit dem Tarot oder mit dem I Ging, ich weiß nicht mehr genau, mit welchem von beiden, und bekamen eine negative Vorhersage. Sie gaben den Wunsch auf. Ich weiß nicht, wie sehr sie sich wirklich ein Kind wünschten, aber ich erinnere mich, daß ich ihre Stärke bewunderte, dem Wunsch zu widerstehen. Ich unterließ es einmal, zu einer wahrscheinlich sehr lohnenden Tagung zu gehen, da die Karten mir unangenehme Konsequenzen zeigten. Ich konnte erkennen, daß das, was die Karten anzeigten, sehr gut möglich war, zumindest im Hinblick darauf, was ich selbst zu der Situation beigetragen hätte. Aber dennoch fiel es mir schwer, nicht einfach die Botschaft zu ignorieren und hinzufahren.

Wir können uns wunderschöne Entschuldigungen ausdenken, mit denen wir der offensichtlichen Wahrheit einer Befragung aus dem Weg gehen können. Wenn wir zuviel Respekt vor den Karten haben, um sie einfach für Unsinn zu erklären, dann werden wir vielleicht nach irgendwelchen »falschen« Bildern suchen, um damit die ganze Befragung unglaubwürdig zu machen. Wir haben vielleicht den Eindruck, daß die Karte des Ergebnisses nicht zu der Situation paßt. Statt sie nun aber im Lichte der anderen Karten zu deuten, werden wir die ganze Befragung abschreiben.

Manche Bücher raten dem Deuter, wegen der mangelnden Objektivität niemals für sich selbst die Karten zu lesen. Lange Zeit bin ich mit meinen Befragungen zu einer Freundin gegangen und sie mit ihren zu mir, da wir beide nicht das Vertrauen zu uns selbst hatten, unsere eigenen Karten ehrlich zu deuten. Als ich dann anfing, meine eigenen Befragungen zu machen, fiel es mir immer noch schwer, bestimmte psychologische Tricks zur Vermeidung unangenehmer Bilder zu überwinden. Mein beliebtester Trick war folgender: Ich konnte die Karten, die mir unangenehm waren, nicht einfach ignorieren oder sie für falsch und übertrieben erklären. Daher suchte ich nach einem sehr positiven Bild in der Befragung, wie z. B. dem As der Kelche, und sagte mir dann: »Halt, das kann nicht stimmen, aus einem solchen Schlamassel kann nicht etwas so Gutes entstehen.« Und dann zog ich die ganze Befragung in Zweifel, indem ich schlußfolgerte, daß, wenn diese eine Karte keinen Sinn ergibt, auch die anderen ohne Bedeutung sind. Ein anderer Trick, bei dem ich mich selbst ertappte, bestand darin, die Karten nur ganz beiläufig auszulegen, so daß ich, wenn etwas Schlechtes dabei herauskäme, denken könnte: »Ach ja, ich meinte es ja auch gar nicht so ernst, ich habe es ja nur spaßeshalber gemacht.« Ich konnte die Karten erst dann für mich selbst deuten, als ich anfing, die Karten genauso zu behandeln, wie für irgend jemand anderen, also die Karten sorgfältig zu mischen, mit den auftauchenden Bildern zu arbeiten und nach einer Richtung für mein Handeln (oder Nichthandeln) zu suchen.

Eine Befragung wird nicht immer eine klare Ja- oder Nein-Antwort ergeben. Es kann sein, daß sie einfach ein komplexes Gebilde von Trends und Einflüssen zeigt. Manchmal geht es bei einer Befragung gar nicht um eine Entscheidung, da eine stabile Situation besteht, die nicht einfach vermieden werden kann. Dann werden bestimmte Bilder und Bedeutungen sehr wichtig. Der Tarot kann uns helfen, die wichtigen Elemente der Situation herauszufinden, diejenigen, an denen wir am meisten arbeiten müssen, um das vorhergesagte Ergebnis entweder zustande zu bringen oder es zu verändern.

Der Gedanke, »jetzt, da ich die Vorhersage kenne, kann ich etwas verändern«, mag zwar von einigen Leuten als Entschuldigung mißbraucht werden, um ihren Wünschen nachzugeben. Dennoch ist diese Feststellung richtig. Angenommen, wir haben eine sehr pessimistische Einstellung, eine übertriebene Angst oder eine unvernünftige Hoffnung. Das zu erkennen, hilft uns schon, klarer zu sehen. Vielleicht bestimmen Erfahrungen der Vergangenheit zu sehr unser Verhalten oder führen zu Illusionen in unseren Erwartungen von der Zukunft. Uns dessen bewußt zu werden, kann uns auf den Weg führen, es zu überwinden. Oder die Karten zeigen uns die Eifersucht oder die Rachsucht eines anderen; dann können wir Schritte unternehmen, um uns von dem Einfluß dieser Person zu befreien. Oder die Karten weisen darauf hin, daß wir von jemandem Liebe und Unterstützung bekommen; dann wissen wir, daß wir uns auf diesen Menschen verlassen können.

All diese Dinge erfordern irgendeine Art von Reaktion, um sie Wirklichkeit werden zu lassen. Wir können nicht erwarten, daß uns die Freundschaft eines Menschen irgend etwas bringt, wenn wir uns nicht auf sie einlassen. Wann immer möglich, sollte der Deuter versuchen, den Fragenden auf ganz konkrete Schritte hinzuweisen, die er unternehmen kann, um den bestmöglichen Gebrauch von den Informationen machen zu können. Wenn der Deuter keine Empfehlung für ein bestimmtes Verhalten geben kann, dann sollte er oder sie wenigstens darauf hinweisen, an welchem Bereich der Fragende arbeiten muß.

Vor allem muß der Deuter lernen, die Befragung zu einem zusammenhängenden Muster zu gestalten. Oft lernen Anfänger die Bedeutungen der Karten so weit, daß sie jedes Bild sehr gut auf seiner jeweiligen Position interpretieren können. Der Fragende steht dann aber am Ende mit einem Wirrwarr von verschiedenen Aussagen da, und hat keine Vorstellung davon, wie das alles zusammengehört. Ein guter Deuter kann die Aussage einer Befragung in wenigen Sätzen zusammenfassen. Meistens versuche ich, dies sowohl am Anfang wie auch am Ende einer Befragung zu tun, damit sich der Fragende die wichtigsten Punkte gut einprägen kann. Ist die Umwelt eine Unterstützung oder ein Hindernis? Sind die Erwartungen der Person hilfreich oder störend? Wird am Ende ein gutes Ergebnis stehen? Der Fragende benötigt eine Antwort auf diese Fragen, und zwar nicht nur in ihrer ganzen Komplexität, sondern auch auf eine möglichst einfache Art. Wie entsteht das eine aus dem anderen? Auf welche Art hilft die Vergangenheit dabei, die Zukunft zu gestalten? Wie trägt die Person zu der Gesamtsituation bei?

Nicht nur der Zusammenhang ist wichtig, sondern auch eine positive Einstellung. Es genügt nicht, die Dinge so darzustellen, wie sie sind. Der Fragende möchte wissen, was er tun und was er lassen soll. Auch wenn die Karten etwas Gutes anzeigen, ist es für den Klienten wichtig zu wissen, was er dazu beitragen kann, damit es auch wirklich eintritt. Und wenn sie eine Katastrophe zeigen, muß der Deuter das zwar sagen, aber er sollte auch, wenn irgend möglich, darauf hinweisen, was der Betreffende dagegen tun kann. Wie kommt es zu dieser unerfreulichen Entwicklung? Kann man diese Einflüsse verändern oder vermeiden? Wie kann der Betreffende dem entgegenwirken oder es wenigstens abmildern? Welche Elemente weisen auf andere Möglichkeiten hin? Läßt sich auch irgend etwas Positives finden, das dabei herauskommen könnte? Wenn das Ergebnis aus einem bestimmten Verhalten entsteht, sollte die Person es lieber aufgeben? Wenn wir eine Tarot-Befragung für jemanden machen, übernehmen wir damit die Verantwortung, den Versuch zu machen, ihn in eine positive Richtung zu lenken.

Über die spezifischen Hinweise hinaus (z. B.: Tue dies und tue das lieber nicht!) gibt es noch ein weites Feld von Handlungsmöglichkeiten, das mit der Ausbalancierung der Sätze zu tun hat. Bei der Einführung der verschiedenen Sätze haben wir uns mit ihren Problemen beschäftigt und mit den Möglichkeiten, wie wir sie durch andere Sätze/Elemente ergänzen können. In der Praxis ist diese Ergänzung oft sehr schwer zu erreichen, da wir dabei das Muster, das in der Befragung dargestellt ist, durchbrechen müssen. Aus eben diesem Grund lohnt es sich jedoch gerade in solchen Situationen, in denen die Befragung eine Sackgasse ankündigt, falls der Betreffende das gegebene Muster beibehält, den Versuch zu wagen.

Der direkteste Wege, von außen her Einfluß zu nehmen, ist der, einfache Anregungen zu geben. Wenn die Befragung darauf hinweist, daß ein Bedürfnis nach dem verwurzelnden Einfluß der Pentakel besteht, kann der Betreffende versuchen, mehr körperliche Dinge zu tun, wie z. B. Sport oder Gartenarbeit, oder ganz profanen Aktivitäten, wie Arbeit, Studium oder Haushalt, mehr Aufmerksamkeit zu widmen. Wenn die Befragung ein Bedürfnis nach den wäßrigen Qualitäten der Kelche zeigt, dann kann der Deuter den Klienten auf die Wichtigkeit von Träumen und Phantasien hinweisen und ihn zu Aktivitäten wie Meditation oder Malen anregen. Ein Bedürfnis nach Stäben kann man dadurch erfüllen, daß man körperlich aktiver wird, sich auf einen Wettstreit mit anderen einläßt oder neue Projekte anfängt. Und ein Bedürfnis nach Schwertern würde nach einem nüchternen, sorgfältig durchdachten Handeln in der Situation des Betreffenden verlangen. Das Wichtigste an diesen Empfehlungen ist, daß sie über die Befragung hinausgehen. Sie beschäftigen sich ebenso mit den Karten, die nicht erschienen sind, wie mit denen, die erschienen sind. Anfänger sollten daher diese Methode sorgfältig anwenden, damit sie nicht zuviel Wissen und Kontrolle für sich beanspruchen.

Meditation

Bisher haben wir uns mit den praktischen Konsequenzen der Informationen, die wir durch eine Befragung bekommen, beschäftigt. Aber eine Tarot-Befragung besteht nicht aus den Wörtern, mit denen wir sie beschreiben, sondern vielmehr aus einer Serie von Bildern. Und am direktesten können wir eine Befragung auf uns wirken lassen, wenn wir mit den Bildern selbst arbeiten. Menschen, die die Karten gut kennen oder die ein wenig Erfahrung in Meditation haben, können direkt mit den Bildern arbeiten, um die mit den Karten assoziierten Wirkungen zu unterstützen. Dieser Prozeß hat nichts Verschwommenes oder Mysteriöses an sich. Er erfordert sowohl Konzentration wie instinktives Einfühlen, und er ist kein Ersatz für praktische Schritte. Im Gegenteil, er hilft dabei, diese Schritte erreichbarer zu machen. Denn wenn die Karte die Kraft in einer Befragung erscheint als etwas, das wir in unserem Leben brauchen, warum sollten wir uns nicht von der Karte selbst dabei helfen lassen, es zu erreichen?

Neben tatsächlicher Meditation empfehle ich Menschen oft, eine bestimmte Karte mit sich herumzutragen und zu versuchen, sich ständig ihrer Gegenwart bewußt zu sein, sie von Zeit zu Zeit hervorzunehmen, sie zu betrachten und über ihre Bedeutung nachzudenken. Diese ständige Bewußtheit hilft auch, die gesamte Befragung ständig im Blick zu behalten.

Meditation kann auch ein Weg sein, neue Einflüsse von außerhalb der Befragung einzubringen. Angenommen, der Stern erscheint nicht in der Befragung, wir als Deuter aber meinen, er *sollte* erscheinen. Mit anderen Worten, der Archetyp des Sterns scheint uns genau die Qualitäten zu symbolisieren, die die Person braucht. Nun könnten wir der Person die Karte zeigen und die Gedanken mit ihr durchsprechen, die damit assoziiert werden. Sinnvoller ist es jedoch, dem Betreffenden eine echte Erfahrung von der Karte zu vermitteln.

Diese Methode geht folgendermaßen: Zunächst führen wir den Betreffenden in einen meditativen Zustand, helfen ihm oder ihr, sich zu entspannen, tief zu atmen und all die Gedanken und Spannungen, die im Bewußtsein herumschwirren, fallenzulassen. Wenn der Betreffende diese Ebene erreicht hat (und mit etwas Erfahrung können wir das spüren), dann beginnen wir mit Anweisungen, die in die Karte einführen. Diese Anweisungen können eine Beschreibung der Karte sein und eine Szenerie aufbauen (bei der Herrscherin z. B.: »Du bist in einem Garten voller Blumen, an dem ein Fluß vorbeifließt, und da ist eine Frau, die auf einer Couch liegt...«), oder einfach elementare Bilder wie Sonne, Wasser oder Wind vermitteln, die etwas mit den archetypischen Qualitäten der Karte zu tun haben.

Meistens ist es am besten, diese einführenden Anweisungen so einfach wie möglich zu halten. Wenn wir die Karte beschreiben, sollten wir nicht auf jedes Detail eingehen. Die Person soll ihr Erleben weitgehend selbst gestalten. Wir sind nur ihr Begleiter, der sie anspornt.

Wir können die Erfahrung auf dieser elementaren Ebene belassen oder sie weiterentwickeln. Wir können komplexere Anweisungen geben und anfangen, Fragen zu stellen – »Was siehst du?« – »Was tut die Person?« – »Kannst du irgend etwas hören?« –, damit der Betreffende anfängt, mit seiner Phantasie über unsere Anregungen hinauszugehen. Manchmal wird die Meditation dem Meditierenden völlig neue Möglichkeiten eröffnen, die archetypischen Elemente zu erfahren. In einigen Fällen kann es auch noch darüber hinaus gehen; die Bilder wandeln sich und lösen im Innern der Person eine intensive Bewußtheit aus.

Des öfteren habe ich in Kursen Gruppenmeditationen angeleitet, und nachher erzählte mir dann jemand, er habe durch die Meditation ein schon lange bestehendes Problem oder eine emotionale Blockierung lösen können. Solche Durchbrüche haben sich die Betreffenden selbst ermöglicht. Sie waren so weit, daß sie aus ihrem bisherigen Zustand ausbrechen und eine neue Ebene erreichen konnten; sie waren wahrscheinlich schon eine ganze Weile bereit dazu, konnten aber den Übergang aus sich selbst heraus noch nicht schaffen. Die Meditation gab ihnen die Gelegenheit, ihn zu vollziehen, und es wurde ihnen erst bewußt, als es schon geschehen war.

Meditation kann einem Menschen auch helfen, ein tieferes und persönlicheres Gefühl für eine bestimmte Karte zu bekommen. Ich machte einmal eine Meditation mit einer Frau, die den Herrscher als ein hartes, abweisendes Bild, als fast schon angsteinflößend, auf jeden Fall aber als unattraktiv erlebte. Ich fing damit an, die Szene für sie zu beschreiben – eine steinige Wüste in einem knapp umrissenen Bild. Dieses erweiterte sie dann zu einer weiten Ebene, die von den Untertanen des Herrschers bevölkert war. Als ich sie drängte, die Leute zu beschreiben, sah sie diese alle mit Kapuzen bekleidet – also ohne Gesichter – wie sie gebeugt roboterhafte Aufgaben verrichteten. Wegen des grimmigen Ausdrucks des Herrschers trauten sich die Leute nicht, ihn anzusehen. Die Leute symbolisierten die Frau und ihre Weigerung, tiefer in die Karte hineinzugehen.

Ich riet der Frau nun, genau das zu tun – den Herrscher nicht nur anzusehen, sondern direkt auf ihn zuzugehen. Als ihr Phantasie-Selbst dies tat, geschah etwas Seltsames. Der Herrscher verwandelte sich von einem Despoten zu einer Art harmloser Marionette, während in seinem Rücken eine gewaltige, wunderschöne und wohlwollende Geist-Figur emporstieg. Die Angst und der Widerstand der Frau gegen die soziale Struktur des Herrschers waren einem Gefühl für die spirituelle Struktur des Universums gewichen. Diese Erfahrung brachte nicht nur der Frau ein viel weiteres Verständnis der tieferen Bedeutung des Herrschers; auf mich hatte es die gleiche Wirkung. Zusammen mit ihr konnte ich über die Vorstellung vom Herrscher als Bild der Gesellschaft hinausgehen, und die okkulte Bedeutung der Karte, nach der sie den Kosmos symbolisiert, erfahren. Immer wenn wir für jemand anderen eine Meditation anleiten, nehmen wir selbst daran teil.

Gleichzeitig können wir nur solche Übungen anleiten, mit denen wir selbst Erfahrungen gemacht haben. Wenn du ein Anfänger in der Meditation bist, solltest du vor allem daran denken, daß die Meditation um so besser wird, je öfter du sie machst. Wenn du vorher noch nie meditiert hast, kann es sein, daß es gleich beim ersten Mal eine mächtige Wirkung auf dich hat. Wahrscheinlicher ist jedoch, daß du eher Schwierigkeiten hast, dich zu konzentrieren, oder daß es dir körperlich unbequem wird, so unbeweglich dazusitzen. Laß dich nicht entmutigen, und geh, wenn möglich, zu einem Lehrer, der dir die Grundlagen des Atmens und der Haltung beibringt.

Ich möchte keine spezifischen Techniken zur Erreichung eines meditativen Zustands empfehlen. Es gibt ungeheuer viele Bücher und Kurse zu diesem Thema, und viele Leute werden sicher erst einige ausprobieren müssen, bevor sie die Methode finden, die am besten für sie geeignet ist. Die meisten dieser Techniken lassen sich gut an die Arbeit mit dem Tarot anpassen, am besten können wir jedoch diejenigen übertragen, die mit Visualisationen arbeiten (im Gegensatz zu solchen, die mehr mit Mantra-Singen oder völliger Leerheit des Geistes arbeiten).

Es gibt verschiedene Methoden, die Karten in die Meditation einzuführen. Einige Leute beginnen mit geschlossenen Augen und sehen die Karte erst an, wenn sie einen bestimmten Zustand erreicht haben. Andere machen es genau umgekehrt; sie fixieren die Karte so lange, bis sie einen Zustand der Einheit mit ihr erreicht haben, schließen dann die Augen und lassen die Bilder sich von da aus weiterentwickeln. Wieder andere halten die Karte mit ausgestrecktem Arm vor sich und bewegen sie dann langsam auf ihren Solarplexus zu; sie »bringen sie damit in ihre Aura ein«.

Wie immer du jedoch anfängst, ich empfehle dir, mit den Bildern und Gefühlen zu arbeiten, die die Karte bei dir auslöst, statt mit der Symbolik, die du gelernt hast. Laß das Bild auf dich einwirken, laß deine Reaktionen an die Oberfläche kommen und dann sanft von dir fortgleiten, bevor sie zu einem Hindernis für weitere Erfahrungen werden. Manchmal habe ich es als hilfreich empfunden, die Karte unscharf anzusehen, so daß die Symbole und Gegenstände sich in Farben und Formen auflösten.

Bei anderen Gelegenheiten, besonders wenn ich für einen anderen Menschen eine Meditation gebe, gehe ich gar nicht auf das eigentliche Bild ein, sondern schildere irgendeine Szene, die man mit der Karte assoziieren kann. Bei dem Narren beispielsweise nehme ich statt der abgebildeten Person mit ihren bunten Kleidern, das einfachere Bild eines Berggipfels im klaren Sonnenlicht. Es ist wichtiger, den Betreffenden oder sich selbst in die Szene hineinzuversetzen, als sich genau an die Karte zu halten.

Bestimmte Bewegungen oder Haltungen können auch das Wachrufen einer Karte unterstützen. Bei dem Magier könntest du z. B. stehen oder sitzen, einen Arm »gen Himmel« erhoben und den anderen zur Erde hinabweisend.

Manchmal wird die Meditation nicht mehr bewirken, als daß dir die Karte bewußter wird oder du neue Ideen über sie oder über dich selbst gewinnst. Manchmal jedoch wirst du merken, daß du in die Karte »eintrittst«, d. h., du findest dich innerhalb des Bildes wieder und bist in irgendeine Handlung mit den Figuren des Bildes verwickelt. Dies kann in einer so überwältigenden Art und Weise geschehen, daß du mit deinem ganzen Wesen *dort* bist und nicht mehr *hier*. Wahrscheinlicher aber ist, daß du es als eine Phantasie erlebst, die vor deinem inneren Auge abläuft, und gleichzeitig ein Bewußtsein davon hast, daß du auf dem Boden sitzt oder auf einem Bett liegst. In jedem Fall aber ist es schwer, Worte zu finden, die diese intensiven Erfahrungen beschreiben können. Sie haben sowohl eine persönliche als auch eine archetypische Bedeutung, denn die Karten selbst tragen Bilder von tiefster Bedeutsamkeit, während das, was wir daraus machen, unseren eigenen Bedürfnissen und Erfahrungen entspringt.

Verschiedene Leute wie z. B. P. D. Ouspensky und Joseph D'Agostino haben den Versuch gemacht, ihre eigenen Tarot-Meditationen als Beispiel oder Führung niederzuschreiben. Für mein Gefühl sind diese Beschreibungen eigentlich nicht besonders förderlich für die Erfahrung, die Karte lebendig werden zu lassen, und selbst ein Teil des Bildes zu werden. Jeder Mensch erfährt andere Dinge in diesen Momenten. Bei der Kraft z. B. erlebst du vielleicht, daß du neben dem Löwen herrennst, oder aber, daß der Blütenkranz der Frau um dich geschlungen ist, oder sogar, wie mir das einmal passiert ist, daß die Frau den Löwen losläßt, er dich anspringt, dich beißt und mit seinen Pranken zuschlägt.

Hier noch einige Hinweise. Wenn du kein bestimmtes Bild vor Augen hast, mit dem du arbeiten möchtest, kannst du eine Befragung machen oder einfach das ganze Spiel durchgehen, bis du zu einer Karte kommst, die dich ergreift und anzieht. Dann lege diese Karte vor dich hin und beginne mit deiner normalen Meditation. Mache dir das Bild bewußt und laß alle Vorstellungen, die du darüber haben magst, beiseite. Halte deine Augen geschlossen oder geöffnet, ganz wie es am besten für dich ist; die meisten Leute ziehen es vor, zumindest wenn die Phantasien anfangen, die Augen zu schließen. Versuche, dich an jenem Ort zusammen mit jenen Menschen und jenen Tieren zu sehen und zu fühlen.

Wie schon erwähnt, solltest du, wenn du für andere Menschen eine Meditation machst, ihnen durch Anleitungen helfen, in das Bild hineinzukommen. Möglicherweise möchtest du nach einigen Experimenten selbst solche Anleitungen gebrauchen. Bei dem Gehängten verwende ich oft das Bild, daß ich auf einen großen Baum klettere und dabei auf verschiedenen Höhen anhalte, um das Land und das Meer unter mir und den Himmel und die Sterne über mir zu betrachten. Oder du wünschst dir einfach eine Beschreibung der Karte, der du mit geschlossenen Augen lauschen kannst. Wenn du nach solchen Anleitungen vorgehen möchtest, kannst du ein Tonband im voraus aufnehmen, damit sich dein Geist während der Meditation nicht damit beschäftigen muß, sich daran zu erinnern, was als nächstes kommt. Versuche, die Zeiteinteilung auf dem Tonband so zu gestalten, daß die Pausen lang genug sind, um Raum für deine eigenen Reaktionen zu geben. Du kannst auch den Einstieg in die Meditation mit den Anweisungen zur Entspannung und zum tiefen Atmen mit auf das Band nehmen, oder am Anfang einfach eine lange Zeit der Stille lassen. Für die meisten Leute ist es auf jeden Fall am angenehmsten, das Band gleich am Anfang anzuschalten, so daß die Instruktionen dann von allein kommen, ohne daß sie noch einmal eine bewußte Entscheidung treffen müssen. Du kannst natürlich die gleiche Kassette immer wieder gebrauchen und einfach Stichworte für die verschiedenen Karten einbauen. Oder du machst ein allgemeines Band mit Instruktionen zur Entspannung, zur Verschmelzung mit der Karte.

Vor allem versuche nicht, das, was auftaucht, zu lenken oder zu kontrollieren. Dies gilt für Meditationen, die du für andere gibst genauso wie für die, die du selber machst. Wir müssen hier sehr genau dosieren. Zuwenig Lenkung und die Aufmerksamkeit der Person schweift ab; zuviel, und du gibst der Phantasie des Betreffenden nicht genügend Raum, ihre eigene Welt zu erschaffen. Wie in anderen Situationen ist auch hier die Erfahrung der beste Führer. Versuche, bei dir selbst und bei anderen die Erfahrung nicht vorwegzunehmen und keine Angst vor ihr zu haben. Die meisten Menschen respektieren die Erzeugnisse ihrer Phantasie nicht genügend. Sie denken, daß sie alles verstehen, was ihre Phantasie produziert. Wenn sie plötzlich Bilder von Ungeheuern, Teufeln oder vom Tod sehen, meinen sie, dies bedeute, daß etwas Schreckliches in ihnen stecke, etwas, dem sie nicht begegnen möchten. Aber die Phantasie geht viel subtilere Wege. Sie funktioniert auf ihre eigene Art und Weise, nach ihren eigenen Gesetzen. Oft verwandelt sich das, was zunächst als eine Störung erscheint, in etwas

Inspirierendes. Jung nannte die Phantasie das »Organ des Unbewußten«. Wenn du sie frei laufen läßt, wird sie dich an Punkte führen, an die dein Bewußtsein nie gedacht hätte, bzw. sich nie heran-
getraut hätte.

All dies gilt ganz besonders für die Pforten-Karten und für die
Großen Arkana. Ihre außerweltliche Fremdheit führt uns weit
über ihre konkreten Bedeutungen hinaus. Gleichzeitig können sie
(weil sie bestimmte Qualitäten repräsentieren) uns helfen, eben
diese Qualitäten zu erreichen. Wenn es eine Wirkung hat, eine
Karte bei sich zu tragen, dann hat es sicherlich eine weit stärkere
Wirkung, eine Pforte oder eine Große Karte bei sich zu haben,
denn es sind mächtige Bilder mit einer starken Ausstrahlung.
Wenn wir die Neun der Pentakel betrachten und sie in uns hinein-
sinken lassen, dann hilft uns das, Disziplin aufzubauen, so wie das
Bei-sich-Tragen und Betrachten der Sechs der Pentakel oder der
Hohenpriesterin uns hilft, unser Bewußtsein auf einen empfan-
genden Modus einzustellen.

Die Erschaffung eines Mandalas

Bisher haben wir uns damit beschäftigt, wie wir den Einfluß einer
einzelnen Karte in unserem Leben stärken können. Aber eine Befragung enthält viele Karten, die alle zusammenwirken. Ich habe
herausgefunden, daß es eine gute Methode ist, eine Befragung lebendig werden zu lassen, wenn wir uns ein »Mandala«, wie ich es
nennen möchte, erschaffen – ein aus mehreren Karten gebildetes
Muster. Diese Karten können nicht nur diejenigen der Befragung
umfassen, sondern auch andere, deren Qualitäten die Richtung
unterstützen, zu der uns die Befragung rät. Dieser Akt, bewußt
Karten hinzuzufügen, die nicht in der Befragung enthalten sind, ist
ein weiterer Beitrag zum Gleichgewicht zwischen dem Bewußtsein
und dem Unbewußten. Die Befragung reicht in die unbewußten
Bereiche des Wissens hinein, um uns ein Bild von der Situation,
wie sie jetzt ist, zu geben. Durch das Mandala und durch die Einführung neuer Karten, die wir ganz bewußt ausgewählt haben,
können wir die Situation erweitern oder transformieren.
Ich gebe hier ein Beispiel für ein Mandala, bei dem keine zusätzlichen Karten nötig waren. Die Befragung selbst enthielt alle Bil-

der, die wir brauchten. Der folgende Zyklus der Arbeit (Abb. 99) betraf eine Frau, die sich von den Menschen in ihrer Umgebung isoliert fühlte, obwohl sie einige anscheinend gute Freundschaften hatte. Das Kreuz war eine völlig treffende Beschreibung der Situation: die Zwei der Pentakel überkreuzt von der Sechs der Schwerter. Es zeigte den Kernpunkt ihrer Situation, daß sie nämlich behauptete, ihr Leben und ihre Beziehungen zu anderen (Zwei der Pentakel) zu genießen, was ihr das Gefühl gab zu funktionieren (»die Schwerter bringen das Boot nicht zum Sinken«), während sie aber eigentlich unfähig war, einen Kontakt mit den Menschen in ihrer Umgebung herzustellen. Sie blieb still, eingehüllt in ihr Gewand wie die Frau in dem Boot.

Kurz zusammengefaßt interpretierte ich die anderen Karten folgendermaßen: Der umgekehrte Eremit auf der Position der Erfahrung der Vergangenheit zeigte, wie ihre Freundschaften in Wirklichkeit aussahen. Gleichzeitig ließ er, verglichen mit der Hohenpriesterin, vermuten, daß sie es nicht gelernt hatte, ihr Gefühl des Alleinseins kreativ zu nutzen und dadurch ihre Individualität zu entwickeln. Die umgekehrte Acht der Schwerter auf der Position der Erwartungen zeigte ihren Wunsch, sich selbst und ihre Situation besser zu verstehen und sich dadurch zu befreien. Sie spiegelte auch die politische Seite des Problems wider, denn ein großer Teil ihrer Isolation rührte daher, daß sie einer politischen Minderheit angehörte und dadurch Erfahrungen machte, die von keinem ihrer Freunde geteilt wurden. Auf einer gewissen Ebene war sie allein. Aber statt stolz zu sein auf ihre Besonderheit, versuchte sie lieber, ihre Erfahrungen zu verbergen, um sich an die Menschen in ihrer Umgebung anzupassen.

Die drei Karten der Arbeit waren der umgekehrte König der Stäbe, der umgekehrte Tod und die umgekehrte Zehn der Pentakel. Die Tatsache, daß alle Karten bis dahin umgekehrt waren, zeigte – auch wenn einige, wie z. B. die umgekehrte Acht der Schwerter, eher eine positive Deutung nahelegten – die Notwendigkeit einer Veränderung. Der König beschrieb eine Haltung, die sie anderen und sich selbst gegenüber einnehmen sollte: Stärke, die jedoch Verwirrung und Schwäche tolerieren kann. Der umgekehrte Tod, mit dem man Trägheit assoziiert, wies auf die Gefahr des Nichtstuns hin. Die Notwendigkeit, ihn wieder aufzurichten, wurde noch deutlicher, als wir ihn mit der darüberliegenden Sechs der Schwerter verglichen. Diese Karte zeigte eine Reise nach dem

Vorbild der Überfahrt der toten Seelen. Um sich aus dem Boot der Isolation und aus dem Gefühl, nur halb zu leben, zu befreien, mußte die Frau durch einen Prozeß des »Sterbens« die Reise zu Ende bringen; sie mußte sich von der Persönlichkeit, die sich an oberflächliche Beziehungen und an die innere Isolation gewöhnt hatte, trennen. Die umgekehrte Zehn der Pentakel zeigte, daß sie, um dies zu erreichen, die Sicherheit ihrer gegenwärtigen Situation aufs Spiel setzen mußte, indem sie dafür kämpfte, ihre angenehmen, aber begrenzten Freundschaften auf eine intensivere Ebene zu bringen.

Als Karte des Ergebnisses zeigte das As der Schwerter die Stärke und die glasklare Wahrnehmung, die sie brauchen – und finden – würde, um die gegenwärtige Situation zu öffnen. Die Folge des Ergebnisses, die Acht der Stäbe, bedeutete, daß das Spiel Erfolg haben würde. Die Karte hat etwas mit Liebe und Freundschaft zu tun. Sie symbolisiert eine Reise – die spirituelle Bootsfahrt –, die zu Ende geht. Und am deutlichsten weist sie darauf hin, daß die Unterdrückung der Acht der Schwerter in positive Energie transformiert wird.

Dann legten wir noch fünf weitere Karten aus, drei nebeneinander unter den Karten der Arbeit und dann zwei untereinander unter dem Zentrum. (Es gab keinen besonderen Grund dafür, so vorzugehen, statt eine weitere Reihe auszulegen. Es war einfach eine intuitive Entscheidung – eine, die sich als richtig herausstellte.) Die drei Karten zeigten weitere Aspekte der Situation. Das umgekehrte Rad des Schicksals stand zunächst einmal für die Veränderungen, die sie sich wünschte. Die umgekehrte Position deutete auf Schwierigkeiten hin und betonte noch einmal das Element des Risikos, das von der Zehn der Pentakel ins Spiel gebracht worden war (erinnern wir uns, daß das Rad auch die Zehn ist). Unter dem Tod lag die umgekehrte Vier der Pentakel. Sie bedeutete sowohl den Wunsch, Energien zu befreien, als auch die Notwendigkeit, eine gewisse Struktur im Leben der Frau zu erhalten, wenn sie daranging, die festgefahrenen Muster ihrer Freundschaften aufzurütteln. Die dritte Karte führte dieses Thema fort. Die Zehn der Kelche, die unter der umgekehrten Zehn der Pentakel lag, wies noch einmal darauf hin, daß die Frau, während sie diese Risiken einging, nicht vergessen sollte, daß ihre Freunde ihr echte Liebe entgegenbrachten. Sie machte ihr auch klar, daß sie der Person, mit der sie zusammenlebte, nicht mißtrauen durfte; denn von ihr

Abb. 99

erhielt sie rückhaltlose Unterstützung, und dieses Geschenk sollte sie mit Vertrauen beantworten.

Die Hohepriesterin bedeutete, daß sie in gewisser Hinsicht allein bleiben würde, denn die Menschen ihrer Umgebung würden auch weiterhin ihren Hintergrund und ihre Erfahrungen nicht teilen. Die Stille der Hohenpriesterin ist allerdings nicht die gleiche Stille, wie die der Sechs der Schwerter. Die Hohepriesterin weist, obwohl sie anderen gegenüber schweigt, auf eine lebendige innere Kommunikation hin, auf ein Annehmen und eine Kenntnis des Selbst, die man anderen Menschen nicht in konkreten, rationalen Begriffen mitteilen kann. Diese Karte sprach die Frau besonders an, da sie eine Dichterin war und gerade ein Gedicht geschrieben hatte, in dem sie die Metapher einer persönlichen Sprache gebraucht hatte, um genau diesen Gedanken eines tiefen Wissens, das nur für einen selbst zugänglich ist, zum Ausdruck zu bringen.

Unter der Hohenpriesterin lag die Herrscherin, die andere Seite des weiblichen Archetyps. Wie in den Großen Arkana ergänzten sich die Karten auch hier, denn die Herrscherin bedeutete leidenschaftliche Hingabe an das Leben und an Freundschaften, nicht als ein Gegensatz zur inneren Bewußtheit der Hohenpriesterin, sondern als ihr Ergebnis. Aus einer Position der Selbstannahme heraus könnte sich die Frau den Menschen in ihrer Umgebung wirklich öffnen.

Nachdem sie eine so beeindruckende Befragung erhalten hatte, hatte die Frau den Wunsch, noch weiter mit den Bildern zu arbeiten. Daher entwarfen wir ein Mandala, das sie zur Meditation und zum Studium gebrauchen konnte (siehe Abb. 100). Wir begannen mit dem Tod als Zentrum, denn Transformation war der Schlüssel des Ganzen. Unter dem Tod legten wir die Hohepriesterin auf die linke Seite, um darauf hinzuweisen, daß der Prozeß von innerer Kommunikation begleitet sein muß, damit der Tod zu wirklichen Ergebnissen führt. Das As der Schwerter auf der rechten Seite stand für die Klarheit des Geistes. Die Herrscherin kam über den Tod, um die gewünschte neue Art, mit der äußeren Welt in Beziehung zu treten, hervorzubringen.

Als nächstes legten wir Karten in die vier Ecken um diese Struktur herum und begannen dabei mit der Sechs der Schwerter und der Acht der Stäbe unten links und unten rechts. Die Karten zeigten die Reise und ihr erhofftes Ende. Für die oberen Ecken nahmen wir die umgekehrte Acht der Schwerter und den umgekehrten Kö-

Abb. 100

385

nig der Stäbe – das gewünschte Verhalten und die Einstellung, die man braucht, um es hervorzubringen. Zu guter Letzt legten wir als »Beine« für das Mandala die Zehn der Kelche unter die Acht der Stäbe und die umgekehrte Zehn der Pentakel unter die Sechs der Schwerter. Das Gesamtbild siehe Abb. 100, S. 385.

Wenn du einen Satz Rider-Tarot-Karten hast, lege sie wie auf der Abbildung aus und betrachte sie eine Weile. Bei der Meditation kannst du dich auf eine Karte, z. B. auf den Tod im Zentrum, konzentrieren, oder aber auch das gesamte Muster in deinen Geist aufnehmen und dann von einem Bild zum anderen wandern. Da das Mandala alle Elemente der Befragung enthält, wobei die Trümpfe in der Mitte angeordnet sind, kann sich die Frau im Gleichgewicht halten, indem sie dieses Bild in sich aufnimmt.

Wenn du solch ein Muster studierst, tauchen neue Beziehungen zwischen den Karten auf. Die Acht der Schwerter und die Acht der Stäbe sind ganz offensichtlich Partner; ebenso die Zehn der Kelche und die umgekehrte Zehn der Pentakel. Aber es ergeben sich auch neue Beziehungen, wenn wir die Acht der Stäbe und den umgekehrten König der Stäbe zusammen betrachten, oder die umgekehrte Acht der Schwerter zusammen mit der Sechs der Schwerter. Da wir die Befragung in ein geometrisches Muster umgeformt haben, können wir uns jetzt Verbindungslinien, Dreiecke etc. vorstellen und dabei immer neue Gedanken und Muster entdecken. In gewisser Weise produziert das Mandala neue Befragungen aus den gleichen Bildern.

Wenn du ein solches Muster konstruieren möchtest, dann wähle die wichtigsten Karten aus der Befragung aus, beginne mit dem Auslegen von der Mitte aus und versuche, das Bild organisch aufzubauen. Lege Karten, die zur Unterstützung gebraucht werden, nach unten, und Karten, die Ziele symbolisieren, nach oben. Zögere nicht, Karten einzuführen, die in der ursprünglichen Befragung nicht vorhanden waren, wenn du ein starkes Bedürfnis nach den Qualitäten entdeckst, die diese Karten repräsentieren. Wenn du z. B. ein Bedürfnis nach der Mäßigkeit siehst, lege sie unter das Zentrum; oder wenn die Befragung die Notwendigkeit von mehr Willenskraft und Disziplin zeigt, kannst du den Wagen und die Neun der Pentakel nebeneinander als Ziele über das Mandala legen. Auf diese Weise nimmst du die Sache selbst in die Hand und erweiterst die Befragung um das, was nach deiner Intuition der Fragende am dringendsten braucht.

4 Was wir von Tarot-Befragungen
lernen können

Die meisten Menschen machen eine Tarot-Befragung, um ganz bestimmte Informationen zu bekommen. Wer die Karten etwas besser versteht, sieht die Befragungen eher als eine Methode, eine Richtung herauszufinden. Und diejenigen, die eine ganze Serie von Befragungen machen, werden sie als einen Weg sehen, in Einklang mit den sich wandelnden Mustern des Lebens zu bleiben. Aber wenn man sich lange Zeit damit beschäftigt hat, die Karten für sich selbst und für andere zu lesen, dann findet man dabei Dinge, die über persönliche Angelegenheiten weit hinausgehen. Einiges davon haben wir schon kennengelernt, z. B. die pessimistische Reaktion der Menschen auf Befragungen.

Eine andere, noch wichtigere Erkenntnis ist die Tatsache, daß Tarot-Befragungen ein Gleichgewicht zwischen subjektiv und objektiv, intuitiv und rational, unmittelbarem Eindruck und überliefertem Wissen, rechter und linker Seite des Gehirns erfordern – *und daher auch hervorbringen.* Wir können dieses Gleichgewicht nicht einfach dadurch herstellen, daß wir es uns wünschen. Wir müssen es wachsen lassen, und Tarot-Befragungen können uns dabei helfen.

Aber der Tarot zeigt uns auch noch andere Dinge. Er lehrt uns, aufmerksam zu sein. Wenn wir anfangen zu lernen, wie Menschen handeln und wie die Welt darauf reagiert, dann gewöhnen wir uns immer mehr an, darauf zu achten, was andere tun, und was wir selbst tun. Angenommen, jemand wird immer genau dann krank, wenn die Ferien bevorstehen. Dies kann jahrelang so ablaufen, ohne daß die Person eine Verbindung herstellt und all die Krankheiten als einen unterbewußten Trick erkennt, um irgendwelche Probleme oder Ängste, die mit den Ferien zu tun haben, zu vermeiden. Eine Tarot-Befragung kann ihr dieses Problem bewußt machen – und dem Deuter wieder einmal ein Beispiel für das Manövrieren des Unterbewußtseins vor Augen führen. Die Praxis des Tarot-Befragens wird uns dabei helfen, diese Tricks bei uns selbst und bei anderen zu erkennen.

Wenn wir einmal angefangen haben, darauf zu achten, was wir tun, und was als Folge davon geschieht, werden uns alle möglichen Dinge aufgehen, und zwar nicht nur durch Befragungen, sondern in unserem täglichen Leben; Muster von Ärger und Vertrauen, von Hoffnungen und Ängsten, und daß unsere Reaktionen auf eine Situation vielleicht viel stärker aus unserem Innern entstehen, als daß sie von der Situation bestimmt sind. Es wird uns bewußt, wie wir mit unserer Arbeit und mit unseren Freunden umgehen, wir erkennen Tendenzen, uns entweder alle Verantwortung aufzuladen (»Es ist alles mein Fehler.«), oder aber sie abzuschieben (»Das ist nicht gerecht.« oder »Das hast du mir angetan.«). Wir merken z. B., daß es oft nur ein Trick ist, um das, was wir wirklich getan haben, nicht sehen zu müssen, wenn wir sagen: »Es ist alles mein Fehler.« Durch eine Alles-oder-nichts-Einstellung können wir eine realistische Einschätzung der Situation vermeiden. Wenn wir aufmerksam sind, wird es uns etwas schwerer fallen, depressiv zu werden oder andere Menschen zu manipulieren. Wenn wir auf die feineren Gründe achten, die Menschen dazu bringen, zu weinen, wütend zu werden oder andere anzugreifen, werden wir auch bei uns selbst eher erkennen, wenn *wir* diese Dinge tun.

Tarot-Befragungen zeigen uns die wunderbare Vielfältigkeit des menschlichen Wesens. Da die gleichen Karten in unendlich vielen verschiedenen Kombinationen erscheinen, wird uns klar, daß Menschen immer wieder etwas Neues hervorbringen können. Gleichzeitig erscheint das Neue immer über im wesentlichen gleichbleibenden Mustern. Durch Befragungen erkennen wir ganz allgemein, wie die Vergangenheit die Menschen beeinflußt und wie Hoffnungen und Ängste dabei mitwirken, die Zukunft zu gestalten. Aber die jeweils besonderen Situationen der Vergangenheit und Erwartungen an die Zukunft werden uns immer wieder überraschen.

Auch hier lernen wir, wieder aufmerksam zu sein. Denn wenn wir anfangen, unter Berufung auf kompetente Bücher und frühere Befragungen automatisch zu deuten, dann verlieren wir die Wahrheit, und die Befragungen werden seicht und verwirrend. Es ist gut, wenn du ein Buch hast, in dem du frühere Befragungen festhältst, aber nicht, um sie einfach als Vorbilder für die zukünftige Arbeit zu gebrauchen. Das Buch sollte uns vielmehr an die Vielfältigkeit und Originalität des menschlichen Verhaltens erinnern. Und ähnlich wie bei der Funktion des Tarot, ein Gleichgewicht herzustellen, ist es auch hier so, daß er uns nicht nur dabei *hilft* aufmerksamer zu werden, sondern uns geradezu dazu zwingt, wenn wir wollen, daß unsere Befragungen brauchbare Resultate hervorbringen. Tarot-Befragungen sind so etwas wie ein psychologisches Trainingsprogramm, das die wahrnehmenden Muskeln stärkt.

Wenn wir sehen, wie Menschen mit den Informationen, die sie durch Tarot-Befragungen bekommen, umgehen, erkennen wir einige wichtige Dinge über den freien Willen. Viele Menschen sehen die Frage des freien Willens zu absolut. Entweder fällen wir ständig freie Entscheidungen oder wir sind mit unseren Handlungen völlig dem Schicksal unterworfen. In moderner Sprache: Beruht unser Verhalten darauf, daß wir uns in dem Moment bewußt entscheiden, oder ist es Ergebnis einer das ganze Leben (oder sogar viele Leben) lang andauernden Konditionierung?

Beim Tarot wird daraus eine ganz praktische Frage. Wenn ich in jedem Moment frei handle, wie können dann die Karten vorhersagen, was ich tun werde? Was kann die Befragung für eine Bedeutung haben, wenn meine Wahlmöglichkeiten bis zu dem Moment, in dem ich etwas tue, völlig offen bleiben? Oder zwingt mich irgendeine Macht, so zu handeln, wie die Karten es vorhergesagt haben?

Diese Probleme werden weniger schwierig, wenn wir den Alles-oder-nichts-Charakter der Frage aufgeben. Dann können wir sagen, ja, wir haben immer einen freien Willen, aber wir gebrauchen ihn selten. Unsere Konditionierung, unsere früheren Erfahrungen und vor allen Dingen unsere Unwissenheit darüber drängen uns meist in bestimmte Richtungen. Die Befragung spiegelt diese Einflüsse wider und zeigt ihr wahrscheinliches Ergebnis. Es sind nicht die Karten, die die Situation dazu zwingen, sich in einer bestimmten Weise zu entwickeln. Sie reflektieren nur die Art und Weise, in der die Einflüsse im wirklichen Leben zusammenwirken. Wenn die Zeit zum Handeln gekommen ist, können wir eine andere Entscheidung treffen, und doch tun wir es nicht. Immer und immer wieder im Leben geben wir unsere Freiheit der Wahl preis und werden uns dessen kaum bewußt. Wir lassen es zu, daß wir von unserer Geschichte und von unserer Konditionierung gelenkt werden. Teilweise tun wir das aus Unwissenheit, teilweise aus Faulheit. Es ist sehr viel leichter, der Konditionierung zu folgen, als nach einer wirklich bewußten Entscheidung zu handeln.

Wenn ich »gutem Rat nicht gefolgt bin«, wenn ich mir gesagt habe:

»Jetzt, wo ich die Befragung gemacht habe, kann ich dafür sorgen, daß diese schlimmen Dinge nicht passieren werden«, wenn ich nach meinem ursprünglichen Plan weitergemacht habe und die vorhergesagten Probleme eintreffen, dann habe ich demonstriert, wie man seinen freien Willen nicht gebraucht. Im gleichen Moment, in dem ich vorgab, nach ihm zu handeln, bin ich ihm ausgewichen. So etwas passiert immer und immer wieder, und die Durchführung von Tarot-Befragungen zeigt uns sehr deutlich, wie Menschen ihre Freiheit verleugnen. Das Wissen über diese Beziehung zwischen Freiheit und Konditionierung ist mit das Wertvollste, das uns der Tarot geben kann.

Weiterhin lernen wir durch den Tarot, wie wichtig der Kontext ist. Wie absolut uns eine Qualität auch im abstrakten Sinne zu sein scheint, in der Realität begegnen wir ihr nur im Zusammenhang mit anderen Einflüssen. Befragungen demonstrieren diese Tatsache auf eine sehr anschauliche Art und Weise, wie wir das z. B. bei der Frau gesehen haben, die einen Weg suchte, mit der Eifersucht ihres Freundes umzugehen. Eine normalerweise sehr positive Karte, nämlich die Sonne, tendierte in diesem Falle zu einem negativen Ergebnis; denn indem die Frau auf die Sonne hoffte, vernachlässigte sie die Notwendigkeiten der Situation und ließ es sogar zu, daß ihre Wünsche von den Ideen anderer Menschen bestimmt wurden.

Im Zusammenhang mit dem Problem des Kontexts lernen wir auch etwas darüber, wie die Elemente des Lebens sich gegenseitig im Gleichgewicht halten. Zunächst einmal sehen wir, wie die Sätze und die einzelnen Karten zusammenwirken und miteinander eine ganzheitliche Situation bilden, in der kein Satz besser oder schlechter ist als ein anderer. Astrologen machen oft die Erfahrung, daß Klienten die Hoffnung haben, daß bestimmte Zeichen und Elemente in ihrem Horoskop vorherrschen, und tief enttäuscht sind oder sich sogar schämen, wenn andere erscheinen. Ähnlich ist es bei Leuten, die schon ein wenig über den Tarot wissen. Wenn eine Befragung sehr viel Stäbe oder Kelche zeigt, sind sie zufrieden; wenn Schwerter dominieren, macht ihnen das angst, und wenn Pentakel betont sind, halten sie die Befragung für trivial, ja sogar für beleidigend. Einige akzeptieren nur eine Befragung, die sehr viele Große Karten enthält, denn nur die Trümpfe mit ihren Assoziationen von Macht und spiritueller Bewußtheit erscheinen ihnen wichtig.

Aber auch die Großen Arkana sind nur ein Element, das ohne die anderen bedeutungslos bleibt. Wir studieren sie als einzelne Karte, um ihre Weisheit und ihre machtvolle Beschreibung des Lebens zu verstehen. In der Praxis aber müssen wir das Spirituelle und das Weltliche, das Glück und die Trauer, die Liebe und den Zorn miteinander vermischen, um die Welt verstehen zu können.

Die Karten lehren uns jedoch auch noch ein anderes Gleichgewicht, angedeutet durch die Waagschalen der Gerechtigkeit. In welcher Beziehung steht die Vergangenheit zu den zukünftigen Möglichkeiten? Wie bringen wir die Auswirkungen unserer eigenen Entscheidungen mit den Einflüssen der äußeren Welt zusammen? Was meinen wir damit, wenn wir sagen, wir übernehmen die Verantwortung für unser Leben? Bedeutet das, daß alles, was uns geschieht, von uns selbst geschaffen und kontrolliert wird? Wie bei der Frage des freien Willens neigen viele Menschen dazu, die Verantwortlichkeit absolut zu setzen. Entweder sind wir bis ins kleinste von der Umwelt bestimmt, oder wir haben absolute Kontrolle über unser Leben. Tarot-Befragungen machen uns klar, daß sich die Situation eines Menschen in jedem Moment aus einer Kombination dieser Aspekte zusammensetzt. Ein sehr kleiner Mensch kann zwar nicht erwarten, ein professioneller Basketballspieler zu werden, aber er ist auch nicht gezwungen, sein ganzes Leben vom Problem der Größe beherrscht zu sehen.

Menschen, die diesen Gedanken theoretisch akzeptieren, stellen sich vielleicht immer noch die Frage: Was zählt mehr, die Situation oder die persönliche Verantwortung? Welche Seite kontrolliert den Menschen wirklich? Aber Tarot-Befragungen demonstrieren die Bedeutungslosigkeit dieser oder ähnlicher Fragen. In einigen Befragungen wird die Position des Selbst oder der Hoffnungen und Ängste klar dominieren. In anderen stellt sich heraus, daß die Grundlage oder die Umwelt die bestimmenden Faktoren sind. Es hängt alles von der Person und der jeweiligen Situation ab.

Tarot-Befragungen helfen uns dabei, Vertrauen in unsere eigenen Wahrnehmungen zu entwickeln, und zwar teilweise durch das Wissen, das wir dabei gewinnen, und teilweise durch die Notwendigkeit, Entscheidungen zu treffen und auch bei ihnen zu bleiben. Welche Bedeutung der Karte trifft auf diesen besonderen Fall zu? Bezieht sich eine Hofkarte auf den Fragenden, auf eine andere Person oder auf ein abstraktes Prinzip, etwa auf Gesetz und Autorität beim König der Schwerter oder auf Kreativität bei der Königin der Kelche? Wenn wir häufiger die Karten lesen, werden wir merken, daß wir anfangen, die Antworten auf diese und ähnliche Fragen zu spüren. Das hat zur Folge, daß wir mehr Vertrauen in unser Verständnis und unsere Intuition entwickeln.

Für welche Zeitspanne gilt eine Befragung? Beim Keltischen Kreuz oder beim Zyklus der Arbeit kann sie einige Tage, aber auch Jahre umfassen, und zwar nicht nur vorwärts, sondern auch rückwärts. Bei einem Erwachsenen kann die Befragung manchmal bis in die Kindheit zurückreichen. Der Baum des Lebens, der normalerweise einen Überblick über das ganze Leben zeigt, kann manchmal auch für eine kürzere Zeitspanne gelten, wenn der Fragende durch eine Phase starker Veränderungen geht.

Welche Zeitspanne von Befragungen, besonders von den kürzeren, abgedeckt wird, hängt von zwei Dingen ab. Erstens von der Situation des Betreffenden und von der Frage, die er stellt. Bei einigen Fragen, etwa bei praktischen oder juristischen Angelegenheiten, aber auch bei bestimmten emotionalen Situationen, wird die Bedeutung der Antwort innerhalb weniger Tage deutlich. Bei anderen Dingen – Bewältigung emotionaler Konflikte, tiefe Beziehungen, spirituelle oder künstlerische Entwicklung – kann es sehr lange dauern, bis die Befragung sich erfüllt. Das soll nicht heißen, daß die Befragung jahrelang nicht »zutrifft«. Wir haben es hier nicht mit Vorhersagen zu tun, sondern mit kontinuierlichen Entwicklungsmustern, die sich langsam, im Laufe der Zeit entfalten.

Der zweite Punkt, der dabei eine Rolle spielt, ist die Tatsache, daß der Fragende beim Mischen der Karten verschiedene Ebenen anrühren kann. Manchmal ruft er oder sie dabei nur oberflächliche Situationen wach, die nur eine kurze Zeit andauern. Ein anderes Mal jedoch geschieht es, daß die Person die Karten mischt und sich plötzlich im Kernpunkt ihrer wesentlichen Erfahrungen befindet. Und auch hier kann die Befragung weit Zurückliegendes oder die Möglichkeiten zukünftiger Entwicklung zeigen.

Oft hängt es gar nicht einmal von der Einstellung desjenigen, der die Karten mischt, ab, welche Ebene bei einer Befragung berührt wird. Meistens jedoch ist die Einstellung schon wichtig. Wer das Kartenlesen nur als einen Spaß oder ein Spiel ansieht, wird höchstwahrscheinlich eine seichte Befragung produzieren; ein Mensch dagegen, der sich sehr intensiv mit einer Frage beschäftigt, der die Karten sorgfältig mischt und darauf achtet, den richtigen Moment zu spüren, an dem er aufhören und das Spiel zusammennehmen muß, wird meistens eine Befragung erhalten, die eine gewisse Bedeutsamkeit hat. Und doch werden die Aussagen manchmal auch trotz eines so sorgfältigen Vorgehens nicht über oberflächliche Ereignisse der nächsten Zukunft hinausgehen, während es andererseits geschehen kann, daß jemand, der die Karten höchst beiläufig mischt, sich plötzlich mit einem faszinierenden Bild seines gesamten Lebens konfrontiert sieht. Für den Deuter sind dies die aufregendsten Momente.

Auch die Frage selbst spielt manchmal gar keine Rolle. Jemand kann z. B. eine Frage über seine Arbeit stellen und bekommt eine Antwort über seine neue Liebesbeziehung, besonders wenn ihn diese Frage viel stärker beschäftigt, als die, die er gestellt hat. Oder die Befragung beantwortet die Frage, indem sie unerwartetes Material aus anderen Bereichen hervorbringt wie im Falle der Frau, deren Sexualität durch Konflikte mit ihrem Vater blockiert war.

Woher wissen wir dann aber, was die Befragung uns eigentlich sagen will? Einiges wird durch die Bilder auf den Karten deutlich. Wenn wir eine Frage über die Arbeit stellen, und es erscheinen die Liebenden und die Zwei der Kelche, dann wird sich die Befragung wahrscheinlich nicht auf die Arbeit, sondern auf die Liebe beziehen. Als Anfänger kannst du jedoch nicht erwarten, alle Feinheiten zu entdecken. Nur Erfahrung kann dir dabei helfen, deinen Weg zum Herzen des Labyrinths zu finden. Je länger du Befragungen machst, desto leichter fällt es dir, diese Dinge zu spüren. Und deine verfeinerte Wahrnehmungsfähigkeit wird sich auch in anderen Bereichen deines Lebens auswirken.

Manchmal jedoch machen wir Fehler, wie geschult unsere Wahrnehmung und Intuition auch immer sein mögen. Wir deuten z. B. die Liebenden symbolisch, während sie eigentlich eine Beziehung mit einer Person vorhersagen, der der Fragende noch gar nicht begegnet ist. Diese Unfähigkeit, jemals ganz genau zu wissen, was die Karten bedeuten, lehrt uns etwas sehr Wichtiges. Wir werden uns unserer Unwissenheit bewußt. Dieser Begriff steht für eine wesentliche Qualität unserer Existenz. Es ist nicht nur so, daß das meiste, was wir an Wissen in unserem Leben aufbauen, ziemlich oberflächlich und äußerlich ist; Unwissenheit ist die Grundlage des Daseins schlechthin. Zunächst einmal wissen wir nichts über das wahre Wesen der Dinge. Was wir von der Welt wissen, ist an die Fähigkeiten unserer Sinnesorgane gebunden. Damit wir die Wörter auf dieser Seite sehen können, muß Licht reflektiert werden, das von den Linsen unserer Augen gesammelt wird. Dann laufen elektrische Impulse über den Sehnerv ins Gehirn, wo sie umgeformt und zu sinnvollen Mustern angeordnet werden, die unser Bewußtsein als Sprache versteht. Aber wir können nichts unmittelbar wissen, in dem Sinne, daß wir mit etwas, das außerhalb von uns ist, eins werden. Wir können die Welt nur in Impulse, Muster und Symbole umwandeln.

Weiterhin müssen wir, da wir in materiellen Formen existieren, unser Leben in den Grenzen der Zeit gestalten. Das bedeutet unter anderem, daß wir nicht unser gesamtes Potential realisieren können, denn bei den wenigen Jahren, die uns zur Verfügung stehen, müssen wir uns immer entscheiden, das eine zu tun und das andere zu lassen. Ein Mensch, der die Fähigkeiten dazu hat, sowohl ein Tänzer als auch ein Geschäftsmann zu werden, wird sich für eins von beiden entscheiden müssen. Und für welche Seite er sich auch entscheiden mag, er muß jahrelang arbeiten, um sein Ziel zu erreichen. Die Gebundenheit an die Zeit bedeutet auch, daß wir die Konsequenzen unserer Handlungen oft nicht erkennen können, da diese vielleicht erst viele Jahre später eintreffen. Manchmal treffen die Konsequenzen unserer Handlungen nicht uns selbst, sondern andere Menschen. Etwas, das wir an einem bestimmten Ort tun, kann die Menschen dort noch lange, nachdem wir verschwunden oder sogar gestorben sind, beeinflussen. Einfach ausgedrückt bedeutet die Zeit für uns, daß Dinge erst geschehen müssen, bevor wir sie erkennen können.

Wenn wir über die Acht der Schwerter als Pforte meditieren, können wir unser Bewußtsein dieser Unwissenheit stärken. Befragungen – und die Fehler, die wir bei unseren Versuchen, sie zu interpretieren, machen – können uns die Unwissenheit noch direkter vor Augen führen. Eine Tarot-Befragung durchbricht eigentlich die Grenzen der Zeit und bringt das wahre Muster, das Vergangenheit und Zukunft umfaßt, zum Vorschein. Das »Zufallsmuster« der Karten gibt uns die Möglichkeit, die Begrenzungen des Bewußtseins zu umgehen. Und dennoch muß dieses begrenzte Bewußtsein die Befragung interpretieren. Daher erfahren wir in Befragungen einerseits den wahren Zustand des Universums, in dem alles eins ist, und gleichzeitig unser eigenes, extrem begrenztes, zeitgebundenes Wissen davon. Wir erfahren Wahrheit und Unwissenheit gleichzeitig.

Der Gegenpol von Unwissenheit ist Gewißheit, ein Zustand der wirklichen Erkenntnis der Realität, im Gegensatz zu den vagen Eindrücken und Symbolen, die sich unser begrenztes Bewußtsein von ihr formt. Viele Menschen sehen Ekstase oder Einheit mit dem Licht Gottes als das höchste Ziel des Mystikers oder Okkultisten an. Der Blitzschlag der Ekstase aber ist, wie die Großen Arkana des Tarot zeigen, nur ein Schritt auf dem Weg. Das wahre Ziel ist Gewißheit, der Zustand, in dem wir wissen und nicht mehr nur vermuten.

Was ist die wirkliche Ursache einer Handlung? Was werden ihre Konsequenzen sein, nicht nur für den Handelnden selbst, sondern auch für andere Menschen, bekannte ebenso wie unbekannte? Die wenigen Menschen, die die Stufe der Gewißheit erreicht haben, können Ursachen und Konsequenzen in der Handlung selbst sehen. Wir anderen können über diese und tausend andere Dinge nur Vermutungen anstellen. Wir bleiben unwissend.

Wir können zwar die wahre Deutung einer Tarot-Befragung nicht entschlüsseln, aber die Befragung selbst reicht über diesen zeitgebundenen, unwissenden Zustand hinaus. Die Befragung hat die Gewißheit, auch wenn der Deuter sie nicht hat. Und wenn wir sehr viel mit den Karten arbeiten, unsere Interpretationen mit den nachfolgenden Ereignissen vergleichen, uns immer mehr auf die Bilder einlassen und unsere Intuition entwickeln, dann können wir hier und da Erfahrungen der Gewißheit machen und das Gefühl erleben, die wahre Bedeutung von etwas zu wissen. Solche Erfahrungen haben zwar schon einen Wert an sich, das Wichtigste an ihnen aber ist, daß sie uns eine Richtung weisen. Sie helfen uns zu erkennen, was wir erreichen wollen.

Schließlich lehrt uns die Praxis der Tarot-Befragungen auch noch etwas anderes. Da die Karten in ihrer Einstellung zum Leben nicht neutral sind, da sie bestimmte Handlungen und Überzeugungen vertreten und andere ablehnen, verändern sie uns. Im Laufe der Zeit – und immer nur im Laufe der Zeit – fangen wir an, das Gleichgewicht der Dinge zu sehen, die stetige Harmonie in dem ständigen Sichwandeln und Fließen des Lebens. Wir werden uns der Fremdartigkeit bewußt, die stets hinter dem Schleier unserer alltäglichen Erfahrung liegt; wir lernen, die Gaben des Lebens zu erkennen und sehen unsere Verantwortung, sie zu verstehen und zu nutzen. Vor allem aber fangen wir an, jene Wahrheit zu begreifen, die uns der Tarot immer wieder vor Augen hält – daß das Universum, das gesamte Universum, lebt. Und was wir von uns selbst wissen können, können wir von allem wissen.